Colección Támesis
SERIE A: MONOGRAFÍAS, 302

LOS *BILDUNGSROMANE* FEMENINOS DE CARMEN BOULLOSA Y SANDRA CISNEROS

MEXICANIDADES, FRONTERAS, PUENTES

YOLANDA MELGAR PERNÍAS

LOS *BILDUNGSROMANE* FEMENINOS DE CARMEN BOULLOSA Y SANDRA CISNEROS

MEXICANIDADES, FRONTERAS, PUENTES

TAMESIS

First published 2012 by Tamesis, Woodbridge

ISBN 978 1 85566 234 6

Tamesis is an imprint of Boydell & Brewer Ltd
PO Box 9, Woodbridge, Suffolk IP12 3DF, UK
and of Boydell & Brewer Inc.
668 Mt Hope Avenue, Rochester, NY 14620, USA
website: www.boydellandbrewer.com

A CIP catalogue record for this book is available
from the British Library

The publisher has no responsibility for the continued existence or accuracy
of URLs for external or third-party internet websites referred to in this book,
and does not guarantee that any content on such websites is, or will remain,
accurate or appropriate

Papers used by Boydell & Brewer Ltd are natural, recyclable products
made from wood grown in sustainable forests

Printed and bound in the United States of America

CONTENIDOS

A mi familia

AGRADECIMIENTOS

Este trabajo no hubiera sido posible sin el apoyo y el estímulo recibido de tantas personas que me han acompañado en mi camino a lo largo de los últimos años.

Quisiera reconocer el apoyo y la guía de Alison Ribeiro de Menezes, que supervisó la tesis doctoral de la que nació esta investigación, y de Claire Taylor por sus útiles comentarios. En el campo de la literatura comparada mexicana y chicana, estoy especialmente en deuda con Claire Joysmith, quien muy generosamente me orientó con sus lúcidas consideraciones. Gracias también a Carmen Boullosa por sus reflexiones y su tiempo.

Dedico un reconocimiento muy especial al *Dublin City Council*, y particularmente al *Irish Council for the Humanities and Social Sciences* por la generosa beca doctoral que disfruté durante dos años y sin la cual no hubiera podido realizar este estudio. De igual modo, agradezco a la 'Secretaría de Relaciones Exteriores' del Gobierno de México por su financiación de mi estancia de investigación en México, y al *Ibero-Amerikanisches Institut zu Berlin*, sin cuya biblioteca no me podría haber adentrado tan cómodamente en la exploración que ocupa estas páginas. Muchísimas gracias también a Elspeth Ferguson por su paciencia y apoyo en la solicitud de fondos para financiar la publicación del libro, que, felizmente, dieron sus frutos en forma de dos generosas subvenciones: la primera por parte de mi Universidad, dentro del esquema *Druckkostenzuschüsse für NachwuchswissenschaftlerInnen der Universität Innsbruck*, y la segunda por parte del *Bundesministerium für Wissenschaft und Forschung in Wien* en el marco del *Förderungsansuchen für Einzelpublikation*.

En la esfera personal, quisiera agradecer a Antonia y María José, por su amistad y soporte a pesar de la distancia, y, muy especialmente, a mis padres, por su ejemplo, y a mis hermanas, Fina e Inma, por su ánimo, amistad y sostén ahora y siempre. Y, por supuesto, a Philipp por su inspiración, su estímulo y los diálogos y viajes que animaron este trabajo durante los últimos años.

Algunos de los aspectos tratados en este trabajo han aparecido publicados de forma modificada en artículos de los que dejo constancia a continuación. El primero, "Aproximación comparativa a las literaturas mexicana y chicana contemporáneas escritas por mujeres", apareció en *Diálogos ibéricos e iberoamericanos. Actas del VI Congreso Internacional de ALEPH*, editado por Ángela Fernandes y otros (Lisboa: Universidade de Lisboa, 2010), pp. 674–88. El segundo, "Nuevas mexicanidades femeninas: *Caramelo* de Sandra Cisneros", se publicó en *Nuevas reflexiones en torno a la literatura y cultura chicana*, editado por Julio Cañero (Alcalá de Henares: Instituto Franklin, Universidad de Alcalá, 2010), pp. 27–33. El último, "Madres e hijas en los *Bildungsromane* femeninos de Carmen Boullosa: *Mejor desaparece*, *Antes* y *Treinta años*", apareció en *Iberoamericana*, X, 40 (2010), 27–45.

Gedruckt mit Förderung des Bundesministeriums für Wissenschaft und Forschung in Wien.

Introducción

> Hay tantísimas fronteras
> que dividen a la gente,
> pero por cada frontera
> existe también un puente
> Gina Valdés*

Si, como señala Claudio Guillén, la disciplina de la literatura comparada se acerca a la palabra desde la conciencia de la tensión entre semejanza y diferencia, entre lo general y lo particular, es inevitable su encuentro con los estudios de género, ya que, según afirma Margaret R. Higonnet, 'gender divisions cross national boundaries and assume new definitions and values in each culture'.[1] Esas fronteras, además, son permeables al tránsito de identidades nacionales más allá de los confines territoriales de la nación, lo que posibilita también nuevas definiciones y formulaciones de estas. Es mi creencia y la base de este trabajo que el estudio comparativo de las literaturas mexicana y chicana escritas por mujeres se puede emprender sobre la base de un fundamento doble: la perspectiva general que nos proporciona la diferencia de género, entendido como concepto posicional derivado del engranaje desigual de poder en que, en general, se desarrollan las vidas de mujeres y hombres, y el germen del legado cultural mexicano que, si bien se diversifica en el seno de realidades repletas de variantes, cimienta las representaciones literarias de ambos colectivos.

Partiendo de esa doble base, el propósito del presente trabajo comparativo es franquear la frontera de la diferencia entre mexicanas y chicanas de la mano de las representaciones literarias de dos de las escritoras más reconocidas a ambos lados de la frontera: la mexicana Carmen Boullosa y la chicana Sandra

---

* De *Puentes y fronteras: coplas chicanas* (Los Angeles: Castle Lithograph, 1982), p. 2.

[1] Claudio Guillén, *The Challenge of Comparative Literature*, trad. por Cola Franzen (Cambridge, MA: Harvard University Press, 1993), p. 5; Margaret R. Higonnet, 'Comparative Literature on the Feminist Edge', en *Comparative Literature in the Age of Multiculturalism*, ed. por Charles Bernheimer (Baltimore: Johns Hopkins University Press, 1995), pp. 155–64 (p. 155).

Cisneros. Particularmente, este proyecto de análisis transcultural se centra en los *Bildungsromane* o 'novelas de formación' femeninos de ambas autoras: los boullosianos *Mejor desaparece*, *Antes* y *Treinta años* y los cisnerianos *The House on Mango Street* y *Caramelo*.

Carmen Boullosa, nacida en la Ciudad de México en 1954, es una de las escritoras mexicanas contemporáneas más fecundas y de mayor talento y autora de una apuesta literaria heterogénea que resiste el encasillamiento. En palabras de Sergio Pitol, la autora ha marcado desde sus comienzos 'un lugar propio, intenso', que la ubica como autora 'descreída de todo canon que pretenda limitarla'.[2] Su trabajo, siguiendo a Julio Ortega, se sitúa en la 'generación' de escritores que sigue a 'la Onda' y al movimiento estudiantil y la consiguiente politización, 'generación' que 'se demuestra desencantada con el poder político y su sombra, el poder cultural'.[3] La polifacética escritora comienza su carrera literaria como poeta a finales de los setenta, para diversificar su producción poco después en una amplia gama de géneros: desde el teatro a la novela, pasando por la historia corta, el ensayo, los libros para niños y los libros de artista. Entre sus poemarios encontramos títulos como *El hilo olvida* (1979), *La salvaja* (1988), *La delirios* (1998) o *La bebida* (2002) y en el género teatral destaca el conjunto de obras recogidas en *Teatro herético* (1987). En 1987, siete años después de terminar de escribirla, aparece su primera novela, *Mejor desaparece*, seguida dos años después por *Antes*, premio Xavier Villaurrutia en 1989. Su éxito internacional se produce especialmente a partir de los noventa, en que publica numerosas novelas de temas históricos, entre las que figuran *Son vacas somos puercos* (1991), *El médico de los piratas* (1992), *Llanto: novelas imposibles* (1992), *La milagrosa* (1993), *Duerme* (1994) y *Cielos de la tierra* (1997). La publicación en 1999 de su tercer *Bildungsroman*, *Treinta años*, supone un viraje respecto a esos últimos textos al mismo tiempo que un retorno a muchas de las inquietudes presentes en sus dos primeras novelas. Su labor ha sido ampliamente reconocida a través de varias distinciones y reconocimientos, entre ellos, el *LiBeraturpreis* de la Feria del Libro de Frankfurt en 1996 y el *Anna Seghers Preis* de la *Akademie der Künste* de Berlín en 1997.[4] Su producción continúa imparable pasado el milenio con la publicación de las novelas *De un salto descabalga la reina* (2002), *La otra mano de Lepanto*

2   Sergio Pitol, 'Una propuesta literaria', *Equis* (septiembre 1999), 6–7 (p. 7).
    3   Julio Ortega, 'La identidad literaria de Carmen Boullosa', en *Acercamientos a Carmen Boullosa: actas del simposio 'Conjugarse en infinitivo – la escritora Carmen Boullosa'*, ed. por Barbara Dröscher y Carlos Rincón, 2ª ed. (Berlín: Tranvía/Walter Frey, 2004 [1999]), pp. 31–36 (p. 33). (En este estudio se da en corchete, en caso oportuno, la fecha de primera publicación o edición de una obra.)
    4   La concesión del *Anna Seghers* fue motivo del simposio sobre la autora celebrado en Berlín en noviembre de 1997, cuyas ponencias fueron recogidas en forma de ensayos en el citado volumen *Acercamientos a Carmen Boullosa*.

(2005), *La novela perfecta* (2006), *El Velázquez de París* (2007), *La virgen y el violín* (2008), *El complot de los románticos* (2009) y *Las paredes hablan* (2010), además de los conjuntos de relatos *El fantasma y el poeta* (2007) y *Cuando me volví mortal* (2010). La obra boullosiana ha sido objeto de una gran atención crítica, tanto en México como en Estados Unidos y Europa. Existe un extensísimo cuerpo de investigación dedicado a su obra en forma de monografías, ensayos, entrevistas o tesis académicas, especialmente en torno a sus novelas y muy particularmente desde las perspectivas críticas del postmodernismo, el postcolonialismo y los estudios de género.

La segunda autora, Sandra Cisneros, nace en Chicago en 1954, única niña en una familia de otros seis hermanos. Su madre, de ascendencia mexicana, nace en los Estados Unidos y habla a sus hijos en inglés, mientras que su padre es oriundo de la Ciudad de México y tiene como lengua materna el español. Durante la infancia de la autora, los frecuentes ataques de nostalgia de su progenitor llevan a la familia a pasar largas temporadas en la ciudad natal de este, como se verá reflejado en *Caramelo*. La obra de Sandra Cisneros forma parte del cuerpo de narrativa chicana que empieza a destacar desde finales de la década de los setenta y se consolida en la de los ochenta y noventa. Su creación literaria abarca poesía, novela, historias cortas, ensayo y libros para niños. Entre sus libros de poesía encontramos *Bad Boys* (1980), *My Wicked Wicked Ways* (1987) y *Loose Woman* (1994). En 1983 aparece su aclamada primera novela, *The House on Mango Street*, que gana el *Before Columbus Foundation's American Book Award* en 1985 y la convierte en una de las escritoras chicanas más destacadas. La magnífica colección de historias cortas *Woman Hollering Creek and Other Stories* (1991) refuerza, asimismo, su importante presencia en las letras chicanas y latinas en general. Tras un arduo trabajo de nueve años, aparece en 2002 su segunda novela, *Caramelo*, preseleccionada para el *Dublin International IMPAC Award* en 2004 y galardonada con el *Premio Napoli* en 2005. Como en el caso de Boullosa, la obra de Cisneros ha atraído una considerable atención crítica por parte de círculos académicos norteamericanos y europeos y ha sido estudiada especialmente desde ángulos feministas, postcoloniales y postmodernos. La bibliografía sobre la obra narrativa y poética cisneriana es extensísima, especialmente en forma de ensayos sobre sus obras o de capítulos en trabajos sobre literatura de escritoras chicanas.

El fundamento que sostiene la elección de Carmen Boullosa y Sandra Cisneros y de sus textos en este trabajo comparativo viene dado por las hebras comunes con que ambas escritoras tejen, desde sus posiciones diferenciadas en sus contextos, sus universos narrativos: el interés por crear un espacio para enfrentar los sistemas de poder que subordinan al sujeto, la fascinación por la búsqueda de la identidad desde la mirada del 'otro' femenino, la deconstrucción del sujeto femenino mexicano y de los lugares comunes que han definido la feminidad y la exploración de las mexicanidades. Estas áreas comunes, no obstante, son trazadas en sus textos de modos significativamente diferentes, lo que nos proporciona una visión muy enriquecedora de la relación entre sus escrituras, junto con un acercamiento, de entre los muchos posibles, al estudio comparativo de la escritura de mexicanas y chicanas en general. En líneas similares, la atención en este trabajo al género del *Bildungsroman* en su modalidad femenina ha sido motivada por la convicción de que este nos proporciona un campo fértil en la consideración de la relación entre la producción de ambas escritoras en sus ubicaciones particulares de producción, así como una vía adecuada para alentar el diálogo literario y crítico entre chicanas y mexicanas.

Los escasos trabajos que han emprendido una aproximación a las obras de mexicanas y chicanas se sitúan mayormente en un contexto de contigüidad, esto es, en el área fronteriza norte. En este campo figuran los tres encuentros celebrados en Tijuana en 1987, 1988 y 1989, organizados por el Programa Interdisciplinario de Estudios de la mujer (PIEM) de El Colegio de México y El Colegio de la Frontera Norte. Estos encuentros dieron lugar a dos volúmenes, *Mujer y literatura mexicana y chicana: culturas en contacto* (publicados el primero en 1988 y el segundo en 1990), que recogen un conjunto de trabajos críticos que, desde perspectivas mayoritariamente feministas, analizan textos chicanos, mexicanos y fronterizos.[5] Su estructura y contenido, con todo, no son comparativos y, como bien señala Ana Cruz García, 'no ofrecen ninguna posibilidad de diálogo entre las varias culturas, al ignorar diferencias inmediatas entre los distintos grupos; de esta manera, distanciándolos más que uniéndolos'.[6]

El intento de acercamiento a la producción literaria de autoras mexicanas y chicanas en un contexto no fronterizo se materializó en el coloquio 'Literatura escrita por mujeres chicanas' celebrado en la Ciudad de México en junio de 1993, que reunió a escritoras y críticas mexicanas y chicanas y dio origen en 1995 al volumen *Las formas de nuestras voces: Chicana and Mexicana Writers in Mexico*, donde por vez primera se da voz a los espacios comunes y sobre todo a las tensiones y silencios entre ambos grupos desde

---

[5]   *Mujer y literatura mexicana y chicana: culturas en contacto. Primer coloquio fronterizo*, coord. por Aralia López González y otras, 2 vols (México: El Colegio de México; Tijuana: El Colegio de la Frontera Norte, 1988); *Mujer y literatura mexicana y chicana: culturas en contacto. Segundo coloquio fronterizo*, coord. por Aralia López González y otras, 2 vols (México: El Colegio de México; Tijuana: El Colegio de la Frontera Norte, 1990). A lo largo del estudio se aludirá a estos trabajos con el número de volumen correspondiente al año de publicación: *Mujer y literatura mexicana y chicana*, I o II. Es significativo que el volumen correspondiente al tercer coloquio jamás viera la luz debido a la reveladora falta de entendimiento entre las participantes en el '(des)encuentro'.

[6]   Ana Cruz García, *Re(de)generando identidades: locura, feminidad y liberación en Elena Garro, Susana Pagano, Ana Castillo y María Amparo Escandón* (Oxford: Peter Lang, 2009), p. 7.

una perspectiva femenina.[7] Este encuentro constituye una empresa cercana a la perseguida por el presente trabajo, debido a su ubicación y su énfasis expresamente comparativo entre los contextos y experiencias de las escritoras mexicanas y chicanas. Aunque, como ocurre en *Mujer y literatura mexicana y chicana*, muchos de los ensayos incluidos en el volumen se centran en escritoras de una comunidad u otra sin ese énfasis, las reflexiones de Claire Joysmith, Aralia López González, Elena Poniatowska y Norma Alarcón en sus ensayos y las 'entrevistas poscoloquio' a las participantes del encuentro revelan un enfoque comparativo afín al presente estudio.[8] En la misma dinámica transnacional con marcadores de género, Elena Poniatowska, Norma Klahn y Claire Joysmith han continuado en otros trabajos posteriores su afán por cruzar fronteras.[9]

---

[7]   *Las formas de nuestras voces: Chicana and Mexicana Writers in Mexico*, ed. por Claire Joysmith (México: Universidad Nacional Autónoma de México, Centro de Investigaciones sobre América del Norte, 1995).

[8]   Cito a continuación los trabajos incluidos en *Las formas de nuestras voces* que presentan un énfasis comparativo: Claire Joysmith, 'Introducción', pp. 13–44; Aralia López González, 'Consideraciones para pensar las diferencias entre las escritoras mexicanas y chicanas contemporáneas', pp. 51–64; Elena Poniatowska, 'Escritoras chicanas y mexicanas', pp. 45–50; Norma Alarcón, 'Cognitive Desires: An Allegory of/for Chicana Critics', pp. 65–85, e 'Interlocutions: An Afterword to the Coloquio on Mexicana and Chicana Writers', pp. 273–77; y 'Entrevistas poscoloquio', pp. 233–72. Las escritoras participantes en el encuentro fueron: Norma Elia Cantú, Ana Castillo, Sandra Cisneros, Lucha Corpi, Margo Glantz, Ethel Krauze, Guadalupe Loaeza, Aline Pettersson, Mary Helen Ponce, Elena Poniatowska, María Luisa Puga y Helena María Viramontes.

[9]   De Elena Poniatowska tenemos su conocido ensayo 'Mexicanas and Chicanas', *MELUS*, 21.3 (1996), 35–53. De Norma Klahn hallamos 'Travesías/Travesuras: des/vinculando imaginarios culturales', en *Las nuevas fronteras del siglo XXI/New Frontiers of the 21st Century*, compil. por Norma Klahn y otros (México: Desarrollo de Medios/Universidad Nacional Autónoma de México, 2000), pp. 149–65, y su versión en inglés 'Chicana and Mexicana Feminist Practices: De/Linking Cultural Imaginaries', en *Genealogies of Displacement: Diaspora/Exile/Migration and Chicana/o/Latina/o Latin American/Peninsular Literary and Cultural Studies*, ed. por Jordi Aladro y otros (= *Nuevo Texto Crítico*, 15–16.29–32 (2002–2003)), pp. 163–74. De Claire Joysmith encontramos los siguientes trabajos: 'Identidad, modelos literarios y modelos míticos femeninos mexicanos en la cuentística mexicana de Sandra Cisneros', en *Cuento contigo: la ficción en México*, ed. por Alfredo Pavón (México: Universidad Autónoma de Tlaxcala, 1993), pp. 189–201; 'Bordering culture: traduciendo a las chicanas', *Voices of Mexico*, 37 (1996), 103–08; 'Chicanas y mexicanidades en traducción', en *Límites sociopolíticos y fronteras culturales en América del Norte*, coord. por Bárbara A. Driscoll y otros (México: Universidad Nacional Autónoma de México, Centro de Investigaciones sobre América del Norte, 2000), pp. 151–60; 'Cuando los textos cruzan fronteras: algunas consideraciones en torno a la traducción de la literatura chicana femenina', en *Las nuevas fronteras del siglo XXI/New Frontiers of the 21st Century*, compil. por Klahn y otros, pp. 134–47; '(RE)Writings in Transit: apuntes a colores', *A quien corresponda*, 101 (julio 2000), 8–12; 'Crossing Ethnic and Cultural Boundaries: Translated Mexicanidades', en *Raízes e Rumos: Perspectivas Interdisciplinares em Estudos Americanos*, org. por Sonia Torres (Rio de Janeiro: 7Letras, 2001), pp. 427–34; '(Re)Mapping *Mexicanidades*: (Re)Locating Chicana Writing and Translation Politics', en

No obstante, a pesar de estos trabajos y de la base manifiesta de comparación entre ambas entidades, no hay una tradición crítica sólidamente asentada dedicada al estudio comparativo entre las representaciones literarias de chicanas y mexicanas desde la perspectiva de los estudios de género. Si bien encontramos diversas investigaciones doctorales en que diferentes voces chicanas y mexicanas se encuentran y dialogan,[10] así como estudios variados que cruzan la frontera en el examen de las representaciones literarias de ambas comunidades,[11] es ciertamente sorprendente que no haya habido

Chicana Feminisms: A Critical Reader, ed. por Gabriela F. Arredondo y otras (Durham, NC: Duke University Press, 2003), pp. 146–54; 'Entre la mexifobia y la chicanamieditis: cruzando fronteras y migrando la palabra', en *Confluencias en México: palabra y género*, ed. por Patricia González Gómez-Cásseres y Alicia V. Ramírez Olivares (Puebla: Benemérita Universidad Autónoma de Puebla, 2007), pp. 287–97.

   [10]   Entre las tesis doctorales que siguen una dinámica transcultural y feminista, encontramos, entre otras, las de Helga Winkler, 'Selected Mexicana and Chicana Fiction: New Perspectives on History, Culture and Society' (tesis doctoral sin publicar, University of Texas at Austin, 1991) o Julie Lynn Hempel, '*Faces, Bodies, and Spaces: Differential Identity Construction in Mexicana and Chicana Narrative*' (tesis doctoral sin publicar, University of Michigan, 2004). Esta última analiza, entre otras autoras, a Carmen Boullosa y Sandra Cisneros.

   [11]   Enumero a continuación los trabajos transfronterizos relevantes que he consultado: el citado trabajo de Alfredo Pavón sobre ficción mexicana, *Cuento contigo*, con el estudio de Claire Joysmith sobre Cisneros, sin un énfasis comparativo; el ensayo de Elba D. Birmingham-Pokorny, 'La Malinche: A Feminist Perspective on Otherness in Mexican and Chicano Literature' (*Confluencia*, 11.2 (1996), 120–36), de orientación comparativa; el volumen de María Elena de Valdés, *The Shattered Mirror: Representations of Women in Mexican Literature* (Austin: University of Texas Press, 1998), que atraviesa la frontera al incluir un capítulo dedicado a Sandra Cisneros ('Sandra Cisneros: Poetry from the Margins', pp. 162–82), pero sin un enfoque comparativo con respecto a las representaciones de las otras escritoras mexicanas que investiga; el análisis de la figura de la mujer 'fácil' de Debra A. Castillo en *Easy Women: Sex and Gender in Modern Mexican Fiction* (Minneapolis: University of Minnesota Press, 1998), en que la autora examina, junto a escritores mexicanos, las obras de la reconocida autora chicana Ana Castillo; el trabajo de Lois Parkinson Zamora *The Usable Past: The Imagination of History in Recent Fiction of the Americas* (Cambridge: Cambridge University Press, 1997), que sí se realiza desde una óptica comparada, aunque no desde el ángulo del feminismo, en su estudio de diversos textos de autores angloamericanos y latinoamericanos (entre ellos, los de Sandra Cisneros y los de la mexicana Angelina Muñiz-Huberman en el capítulo 'Fragmentary Fictions: Angelina Muñiz-Huberman, *Dulcinea Encantada*; Sandra Cisneros, *Woman Hollering Creek*', pp. 156–77); el conjunto de artículos editado por Jorge Chen Sham e Isela Chiu-Olivares *De márgenes y adiciones: novelistas latinoamericanas de los 90* (San José, Costa Rica: Perro Azul, 2004), en que Cida S. Chase estudia en un capítulo la novela en español de la chicana Erlinda Gonzales-Berry, *Paletitas de Guayaba* ('*Paletitas de Guayaba*: una novela nuevomexicana de Erlinda Gonzáles-Berry', pp. 74–96), tampoco de enfoque comparativo; el estudio *Gendered Self-Consciousness in Mexican and Chicana Women Writers: The Female Body as an Instrument of Political Resistance* (Lewiston: Edwin Mellen Press, 2008), en que Traci Roberts-Camps analiza textos de Sandra Cisneros, Elena Garro, Elena Poniatowska y Cristina Rivera Garza, sin un ánimo comparativo entre las representaciones de la autora chicana y de las mexicanas; el citado estudio de Ana Cruz García *Re(de)generando identidades*, que examina comparativamente la figura de la loca en las representaciones de

esfuerzos críticos más decididos en aquella dirección. Ello es, asimismo, paralelo a la falta de diálogo e intercambio entre las escritoras de ambas comunidades; así lo señala Debra A. Castillo, que añade que 'there is almost no dialogue even between Mexican and US border writers who live in cities only minutes apart'.[12] Por el lado mexicano, Carmen Boullosa responde a la pregunta de su conocimiento de la literatura chicana con estas palabras:

> Desconozco la literatura chicana, casi por completo, y si acaso he leído algo ha sido desde mi llegada a Nueva York. Pero incluso ahí, he buscado mis 'pares' en los autores latinoamericanos que han vivido alguna parte de su vida en Nueva York, sin convertirse a una identidad transfronteriza. No he estudiado el fenómeno. Escasamente los he leído, así que no puedo opinar. Es, debo notarlo, peculiar que no entablemos este vínculo.[13]

Claire Joysmith se refiere a la distancia entre los dos grupos en general al observar que 'para lectores/as mexicanos/as […] la cultura chicana es, en la gran mayoría de los casos, algo que les resulta enigmático, desconcertante e incluso hasta amenazador'.[14] Joysmith, en este sentido, habla de lo que ella ve como una 'chicanamedietis' en México.[15] 'Tal vez la mayor cantidad de púas [en las fronteras que separan a ambos grupos]', observa la autora, 'hacen fila frente a los incómodos factores de clase-raza-etnia.'[16] Para Gabriella Gutiérrez y Muhs, de modo similar, es por cuestiones de clase social que 'the cultural interstice for Chicanas is a difficult territory, mostly with Mexicanas'.[17] En los mencionados encuentros entre mexicanas y chicanas celebrados en Tijuana, ciertamente, afloró la dificultad del diálogo

---

una selección de escritoras mexicanas y chicanas; y la colección de artículos editada por José Carlos González Boixó, *Tendencias de la narrativa mexicana actual* (Frankfurt a/M: Vervuert; Madrid: Iberoamericana, 2009), que incluye un capítulo sobre la narrativa chicana en español sin pretensiones comparativas (Imelda Martín Junquera, 'Ecocrítica, racismo medioambiental y renacimiento chicano', pp. 229–42) .

12 Samuel Manickan, 'Interview with Debra A. Castillo', *Ciberletras*, 14 (2005) <http://www.lehman.edu/ciberletras/v14/manickam.htm> [consultada 5 Junio 2007] (respuesta 9 de 10).

13 En correspondencia personal con Carmen Boullosa (26 abril 2010).

14 'Chicanas y mexicanidades en traducción', p. 151.

15 Véase su mencionado artículo 'Entre la mexifobia y la chicanamieditis: cruzando fronteras y migrando la palabra'.

16 'Entre la mexifobia y la chicanamieditis', p. 294. Otro punto 'puoso' que profundiza la 'chicanamieditis', según Joysmith, es la ruptura de las chicanas 'de una variedad de tabúes, de lo no dicho, lo no escrito – lo que ellas luego llaman "hociconear", el no tener ni un solo pelo en la lengua – a lo cual se agrega la apertura franca de lo lésbico en muchas escritoras' (p. 294).

17 *Communal Feminisms: Chicanas, Chilenas, and Cultural Exile. Theorizing the Space of Exile, Class, and Identity* (Lanham: Lexington Books, 2007), p. xviii.

en los varios 'encontronazos'[18] que tuvieron lugar. Algo no muy diferente de lo ocurrido en el mencionado coloquio celebrado en 1993 en la Ciudad de México, del que Norma Alarcón observa lo siguiente: 'The sense of difference is magnified rather than mapped and the effects are silences or a sense of failure which was projected in some of the interviews.'[19] Sin duda, estos desencuentros se han visto alentados por las diferencias lingüísticas entre ambas comunidades y así lo confirma, de nuevo, Debra A. Castillo: 'The most well known Chicana/o writers have limited Spanish […]; only the most elite Mexican writers have fluent English.'[20] Del lado mexicano, asimismo, es innegable que la literatura chicana es solo accesible al público lector mediante traducciones – y en México, observa Claire Joysmith,

> la literatura chicana simplemente no se traduce, no se publica, no se lee. Existe solo un puñado de traducciones y las pocas que hay no se re-editan. Y no se realizan más traducciones en México porque el público lector no las pide. O tal vez a las editoriales no les reditúan estas publicaciones.[21]

Todo ello conforma un complejo panorama en el que no se pueden dejar de lado, asimismo, las complejas relaciones y diferencias ideológicas existentes entre México y su vecino del norte, lo que, ciertamente, no simplifica el diálogo.

En este contexto y pese a su limitado corpus, este trabajo está animado por el afán de contribuir a la comprensión de la relación y, siendo optimista, al diálogo – difícil y complejo, según se ha señalado – entre mexicanidades diversas respecto a las representaciones literarias de ambos grupos. Considero

---

18 Norma Klahn, 'Chicana and Mexicana Feminist Practices', p. 166.
19 'Interlocutions', p. 274. Esa dificultad de diálogo también se dejó notar en algunas actitudes durante el coloquio 'Boom Femenino in Mexico' celebrado en la Universidad de Cork del 18 al 19 de enero de 2008. A la discusión que siguió a mi participación en dicho coloquio con una ponencia sobre la relación entre las literaturas de mexicanas y chicanas, Luzelena Gutiérrez de Velasco, una de las críticas mexicanas más reconocidas, señaló, entre otras cosas, la disposición al diálogo de las mexicanas frente a la arrogancia de las chicanas. Esta valoración, sin embargo, no hace justicia a una realidad que, como se desprende de *Las formas de nuestras voces*, se caracteriza precisamente por un mayor conocimiento de la tradición mexicana femenina entre las chicanas, frente al desconocimiento general de la producción de las chicanas entre las mexicanas.
20 En Manickan (respuesta 9 de 10).
21 'Entre la mexifobia y la chicanamieditis', p. 293. 'El público lector en México, por otro lado', continúa Joysmith, 'no pide la traducción de la literatura chicana por las arraigadas resistencias a leer a las "primas mexicanas", las "pochas" que se fueron a los "estates" y regresan hablando inglés y un español mochado. ¿Por qué habría de leerlas? ¿A mí qué me pueden enseñar esas malinches-traidoras-que se creen superiores? Y etcétera. Este es uno de los síndromes de la chicanamieditis' (p. 294). Frente a esa situación, añade Joysmith, Estados Unidos representa el 'caso contrario', ya que allí, 'ahora más que nunca hay un auge de literatura latina y se traducen y publican "*ready made*" para consumo del creciente público económicamente activo latinoestadounidense hispanohablante' (p. 293).

que su enfoque expresamente comparativo en torno a la obra de dos de las escritoras contemporáneas más prominentes en las letras mexicanas y chicanas contemporáneas y la atención a un género narrativo en particular pueden ser enriquecedores para atravesar la frontera de las diferencias entre ambas literaturas. Asimismo, entiendo que, pese a mi ubicación subjetiva como lectora, mi posición 'objetiva' como 'no-mexicana' y 'no-chicana' me proporciona, a la vista de ese abismo dialógico, una posición apropiada en el intento de forjar caminos y construir puentes. Huelga decir, en un nivel general, que el presente estudio no aspira a trazar una comparación absoluta entre chicanas y mexicanas; ello supondría un proyecto de gran envergadura que, obviamente, no corresponde al alcance de este trabajo. Igualmente, en un sentido particular, la elección del cuerpo de análisis no implica una pretensión de convertir los modelos narrativos de formación femenina representados en las novelas de Sandra Cisneros y Carmen Boullosa en paradigmas o representativos de las literaturas mexicana y chicana escritas por mujeres. Partiendo del reconocimiento de las inevitables limitaciones de un estudio fundado en un corpus selecto y de la necesidad, para sacar alguna conclusión, de examinar a un número mucho mayor de escritoras, el presente trabajo constituye *un* acercamiento inicial de entre los muchos posibles en el intento de entender la relación entre ambas literaturas desde un enfoque que integra género sexual y género literario. '*Un* acercamiento', puesto que la compleja relación entre dos tradiciones literarias siempre estará abierta a la construcción de imágenes plurales, e 'inicial' porque, hoy por hoy, ignoro la existencia de estudios comparativos en los ámbitos de la literaria mexicana y chicana escrita por mujeres que hayan sido realizados desde las perspectivas que aborda este trabajo. En este sentido, este estudio se concibe como una contribución modesta a la apertura de posibles avenidas y a la edificación de un armazón crítico para la investigación en este ámbito y no como un proyecto cerrado o una llegada a unas conclusiones fijas.

Antes de dar paso al grueso del estudio, es conveniente delinear su estructura y premisas críticas. El capítulo primero ofrece el fundamento teórico sobre el que se levanta el examen del *Bildungsroman* femenino y su consideración comparativa en los contextos de las literaturas mexicana y chicana escritas por mujeres. Sobre la base de la exploración de la intersección entre género literario y género sexual, dicho fundamento se construye sobre una teoría feminista de orientación postestructuralista que acentúa la heterogeneidad y la pluralidad en la exploración de la subjetividad y la hegemonía. A continuación, se abre paso una perspectiva materialista en la consideración de una noción plural del género del *Bildungsroman* que desemboca en la construcción de un espacio reflexivo comparativo de los contextos locales – históricos, socioculturales y literarios – y de las áreas de solapamiento en que se ubican las prácticas literarias de Carmen Boullosa y Sandra Cisneros.

Partiendo de la base común del *Bildungsroman* femenino dentro de un marco crítico sensible a las diferencias entre mexicanas y chicanas, los tres capítulos siguientes analizan el cuerpo textual seleccionado adoptando una perspectiva temática estructurada en torno a las diferencias entre las representaciones literarias de las dos escritoras.

En el primero de estos capítulos analíticos, el capítulo segundo, se examinan las formas diferenciadas en que ambas autoras imaginan la constelación de factores conformadores de la identidad de sus protagonistas en cuanto marginales dentro de sus estructuras contextuales específicas. Particularmente, el análisis gira, desde una perspectiva feminista postestructuralista y postcolonial, en torno a la consideración de género, etnicidad y clase social como configuradores de relaciones desiguales en el seno de los imperativos culturales dominantes.

Los dos capítulos siguientes exploran el proceso de formación o *Bildung* de las subjetividades diferenciadas de los sujetos protagónicos. En el capítulo tercero se estudia, partiendo del dialogismo de las novelas, los distintos procesos de desarrollo femenino retratados por Boullosa y Cisneros desde el punto de vista de la dialéctica que se establece en ellos entre, por una parte, la 'historia normativa' de formación sancionada por la jerarquía hegemónica y, por otra, las historias divergentes o 'contrahistorias' que deconstruyen a la primera. A continuación, en el capítulo cuarto se examina comparativamente, desde un ángulo feminista de orientación psicoanalítica y materialista, un aspecto de singular importancia en ese proceso de desarrollo, el relacionado con la interacción entre el yo de las protagonistas y la comunidad femenina.

Finalmente, en el capítulo quinto se ofrece, a modo de 'inconclusión', el corolario de las representaciones literarias de los desarrollos femeninos formulados por Boullosa y Cisneros en sus *Bildungsromane*, especialmente desde el ángulo de la intersección entre identidad femenina y nación.

1

Conjugando el *Bildungsroman* en femenino en el marco de las literaturas mexicana y chicana escritas por mujeres

El estudio comparativo del corpus textual objeto de análisis precisa de la construcción de unos pilares teóricos y comparativos firmes que sustenten el análisis posterior. El primer paso de dicha construcción se dará de la mano de la perspectiva teórica proporcionada por el género del *Bildungsroman* desde el horizonte de la crítica literaria feminista con el fin de obtener un marco común desde el cual encauzar el análisis de un cuerpo textual heterogéneo. A continuación, se situará la discusión en el marco del pensamiento contemporáneo en torno al concepto teórico de *sujeto femenino* y su trascendental contribución a la reformulación de la política de la identidad. De este plano teórico general se pasará a explorar comparativamente la relación entre las configuraciones históricas de las literaturas mexicana y chicana y los contextos de producción en que se ubican los *Bildungsromane* boullosianos y cisnerianos como fundamento para el examen y comprensión de la relación entre las articulaciones de subjetividad e identidad femeninas y de desarrollo formuladas por una y otra autora,[1] tal y como se expondrá a lo largo de los capítulos analíticos posteriores.

Del *Bildungsroman* a los *Bildungsromane* femeninos

La fundamentación teórica que sostiene este trabajo comparativo exige, como paso inicial, la justificación de las categorías de análisis utilizadas, esto es, *Bildungsromane femeninos* y la noción implícita de *sujeto*

---

[1]   Con *subjetividad* se alude a las estructuras de conciencia desde las que el individuo aprehende la realidad y que están constituidas por los discursos sociales y culturales y por la posición que aquél ocupa respecto a estos. En cuanto a la noción de *identidad*, aparte de ser entendida, según define el diccionario de la Real Academia Española, como 'la conciencia que una persona tiene de ser ella misma y distinta a las demás', se refiere a los factores externos, tales como género, clase social, etnicidad o nacionalidad, que conforman aquella subjetividad y que caracterizan a un individuo o a una colectividad. Aunque no son sinónimos, ambos términos se refieren a una realidad muy similar, por lo que se emplearán en muchas ocasiones como intercambiables a lo largo de este estudio.

femenino. Partiendo de la concepción de género literario como herramienta interpretativa y heurística,[2] se propone a continuación un viaje teórico en tres estadios sucesivos que nos llevará del *Bildungsroman* a los *Bildungsromane* femeninos.

El Bildungsroman *tradicional y el* Bildungsroman *femenino*

El *Bildungsroman* se originó en Alemania con la novela *Wilhelm Meisters Lehrjahre* (1795–96) de Goethe y se desarrolló a partir de finales del siglo XVIII. Su auge rebasó fronteras espaciales y temporales y se extendió, con diversos grados de modificación, por otros países europeos durante el siglo XIX. Tradicionalmente, esta categoría genérica corresponde a una narración que se ocupa del desarrollo de un personaje masculino contado por sí mismo desde la niñez y adolescencia a la madurez. En ella se parte de la disonancia entre el héroe protagonista y el medio al que pertenece y se narra el proceso mediante el cual se trata de resolver este conflicto. El enfrentamiento entre la sociedad y el individuo aparece en este tipo de relato, no como obstáculo en la formación del personaje, sino como una etapa necesaria en el pasaje de este hacia la madurez y la armonía.[3] La evolución del héroe tiene lugar, asimismo, de acuerdo con los principios de respeto a la libertad y autonomía del sujeto y promoción de un desarrollo armónico y ordenado.[4]

El concepto de formación de la subjetividad que sustenta el *Bildungsroman* ha convertido este género en uno de los modos de expresión preferidos por las escritoras.[5] Este modelo genérico, no obstante, ha experimentado considerables

---

  2   En la línea de la teoría pragmática del género, Adena Rosmarin observa que este 'is the critic's heuristic tool, his chosen or defined way of persuading his audience to see the literary text in all its previously inexplicable and "literary" fullness and then to relate this text to those that are similar or, more precisely, to those that may be similarly explained' (*The Power of Genre* (Minneapolis: University of Minneapolis Press, 1985), p. 25).
  3   Randolph P. Shaffner, *The Apprenticeship Novel: A Study of the 'Bildungsroman' as a Regulative Type in Western Literature with a Focus on Three Classic Representatives by Goethe, Maugham, and Mann* (New York: Peter Lang, 1984), p. 20.
  4   José Santiago Fernández Vázquez, *La novela de formación: una aproximación a la ideología colonial europea desde la óptica del 'Bildungsroman' clásico* (Alcalá: Universidad de Alcalá, 2002), p. 115.
  5   La popularidad del género en la literatura escrita por mujeres ha sido señalada en diversos estudios. Así, el trabajo de Annis Pratt *Archetypal Patterns in Women's Fiction* (Brighton: Harvester, 1982); el conjunto de ensayos reunidos en *The Voyage In: Fictions of Female Development*, editado por Elizabeth Abel, Marianne Hirsch y Elizabeth Langland (Hanover, NH: University Press of New England, 1983); o el artículo de María Inés Lagos Pope 'Relatos de formación de protagonistas femeninas en Hispanoamérica: desde *Ifigenia* (1924) hasta *Hagiografía de Narcisa la Bella* (1985)' (en *Narrativa femenina en América Latina: prácticas y perspectivas teóricas/Latin American Women's Narrative: Practices and Theoretical Perspectives*, ed. por Sara Castro-Klarén (Frankfurt a/M: Vervuert; Madrid: Iberoamericana, 2003), pp. 237–57). Este hecho, como afirma Lagos Pope en su artículo, no es casual, ya que este tipo de novela 'permite la confrontación de la protagonista ante los

modificaciones al ser adoptado por las mujeres y trazar con ello, en general, el desarrollo femenino. Ello se debe a que existe una clara disyunción entre las condiciones que afectan al desarrollo masculino, considerado la norma en el *Bildungsroman*, y las que determinan el desarrollo femenino en el seno de la estructura patriarcal.[6] Así, en el modelo normativo, fundado en la ideología burguesa, se da por sentada la existencia de un sujeto autónomo y un desarrollo basados en conceptos clave como *potencialidad, elección, progresión* o *libertad*, conceptos que son, cuando menos, dudosos en relación con las mujeres, ya que su papel social tradicional les ha negado subjetividad y ha obstaculizado o imposibilitado de antemano la noción de autobúsqueda que sustenta el género. Según señala Susan Fraiman, 'the tendency of these fictions [normative *Bildungsromane*] to exclude the female does mean that women may be less apt to see them as natural or inevitable, may be more apt to treat them ironically, and must of necessity formulate the developmental process in other ways'.[7]

En diversos estudios sobre el *Bildungsroman* se señala la diferencia entre la versión masculina y femenina del género. Así, en su trabajo sobre escritoras angloamericanas, Annis Pratt observa que reinventar este modelo narrativo en torno al sujeto femenino implica reconocer una serie de historias cacofónicas en que el compromiso y la sujeción son más tematizados que la elección. Según la autora, el concepto de desarrollo de un ser que avanza hacia una claridad y estabilidad ontológicas, característico del modelo masculino, es sustituido en las versiones femeninas que analiza por representaciones de formación arquetípicamente acechadas por la alineación, la contradicción y la duda.[8] Para Pratt, la discordancia entre lo que las mujeres desean y el modelo de comportamiento que dicta su entorno social es un motivo

valores de su sociedad en un proceso en que se ponen en juego los deseos del individuo y sus posibilidades de cumplirlos' (p. 237).

[6]   Es cierto que, como señalan diversos estudios (véase, por ejemplo, el clásico de Judith Butler, *Gender Trouble: Feminism and the Subversion of Identity* (New York: Routledge, 1990), p. 3), la noción de *patriarcado* ha sido ampliamente criticada por su incapacidad de dar cuenta del funcionamiento de la opresión de género en contextos culturales particulares. En este estudio, no obstante, se mantiene el concepto como término descriptivo general de un sistema de relaciones marcado por una serie de asimetrías de género a favor del polo masculino, desde la perspectiva de que, como señala Diana Fuss, 'we cannot deny the reality of gender inequality' (*Essentially Speaking: Feminism, Nature and Difference* (New York: Routledge, 1989), p. 141).

[7]   Susan Fraiman, *Unbecoming Women: British Women Writers and the Novel of Development* (New York: Columbia University Press, 1993). El título del estudio de Fraiman es, en este sentido, muy significativo.

[8]   Como afirma Annis Pratt en el segundo capítulo de *Archetypal Patterns* (titulado 'The Novel of Development', en colaboración con Barbara White), es obvio que también el protagonista masculino puede sentirse alienado del orden social que lo rodea. La diferencia reside, sin embargo, en que 'in the woman's novel of development […] the hero does not

característico de la ficción femenina (p. 6): 'The tension […] between forces demanding our submissions and our rebellious assertions of personhood, characterize far too much of our fiction to be incidental.' De igual modo, en *The Voyage In*, compendio de ensayos centrados también en la tradición literaria angloamericana, sus editoras Elizabeth Abel, Marianne Hirsch y Elizabeth Langland señalan las discrepancias entre la forma femenina y masculina del género enfatizando las fuerzas psicológicas y sociales diferentes que operan en el desarrollo de mujeres y hombres, las cuales crean diferencias en el modo en que se representa literariamente la formación. Así, observan las editoras (pp. 6–7), 'while male protagonists struggle to find a hospitable context in which to realize their aspirations, female protagonists must frequently struggle to voice any aspirations whatsoever'. También la crítica Rita Felski confirma que, al margen de las diferencias en las condiciones sociales y las coordenadas ideológicas que conforman la literatura femenina contemporánea, 'the dominant function of gender in defining identity complicates the dialectic of individual and society that underlines the *Bildungsroman* genre'.[9] Esta categorización genérica de versiones masculinas y femeninas la hallamos igualmente en una variedad de estudios, tales como el examen de 'novelas de concienciación' femeninas contemporáneas en un contexto europeo de Biruté Ciplijauskaité, el análisis de Esther Kleinbord Labovitz de los *Bildungsromane* femeninos de cuatro autoras de entornos diferentes, o el de Pin-Chia Feng en torno a la obra de dos escritoras 'étnicas' estadounidenses contemporáneas.[10]

En los citados estudios se exploran diversas tradiciones literarias en que las historias de las mujeres, a pesar de la diversidad de los entornos socioculturales de referencia, revelan similitudes como producto de la dialéctica entre la subordinación femenina tradicional y la rebelión, manifiesta o sutil, frente a esta. De la misma manera, desde una perspectiva feminista, los *Bildungsromane* latinoamericanos y chicanos comparten rasgos clave similares a los que se han señalado con respecto a aquellas otras tradiciones literarias en cuanto a la caracterización de la formación femenina y la diferencia entre la forma femenina y masculina de ese modelo narrativo. Así, en los contextos de la literatura española y latinoamericana, Stephen M. Hart observa similitudes en

---

choose a life to one side of society after conscious deliberation of the subject; rather, she is radically alienated by gender-role norms *from the very outset*' (p. 36, énfasis de la autora).

  9   *Beyond Feminist Aesthetics: Feminist Literature and Social Change* (Cambridge, MA: Harvard University Press, 1989), p. 134.

  10   Biruté Ciplijauskaité, *La novela femenina contemporánea (1970–1985): hacia una tipología de la narración en primera persona*, 2ª ed. (Barcelona: Anthropos, 1994 [1988]); Esther Kleinbord Labovitz, *The Myth of the Heroine: The Female 'Bildungsroman' in the Twentieth Century: Dorothy Richardson, Simone De Beauvoir, Doris Lessing, Christa Wolf* (New York: Peter Lang, 1986); Pin-Chia Feng, *The Female Bildungsroman by Toni Morrison and Maxine Hong Kingston: A Postmodern Reading* (New York: Peter Lang, 1998).

relación con la condición común de subordinación de las mujeres y confirma la discrepancia entre la versión femenina y masculina de formación.[11] Lo mismo sostienen diferentes trabajos en el campo específico de la literatura latinoamericana, como los de Gabriela Mora, Gloria Da Cunha-Giabbai o María Inés Lagos.[12] De modo similar, en la literatura chicana se encuentran voces críticas análogas en los análisis de Erlinda Gonzáles-Berry y Tey Diana Rebolledo, Eliana S. Rivero, Leslie Sampson Gutiérrez-Jones o Annie O. Eysturoy.[13]

La divergencia entre las formas masculina y femenina del *Bildungsroman* opera también con frecuencia en el campo del discurso, en el que las escritoras subvierten las estructuras y los modelos lingüísticos y estilísticos heredados del modelo clásico. En este sentido, según señala Judith Kegan Gardiner, la escritura de mujeres tiende a ser menos unificada y cronológica y más fragmentada que la de los hombres,[14] ya que, en términos de Sidonie Smith, 'woman speaks to her culture from the margins. While margins have their limitations, they also have their advantages of vision. They are polyvocal, more distant from the centers of power and conventions of selfhood.'[15]

Como vemos entonces, el modelo del *Bildungsroman* en su definición clásica se tambalea al ser adoptado por las escritoras. Es necesario, pues,

---

[11] *White Ink: Essays on Twentieth-Century Feminine Fiction in Spain and Latin America* (London: Tamesis, 1993), pp. 11–12.

[12] Gabriela Mora, 'El bildungsroman y la experiencia latinoamericana: *La pájara pinta* de Albalucía Ángel', en *La sartén por el mango: encuentro de escritoras latinoamericanas*, ed. por Patricia Elena González y Eliana Ortega (Río Piedras, Puerto Rico: Huracán, 1984), pp. 71–81; Gloria Da Cunha-Giabbai, 'La mujer hispanoamericana hacia el nuevo milenio', en *La nueva mujer en la escritura de autoras hispánicas: ensayos críticos*, ed. por Juana Alcira Arancibia y Yolanda Rosas (Montevideo: Graffiti, 1995), pp. 27–39; María Inés Lagos, *En tono mayor: relatos de formación de protagonista femenina en Hispanoamérica* (Santiago de Chile: Cuarto Propio, 1996).

[13] Erlinda Gonzales-Berry y Tey Diana Rebolledo, 'Growing Up Chicano: Tomás Rivera and Sandra Cisneros', *Revista Chicano-Riqueña*, 13.3–4 (1985), 109–19; Eliana S. Rivero, '*The House on Mango Street*: Tales of Growing Up Female and Hispanic' (Working Paper 22), Tucson: University of Arizona, Southwest Institute for Research on Women (1986), 1–19; Leslie Sampson Gutiérrez-Jones, *Fictions of Development: Unbuilding the Structures of Patriarchy* (Ann Arbor, MI: UMI Dissertation Services, 1995); Annie O. Eysturoy, *Daughters of Self-Creation: The Contemporary Chicana Novel* (Albuquerque: University of New Mexico Press, 1996).

[14] Judith Kegan Gardiner, 'On Female Identity and Writing by Women', *Critical Inquiry*, 8 (1981), 347–61 (p. 355).

[15] Sidonie Smith, *A Poetics of Women's Autobiography* (Bloomington: Indiana University Press, 1987), p. 176. Ello no quiere decir que se identifiquen rasgos inherentemente femeninos en la técnica literaria o el estilo de obras escritas por mujeres a la manera de *l'écriture féminine* de la escuela francesa. En este sentido, coincido con Rita Felski en su afirmación de que 'it is impossible to make a convincing case for the claim that there is anything inherently feminine or feminist in experimental writing as such' (p. 5).

redefinirlo, una redefinición en la que entra en juego la interrelación entre género literario y género sexual, que produce formas diferenciadas de *Bildungsromane* en función de la particularidad sexual del personaje cuyo desarrollo se representa.[16] Como confirma Margaret R. Higonnet, la variable social de género 'encodes voices as masculine or feminine and separates generic spheres such as the male and female bildungsroman' (p. 155).[17]

Debido a las diferencias que, en general, hallamos entre las formas masculina y femenina de este género literario, algunas autoras han rechazado el empleo del término *Bildungsroman* en relación con la producción femenina. Así, Joanne Frye propone dejar atrás el modelo para ampliar las posibilidades de la novela de desarrollo femenino.[18] Igualmente, las editoras de *The Voyage In: Fictions of Female Development* siguen el modelo del *Bildungsroman* pero, como indica el título de su estudio, sugieren hacer distinciones en la terminología para describir las obras de mujeres y con mujeres como protagonistas, ya que 'even the broadest definitions of the *Bildungsroman* presuppose a range of social options available only to men' (p. 7). También María Inés Lagos sigue esta pauta en su estudio de novelas latinoamericanas, a las que llama 'relatos de formación de protagonista femenina'.

Ciertamente, si se mantiene una definición restringida del *Bildungsroman* como género de orientación masculina en referencia a su origen, es evidente que este modelo genérico resulta insuficiente para dar cabida a la diferencia de la experiencia femenina, que resiste con vehemencia el modelo de formación masculina. En este estudio, no obstante, se sostiene que es posible y adecuado redefinir la categoría del *Bildungsroman* para, en este caso, aplicarla a estudiar la especificidad de la formación femenina; y ello especialmente desde dos puntos de vista.

En primer lugar, desde el ángulo de que los géneros literarios se caracterizan por su potencial transformativo y su capacidad dialéctica entre la conservación y la innovación;[19] en este sentido, apunta Alastair Fowler, la elasticidad de los géneros literarios es tal que, en rigor, la publicación de cualquier obra literaria alteraría la definición del género con la que esta

---

[16]   En este estudio se empleará, en caso necesario, los términos 'género sexual' y 'género literario' para hacer distinciones en cuanto a la acepción empleada del vocablo español polisémico *género*.

[17]   Esa diferenciación entre *Bildungsromane* femeninos y masculinos no implica que se perciba lo masculino y lo femenino como alteridades esencialmente separables, sino el reconocimiento de que la experiencia de la subjetividad representada en la ficción es diferente en función del género del personaje.

[18]   *Living Stories, Telling Lives: Women and the Novel in Contemporary Experience* (Ann Arbor: University of Michingan Press, 1986), p. 83.

[19]   Franca Sinopoli, 'Los géneros literarios', en *Introducción a la literatura comparada*, ed. por Armando Gnisci (Barcelona: Crítica, 2002), pp. 171–213 (p. 181).

está relacionada.[20] Y, en segundo lugar, desde la perspectiva de que las formas literarias y, en consecuencia, el género, son, en términos marxistas, instrumentos ideológicos. En relación con esto último, Mikhail Bakhtin y Fredric Jameson teorizan que, al margen del contenido específico de una obra literaria, existe un contenido ideológico previo vinculado al género correspondiente que permanece sedimentado en su estructura profunda y ejerce una influencia persistente aunque la temática del género haya quedado obsoleta: es lo que Bakhtin denomina 'memoria' genérica y Jameson 'subconsciente político'.[21] En este marco teórico, el empleo de un género literario por parte de un autor supone la adopción de una postura con respecto al discurso ideológico que subyace a la memoria de ese género, postura que puede variar desde la aceptación de sus convenciones y el traspaso de esa ideología genérica a su obra, hasta el rechazo de estas y la transformación del subtexto ideológico heredado.

En estos sentidos, en su empleo del *Bildungsroman* las escritoras muestran la diferencia que la particularidad de género sexual inscribe en sus personajes y exploran una feminidad dinámica y existencial frente a la feminidad estática y esencializada que puebla el imaginario masculino. Con ello, ponen al descubierto las bases patriarcales de la modalidad normativa, modalidad que, si bien no es singular sino que ha ido cambiando y moldeándose conforme a las diferentes situaciones históricas y socioculturales en que se ha insertado, se ha centrado en la historia 'oficial' en cuanto referida al 'sujeto universal' hegemónico, esto es, el sujeto masculino.[22] En este acto de reescritura, pues, las mujeres cuentan su propia versión y al mismo tiempo modifican las versiones masculinas, ya que, como afirma Molly Hite, 'the act of telling the other side alters the story irrevocably'.[23]

Es por ello que, partiendo de ese concepto de *Bildungsroman* como categoría maleable que se redefine ideológicamente de manera constante en función de variantes diversas, considero legítimo mantener el término para acoger la representación de la experiencia femenina, así como otras experiencias no hegemónicas,[24] como instrumento de emancipación de ideologías previas. Es más, creo que es ventajoso servirse de esa denominación en un trabajo como

---

[20]   *Kinds of Literature: An Introduction to the Theory of Genres and Modes* (Cambridge, MA: Harvard University Press, 1982), pp. 23, 38.

[21]   Mikhail Bakhtin, *Problemas de la poética de Dostoievsky* (México: Fondo de Cultura Económica, 1988), p. 151; Fredric Jameson, *The Political Unconscious: Narrative as a Socially Symbolic Act* (Ithaca: Cornell University Press, 1981), pp. 140–41, 186.

[22]   Otras consideraciones, como la clase y etnicidad marginales, se unen a la hegemonía del 'sujeto universal'.

[23]   *The Other Side of the Story: Structures and Strategies of Contemporary Feminist Narratives* (Ithaca: Cornell University Press, 1989), p. 89.

[24]   En el contexto postcolonial, de ese modo, muchos autores han recurrido al género del *Bildungsroman* para narrar las experiencias de sus comunidades desde su propia perspectiva.

el presente, ya que sitúa las obras de las escritoras dentro de un legado literario e identifica la naturaleza de la tradición a la que estas responden. Una postura similar muestra uno de los estudiosos más renombrados del género, Martin Swales, quien afirma la utilidad del *Bildungsroman* para estudiar ciertos tipos de ficciones contemporáneas, entre las que incluye novelas que tratan sobre la búsqueda de identidad femenina.[25]

Concebido en este marco teórico, se entiende el *Bildungsroman* como género gobernado por una serie de acontecimientos vivenciales y relaciones interpersonales que figuran de manera prominente en la formación de la personalidad. Entre los elementos que se conservan inalterables en cuanto a la trama se encuentran la referencia a la infancia y primera educación como momentos definitorios de la personalidad del individuo, el encuentro del sujeto con el entorno social y la interacción entre este y la subjetividad individual, el anhelo de ampliar horizontes que el sujeto siente coartados por el medio y/o la familia y el deseo de autobúsqueda, sobre todo relacionado con la vocación.[26] A esta denominación se añade el adjetivo 'femenino' para desmarcar las novelas que se centran en la experiencia femenina, ya que, como se ha justificado, la variable del género sexual establece una diferenciación significativa en este modelo narrativo.[27]

El Bildungsroman *femenino y la subjetividad femenina*

Según deriva de la argumentación precedente, si hay una característica que aparece especialmente destacada en los *Bildungsromane* femeninos es la presencia, más o menos abierta, del patriarcado como estructura sociocultural en que se desarrolla la vida de las mujeres y la conciencia, más o menos marcada, de la diferencia que el género sexual inscribe en la construcción de la subjetividad de los personajes. Junto a ello, como se ha señalado, estos relatos redefinen los confines del *Bildungsroman* tradicional desde la conciencia propia de las mujeres ofreciendo, en diferentes medidas, una mirada crítica del sistema patriarcal que dificulta o imposibilita la formación femenina. En este sentido, tomando como base una definición amplia de *literatura feminista* que incluya todos aquellos textos que revelen en mayor o menor grado una conciencia crítica de la posición subordinada de la mujer y

---

[25]   *The German Bildungsroman from Wieland to Hesse* (Princeton, NJ: Princeton University Press, 1978), p. 165.

[26]   Jerome Hamilton Buckley, *Season of Youth: The 'Bildungsroman' from Dickens to Golding* (Cambridge, MA: Harvard University Press, 1974), pp. 17–18.

[27]   En este trabajo se utilizará la traducción 'novela de formación' como denominación alternativa de *Bildungsroman*, así como 'formación' o 'desarrollo' en referencia a *Bildung*. El primero de los términos, *Bildungsroman*, se empleará en masculino ('el *Bildungsroman* femenino') y el segundo, *Bildung*, en femenino ('la *Bildung* femenina'), en correspondencia con su género en alemán (*der Bildungsroman* y *die Bildung*).

una problematización del género como categoría política, podemos considerar los *Bildungsromane* femeninos como actos feministas.[28]

Estas analogías, no obstante, no implican que se considere la *literatura feminista* como fenómeno homogéneo o que se identifique un único modelo universal de desarrollo de la subjetividad femenina a lo largo y ancho de distintos entornos culturales como resultado de una similitud ilusoria en la naturaleza de las mujeres. Es esencial entender la importancia estratégica de esta literatura – y de los *Bildungsromane* femeninos en particular – y la relevancia de la noción de identidad en relación, no con una noción esencial de lo femenino, sino con una respuesta crítica a la marginalización cultural de las mujeres. En este marco, antes de considerar manifestaciones particulares de subjetividad y de desarrollo femeninos en contornos culturales específicos, es obligado contextualizar la cuestión del *Bildungsroman* femenino en el marco de los debates contemporáneos en torno al concepto de *sujeto femenino*.

Desde el pronunciamiento postestructuralista de la disolución del sujeto unificado del humanismo, el discurso feminista se ha visto confrontado con el dilema de que su fundamento mismo – el reconocimiento de la categoría *mujer* – está asentado sobre un concepto – el de *sujeto* o *identidad* – que es necesario deconstruir. Linda Alcoff explica este dilema como una disyuntiva entre dos posturas: una esencialista, que afirma la existencia de una esencia que legitima la categoría *mujer* y que no cuestiona esa categoría en sí misma sino tan solo la definición subyacente al patriarcado, y una anti-esencialista o constructivista, que rechaza la posibilidad de definir el concepto *mujer* y reemplaza la política de la diferencia de género por una pluralidad de diferencias en que el género, como cualquier otra formación discursiva, no es más que otra construcción social, cuestionando con ello la unidad de cualquier identidad colectiva.[29]

Desde posiciones postestructuralistas radicales, y de modo análogo a esa 'disolución' del *sujeto*, también el *autor* ha sido declarado muerto o como pura función del discurso, lo que implica que la categoría *autora* ha sido, de la misma forma, cuestionada. La 'desaparición' del sujeto, asimismo, ha desestabilizado el supuesto mismo sobre el que se sustenta el *Bildungsroman*, esto es, el intento de logro del individuo de un sentido de identidad personal coherente, lo que, en efecto, ha sido atacado en nuestra era postmoderna y

---

[28] Es conveniente aclarar que no todas las obras literarias escritas o centradas en la mujer constituyen 'actos feministas'. Creo, sin embargo, que los *Bildungsromane* femeninos, por su misma naturaleza, son afirmaciones intrínsecamente feministas, ya que en ellos la mujer, independientemente de que lo consiga o no, intenta definirse como individuo en un ambiente más o menos hostil.

[29] 'Cultural Feminism versus Post-structuralism: The Identity Crisis in Feminist Theory', *Signs*, 13 (1988), 405–36.

ha enfrentado, igualmente, una sentencia de muerte. Tanto es así que en su revisión histórica del *Bildungsroman* alemán, David H. Miles habla de la existencia hoy de un anti-*Bildungsroman*, cuyo paradigma sería la novela de Günter Grass *Blechtrommel*, que, apunta el crítico, constituye 'some sort of absolute end to the genre'.[30]

La postura de Miles sugiere una conceptualización del *Bildungsroman* circunscrita a su modalidad convencional originaria. Si, como ocurre en este estudio, se adopta una definición amplia del *Bildungsroman* como género que se redefine y reescribe en función de variantes como la de género sexual, es obligado disentir del 'final absoluto del género' postulado por el crítico, ya que este modelo genérico ha sido muy utilizado por las mujeres (así como por otros colectivos)[31] especialmente desde la década de los sesenta y setenta, cuando, coincidiendo con la aserción de Miles, se produce un redescubrimiento crítico y un florecimiento del género. El auge del género, además, ha continuado y sigue vigente en el ámbito de la literatura femenina contemporánea, en que muchas de las expresiones literarias que dan voz a la búsqueda y redefinición de la identidad femenina emanan de la tradición del *Bildungsroman*. Así, para las editoras de *The Voyage In*, el *Bildungsroman* emerge como la forma literaria más sobresaliente en la escritura contemporánea de mujeres (p. 13). También Biruté Ciplijauskaité confirma la contemporaneidad de la 'novela de formación', ya que la mujer sigue buscando su identidad (p. 34). De manera equivalente, Bonnie Hoover Braendlin afirma que la 'obsesión' por redefinir la identidad

> permeates contemporary fiction written by women, for whom a new defi-
> nition of *woman* necessitates a reassessment of past values and mores
> governing female existence, an examination of the crisis situation in which
> woman balances precariously between an outmoded past and an uncertain
> future, and an affirmation of new selfhood, defined by woman herself.[32]

Frente a la imposibilidad postmoderna de logro de una identidad coherente y la consecuente muerte del género predicada por Miles, nos encontramos entonces con numerosos *Bildungsromane* que muestran que el concepto de identidad sigue siendo válido para las mujeres, quienes no han podido aspirar

---

[30] 'The Pícaro's Journey to the Confessional: The Changing Image of the Hero in the German *Bildungsroman*', *PMLA*, 89 (1974), 980–92 (p. 990).

[31] Con 'otros colectivos' me refiero a autores cuya identidad está marcada por otras determinaciones que, como el género sexual, son fuente potencial de marginación, como las de etnicidad, clase social o sexualidad, entre otras. Así, según se mencionó anteriormente (nota 24), el *Bildungsroman* ha sido muy relevante en el contexto postcolonial.

[32] 'New Directions in the Contemporary *Bildungsroman*: Lisa Alther's *Kinflicks*', en *Gender and Literary Voice*, ed. por Jane Todd (New York: Holmes & Meier, 1980), pp. 160–71 (p. 160).

tan fácilmente a ese privilegio hegemónico. En este sentido, Patricia Waugh comenta que, mientras los escritores lamentan que se haya perdido el yo unificado, coherente y racional, las escritoras no han experimentado todavía en toda su plenitud esa subjetividad que les dé un sentido de autonomía personal, una identidad unificada, una historia y el poder de ser agentes en el mundo.[33] Para las mujeres la cuestión de la búsqueda de la identidad se presenta aún como una gran interrogante, por lo que, como explica Bonnie Hoover Braendlin, estas 'explore in their literature avenues to a self-defined identity hitherto restricted to male questers and defined by their values'.[34]

Así pues, según afirma Rita Felski (p. 70), 'for women, questions of subjectivity, truth, and identity may be not outmoded fictions but concepts which still possess an important strategic relevance'. Sin embargo, volviendo al punto inicial, justo cuando las mujeres parecen reivindicar una identidad, se encuentran en un mundo en que todo fundamento es cuestionado. Ante ello, el dilema lo constituye entonces la necesidad de mantener el concepto de identidad femenina y la política de la identidad frente a la deconstrucción del sujeto universal del humanismo, que reduciría el discurso feminista al silencio y a la inacción. Estos proyectos, no obstante, no han de verse como incompatibles ya que, si bien el cuestionamiento de la política de la identidad que efectúa el postestructuralismo ha sido incómodo para la teoría feminista, la crítica postestructuralista del sujeto universal y de la modernidad, las sospechas de la pretensión de verdad y de objetividad y la creencia en la construcción de la sexualidad y el lenguaje han sido cuestiones cruciales para su programa.

Teresa de Lauretis postula la urgencia de salir de la oposición entre esencialismo y constructivismo y para ello redefinir el concepto de identidad femenina haciendo compatible el proyecto de deconstrucción o 'desesencialización' del *sujeto femenino* ahistórico y estático instado por el postestructuralismo con la necesidad de mantener una noción de identidad con la que articular las demandas políticas de las mujeres. En su reformulación, la autora enfatiza la importancia de teorizar la experiencia como fundamento de la legitimación de la noción de subjetividad:

> For each person [...] subjectivity is an ongoing construction, not a fixed point of departure or arrival from which one then interacts with the world. On the contrary, it is the effect of that interaction – which I call experience; and thus it is produced not by external ideas, values or material causes, but by one's personal, subjective, engagement in the practices, discourses and institutions (value, meaning, and affect) to the events of the world.[35]

---

33 *Feminist Fictions: Revisiting the Postmodern* (London: Routledge, 1989), p. 6.
34 '*Bildung* in Ethnic Women Writers', *Denver Quarterly*, 17 (1983), 75–87 (p. 86).
35 Teresa de Lauretis, *Alice Doesn't: Feminism, Semiotics, Cinema* (Bloomington: Indiana University Press, 1984), p. 159.

Ello permite la rearticulación del eslogan 'lo personal es político', lo cual no implica simplemente la fusión de estas dos dimensiones sino el mantenimiento de una tensión entre ellas mediante la comprensión de la identidad como múltiple e incluso contradictoria:

> A subject constituted in gender, to be sure, though not by sexual difference alone, but rather across languages and cultural representations; a subject en-gendered in the experience of race and class, as well as sexual relations, a subject therefore, not unified but rather multiple, and not so much divided as contradicted.[36]

En este nuevo marco, la autora sugiere redefinir la noción de identidad como 'posicionalidad' (*positionality*), lo cual implica la comprensión de *sujeto* como ente que, inserto en unas configuraciones socioculturales, históricas, políticas e ideológicas determinadas, se rearticula de manera constante a través de la práctica de la reflexión y la recuperación continua de la experiencia personal. Con ello el concepto *mujer* emerge de una posición historizada y no de una sustancia de 'lo femenino',[37] con lo que se evita el riesgo de postular lo que Jane Todd llama 'the idea of woman before the experience of women'.[38] Esta rearticulación de la identidad llevada a cabo desde la fusión de postestructuralismo moderado y feminismo permite, de ese modo, relegitimar la categoría *mujer*, que es pensada en el seno de la dinámica entre *las mujeres*, como diversidad de sujetos femeninos constituidos por formaciones sociohistóricas variadas y posicionados cultural e ideológicamente de maneras diversas, y *la mujer*, como concepto político derivado de la posición común de los sujetos femeninos frente al poder. En este punto es oportuno recordar la clásica definición de *género* de Joan W. Scott como una relación primaria de poder que se manifiesta, reproduce y perpetúa en el ordenamiento social.[39] Como bien explica Carmen Ramos Escandón en su glosa del concepto tal y como lo define Scott,

---

[36]   Teresa de Lauretis, *Technologies of Gender: Essays on Theory, Film and Fiction* (Bloomington: Indiana University Press, 1987), p. 2.

[37]   Esta teorización la desarrolla Teresa de Lauretis en 'Upping the Anti (*sic*) in Feminist Theory', en *Conflicts in Feminism*, ed. por Marianne Hirsch y Evelyn Fox Keller (New York: Routledge, 1990), pp. 255–70. La posición defendida por de Lauretis sigue las líneas sugeridas por Linda Alcoff en su artículo pero, a diferencia de Alcoff, de Lauretis enfatiza la fusión – frente a la oposición – de las dos posturas señaladas en el debate entre esencialismo y constructivismo.

[38]   *Feminist Literary History: A Defence* (Cambridge: Polity Press, 1988), p. 15.

[39]   'El género: una categoría útil para el análisis histórico', en *El género: la construcción cultural de la diferencia sexual*, compil. por Marta Lamas (México: Programa Universitario de Estudios de Género/Universidad Nacional Autónoma de México, 1996), pp. 265–302.

El lenguaje, el ordenamiento social, las relaciones políticas, la vida en sociedad misma, está estructurada a partir de una diferenciación entre ellos y ellas. Sin embargo esta diferencia no se refiere solo a la variedad, a las formas diversas de ser hombre o mujer. Lo que el concepto de género subraya es cómo en esas diferencias, en ese ordenamiento dicotómico entre ellos y ellas, hay un engranaje de poder claramente desigual que favorece a los varones sobre las mujeres.[40]

Es en este sentido que el *sujeto femenino* ocupa una posición central en el proyecto feminista, no en términos de la existencia de una identidad femenina esencial, sino del reconocimiento de una posicionalidad común dentro de estructuras sociales, culturales e ideológicas que difieren de las que afectan a los hombres. Estos conceptos de subjetividad y de similitud posicional femeninas nos permiten, asimismo, rechazar el supuesto de autonomía del texto literario y legitimar la categoría *autora*, tan significativa para las obras producidas por las mujeres, que, como otros grupos, no pertenecen al orden hegemónico o 'neutro'. En relación con ello, Nancy K. Miller señala la necesidad de hacer distinciones entre las demandas asimétricas generadas por autorías masculinas y femeninas (o, en sentido más amplio, por autores hegemónicos y marginales), ya que 'decentered, "disoriginated", deinstitutionalised, etc., [the female subject's] relation to integrity and textuality, desire and authority, is structurally different' de la posición universal representada por el 'Autor' declarado muerto.[41] Desde todas estas perspectivas diversas, pues, podemos revalidar el *Bildungsroman* femenino como categoría legítima de consideración teórica.

Los **Bildungsromane** *femeninos: un concepto plural*
Si, como se postula en este marco teórico, la *mujer* es posicionalidad, el género sexual se concibe entonces como plural, fluido y heterogéneo, como una construcción que, siguiendo a Jane Flax, no se puede ya tratar como hecho simple o natural.[42] Y ello tanto en el sentido diacrónico, como construcción en constante proceso de reconstitución, como en el sentido sincrónico, ya que, como señalaba de Lauretis, está atravesado por múltiples factores – clase

---

[40] 'Prólogo a la segunda edición', *Presencia y transparencia: la mujer en la historia de México*, coord. por Carmen Ramos Escandón, 2ª ed. (México: El Colegio de México, 2006 [1987]), pp. 15–20 (p. 17).
[41] 'Changing the Subject: Authorship, Writing, and the Reader', en *Feminist Studies, Critical Studies*, ed. por Teresa de Lauretis (Bloomington: Indiana University Press, 1986), pp. 102–22 (p. 106).
[42] 'Postmodernism and Gender Relations in Feminist Theory', en *Feminism/Postmodernism*, ed. por Linda J. Nicholson (New York: Routledge, 1990), pp. 36–90 (p. 44).

social, etnicidad, nacionalidad, educación, ideología política, orientación sexual, etc. – que crean diferencias significativas.[43]

En consonancia con estas variantes en la identidad de género, los *Bildungsromane* centrados en la mujer revelan diferencias significativas en sus preocupaciones y énfasis y responden a un amplio espectro de modalidades posibles. Es por ello fundamental, volviendo a la teorización de los géneros literarios, mantener un concepto de *Bildungsroman* femenino flexible y dinámico, acorde con la categoría plural de género sexual, que pueda dar cabida a la representación de la experiencia femenina en contextos diversos. Precisamente, la consideración insuficiente de la especificidad cultural y de las diferencias *entre* las mujeres ha sido uno de los principales motivos por los que el volumen *The Voyage In* ha sido objeto de crítica, ya que, a pesar de su perspicaz revisión del modelo tradicional del *Bildungsroman* y de su útil aportación al estudio de la representación literaria de la formación femenina desde una orientación especialmente psicoanalítica, subyace en él un modelo universal y ahistórico de desarrollo disociado de referentes culturales particulares.

La necesidad de adoptar un concepto plural y amplio de *Bildungsroman* que responda a múltiples articulaciones de desarrollo en diferentes contextos y tenga en cuenta la red de discursos múltiples y fluidos que conforman la subjetividad femenina es imperativa en un estudio comparativo como el presente, que abarca dos contextos diferenciados de producción correspondientes a las literaturas mexicana y chicana. Este concepto plural de literaturas femeninas y de *Bildungsromane* femeninos, capaz de acoger experiencias femeninas dispares subrayando así las diferencias *entre* las mujeres, refuerza la base feminista no esencialista de este trabajo y valora apropiadamente la producción femenina, en que diferencias tales como las de etnicidad, clase social, orientación sexual o nacionalidad dan lugar a formas diferentes de expresión literaria.

En este marco, el concepto de *Bildungsroman* femenino postulado se sustenta sobre un armazón crítico que reafirma el principio crucial de la inserción histórica y sociocultural del hecho literario tanto desde el punto de vista de su producción como de su recepción. Es por ello que el examen del contexto en que se producen los *Bildungsromane* objeto de estudio es fundamental en el acercamiento crítico empleado.

---

[43] Es preciso enfatizar que el hecho de que el género sexual se ubique como base de la teorización en este estudio no implica que se considere esta categoría como explicación primaria de las relaciones sociales, sino que se entiende desde la perspectiva de su uso estratégico como eje del análisis del corpus textual.

Aproximación comparativa a las literaturas mexicana y chicana contemporáneas escritas por mujeres

Siguiendo las líneas de la argumentación anterior, se parte de la base de que la mujer mexicana y la mujer chicana, en su sentido abstracto como dimensión política, comparten una experiencia de subordinación fundada en su identidad de género.[44] Asimismo, los dos grupos participan de un legado común conformado por los profundos lazos de tipo histórico, cultural, familiar, religioso, político, económico y social que vinculan a ambas comunidades, lo que podría llamarse la base común de la mexicanidad. No obstante, a pesar de estos elementos comunes, existen marcadas diferencias entre mexicanas y chicanas, lo que, según se señaló, dificulta el diálogo entre ambos colectivos. Como resume la escritora mexicana Margo Glantz en el mencionado simposio entre escritoras mexicanas y chicanas celebrado en 1993, 'procedemos de medios semejantes, una misma cultura, pero totalmente transformada por otra visión del mundo y otra economía'.[45]

En consonancia con estas apreciaciones, a continuación se hará un recuento comparativo a lo largo de dos secciones que conformarán la base del análisis en los siguientes capítulos: una primera sección que gravitará en torno a la presentación comparativa de los marcos contextuales diferenciados en que desarrollan su labor los dos grupos de escritoras y una segunda centrada en

---

[44] En relación con cuestiones terminológicas, el término *chicana* es empleado en el sentido señalado por Ana Castillo: 'A brown woman of Mexican descent, residing in the United States with political consciousness' ('Massacre of Dreams: Essays on Xicanisma', en *Chicana Feminist Thought: The Basic Historical Writings*, ed. por Alma M. García (New York: Routledge, 1997), pp. 310–13 (p. 311) (reimpreso de Ana Castillo, *Massacre of the Dreamers: Essays on Xicanisma* (Albuquerque: University of New Mexico Press, 1994), pp. 33–36). A pesar de que designen a un mismo individuo, *chicano/a* y *méxico-americano/a* no son términos equivalentes, ya que el primero contiene connotaciones políticas marcadas que se remontan al movimiento de nacionalismo cultural conocido como Movimiento Chicano (se ahondará en estos aspectos más adelante). La denominación general ampliamente utilizada hoy día en referencia a la comunidad de procedencia latinoamericana residente en Estados Unidos es 'latino/a', que, Ángel R. Oquendo señala, 'could be regarded as part of a broader process of self-definition and self-assertion' ('Re-imagining the Latino/a Race', en *The Latino Condition: A Critical Reader*, ed. por Richard Delgado y Jean Stefancic (New York: New York University Press, 1998), pp. 60–71 (p. 63)). ('Hispanic', por su parte, es un término burocrático ampliamente utilizado, pero que muchos latinos con conciencia política rechazan.) Frente al término general 'latino/a', en este estudio se emplea la denominación específica *chicano/a* debido al perfil comparativo de la investigación, en el marco, además, de la instauración en los últimos años de los 'Estudios Chicanos'. Asimismo, la alusión específica se enmarca en el contexto de 'la profundidad histórica y el tamaño demográfico de la población mexicana en Estados Unidos, muy diferente de los de cualquier otro grupo nacional latinoamericano' (Edward E. Telles y Vilma Ortiz, *Generations of Exclusions: Mexican-Americans, Assimilation and Race* (New York: Russel Sage Foundation, 2008), p. 12).

[45] 'Entrevistas poscoloquio', en *Las formas de nuestras voces*, ed. por Joysmith, p. 260.

las áreas de solapamiento entre mexicanas y chicanas desde la perspectiva cultural de la mexicanidad.

Delineación contextual comparativa

En líneas análogas a los comentarios de Margo Glantz, Debra A. Castillo llama la atención sobre las diferencias entre las escritoras mexicanas y chicanas contemporáneas: mientras que las escritoras chicanas escriben generalmente desde la perspectiva de una cultura de resistencia, las mexicanas hablan desde dentro de una cultura dominante.[46] En el citado volumen *Las formas de nuestras voces*, Aralia López González examina a grandes rasgos esas diferencias entre las escritoras y los entornos contextuales en que se inscribe su producción.[47] López González postula la necesidad de partir de estas en un estudio comparativo entre la producción narrativa contemporánea de mexicanas y chicanas. En consonancia con mi argumentación previa, coincido con la premisa de López González de partir de la inscripción de las autoras y de su producción y recepción en el seno de las configuraciones contextuales a las que pertenecen. Fundamental en la indagación crítica que sigue es, pues, la posicionalidad desde la que se escribe, que incluye la intersección dinámica de factores tales como el contexto sociocultural, las configuraciones nacionales, las experiencias, la lengua o la orientación política de las escritoras, elementos estos que, sin comportar un paralelismo mimético entre el 'autor y su circunstancia' y la obra literaria, se manifiestan en lo que se dice y escribe.[48] Ello se traduce en la necesidad de diferenciar entre producciones literarias, la mexicana y la chicana, que se han conformado en contextos sociohistóricos, políticos y culturales diferentes, en los que las mujeres viven en condiciones diferentes y en los que existen, en general, diferencias marcadas en las posicionalidades de las autoras, todo lo cual conlleva estrategias y preocupaciones distintas en la representación de la subjetividad y desarrollo femeninos.

A continuación se presenta un primer acercamiento al panorama contextual general en que se sitúan las producciones literarias de Carmen Boullosa y Sandra Cisneros, panorama que se ampliará a lo largo de los capítulos siguientes. Este panorama, es oportuno precisar, viene marcado por su relevancia para el análisis posterior, por lo que se centrará principalmente

---

[46]   En Manickan (respuesta 9 de 10).

[47]   'Consideraciones para pensar las diferencias entre las escritoras mexicanas y chicanas contemporáneas', pp. 51–64.

[48]   En este sentido, se enfatiza la dimensión dinámica del texto literario, entendido, no como reproducción o *reflejo*, sino como *representación* de la realidad. A esta interacción entre autor y texto, hay que añadir, asimismo, la posicionalidad propia del lector y/o crítico, en este caso de género femenino y ubicado en unas particularidades igualmente determinadas, lo que convierte el territorio de la literatura en un campo de encuentro tridimensional entre autor, texto y lector/crítico.

en el entorno literario en que escriben las escritoras de la 'generación' de Boullosa y Cisneros,[49] es decir, escritoras que nacen en torno a la década de los cincuenta y publican a partir de finales de los setenta y principios de los ochenta y que, en el caso de México, se ubican en el 'centro', esto es, la Ciudad de México.[50] En el análisis se aludirá a nociones de entidad colectiva – esto es, 'grupo' – en referencia a las autoras mexicanas y chicanas, noción que, naturalmente, no implica una categorización de las escritoras como dos entidades homogéneas que operen desde una posición única. Igualmente, tampoco la descripción que sigue supone el establecimiento de características en términos absolutos. En conformidad con el acercamiento crítico empleado, lo que se pretende con la descripción que sigue es contextualizar el examen posterior y apuntar rasgos generales en cada literatura desde la perspectiva de que la palabra escrita está enraizada en espacios sociales, literarios y culturales compartidos por las escritoras, cuya posicionalidad particular no deja de participar de condiciones colectivas derivadas de su diferenciación genérica y de su contexto nacional y cultural, lo que, ciertamente, moldea sus quehaceres literarios.

Procesos históricos de las literaturas mexicana y chicana
Como se ha señalado, los procesos históricos en que se han conformado las literaturas mexicana y chicana son muy diferentes, lo cual conforma

---

[49]   Es preciso señalar que ello no implica que exista una división tajante entre esta 'generación' y las que la preceden o suceden. Con todo, aun reconociendo la fluidez y el diálogo entre las escritoras de las diversas 'generaciones' que conforman el panorama literario mexicano y chicano, es forzoso acotar el vasto panorama de análisis y dibujar ciertos límites en el análisis posterior. En relación con la cuestión generacional, véase el ensayo de Lorraine Kelly, 'Women Writing in Contemporary Mexico: The case of Brianda Domecq', *Journal of Iberian and Latin American Studies*, 14.2–3 (2008), 101–08 (p. 102).

[50]   Y ello, especialmente, frente a la región fronteriza, ubicación que 'carries progressive connotations in the Mexican context' (Claudia Sadowski-Smith, *Border Fictions: Globalization, Empire, and Writing at the Boundaries of the United States* (Charlottesville: University of Virginia Press, 2008), p. 13). En el caso de las chicanas, la frontera como designación de cuestiones de identidad y estética chicanas está siempre presente, de un modo u otro, en sus obras literarias; no obstante, la ubicación o no de las autoras en la frontera geopolítica (frente a la frontera 'metafórica') conformará una posicionalidad específica (en cuanto a Sandra Cisneros, aunque nace en Chicago – ubicación presente en sus dos novelas – reside desde hace algunos años no muy lejos de la frontera, en San Antonio, Texas, lo cual se verá reflejado en *Caramelo*). El estudio de la producción de escritoras ubicadas en la región fronteriza centra la atención de trabajos como *Border Women: Writing from La Frontera* (Minneapolis: University of Minnesota Press, 2002), de Debra A. Castillo y María Socorro Tabuenca Córdoba, o *MeXicana Encounters: The Making of Social Identities on the Borderlands* (Berkeley: University of California Press, 2003), de Rosa Linda Fregoso. Respecto al tema de la frontera, tanto real como metaforizada, figura como referencia obligada el clásico de Gloria Anzaldúa *Borderlands/La Frontera: The New Mestiza* (San Francisco: Aunt Lute Books, 1987).

sistemas culturales y literarios distintos que confieren a sus literaturas cualidades diferenciadas.

En relación con México, la literatura mexicana como tal cuenta con una larga tradición que se remonta a la Independencia de España en 1821 y se da a conocer internacionalmente desde la década de los sesenta con el *boom* de la literatura latinoamericana. Las voces literarias femeninas comienzan a irrumpir especialmente a partir de la década de los cincuenta, pero es desde los años setenta y particularmente desde los ochenta cuando presenciamos un aumento prodigioso de escritoras en el panorama literario general con lo que se ha llamado '*boom* femenino'.

Con respecto a la literatura chicana, aunque encuentra sus antecedentes desde fines del siglo XIX, se trata de un fenómeno reciente que se refiere a obras publicadas a partir de 1965, cuando la lucha sociopolítica surgida en el suroeste de Estados Unidos para enfrentar el legado de discriminación histórica e injusticia social que sufría la comunidad de ascendencia mexicana da lugar al Movimiento Chicano. La literatura chicana surge al son del Movimiento con un aliento afirmativo y diferenciador como instrumento de lucha social en el intento de una comunidad de generar un espacio nuevo desde el que hacer oír sus voces y construir una identidad y cultura alternativas a la impuesta por el orden establecido. A diferencia de la naturaleza relativamente 'autónoma' del proceso que da lugar a la literatura mexicana, la literatura chicana se conforma en el espacio cultural y lingüístico intersticial entre la cultura mexicana tradicional y la cultura estadounidense a partir de una urgencia de explorar su propia definición y de proponer nuevos paradigmas. Desde ese espacio intermedio, las prácticas literarias chicanas constituyen una forma de contradiscurso: 'They write through and against, not in place of, dominant and dominating discourses. This does not imply simply finding an authentic or original voice of complete alterity, an expulsion of the Yankee from the heart. Rather, counterdiscoursive practices incorporate and deconstruct dominant discourses, incorporating "marginal" or devalued forms of knowledge and discourse in the process.'[51] Dentro de esas prácticas contradiscursivas, el florecimiento de la literatura de las chicanas, que tiene lugar particularmente desde finales de los setenta y aumenta significativamente a partir de los ochenta, marca un compromiso con las prácticas descolonizadoras surgidas del Movimiento, al mismo tiempo que una ruptura con respecto a las estructuras jerárquicas sexistas caracterizadoras de su discurso nacionalista.[52]

---

[51] Rafael Torres-Pérez, *Movements in Chicano Poetry: Against Myths, Against Margins* (Cambridge: Cambridge University Press, 1995), p. 34.
[52] Se profundizará en esta cuestión en la sección 'El discurso de género'.

Naturaleza funcional

Los procesos históricos diferentes en que se han conformado las tradiciones literarias mexicana y chicana confieren a la palabra escrita un carácter diferenciado en cada contexto en relación con aspectos sociales, es decir, una naturaleza funcional diferente.

En el caso chicano, como ya se señaló, la literatura nace como elemento indisociable del Movimiento de nacionalismo cultural en el contexto amplio del Movimiento por los Derechos Civiles en Estados Unidos. Para los chicanos escribir es una actividad politizada en cuanto forma de resistencia, reivindicación y supervivencia de su amenazada identidad cultural en el seno de la opresión cultural e ideológica del orden hegemónico. Por medio de la palabra, estos escritores persiguen recuperar y mantener la memoria viva de su pueblo y elaborar categorías semánticas nuevas que moldeen la autocomprensión individual y cultural con el fin de efectuar un cambio social. En este contexto, el acto de lectura se concibe también como político, ya que intenta producir una respuesta de parte de las comunidades chicana y angloamericana, llamadas a la concienciación de la problemática existente y a la transformación de las prácticas ideológicas opresoras. Esta función política de la literatura es compartida por las diversas literaturas chicanas, que, como señala Ramón Saldívar, si no conforman una sola tradición literaria ni muestran cohesión técnica o ideológica, sí manifiestan 'a common idea of the function of literature as a result of the specific historical, social, and economic experience that these authors have been obliged to share'.[53]

En relación con este valor político de la literatura, hay que destacar dos aspectos relevantes. En primer lugar, la literatura chicana de los últimos años se ha distanciado progresivamente de la política nacionalista unidimensional de finales de los sesenta y principios de los setenta hacia el acomodo y representación de diversas experiencias,[54] lo que de ninguna manera implica la merma de su valor político. Así lo señala Wilson Neate: 'It must be emphasized that recent writing has in no way ceased to be political, or politically responsible. Rather, recent accounts of community [...] comprise a far more rigorous and committed political commentary and, moreover, have ceased to hold themselves accountable to one specific ideological line.'[55]

---

[53] *Chicano Narrative: The Dialectics of Difference* (Madison: University of Wisconsin Press, 1990), p. 7.

[54] Como observan Rosa Linda Fregoso y Angie Chabram, el nacionalismo cultural chicano 'failed to acknowledge our historical differences in addition to the multiplicity of our cultural identities as a people' ('Chicano/a Cultural Representations: Reframing Alternative Critical Discourses', *Cultural Studies*, 4 (1990), 203–12 (p. 205)).

[55] *Tolerating Ambiguity: Ethnicity and Community in Chicano/a Writing* (New York: Peter Lang, 1998), p. 253.

En segundo lugar, como resultado del efecto de las reivindicaciones políticas de las minorías étnicas durante los sesenta en Estados Unidos, materializado en las políticas oficiales del multiculturalismo,[56] la producción literaria de los chicanos empieza a integrarse desde finales de los ochenta en el ámbito académico y literario estadounidense como parte de las estrategias del *mainstream* de absorción de las literaturas minoritarias. Las literaturas étnicas se convierten así en lo que Ellen McCracken llama 'minority commodities', lo cual revela la paradoja de la reabsorción de la voz del otro por la ideología hegemónica, que de ese modo celebra la diversidad y la diferencia como si de un 'exotic festival' (Nelly Richard) se tratara, ocultando las contradicciones sociales fundamentales que siguen existiendo.[57] Esta inserción inevitable, no obstante, no ha de llevarnos a negar su papel contestatario y político en su producción de contradiscursos culturales y su potencial de redefinición de las estructuras dominantes, ya que, como observa McCracken,[58] si bien los textos son absorbidos por el orden dominante y constituyen una parte integral de las estructuras capitalistas, son simultáneamente críticos con sus valores, produciendo así espacios culturales no consumidos por tales estructuras.

En el caso de la narrativa mexicana, la política y la ideología han sido importantes para la mayor parte de los escritores en México y, de una manera u otra, han estado siempre presentes en sus producciones literarias. Según señala la escritora mexicana Sara Sefchovich, 'la novela mexicana ha sido […] en sus tendencias principales y en sus ejemplos más notables, un retrato crítico y una conciencia crítica'.[59] En líneas generales, sin embargo, las circunstancias diferentes en que se ha engendrado la literatura mexicana determinan que la función social, política y testimonial de la palabra escrita tenga en el caso mexicano un peso también diferente del que tiene en el caso

---

56   En respuesta al multiculturalismo 'popular' moldeado por las minorías étnicas en Estados Unidos durante los sesenta, que exigían el fin de la impopular política de asimilación del *melting pot*, las instituciones oficiales crean un multiculturalismo que se puede denominar 'oficial'.

57   Ellen McCracken, *New Latina Narrative: The Feminine Space of Postmodern Ethnicity* (Tucson: University of Arizona Press, 1999), p. 12; Nelly Richard, 'Cultural Peripheries: Latin American and Postmodernist De-centering', en *The Postmodernism Debate in Latin America*, ed. por John Beverley y otros (Durham, NC: Duke University Press, 1995), pp. 217–22 (p. 221). Frederick Luis Aldama, asimismo, señala al respecto que el funcionamiento del capitalismo determina la integración de voces literarias chicanas selectas (entre ellas, las de Sandra Cisneros, Ana Castillo o Denise Chávez), capaces de satisfacer las demandas de literatura 'étnica' del mercado y los márgenes de beneficio de las grandes editoriales, y la exclusión de muchas otras voces chicanas, especialmente las de las lesbianas (*Brown on Brown: Chicano/a Representation of Gender, Sexuality, and Ethnicity* (Austin: University of Texas Press, 2005), p. 93).

58   *New Latina Narrative*, pp. 12–13.

59   Sara Sefchovich, 'Una sola línea: la narrativa mexicana', en *Literatura mexicana hoy: del 68 al ocaso de la revolución*, ed. por Karl Kohut (Frankfurt a/M: Vervuert; Madrid: Iberoamericana, 1991), pp. 47–54 (p. 47).

chicano. Si bien encontramos una narrativa de marcado carácter comprometido y testimonial a partir de 1968 con la tragedia de Tlatelolco, que a su vez ha continuado en torno a la rebelión zapatista de 1994,[60] se trata de *una* de las tendencias de la literatura mexicana. En el marco amplio de la literatura latinoamericana, el crítico Karl Kohut asevera que el concepto sartreano de '"literatura comprometida" nunca pudo imponerse entre los intelectuales creadores, que aceptaron la responsabilidad política en cuanto ciudadanos, pero se negaron a someter su obra literaria a la política'.[61] En el contexto del mencionado coloquio entre chicanas y mexicanas, Norma Alarcón observa que, a diferencia de las chicanas, que, junto a otros movimientos sociales (nacionalismo no oficial, Derechos Civiles, feminismo), participan con su quehacer literario en la lucha por la interpretación, construcción o mediación de lo 'real' en Estados Unidos, las escritoras mexicanas participantes 'do not understand social subordination in the same way that "women of color" do in the United States'. Y añade que en México 'the mediation of the reality of subordination is taking place among chroniclers, journalists, ethnographers, and most certainly, the communiqués from Chiapas and NAFTA'.[62] La autora mexicana Ethel Krauze explica la diferencia entre ambos grupos como una diferencia de objetivos en función de unas necesidades o 'cargas' diferentes:

> Las escritoras chicanas tienen objetivos que rebasan la función literaria. Tienen objetivos muy claros y muy marcados de reivindicaciones sociales y sexuales, idiomáticas y culturales del grupo minoritario al que pertenecen, son objetivos muy claros. Y las escritoras mexicanas no necesitan tener esos objetivos porque no tienen las mismas cargas que las chicanas.[63]

Ciertamente, la posición particular de Carmen Boullosa la distancia de la situación y objetivos sociopolíticos concretos en que se inserta la escritura de las chicanas. Así, la autora afirma que por medio de la literatura 'toda la realidad queda en entredicho [...]. Se vuelve objeto de crítica mecánica. Ése es el ejercicio de leer: abstraerse para volver a la realidad, con el ojo crítico clavado en el centro de la frente. Es inevitable.' Con todo, asevera Boullosa, la literatura 'no es agente de transformación social. Es lo que es. Es la dadora de la mirada crítica. No hace más.'[64]

---

60   José Carlos González Boixó, 'Introducción: del 68 a la generación inexistente', en *Tendencias de la narrativa mexicana actual*, ed. por González Boixó, pp. 7–23 (pp. 8, 9).

61   'Introducción: una mirada lejana (desde Alemania a México)', en *Literatura mexicana hoy*, ed. por Kohut, pp. 9–24 (p. 12).

62   'Interlocutions', p. 275.

63   'Entrevistas poscoloquio', en *Las formas de nuestras voces*, ed. por Joysmith, p. 262.

64   'Carmen Boullosa', en Edmundo Bracho, *El oponente: entrevistas* (Caracas: AlterLibris, 2000), pp. 253–64 (pp. 260, 261).

A pesar de que estas caracterizaciones no son, en modo alguno, absolutas y encontramos así escritoras tan prominentes como Rosario Castellanos, Elena Poniatowska, Guadalupe Loaeza, Rosamaría Roffiel o Cristina Pacheco, entre otras, para quienes la dimensión social de la literatura es central, podemos concluir que en general existen diferencias contextuales marcadas en la relación entre palabra escrita y praxis social entre mexicanas y chicanas.

El discurso de género

Para comprender las representaciones literarias de las autoras mexicanas y chicanas, es también conveniente considerar el discurso de género y la tradición feminista en el seno de los espacios nacionales particulares en que se insertan sus producciones.

En relación con México, Debra A. Castillo observa que 'the tradition of women's participation in Mexico's national culture is extremely thin. Women have been discouraged from the public arena for centuries; their role in the literary and political debates surrounding their male counterparts has been obscured or denied.'[65] Las mexicanas consiguen el derecho al voto en 1953 y especialmente a partir de entonces empiezan a integrarse en la esfera pública. Su incorporación, con todo, no trae consigo la resemantización de las estructuras de género, que siguen ancladas firmemente en la tradición, tanto en el hogar como fuera de él. Habría que esperar a 1974, con la modificación del artículo cuarto de la Constitución, para que se estableciera la igualdad ante la ley entre hombres y mujeres, ya que México habría de ser la sede de la Primera Conferencia Internacional de la Mujer impulsada por la ONU en 1975, lo que hacía conveniente adecuar la ley a los principios que se aplicaban en otros países. En 1981 México ratificó la convención de la ONU sobre la eliminación de todas las formas discriminatorias contra la mujer. La realidad, sin embargo, es diferente y, como asegura Julia Tuñón, la ley se soslaya con frecuencia y las mentalidades pesan mucho en costumbres y hábitos.[66]

Las primeras voces que despuntan en México desde los cincuenta empiezan a fundar un quehacer literario diferente en el entorno del modelo patriarcal que había impregnado hasta entonces la narrativa nacional:[67] Josefina Vicens, Elena Garro, Rosario Castellanos, Inés Arredondo, Luisa Josefina Hernández,

---

[65] *Talking Back: Toward a Latin American Feminist Literary Criticism* (Ithaca: Cornell University Press, 1992), p. 222.

[66] Julia Tuñón, 'Nueve escritoras, una revista y un escenario', en *Nueve escritoras mexicanas nacidas en la primera mitad del siglo y una revista*, coord. por Elena Urrutia (México: Instituto Nacional de las Mujeres/El Colegio de México, 2006), pp. 3–32 (p. 31).

[67] En el contexto amplio de Latinoamérica, Jean Franco señala que la novela latinoamericana 'came into being as a national endeavour programmed by masculine phalansteries and feminine marginality' ('Self-destructing heroines', *The Minnesota Review*, 22 (1984), 105–15 (p. 105)).

Amparo Dávila o Elena Poniatowska. Estas son seguidas a partir de los setenta y muy especialmente a partir de los ochenta por las voces de un ingente número de escritoras que conformarán el bien conocido *boom* de escritoras: entre ellas, Brianda Domecq, Cristina Pacheco, Silvia Molina, Guadalupe Loaeza, Ángeles Mastretta, Sara Sefchovich, Laura Esquivel, Carmen Boullosa, Bárbara Jabobs o Ethel Krauze. La lista se amplía con las nacidas en la década de los sesenta, como Ana Clavel, Cristina Rivera Garza, Susana Pagano, Ana García Bergua y un largo etcétera. Según argumenta Nuala Finnegan, los textos publicados desde los ochenta 'continually interrogate ways of conceiving gender and [...] resist any fixed, limited or absolute representation of the feminine'.[68] La campaña de modernización política, cultural y económica que se implementó con particular ímpetu especialmente a partir de 1982, añade Finnegan (p. 9), activó las voces femeninas en la esfera cultural prácticamente por primera vez en la historia, unas voces 'emphatic and determined to explore their very differently-positioned sujectivities with regard to Mexico and *mexicanidad*' (p. 31).

No obstante, siguiendo a Finnegan, de este cuerpo textual no emerge un movimiento de oposición cohesivo. Antes bien, la racionalidad del mercado 'pits cultural players against each other as competitors in often hostile and destructive ways, as is evidenced by many Mexican women writers' attitudes to notions of "women's writing" and "feminism"' (p. 12). En líneas análogas, Aralia López González observa que el quehacer literario de las escritoras mexicanas encuentra todavía mucha resistencia a ser identificado como 'diferente', no solo en los diversos ámbitos culturales en México debido a la larga tradición autoritaria de las instituciones que organizan la sociedad, sino por las escritoras mexicanas mismas, quienes habitualmente rechazan en sus declaraciones públicas la realización de un quehacer sexualmente diferenciado.[69]

---

[68] *Ambivalence, Modernity, Power: Women and Writing in Mexico since 1980* (Oxford: Peter Lang, 2007), p. 9.

[69] 'Consideraciones para pensar las diferencias entre las escritoras mexicanas y chicanas contemporáneas', pp. 57–58. Ello no implica que las escritoras mexicanas no manifiesten en sus textos una conciencia de género; por el contrario, esta es una preocupación cardinal en sus representaciones literarias y uno de los estímulos clave de la emergencia y sustento del *boom* femenino. Como subraya López González en *Las formas de nuestras voces* ('Entrevistas poscoloquio', p. 251), 'en sus textos todas [las escritoras mexicanas] tienen clara la conciencia de género, lo sepan o no'. La identificación negativa de las escritoras, por otra parte, constituye un rasgo no solo aplicable al caso de México, sino también al de otros países latinoamericanos (Sara Castro-Klarén, 'Introducción' a 'Part 1: Women, Self, and Writing', en *Women's Writing in Latin America: An Anthology*, ed. por Sara Castro-Klarén y otras (Boulder, CO: Westview Press, 1991), pp. 3–26 (pp. 19–20)). Naturalmente, estas caracterizaciones son generales y encontramos escritoras mexicanas que sí afirman de manera abierta una diferenciación de género, entre ellas Elena Poniatowska, Margo Glantz, Ethel Krauze o Brianda Domecq (sin olvidar a la maestra que las precede, Rosario Castellanos).

La reticencia de muchas escritoras mexicanas puede atribuirse a su deseo de ser juzgadas y aceptadas al mismo nivel que los escritores,[70] deseo que en sí mismo revela el poderoso andamiaje sexista del conjunto social católico-patriarcal mexicano y de su imaginario colectivo, en que lo femenino ha sido culturalmente considerado como secundario o marginal y la producción de las mujeres ha sido encasillada en definiciones denigratorias de *literatura femenina*. Ello manifiesta un concepto exclusivista de canon que revela el sesgo misógino de la crítica; como señala Mary Louise Pratt, 'criteria used to determine literary value are themselves constituted in ways that reflect structures of hegemony in society'.[71] En este contexto, Carmen Boullosa se refiere al cambio operado en el medio a partir del éxito sembrado por las escritoras y las envidias que ello suscitó: 'Me parece que el fenómeno "bestsellers mujeres" cambió enteramente la percepción de las mujeres escritoras. De ser "excepcionales" y "de calidad", pasaron a ser "detestables populacheras".'[72] Nuala Finnegan se refiere, en este sentido, a la posición de las escritoras como 'imposible', 'positioned at the cross-roads, with so many competing, and at times converging interests including market forces and reader interests, critical horror, and publisher expansion' (pp. 177–78).

Es conveniente, asimismo, considerar esta cuestión en el marco de la tradición feminista en México, ya que la escritura femenina no posee la referencia de un movimiento feminista sólido firmemente establecido en el país.[73] No se puede negar que el movimiento feminista en México se ha dejado notar en los espacios políticos y sociales y que las mexicanas han dado cuenta de un protagonismo social y político significativo. No obstante, las posibilidades de un diálogo comprometido en términos de debates críticos en la escena académica y pública siguen siendo en general extremadamente limitadas. Como afirma Eli Bartra, el movimiento feminista en México 'no ha llegado ni a la sombra del desarrollo que ha tenido en otros lugares'.

---

[70]   Deborah Shaw, 'Problems of Definition in Theorizing of Latin American Women's Writing', en *Gender Politics in Latin America: Debates in Theory and Practice*, ed. por Elizabeth Dore (New York: Monthly Review Press, 1997), pp. 161–74 (p. 165).

[71]   '"Don't interrupt me": The Gender Essay as Conversation and Countercanon', en *Reinterpreting the Spanish American Essay: Women Writers of the 19th and 20th Centuries*, ed. por Doris Meyer (Austin: University of Texas Press, 1995), pp. 10–26 (p. 11).

[72]   En correspondencia personal con Carmen Boullosa (26 abril 2010). En cuestiones de recepción, análogamente, Debra A. Castillo señala que en México los críticos literarios 'have noted (or lamented) that a (presumably) male audience has given way to a presumably female audience' (*Easy Women*, p. 215).

[73]   Es pertinente aclarar que en México ha habido un movimiento amplio de mujeres, pero, como afirma Alma Rosa Sánchez Olvera, este no es sinónimo del movimiento feminista (*La mujer mexicana en el umbral del siglo XXI* (México: Universidad Nacional Autónoma de México, 2003), p. 103). 'Los movimientos de mujeres', señala la socióloga (p. 75), 'incluyen actores sociales como mujeres colonas, católicas, campesinas trabajadoras, que no enarbolan o incluyen entre sus demandas reivindicaciones de carácter feminista.'

Desde su punto de vista, en México se vive una amalgama de prefeminismo dominante, que ignora las diferencias jerárquicas entre hombres y mujeres, y de feminismo marginal.[74] En líneas similares, Aralia López González observa que el discurso de género en México 'es un poco una rareza; aquí todavía muchos la viven o como esnobismo o como equivocación. […] Cosas de viejas locas. Todavía están muy anatemizados los estudios de género. No están bien incorporados a la cultura.'[75] Debra A. Castillo, por su parte, señala la especificidad de clase del movimiento feminista: 'The progress made by feminist thought in Mexico seems at times solely restricted to the upper-class women.'[76]

En contraste con las mexicanas, las chicanas disponen de un discurso de género firmemente asentado y reivindican el quehacer literario femenino como praxis cultural diferente. Su discurso de género posee una clara referencia en relación con el Movimiento Chicano y los debates feministas angloamericanos. El inicio del feminismo chicano se remonta a las luchas internas dentro del Movimiento, que, como se apuntó, se caracterizó por una voz y una perspectiva sumamente masculinas, en que la 'chicana ideal', glorificada en su papel de madre y esposa, fue identificada con la supervivencia y conservación de la herencia cultural de la comunidad.[77] En este marco, muchas chicanas alzaron sus voces en un desafío feminista para protestar contra el sexismo que sufrían dentro del Movimiento, desafío que suponía la continuación del activismo político histórico de las méxico-americanas y era paralelo a las experiencias de otras mujeres de color en Estados Unidos. Su postura feminista fue condenada desde posiciones nacionalistas, desde las que las chicanas fueron tildadas de 'Malinches',[78] es decir, de traidoras a la causa al seguir sus propios intereses egoístas.[79] Como resultado de estas desavenencias, se produce lo que Angie Chabram-

---

[74] 'Tres décadas de neofeminismo en México', en *Feminismo en México: Ayer y hoy*, ed. por Eli Bartra y otras (México: Universidad Autónoma Metropolitana, 2000), pp. 37–56 (pp. 53–54).

[75] 'Entrevistas poscoloquio', en *Las formas de nuestras voces*, ed. por Joysmith, pp. 251–52.

[76] *Easy Women*, p. 15. Anna Macías lo confirma también en *Against All Odds: The Feminist Movement in Mexico to 1940* (Westport, CT: Greenwood Press, 1982), p. xiii), donde señala la imposibilidad de que las feministas, de clase acomodada, tuvieran un impacto en las masas de mexicanas abismalmente pobres (p. xv).

[77] Alma M. García, 'Introduction', en *Chicana Feminist Thought*, ed. por Alma M. García, pp. 1–16 (p. 6).

[78] La Malinche, conocida también como 'Malintzin' o 'Doña Marina', fue la amante e intérprete de Cortés durante la conquista. Volveré sobre esta cuestión más adelante en la sección 'La mexicanidad femenina institucionalizada y la desestabilización de su discurso.'

[79] Alicia Gaspar de Alba, 'Malinche's Revenge', en *Feminism, Nation and Myth: La Malinche*, ed. por Rolando Romero y Amanda Nolacea Harris (Houston, TX: Arte Público Press, 1993), pp. 44–57 (p. 48).

Dernersesian llama 'splitting' del 'sujeto chicano' del discurso nacionalista al
inscribir las chicanas diferencias de género en el seno de su lucha en común
con los chicanos frente a la marginación de etnicidad y clase.[80]

De modo análogo, las discusiones ideológicas en torno al feminismo
chicano tuvieron lugar fuera de la comunidad en el seno del feminismo
angloamericano, que con su presencia y solidez proporcionaba un importante
punto de apoyo para las feministas chicanas pero no era sensible a las
diferencias étnicas, culturales o de clase que determinaban la experiencia
de estas mujeres. En el sólido entorno constituido por las contribuciones y
luchas de las activistas chicanas durante el período del Movimiento, florece
desde mediados de los ochenta un nuevo grupo de prominentes figuras que
inauguran el '*boom* femenino' entre las chicanas o, en palabras de Lomelí,
Márquez y Herrera-Sobek, la 'Contemporary Chicana Generation',[81] inserta
en el amplio marco constituido por la emergencia de voces literarias latinas
en los Estados Unidos. Entre las autoras de esta generación encontramos a
Sandra Cisneros, junto con otras tan prominentes como Gloria E. Anzaldúa,
Denise Chávez, Cherríe Moraga, Ana Castillo, Helena María Viramontes,
Lorna Dee Cervantes, Lucha Corpi, Margarita Cota-Cárdenas, Mary Helen
Ponce, Erlinda Gonzales-Berry, Norma Elia Cantú, Emma Pérez o Pat Mora,
por citar solo a algunas. La publicación en 1981 del volumen *This Bridge
Called My Back: Writings by Radical Women of Color*, editado por Anzaldúa
y Moraga, supone la apertura de un espacio definitivo para las chicanas y
las mujeres de color dentro del feminismo blanco de clase media dominante
y da paso a la firme construcción de 'a feminist political theory specifically

---

[80] 'And, Yes ... The Earth Did Part: On the Splitting of Chicana/o Subjectivity', en
Building With Our Hands: New Directions in Chicana Studies, ed. por Adela de la Torre y
Beatriz Pesquera (Berkeley: University of California Press, 1993), pp. 34–56 (p. 39). Ello no
nos debe conducir a la idea de que la ideología feminista chicana agrupó a todas las chicanas
y constituyó un todo monolítico frente al sexismo del chicano. Por el contrario, en el seno de
este colectivo femenino se produjo también una división entre las chicanas más tradicionales,
que se negaron a reconocer la legitimidad de la lucha de las mujeres en función de su género,
y las chicanas feministas, entre las que a su vez se dieron tensiones y conflictos derivados de
sus diferentes posiciones. Esta escisión por razones de género, asimismo, va acompañada con
el tiempo de otras divisiones, producto natural de la diversidad misma de las comunidades
chicanas. Juan Bruce-Novoa explica así que 'to convert the people of Mexican descent residing
in the United States into a cohesive nationalistic group was a necessary first step for any
concerted action by Chicano activists'; esa unidad ideal se deshizo progresivamente para
permitir 'the rise of the liberating and realistic need to embrace the widely diverse totality of
the Chicano communities' ('Dialogical Strategies, Monological Goals: Chicano Literature', en
An Other Tongue: Nation and Ethnicity in the Linguistic Borderlands, ed. por Alfred Arteaga
(Durham, NC: Duke University Press, 1994), pp. 225–45 (pp. 225, 241)).

[81] Francisco A. Lomelí, Teresa Márquez y María Herrera-Sobek, 'Trends and Themes in
Chicana/o Writings in Postmodern Times', en *Chicano Renaissance: Contemporary Cultural
Trends*, ed. por David R. Maciel y otros (Tucson: University of Arizona Press, 2000), p.
285–312 (p. 288).

from our racial/cultural background and experience', teoría que cambió para siempre la práctica y la política del feminismo en Estados Unidos.[82] Frente a las feministas del Movimiento, las feministas del 'Post-Movimiento' contribuyeron a la reconfiguración de la identidad chicana como seno de múltiples discursos – entre ellos, muy especialmente la cuestión de la identidad sexual.[83] Norma Alarcón comenta el cambio que se operó en la concepción de la identidad:

> The quest for a true self and identity, which was the initial desire of many writers involved in the Chicano movement in the late 1960s and early 1970s, has given way to the realization that there is no fixed identity. 'I', or 'She' [...] is composed of multiple layers without necessarily yielding an 'uncontested origin'.[84]

Desde esta perspectiva, pues, se enfatizan las diferencias entre las chicanas en un nuevo marco en que estas se entienden, no como 'causas de separación o sospecha', sino como 'fuerzas para el cambio'.[85]

En su conjunto, las escritoras y activistas chicanas han llevado a cabo en sus obras una importante labor de deconstrucción de la imaginería del discurso hegemónico, lo que han conseguido traducir a una política de oposición efectiva en la reconfiguración de las estructuras ideológicas y las identidades de género. Frente a la neutralidad de género que postulan muchas escritoras mexicanas, las experiencias de las chicanas como grupo minoritario y su ubicación en el espacio primermundista en que habitan – a

---

[82]   Cherríe Moraga y Gloria Anzaldúa, 'Introduction', *This Bridge Called My Back: Writings by Radical Women of Color*, ed. por Cherríe Moraga y Gloria Anzaldúa, 2ª ed. (New York: Kitchen Table, Women of Color Press, 1983 [1981]), pp. xxiii–xxvi (p. xxiv). Sobre este tema, véase también Norma Alarcón, 'The Theoretical Subject(s) of *This Bridge Called My Back* and Anglo-American Feminism', en *Criticism in the Borderlands: Studies in Chicano Literature, Culture, and Ideology*, ed. por Héctor Calderón y José David Saldívar (Durham: Duke University Press, 1991), pp. 28–39. Junto con *This Bridge*, otro hito en la reformulación del paradigma del feminismo blanco fue la publicación un año después de *All the Women are White, All the Blacks are Men, But Some of Us Are Brave: Black Women's Studies*, ed. por Gloria T. Hull y otras (Old Westbury, NY: Feminist Press, 1982). *This Bridge Called My Back*, asimismo, fue complementado más tarde con *This Bridge We Call Home: Radical Visions for Transformation* (New York: Routledge, 2002), ed. por Gloria E. Anzaldúa y AnaLouise Keating, que amplió su campo de acción a gran variedad de temas e identidades.

[83]   Para un examen de las diferencias entre las feministas del Movimiento y del 'Post-Movimiento', véase la sección de Alma M. García 'Chicana Feminists Speak: Voicing a New Consciousness', en *Chicana Feminist Thought*, ed. por Alma M. García, pp. 261–62.

[84]   'Chicana Feminism: In the Tracks of "The" Native Woman', en *Between Woman and Nation: Nationalisms, Transnational Feminisms, and the State*, ed. por Caren Kaplan y otras (Durham, NC: Duke University Press, 1999), pp. 63–71 (p. 65).

[85]   Audre Lorde, 'The Master's Tools Will Never Dismantle The Master's House', en *This Bridge Called My Back*, ed. por Moraga y Anzaldúa, pp. 98–101 (p. 99). Es la misma concepción que subyace a este trabajo comparativo en relación con mexicanas y chicanas.

pesar del estatus tercermundista que puedan ocupar en él – configuran una conciencia fuertemente crítica como mujeres y un reconocimiento abierto de su agenda feminista. Esta conciencia crítica y fuerte activismo, conforman, además, una lucha sin tregua para las chicanas en el contexto de la afluencia continuada de mexicanos a Estados Unidos y la actualización constante de los arraigados estereotipos de raíz mexicana asociados con lo femenino.

En nuestro contexto comparativo, se entiende, pues, que en el caso de la literatura de las chicanas exista un estrecho vínculo entre su política feminista y su práctica literaria, lo que Sonia Saldívar-Hull denomina 'feminism on the border', esto es, un feminismo que, modificando la posición crítica feminista tradicional, se define como 'a literary practice articulated in nonsanctioned sites of theory: in the prefaces to anthologies, in the interstices of autobiographies, and in the cultural artifacts themselves, the cuentos'.[86] En el caso de las escritoras mexicanas, en cambio, no se da en general un nexo equivalente, disociación patente, además, en el hecho de que la lucha de las mujeres mexicanas por conseguir visibilidad y presencia en la vida pública tiene lugar en entornos frecuentemente distantes de los círculos literarios. De acuerdo con ello, Fabienne Bradu hace unas puntualizaciones significativas:

> Hay que tener una conciencia clara de que hablar de literatura femenina implica trabajar en un campo simbólico que no conserva sino lejanos nexos con la realidad social de la emancipación femenina. El ligero aumento del número de escritoras en este país y en otros, corresponde sin duda a una transformación de las mentalidades, y a un mayor acceso de las mujeres a la cultura y a la educación, pero en ningún caso llega a conformar una voz colectiva, tan desautorizada como irreal.[87]

Espacios nacionales y tradiciones literarias

En relación con las observaciones precedentes, otro elemento que hay que tomar en consideración es el relacionado con los referentes nacionales particulares y las tradiciones literarias en ambos contextos de producción, lo cual marca diferencias y actitudes en las escritoras frente a su material.

La tradición literaria en México se caracteriza por un pasado recogido en obras como las de Juan Rulfo u Octavio Paz en que campea el desamparo, la soledad, la incertidumbre y la desilusión. Nos hallamos frente a un país en que el peso del catolicismo, del estatus social y de la tradición patriarcal puede tener un efecto paralizante, en particular, sobre las mujeres. Se trata, además, de un espacio en que el malestar, la inestabilidad y el escepticismo

---

[86] *Feminism on the Border: Chicana Gender Politics and Literature* (Berkeley: University of California Press, 2000), p. 161.

[87] *Señas particulares: escritora: ensayo sobre escritoras mexicanas del siglo XX*, 2ª reimpr. (México: Fondo de Cultura Económica, 1998 [1987]), pp. 9–10.

se han tornado en moneda corriente, especialmente desde la crisis de los ochenta. Sara Sefchovich expresa del modo siguiente la imbricación entre la condición que tiñe la narrativa mexicana y el contexto en esa década, caracterizada por la crisis de la autoridad, la legitimidad y la verdad, y el desencanto con el poder político y cultural (p. 54):

> Desesperanza de los marginados, desesperación de las clases medias, escepticismo, violencia y miedo, separación entre la ciudad y el campo y entre las clases sociales. Este es el país que tenemos en los años ochenta – el que hemos tenido durante muchos años – y del que da cuenta – y ha dado durante muchos años – la novela. País de ilusiones no conseguidas y donde ni la familia, ni las instituciones ni la televisión ni el trabajo ni el ocio nos dan lo que esperábamos. Sobre todo país de la fragmentación y sin lugar para las esperanzas, en el que todo parece desarticulado y hostil. […] Los textos de hoy dan fe de la inestabilidad, demuestran que el orden ha sido falso, que se acabaron los sueños y las fantasías y que la televisión y el discurso oficial mienten. Y por supuesto que todos lo sabemos pero seguimos viviendo así. […] Esta es la tendencia de la narrativa mexicana actual, pero lo que hay que tener presente es que esta ha sido siempre la forma de ser de la literatura mexicana.

De modo análogo, para María Luisa Puga el denominador común de la novela mexicana 'es un sentimiento de insatisfacción; quizá sea de tremenda incomodidad'.[88] Alfredo Pavón confirma esta caracterización en relación con la narrativa de los noventa y la reciente, que para el crítico siguen los derroteros del pesimismo, la violencia, el registro de las incertidumbres sociales e individuales, el hastío, la separación amorosa y el sinsentido.[89] 'A medida que nos acercamos a nuestros días', señala, de modo similar, José Carlos González Boixó, 'se aprecia un aumento del tono pesimista.'[90]

En cuanto a la producción chicana, se trata de una literatura joven y vital que busca su definición y que se fragua en el espacio de una potencia mundial y su máxima del 'hombre hecho a sí mismo', en que, como comenta Erik H. Erikson,

> The individual must be able to convince himself that the next step is up to him and that no matter where he is staying or going he always has the choice of leaving or turning in the opposite direction if he chooses to do

---

88   'El solapado realismo en la novela mexicana', en *Literatura mexicana hoy*, ed. por Kohut, pp. 167–75 (p. 172).

89   Señalado por Nora Pasternac, 'Presentación', en *Territorio de escrituras: narrativa mexicana del fin de milenio*, coord. y pres. por Nora Pasternac (México: Universidad Autónoma Metropolitana, 2005), pp. 9–19 (p. 12).

90   González Boixó, 'Introducción: del 68 a la generación inexistente', p. 9.

so, each contains the opposite element as a potential alternative which he wishes to consider his most private and individual decision.[91]

A pesar de todos sus condicionamientos, el colectivo chicano es naturalmente permeable a este pensamiento que enfatiza la potencialidad y autodeterminación del individuo. En esta misma línea, Juan Bruce-Novoa opina que la literatura chicana se caracteriza en su conjunto por su vitalidad y voluntad de sobrevivir: 'A pesar de las varias presiones, sin embargo, la cultura sobrevive y [...] ése es el tema de la literatura chicana. Puede haber dudas, incluso pesimismo, pero por fin lo que triunfa es una voluntad de sobrevivir frente a todos los obstáculos. La escritura misma constituye esa afirmación.'[92] Deborah L. Madsen confirma esta aserción en relación específica con las escritoras: 'Chicana writers have developed a tradition of writing that focuses on the transformation of deprivation, pain, and suffering.'[93] En su conjunto, señalan también Tey Diana Rebolledo y Eliana S. Rivero, sus obras constituyen una celebración del goce de ser y de la feminidad.[94]

La posición de las escritoras: privilegio y marginalidad
Como ya vimos, la subjetividad, como la concebía de Lauretis, es una construcción continua localizada en la intersección de múltiples discursos, a veces contradictorios, que atraviesan la conciencia y construyen las posiciones desde las que el sujeto habla. De particular relevancia en este examen son las diferencias inscritas por la etnicidad y la clase en la constitución de las posiciones subjetivas ocupadas por las escritoras mexicanas y chicanas, cuya posicionalidad deja ineludiblemente huella en sus representaciones literarias en términos de su visión de la formación de la subjetividad femenina y de la subordinación de las mujeres en el espacio social.

En cuanto a cuestiones de clase social, la mayoría de mujeres escritoras (y lectoras) en México, al igual que sucede en otros países latinoamericanos, procede de la clase media o alta minoritaria.[95] Margo Glantz se refiere a ello como 'la casi unánime extracción pequeñoburguesa que nos define en parte y que en parte transcendemos'.[96] Peggy Job comenta la relación entre el estatus social de la escritora mexicana y su actividad literaria en el contexto

---

[91]   Erik H. Erikson, 'Reflections on the American Identity', *Childhood and Society*, 2ª ed. rev. (New York: Norton, 1963 [1950]), pp. 285–325 (p. 286).
[92]   *La literatura chicana a través de sus autores*, trad. por Stella Mastrangello, 2ª ed. (México: Siglo Veintiuno, 1999 [1983]), p. 42.
[93]   *Understanding Contemporary Chicana Literature* (Columbia: University of South Carolina Press, 2002), p. 168.
[94]   'Celebrations', en *Infinite Divisions: An Anthology of Chicana Literature*, ed. por Tey Diana Rebolledo y Eliana S. Rivero (Tucson: University of Arizona Press, 1993), pp. 339–42.
[95]   Debra A. Castillo, *Easy Women*, p. 136.
[96]   'Entrevistas poscoloquio', en *Las formas de nuestras voces*, ed. por Joysmith, p. 260.

de los ochenta: 'Para escribir y ser publicada se supone una educación, una independencia económica, un espacio y un tiempo "libre" adecuados para la producción del texto. Tratamos de un grupo privilegiado, dentro de un país trastornado por una crisis económica, y las obras reflejan el origen de sus autoras.'[97]

Sin ignorar la existencia real de diversidad de clase entre las chicanas y sus variadas circunstancias sociohistóricas y económicas,[98] podemos afirmar que la mayoría de ellas proceden de familias de clase trabajadora o se identifican políticamente con esta clase. En este contexto, Norma Alarcón alude a su quehacer literario como un 'milagro':

> Dadas las circunstancias socioeconómicas de nuestras familias, es verdad-
> eramente un milagro que tantos de ellos y ellas hayan podido apoderarse
> de la palabra y de la escritura, contra marea, para recuperar su genealogía.
> Desde este punto de vista esta generación es muy especial, pues su visión
> se desdobla hacia la clase obrera/campesina y la burguesía social e intelec-
> tual.[99]

A pesar de que su actividad intelectual distancia inevitablemente a las escritoras chicanas de sus orígenes humildes y de las mujeres que pretenden representar, su firme compromiso político y su proyecto de, usando los términos de Jean Franco, 'using privilege to destroy privilege',[100] refuerzan los lazos que las unen a la comunidad. Elena Poniatowska dilucida el vínculo existente entre clase social y escritura en las autoras mexicanas y chicanas en el contexto de los ochenta: 'For the Mexican woman writer, writing is an under product of her social situation. For the Chicanas, writing is a means to overcome their social situation.'[101]

---

[97] 'La sexualidad en la narrativa femenina mexicana 1970–1987: una aproximación', en *Mujer y literatura mexicana y chicana*, coord. por López González y otras, I (1988), pp. 123–39 (p. 124).

[98] Sobre esta cuestión, véase el ensayo de Mario Barrera 'Chicano Class Structure', en *Chicano Studies: A Multidisciplinary Approach*, ed. por Eugene E. García y otros (New York: Teachers College Press, 1984), pp. 40–55, y el de Patricia Zavella, 'Reflections on Diversity among Chicanas', *Frontiers*, 12.2 (1991), 73–85.

[99] 'La literatura de la chicana: un reto sexual y racial del proletariado', en *Mujer y literatura mexicana y chicana*, coord. por López González y otras, II (1990), pp. 207–12 (p. 210).

[100] Jean Franco, 'Going Public: Reinhabiting the Private', en *On Edge: The Crisis of Contemporary Latin American Culture*, ed. por George Yúdice y otros (Minneapolis: University of Minnesota Press, 1992), pp. 65–83 (p. 80).

[101] 'Mexicanas and Chicanas', p. 47. Se debe tener presente que estas afirmaciones – procedentes de su artículo fechado en 1996, pero que recoge la ponencia que la escritora dio en Hampshire College en el otoño de 1991 – hay que ubicarlas en un pasado en que las escritoras chicanas procedían mayoritariamente de un trasfondo inmigrante humilde (como en el caso de Sandra Cisneros) y no responden a la realidad actual de muchas de ellas (Cisneros, por

En relación con la etnicidad, mientras que las chicanas reivindican una identidad étnica fundada en la experiencia chicana de marginación y desplazamiento en el orden dominante de Estados Unidos, entre las mexicanas no se da en general una conciencia tan marcada en cuanto a cuestiones étnicas.[102] Elena Poniatowska, así, llama la atención sobre el hecho de que 'nosotras las mexicanas nunca hemos dicho, por ejemplo, que somos mujeres de color como lo hacen las chicanas, nunca nos hemos definido como mestizas, blancas o prietas'.[103] A pesar de que algunas escritoras mexicanas como Margo Glantz, Angelina Muñiz-Huberman, Esther Seligson o Bárbara Jacobs expresan una diferencia étnica en sus escritos como producto de su herencia migratoria, su legado no las marca en el entorno social del mismo modo en que marca a las chicanas. Norma Klahn comenta que el levantamiento zapatista de 1994 y las demandas indígenas que lo acompañaron, que han generado nuevos diálogos transnacionales entre chicanas y mujeres indígenas, han empezado también a mover a muchas escritoras mexicanas a condenar el racismo en México,[104] lo que, a su vez, podría influir en su práctica literaria.

Es importante tener en cuenta, no obstante, que el trasfondo privilegiado de las escritoras mexicanas – nos recuerda Nuala Finnegan en *Ambivalence, Modernity, Power* – no implica que estas no hayan encontrado actitudes hostiles y de resistencia en sus entornos (p. 15), según se ha señalado anteriormente en relación con la recepción de su obra. Es más, como asevera Finnegan (p. 18), 'technically natives of the "Third World" and thus fossilised in many conceptualisations of the relationship between "First" and "Third", these women are clearly subordinate on one level and yet uniquely privileged on so many others'. De modo paralelo, y desde el punto de vista de la recepción, Norma Alarcón señala también que la autora chicana cuenta en comparación con una mayor audiencia, debido en parte a la institucionalización de los 'Chicana/Latina Studies' y la resultante demanda de 'Chicana Texts', mientras que la mexicana, a pesar de su posición social, está '"more" silenced […], since her audience is reduced to a small circle in her own social class as the price of the book becomes exorbitant, and the small print runs are ill-distributed'.[105] Es más, en relación con las chicanas, no se puede ignorar que estas pueden ser consideradas privilegiadas si se las

---

ejemplo), que se han beneficiado socioeconómica y académicamente de su posición subalterna, ni posiblemente a las nuevas generaciones de autoras chicanas.

[102] Es interesante referirse a lo que se hizo obvio en el coloquio entre mexicanas y chicanas de 1993: mientras que muchas de las escritoras mexicanas participantes eran de piel clara y de ascendencia europea, según revelaban sus apellidos ((Elena) Poniatowska, (Aline) Pettersson, (Margo) Glantz, (Ethel) Krauze), las chicanas eran de piel morena y tenían apellidos hispanos ((Sandra) Cisneros, (Ana) Castillo, (Helena María) Viramontes, (Mary Helen) Ponce).

[103] 'Escritoras chicanas y mexicanas', p. 47.

[104] 'Chicana and Mexicana Feminist Practices', p. 166.

[105] 'Interlocutions', pp. 276–77.

compara con las mexicanas de clase trabajadora en México y, en particular, con las campesinas, ubicadas en un espacio tercermundista y en muchos casos analfabetas y sin posibilidad de acceso a una educación.[106] Del mismo modo, siguiendo a Ana Cruz García, hoy día 'si sus producciones literarias relatan la realidad diaria y dura del chicano en una posición de inferioridad en la sociedad americana, en muchos casos se trata de una realidad que las escritoras ya no conocen por ellas mismas' (p. 15). En suma, no podemos, pues, perder de vista el privilegio y la marginalidad que de formas muy complejas definen tanto a la escritora mexicana como a la chicana.

Individualidad y colectividad
Otro aspecto relevante se relaciona con el *continuum* individualidad–colectividad. Entre las escritoras mexicanas no hay un sentido político de reconocimiento de grupo en función de una experiencia común de marginación: sus afiliaciones étnicas y socioculturales no las hacen colectivamente diferentes en sus espacios nacionales mientras que, como deriva del contexto de género analizado, su posicionalidad común como mujeres no crea una conciencia consolidada de solidaridad femenina. Esta situación es indisociable de un entorno social en que, como se señaló anteriormente, no existe una noción fuerte de grupo femenino como comunidad política consolidada efectiva en la liberación de la mujer, carencia enraizada en un código católico-patriarcal fundado en la subordinación y autodesprecio femeninos. Como señala Fabienne Bradu, en México este '"nosotras, mujeres" […] solo existe en los panfletos ideológicos' (p. 10). Desde el punto de vista de Sánchez Olvera (p. 41), 'la falta de políticas públicas dirigidas a terminar con la desigualdad sexual […] está dando cuenta de la desmovilización femenina, de la ausencia de grupos organizados de mujeres, especialmente de secciones sindicales, que levanten con fuerza y claridad sus demandas laborales y familiares, y exijan cambios profundos'. De modo paralelo, las vastas diferencias sociales entre las mujeres en una sociedad tan fragmentada como la mexicana es también un factor fundamental a tener en cuenta en la dificultad de imaginar una colectividad femenina y un sentido de solidaridad de grupo. Como comenta María Elena de Valdés:

> The old adage 'divide and conquer' has never been more in evidence than among Mexican women, where differences in social class have been major obstacles to any kind of dialogue between the four main strata of women: university educated and affluent; university educated and employed; secondary school-educated, employed and unemployed; and the uneducated, including those who are non-Spanish speaking.[107]

---

[106] Agradezco la observación al respecto de Claire Taylor.
[107] *The Shattered Mirror: Representations of Women in Mexican Literature* (Austin: University of Texas Press, 1998), p. 9.

De Valdés comenta, asimismo, que, al menos en un nivel superficial, la libertad de una mujer en el México contemporáneo se mide primordialmente en términos individualistas, no colectivos, o, en palabras de la autora, 'in terms of her ability to pursue her own ends, ends that may coincide with social aims, but are not entirely coopted by society' (p. 10). Ello, señala de Valdés, es utópico y de poco valor en sociedades tercermundistas como la mexicana, en que no se respetan los derechos humanos más elementales (p. 11).

Entre las chicanas, en cambio, existe una fuerte noción de identidad colectiva enraizada en su experiencia compartida de colonización y sus necesidades políticas de forjar una red sólida de mujeres eficaz en el enfrentamiento de los problemas particulares de su comunidad. Como afirma Gloria Anzaldúa, 'only *together* can we be a force'.[108] 'Las escritoras chicanas', señala Lucha Corpi, 'ofrecemos un frente unido … porque en verdad ha habido diálogo auténtico – plática – entre nosotras … compartir de este modo ha sido nuestra buena ventura.'[109] La interacción entre lo personal y lo político y el sentido de responsabilidad histórica de las chicanas las empujan a afirmar en sus obras la visión de su grupo social, asumiendo la representación de la comunidad y comprometiéndose con la construcción de una identidad colectiva que, al mismo tiempo, legitima y autoriza su voz literaria personal. En consecuencia, la construcción de un sentido comunitario de libertad está muy presente en sus escritos.

La identidad lingüística

Otro aspecto a tener en cuenta en el examen comparativo de ambas literaturas lo constituye la identidad lingüística de ambos grupos de escritoras. Las chicanas (como los chicanos), sobre todo a partir de los ochenta, utilizan mayormente el inglés como vehículo de expresión literaria, hecho comprensible considerando que la mayoría de ellas han sido formadas en sistemas educativos donde solo se habla inglés y viven en un país en que el inglés es la lengua del privilegio y el poder;[110] el inglés, al mismo tiempo, constituye la lengua pública que buscan transgredir, la lengua del colonizador de la que se apropian para denunciar la larga historia de opresión a la que ha sido sometida su gente. Se trata, con todo, de un código diferenciado, un código que piensa desde otra cultura (la mexicana) y otra lengua (el español), constituyendo una conciencia que penetra en el inglés dislocándolo y reconstruyendo su visión del mundo. En este sentido,

---

[108] 'La Prieta', en *This Bridge Called My Back*, ed. por Moraga y Anzaldúa, pp. 198–209 (p. 209).

[109] 'Entrevistas poscoloquio', en *Las formas de nuestras voces*, ed. por Joysmith, p. 259.

[110] Juan Bruce-Novoa, 'Spanish Language Loyalty and Literature', en *Retrospace: Collected Essays on Chicano Literature, Theory and History* (Houston, TX: Arte Público Press, 1990), pp. 41–51 (p. 48).

en las obras chicanas hallamos una conciencia lingüístico-cultural marcada en la recreación de un lenguaje híbrido que, mediante lo que se conoce como *code-switching*, da lugar a textos interlingües que, puntualiza Bruce-Novoa, 'do not attempt to maintain the two language codes separate, but exploit and explore the potential junctures of interconnection. This results in a different code, one in which neither monolingual codes can stand alone and relate the same meaning.' La fusión del español y del inglés, como señala Juan Bruce-Novoa, se da 'at times in obvious ways, such as juxtaposing words from both languages, but more often in such subtle fusions of grammar, syntax or cross-cultural allusions that monolingual readers will hardly notice'.[111] Dentro de esa textura interlingüe, el español se convierte en 'marcador de chicanidad dentro de un código "dominante" en lengua inglesa', e, igualmente, en 'marcador subversivo para enfatizar la *resistencia* a una Traducción de mayores dimensiones, ya sea esta culturo-lingüística, político-social o histórico-geográfica'.[112] Este imaginario lingüístico interlingüe constituye la verdadera lengua materna de chicanas y chicanos y forma parte fundamental de su identidad como medio de recreación o reinvención de su legado y cultura silenciados y de resistencia frente al discurso hegemónico. Desde el punto de vista de Claire Joysmith, 'es a través de este código lingüístico, también, que sus palabras encuentran nichos editoriales, intersticios desde donde crear rupturas en los parámetros de la literatura y cultura blanca-"anglo", incursionar en el terreno multicultural literario estadounidense y trascender mas allá de esas fronteras.'[113] Se trata, asimismo, de una textura lingüística y cultural nueva que hace necesaria, como afirma Anzaldúa, 'to create a readership and teach it how to "read" our work'.[114]

Entre las autoras mexicanas, por su parte, la situación es variada dependiendo del caso individual. Si en su caso pudiéramos hablar de hibridez, se referiría a la combinación de elementos de otros códigos lingüísticos dentro del contexto plurilingüe y polifónico de México, lo que influiría en la reconfiguración de nuevos discursos y en la problematización del monolingüismo hegemónico. En este abanico de posibilidades plurilingües tendrían cabida tanto elementos de otras lenguas mexicanas indígenas, como de otras lenguas no mexicanas en el caso de escritoras de trasfondo inmigrante.[115] Con todo, no se podría hablar

---

111 *Retrospace*, pp. 49 y 50 respectivamente.
112 Joysmith, 'Cuando los textos cruzan fronteras', p. 141.
113 'Entre la mexifobia y la chicanamieditis', p. 293.
114 'Haciendo caras, una entrada: An introduction by Gloria Anzaldúa', en *Making Face, Making Soul/Haciendo Caras: Creative and Critical Perspectives by Women of Color*, ed. por Gloria Anzaldúa (San Francisco: Aunt Lute, 1990), pp. xv–xxviii (p. xxiv).
115 En este caso encontramos así a escritoras de origen judío como Margo Glantz o Rosa Nissán, quienes recrean en su obra el yidis y la lengua ladina respectivamente.

en este ámbito de una situación de reivindicación lingüística equivalente aplicable al conjunto de autoras mexicanas como en el caso chicano.

Áreas comunes: mexicanidades femeninas

Pese a las diversas diferencias contextuales delineadas, las escritoras mexicanas y chicanas contemporáneas ocupan, como se expuso, una posicionalidad común como mujeres y como herederas de un legado cultural mexicano, posicionalidad desde la cual podemos fundamentar un examen comparativo. En cuanto a su identidad de género, según se argumentó, mexicanas y chicanas ocupan una posicionalidad común como mujeres. 'Without doubt', comenta Elizabeth J. Ordóñez, 'there are experiences that bind women across cultures, and the recognition of these links need not be mutually exclusive with a recognition of the ways in which such common patterns may express themselves within a specific cultural context'.[116] Igualmente, en relación con el área común conformada por su legado cultural, existe una base compartida por ambos grupos que hunde sus raíces en la referencia cultural mexicana. En el seno de esta doble base común y a pesar de las diferencias expuestas, mexicanas y chicanas muestran con su quehacer un afán común por desarticular los discursos reguladores de la feminidad arraigados en los patrones culturales mexicanos, lo que podría conceptualizarse como *mexicanidad femenina institucionalizada* o *normativa*, la cual está imbricada en los procesos de formación de la nación mexicana.

Partiendo de esta doble base y de ese afán compartidos, esta sección propone un recuento histórico inicial de la articulación institucionalizada de la mexicanidad en que se han inscrito las formas y prácticas (trans)nacionales hegemónicas de género, para pasar a considerar la pluralización de su discurso desde las nuevas entidades de escritura que constituyen el foco de interés de este estudio.

La mexicanidad femenina institucionalizada y la desestabilización de su discurso

La constitución del nacionalismo mexicano fue un largo proceso enraizado en el nacionalismo criollo anterior a la Independencia en 1821. Después de la Independencia, la nueva nación se enfrentó con la tarea de controlar un paisaje variado y plural, para lo que era necesario uniformizar su heterogeneidad por medio de la creación de una sociedad moderna homogénea constituida a partir de un proyecto monológico de borradura de las diferencias y blanqueo simbólico de la población. En la construcción de esta patria primigenia, lo femenino desempeñó un papel ambiguo, representado por dos estereotipos

---

[116] 'Problematical Permutations of Feminist Theory', en *Cultural and Historical Grounding for Hispanic and Luso-Brazilian Feminist Literary Criticism*, ed. por Hernán Vidal (Minneapolis: Institute for the Study of Ideologies, 1989), pp. 79–94 (p. 87).

que aún hoy persisten en México: la *mujer buena*, representada por la figura cósmica de la Virgen de Guadalupe, la madre-virgen estandarte simbólico del nacionalismo criollo, y la *mujer mala*, encarnada por La Malinche, madre de la nación mestiza pero, a diferencia de la primera, calumniada por su traición y deslealtad a su raza y utilizada así en la retórica nacionalista como justificación del sexismo.[117]

Durante el período desde la Independencia a la Revolución, las mujeres tuvieron un papel fijo como esposas y madres de los 'hombres nuevos', mientras que en la etapa revolucionaria (1910–17) se instauró un discurso que asociaba la virilidad con la promesa de transformación social y que marginó a las mujeres en el momento en el que supuestamente habían sido liberadas,[118] como confirma la negación de igualdad política en la Constitución de 1917. Tras la Revolución, la constitución del nacionalismo mexicano recibe un nuevo impulso, ya que las múltiples facciones revolucionarias forzaron la necesidad de instituir una identidad nacional que reconciliara las diferencias y legitimara el nuevo Estado emergente, tentativa reforzada desde los cincuenta por medio del concepto de José Vasconcelos de la 'raza cósmica', el mito del mestizo engendrado de la confluencia de todas las razas y culturas.[119] Este discurso esencializado y excluyente de mexicanidad fue adoptado por el Estado postrevolucionario como articulación de la identidad nacional, lo cual supuso la neutralización y eliminación de las diferencias y, con ello, de la diversidad de identidades que conforman el paisaje mexicano.[120] En relación específica con la diferencia de género, la emancipación femenina choca, igualmente, con el proyecto de una nación que se construye de manera

[117] Volverá a tratarse la cuestión de los estereotipos culturales de la feminidad y el rol tradicional de la mujer en México en el capítulo segundo.

[118] Jean Franco, *Plotting Women: Gender and Representation in Mexico* (London: Verso, 1989), p. 102.

[119] José Vasconcelos, *La raza cósmica: misión de la raza iberoamericana* (México: Aguilar, 1961 [1925]). Se debe hacer notar, no obstante, que a través de la noción de una 'raza cósmica' híbrida Vasconcelos intentó distanciarse de la imposición de una cultura anglosajona y de su discurso de pureza racial, en el que lo mexicano era objeto de profundo desprecio, como él mismo había vivido en su infancia durante su escolarización en Eagle Pass (Texas).

[120] Sobre esta cuestión, Carmen Boullosa comenta que el mestizaje del 'mito nacional mexicano […] es una violencia inmensa, es una violencia porque son mundos que no entran en diálogo sino que hay una imposición de violencia y de poder salvaje' (en Inés Ferrero Cándenas, 'Entrevista a Carmen Boullosa', *Grafemas* (2007) <http://www.utpa.edu/dept/modlang/grafemas/diciembre_07/ferrero.html> [consultada 5 febrero 2008] (respuesta 17 de 35)). Frente a ello, la autora comprende el mestizaje como noción que va más allá de la cuestión racial, pues 'ser mestizo significa aceptar la riqueza cultural, vivirla y defenderla' (en Ute Seydel, *La ficcionalización de temas históricos por las escritoras mexicanas Elena Garro, Rosa Beltrán y Carmen Boullosa (un acercamiento transdisciplinario a la ficción histórica)* (Frankfurt a/M: Vervuert; Madrid: Iberoamericana, 2007), p. 467, tomado de Johanna Gisela Bechen, 'Mexikos kollektive Trunkenheit. Die Schriftstellerin Carmen Boullosa erhält den "Liberaturpreis"', *Die Wochenzeitung*, 40, 4 octubre 1996, pp. 17–18 (p. 18)).

homogénea y excluyente. Así, aunque las mujeres consiguen el voto en 1953, se les advierte que tengan cuidado en el ejercicio de su derecho para no vulnerar su 'feminidad', es decir, sus virtudes esenciales de docilidad y sumisión y sus roles primarios de madre y esposa.[121]

Según el análisis de Octavio Paz en *El Laberinto de la soledad* (1950), el mito de La Malinche representa los orígenes femeninos de la nueva nación. La identidad nacional se construye sobre una supremacía de lo masculino y un repudio de lo femenino encarnado por esta figura mítica; este rechazo equivale a una ruptura de orígenes y engendra el sentimiento de aislamiento y soledad del mexicano: 'Al repudiar a la Malinche [...] el mexicano rompe sus ligas con el pasado, reniega de su origen y se adentra solo en la vida histórica.'[122] En su descripción de la identidad nacional Paz confirma, y al mismo tiempo refuerza, la visión de la mujer como ser de esencia excéntrica y negativa al margen de la nación y de la historia.[123] En este contexto, la gran novela latinoamericana moderna, 'cuyo Parnaso estuvo habitado solo por escritores hombres, blancos y provenientes de lo que Ángel Rama llamó "la ciudad letrada"',[124] fue escrita, según Jean Franco, como una 'alegoría nacional' que presentó la cuestión de la identidad de la nación en términos masculinos: en ella los hombres crean, controlan o interpretan la historia subordinando a la mujer al excluirla del discurso institucionalizado o convertirla en mero hecho literario o metáfora sobre la que se proyectaría la búsqueda de identidad.[125]

En su conjunto, la articulación de la identidad nacional fundó una visión esencialista y estática de mexicanidad, un México homogéneo diferente de sí mismo que dejó a un lado otras identidades institucionalizando la subordinación y marginación de las diferencias. Según argumenta Roger Bartra en su célebre estudio *La jaula de la melancolía: identidad y metamorfosis*

---

[121] Julia Tuñón Pablos, *Women in Mexico: A Past Unveiled*, trad. por Alan Hynds (Austin: University of Texas Press, 1999), pp. 105–06.

[122] Octavio Paz, *El laberinto de la Soledad*, 2ª ed. rev. (México: Fondo de Cultura Económica, 1959 [1950]), p. 78.

[123] Es necesario aclarar que con su formulación Paz no defiende ni sanciona esa ideología sexista, sino que simplemente la describe. No obstante, debido a que no insta a la búsqueda o exploración de visiones alternativas que reemplacen las existentes ni imagina la transformación de las estructuras establecidas, su obra no representa una desestabilización del fenómeno social que describe, sino, antes bien, un reforzamiento – aunque no intencionado – del mismo. En palabras de Jean Franco (*Plotting Women*, p. 133), 'because he makes no distinction between representation and the real relations of women, his argument locks male Mexico into permanent negation of part of its self, and, since that part is idealized Woman and not women, there seems to be no arena of struggle.'

[124] Ana Rosa Domenella, 'Introducción', en *Territorio de leonas: cartografía de narradoras mexicanas en los noventa*, coord. por Ana Rosa Domenella (México: Juan Pablos/Universidad Autónoma Metropolitana, Iztapalapa, 2001), pp. 19–44 (p. 20).

[125] Sobre este tema, véase el capítulo de Franco en *Plotting Women* 'On the Impossibility of Antigone and the Inevitability of La Malinche: Rewriting the National Allegory', pp. 129–46.

del mexicano, la construcción artificial de México como ubicación cultural singular y monolítica ha proyectado una sola identidad nacional, es decir, un sujeto único de la historia nacional para uniformizar el país y legitimar ideológicamente la dominación de sus ciudadanos, desdeñando con ello la especificidad histórica de las diversas maneras de vivir las múltiples identidades mexicanas.[126] En relación con la diferencia de género, Carlos Monsiváis confirma que las mujeres fueron 'la nación fuera de México' y que 'la Nación enseñada a los hombres ha sido muy distinta a la mostrada e impuesta a las mujeres', lo que explica la 'invisibilidad social femenina que dura casi hasta nuestros días'.[127] Las imágenes que describen el Estado como un ser esencialmente masculino y el sexismo en la política, siguiendo de nuevo a Bartra, puede que correspondan a ideas pretéritas, pero no son, en modo alguno, mero recuerdo del pasado.[128]

La crítica del nacionalismo oficial, especialmente a partir de 1968, empezó a fracturar su discurso globalizador, proporcionando espacios propicios para la articulación de voces antes opacadas, espacio del que las mujeres, según observa Jean Franco, sacaron máximo partido, 'first to tell their own side of the story of the family romance and, second, to show the articulation of patriarchy and nationalism'.[129] La desestabilización desde la conciencia femenina del 'gran relato' institucionalizado, que se produce especialmente a partir de los ochenta, forma parte integral de un nuevo escenario de 'contralectura' de la historia nacional, habitado asimismo por otras voces igualmente ausentes del discurso oficial, tales como los homosexuales o los indígenas.[130] Como comenta Ute Seydel, la revisión de la memoria impuesta se realiza en un momento de crisis que, desde mediados de los ochenta, 'ha implicado un replanteamiento acerca de la identidad nacional monolítica, construida a partir de los discursos nacionales, del mestizaje y de lo mexicano'. 'Se ha evidenciado', continúa Seydel (p. 72), 'que no existe *una* identidad nacional, sino que esta varía según las clases sociales, los grupos raciales y étnicos, así como el género.'

Desde los nuevos espacios de revisión de la memoria nacional surgen iniciativas que no buscan crear un sustituto ideológico de la articulación oficial de mexicanidad por medio de la afirmación monológica de otras identidades

---

[126] *La jaula de la melancolía: identidad y metamorfosis del mexicano*, 4ª ed. (México: Grijalbo, 1987).

[127] En Seydel, p. 72 (de Carlos Monsiváis, 'Identidad nacional. Lo sagrado y lo profano', *Memoria mexicana*, 3 (número temático *México: identidad y cultural nacional*, 1994, pp. 37–46 (p. 39)).

[128] Roger Bartra, *Blood, Ink, and Culture: Miseries and Splendors of the Post-Mexican Condition*, trad. por Mark Alan Healey (Durham, NC: Duke University Press, 2002), p. 133.

[129] *Plotting Women*, p. xxi.

[130] Domenella, p. 20. Con respecto a la voz indígena, hay que destacar la contribución a la pluralización de las mexicanidades de mano del movimiento zapatista.

sino que 'asume[n] con una actitud conscientemente pluralista la diversidad de los grupos, pueblos y culturas que forman el país real', lo cual 'implica transformar la pluralidad real, observada y experimentada, en una actitud política que reconoce las diferencias y las asume hospitalariamente'.[131] De esa actitud política se deriva el concepto de *mexicanidades*, un concepto plural que insiste en la deconstrucción de categorías unívocas y la problematización de conceptos de autenticidad y esencialismo.[132]

Chicanidades y mexicanidades

La deconstrucción y reconfiguración del discurso de la mexicanidad institucionalizada se están originando, asimismo, de la mano de la comunidad chicana 'desde *afuera*' de las fronteras nacionales,[133] esto es, desde una posición geográfica y cultural distinta como producto del desplazamiento y ubicación de esta comunidad. Para poder situar adecuadamente esa reformulación en las novelas de Sandra Cisneros, es preciso situar el discurso sobre las mexicanidades en el contexto chicano mediante un breve repaso histórico.

Frente a la ética sexista predominante en la visión de la historia chicana durante el Movimiento, en que La Malinche mantenía su papel como traidora suprema de su raza, desde finales de los setenta las chicanas proponen un cambio de paradigma mediante la rehabilitación de esta figura mítica como fuente primordial de dos conceptos que estas sitúan en la médula de su programa: la mexicanidad o unión de la cultura mexicana a ambos lados de la frontera y el mestizaje o creencia en la hibridez cultural.[134] Esta perspectiva feminista fue representada por una Malinche transfigurada como símbolo de la identidad de las nuevas chicanas, quienes, como aquélla, se convierten en

---

[131] Gustavo Esteva, 'Más allá de la identidad nacional: la creación de opciones políticas y culturales', en *La identidad nacional mexicana como problema político y cultural: los desafíos de la pluralidad*, coord. por Raúl Béjar y Héctor Rosales (México: Universidad Nacional Autónoma de México, 2002), pp. 331–82 (p. 363).

[132] Claire Joysmith se refiere a su uso del plural 'mexicanidades' para subrayar una diversidad a menudo no reconocida discursivamente. 'The plurality implied by this term (that Chicanos/as, for instance, has resorted to)', añade la autora, 'has, generally speaking, only recently been integrated to public and academic discourses in Mexico as regards issues of ethnicity, race, language, gender and culture' (*Speaking desde las heridas: Cibertestimonios Transfronterizos/ Transborder (September 11, 2001–March 11, 2007)*, ed. por Claire Joysmith (México: Universidad Nacional Autónoma de México, Centro de Investigaciones sobre América del Norte, 2009), p. 37.

[133] Joysmith, 'Introducción', en *Las formas de nuestras voces*, ed. por Joysmith, p. 41.

[134] Entre los trabajos más destacados en la formulación de un nuevo paradigma, encontramos los de Adelaida R. del Castillo, 'Malintzin Tenepal: A Preliminary Look into a New Perspective', en *Essays on La Mujer*, ed. por Rosaura Sánchez y Rosa Martínez Cruz (Los Angeles: University of California/Chicano Studies Research Center Publications, 1977), pp. 124–49, o Cordelia Candelaria, 'La Malinche, Feminist Prototype', *Frontiers*, 5.2 (1980), 1–6.

traductoras, 'shift[ing] from one culture to another, from one perspective to another, from a private space which may be Spanish-centered, to a public space that is English-centered'.[135] Ello varió significativamente los términos del debate tal y como había sido planteado por los chicanos: racismo y sexismo se sitúan ahora en la misma escala de importancia y se subvierte el patrón masculino del 'chicanismo' o 'carnalismo', central en la organización de la historiografía chicana, mediante la afirmación de las raíces culturales comunes de los mexicanos de uno y otro lado.[136] Desde esta ubicación, el concepto de mexicanidad se transforma de una conciencia nacional en una identidad étnico-cultural transnacional. Como afirma Gloria Anzaldúa,

> Among ourselves […] we say *nosotros los mexicanos* (by *mexicanos* we do not mean citizens of Mexico; we do not mean a national identity, but a racial one). We distinguish between *mexicanos del otro lado* and *mexicanos de este lado*. Deep in our heart we believe that being Mexican has nothing to do with which country one lives in. Being Mexican is a state of soul – not one of mind, not one of citizenship.[137]

En el caso de Cisneros, su respuesta a la pregunta acerca de su identidad cultural se encamina en la misma dirección: '"I'm Mexican", respondiéndote en inglés. Así es cómo me siento: mexicana del lado de Estados Unidos.'[138]

En su estudio *Narratives of Greater Mexico: Essays on Chicano Literary History, Genre, and Borders*, Héctor Calderón analiza una serie de textos chicanos desde la perspectiva de la afirmación de sus autores de su diversidad – diversidad de visiones políticas, ubicaciones geográficas y tradiciones culturales – dentro de su mexicanidad, estrechando con ello los lazos entre diversas comunidades de lo que Américo Paredes y José E. Limón consideraron el 'México Mayor' ('Greater Mexico').[139] En esa dinámica transnacional, Carlos Fuentes subraya en la colección de historias que componen *La frontera de cristal* (1995) las nuevas mexicanidades que están surgiendo en la diáspora mexicana en los Estados Unidos y, especialmente, en el área fronteriza norte. Paralelamente, observa de nuevo Calderón, los lazos

---

[135] Rebolledo y Rivero, *Infinite Divisions*, p. 31.

[136] En esta argumentación me he apoyado en el trabajo de Ramón A. Gutiérrez, 'Chicano History: Paradigm Shifts and Shifting Boundaries' (Occasional Paper 15), *Latino Studies Series* (San Diego: University of California) (1997), 1–12 (p. 6).

[137] *Borderlands/La Frontera*, p. 62.

[138] En Cristina Lucio, 'Sandra Cisneros: "Antes solo podía publicar en editoriales feministas"', *El Mundo* (26 mayo 2003) <http://www.elmundo.es/elmundolibro/2003/05/23/protagonistas/1053714008.html> [consultada 20 junio 2005] (respuesta 4 de 10).

[139] *Narratives of Greater Mexico: Essays on Chicano Literary History, Genre, and Borders* (Austin: University of Texas Press, 2004), p. xiii. Entre los autores que analiza Calderón se encuentra Sandra Cisneros (en '"Como México no hay dos": Sandra Cisneros's Feminist Border Stories', pp. 167–213).

entre las diversas comunidades mexicanas hay que ubicarlos en el contexto contemporáneo de un México que en nuestra era globalizada se transforma, de igual modo, en el interior mismo de sus fronteras como producto del imperialismo económico y el dominio cultural de Estados Unidos (p. 169): 'Mexico in the era of globalization is beginning to look very much like us.' Emily Hind teoriza, en líneas análogas, que

> el discurso nuevo mexicano comienza a desatender el énfasis nacional a favor de una participación y una identidad globales. Esta identidad global tomaría en cuenta la residencia binacional de una parte significativa de la población mexicana […]. Sin duda, hoy día una de las influencias más evidentes en el D. F. y otras zonas urbanas en México es la estadounidense.

Así, de manera equivalente al 'México Mayor', continúa Hind, 'se podría meditar la existencia en México de "los Estados Unidos menores"'.[140]

En su conjunto, afirma Carlos Monsiváis, la experiencia chicana desempeña un papel central en la reformulación de la mexicanidad institucionalizada y la generación de nuevos mapas culturales: 'The Chicano experience is […] an important factor in the reconstitution of Mexican nationalism – which persists despite everything, even if its expression is at times mythological.'[141] Monsiváis recalca, de igual modo, el enriquecimiento que supone el cruce de fronteras efectuado por los chicanos: 'Los chicanos han hecho desertar a México de su encierro fundamentalista.'[142] A la deconstrucción que efectúan de la hegemonía estadounidense, según se desarrolló, se añade, pues, la deconstrucción de la percepción hegemónica de mexicanidad.[143]

Desde la consideración de estas perspectivas podemos desplazarnos a una postura desde la que comprender la maniobra deconstructiva/reconstructiva

---

[140] 'La identidad menos mexicana en la novela sin género', en *Negociando identidades, traspasando fronteras: tendencias en la literatura y el cine mexicanos en torno al nuevo milenio*, ed. por Susanne Igler y Thomas Stader (Frankfurt a/M: Vervuert; Madrid: Iberoamericana, 2008), pp. 111–22 (p. 112).

[141] Citado en Calderón, p. 169.

[142] En José Andrés Rojo, 'Carlos Monsiváis muestra cómo los chicanos borran las distancias entre México y EEUU', El País, 29 noviembre 2001 <http://www.elpais.com/ articulo/cultura/Carlos/Monsivais/muestra/chicanos/borran/distancias/Mexico/EE/UU/elpepicul /20011129elpepicul_1/Tes> [consultada 2 agosto 2006] (segundo párrafo).

[143] Conviene tener presente que esta deconstrucción de la mexicanidad hegemónica va, a su vez, acompañada de la construcción de un espacio imaginario y simbólico de mexicanidad que proporciona cohesión a la comunidad, espacio recogido en el mito de Aztlán (territorio del que, según el mito precolombino, salieron los aztecas en busca de la tierra prometida – México/ Tenochtitlán – y que los chicanos reelaboraron localizándolo en la región del suroeste de Estados Unidos, que antes del Tratado de Guadalupe-Hidalgo (1848) había pertenecido a México) o en la resignificación de las chicanas de figuras legendarias o históricas como la Virgen de Guadalupe, La Malinche, La Llorona, Coatlicue, Frida Kahlo o Sor Juana. Encontramos, pues, actitudes y posturas diversas hacia el constructo plural de la mexicanidad.

de las chicanidades en las obras de las autoras chicanas dentro de los
parámetros identitarios de las mexicanidades con rasgos de especificidad
femenina, desplazamiento que, naturalmente, no conlleva la asimilación de
la experiencia chicana a la de las mexicanas nacionales sino la pluralización
y la recontextualización de las identidades mexicanas – que son, en todo
caso, continuamente reformuladas y redefinidas – y el establecimiento de un
espacio simbólico descentralizado de convergencia que, constituido asimismo
por la traducción de sus obras,[144] permita entablar un diálogo constructivo
entre ambos lados de la frontera.[145]

Los *Bildungsromane* femeninos mexicanos y chicanos: Carmen Boullosa y Sandra Cisneros

Una vez delineados los contornos contextuales y las áreas de solapamiento en
los que se enmarcan las obras de Carmen Boullosa y Sandra Cisneros, se puede
retomar el objeto particular de estudio de este trabajo, los *Bildungsromane*
femeninos en los entornos mexicano y chicano.

La tradición de la literatura mexicana y chicana escrita por mujeres ha dado
lugar a una producción considerable de textos narrativos que se acomodan
al tipo genérico del *Bildungsroman*. En el caso de México, la cuestión que
estructura el género – el motivo de la búsqueda de la identidad – es central en
la narrativa femenina contemporánea.[146] Erna Pfeiffer señala, asimismo, que en
la segunda mitad del siglo XX brota una proliferación de novelas de infancia
con niñas como protagonistas que parecen tener que ver con una necesidad
de búsqueda de la identidad.[147] En el caso chicano, como se deduce de la

---

[144] Como señala Claire Joysmith, para entrar en una dinámica transformativa de las
mexicanidades es necesario llevar a cabo una doble tarea interdependiente constituida por la
relocalización y redefinición de la identidad y la cultura – lo que se ha venido señalando
como la consideración de las chicanidades dentro de unas recontextualizadas mexicanidades
plurales – y la traducción lingüística de sus obras ('(Re)Mapping *Mexicanidades*', p. 148).
La transculturación y traducción de textualidades chicanas al español constituyen un proceso
que Joysmith propone 'as a possible site for resignifying *mexicanidades*, […] mainly as a
transforming agency for Spanish-speaking readers in Mexico' ('Crossing Ethnic and Cultural
Boundaries', pp. 427–8).

[145] Como soporte adicional del desplazamiento a una postura flexible, no está de más
recordar que muchas escritoras mexicanas revisan las mexicanidades femeninas en sus obras
desde una herencia cultural al menos bipartita, como manifiestan sus apellidos extranjeros:
Glantz, Pettersson, Poniatowska, Krauze, Sefchovich, Jacobs, Seligson, entre otras.

[146] Yvette Jiménez de Báez, 'Caminos del ser y de la historia. La narrativa femenina en
México', en *Mujer y literatura mexicana y chicana*, coord. por López González y otras, I
(1988), pp. 93–111 (p. 94); Natalia Álvarez, 'La narrativa mexicana escrita por mujeres desde
1968 a la actualidad', en *Tendencias de la narrativa mexicana actual*, ed. por González Boixó,
pp. 89–122 (p. 96).

[147] Erna Pfeiffer, 'Construcciones de identidad en novelas mexicanas de infancia',
Iberoamericana, II, 8 (2002), 133–50 (p. 133). Prueba de ello lo constituye también el volumen

naturaleza de su práctica literaria, el tema de la búsqueda de la identidad y la lucha por la autodefinición se expresan como las preocupaciones principales, de ahí que el género del *Bildungsroman* haya sido muy usado, tanto por hombres como por mujeres.[148] En el ámbito de la narrativa femenina 'the majority of the Chicana novels published to date', observa Annie O. Eysturoy 'center on the particular challenges the *Bildungs* [*sic*] process presents to the individual Chicana in her struggle for a self-defined identity' (p. 11). De igual modo, para Debora L. Madsen la literatura de las chicanas 'is a literature that embodies the quest for self-definition' (p. 5).

Como es de esperar, las circunstancias sociohistóricas y culturales específicas que rodean a la literatura mexicana y chicana suponen representaciones subjetivas y discursivas diferentes, con lo que, desde una perspectiva comparativa, encontramos formas marcadamente diferentes de *Bildungsromane* femeninos en ambos contextos de producción. De modo análogo, tampoco en el seno de cada una de las dos literaturas consideradas por separado encontramos un modelo único con modelos y caracterizaciones idénticos, sino gran diversidad de representaciones. No obstante, volviendo al foco de interés de este trabajo, hay que insistir en que, desde una perspectiva de género sexual, se da una posicionalidad común que nos permite atravesar las especificidades étnicas, culturales o de clase y mantener un concepto subjetivo colectivo que entrelaza a las mujeres mexicanas y chicanas; e, igualmente, desde un ángulo cultural, existe un trasfondo mexicano compartido que, aunque heterogéneo y diverso, subyace a las representaciones literarias de chicanas y mexicanas.

Dentro del amplio marco esbozado, en los próximos capítulos se analiza comparativamente el modo en que Carmen Boullosa y Sandra Cisneros, cual 'Scherezadas criollas',[149] reescriben el *Bildungsroman* en su descripción de la formación femenina desde sus respectivas ubicaciones culturales. En un primer plano, sus novelas mantienen el conflicto básico entre la agencia individual y las fuerzas y estructuras sociales propio del *Bildungsroman*, esto es, se da en ellas una continuidad del esquema originario y de sus dinámicas fundamentales. En un segundo plano genéricamente específico, la particularidad femenina de sus narraciones, como se ha visto, engloba sus

---

Escribir la infancia: narradoras mexicanas contemporáneas, compil. por Nora Pasternac y otras (México: El Colegio de México, 1996).

[148] Así, algunas de las novelas chicanas más populares escritas por hombres pertenecen a este género: *Pocho* (1959), de José Antonio Villarreal, *... y no se lo tragó la tierra* (1971), de Tomás Rivera, *Bless Me, Última* (1972), de Rudolfo A. Anaya, *Hunger of Memory: The Education of Richard Rodríguez* (1981), de Richard Rodríguez, o *Klail City* (1987), de Rolando Hinojosa.

[149] Helena Araújo acuña la denominación de 'Scherezada criolla' para referirse a la escritora latinoamericana, que reescribe los códigos culturales heredados desde su punto de vista (*La Scherezada criolla: ensayos sobre escritura femenina latinoamericana* (Bogotá: Universidad Nacional de Colombia, 1989)).

textos en una noción general de *Bildungsroman* femenino que se distingue de la forma masculina originaria de ese género literario. En un tercer plano, conformador nuclear del presente análisis, la representación literaria de Boullosa y Cisneros traza, desde unos horizontes contextuales específicos, variantes de *Bildungsromane* femeninos que, bebiendo de un legado cultural mexicano común, moldea voces y universos diversos y formas distintas de intervención política.

2

La configuración de la identidad

En el *Bildungsroman* tradicional, como se apuntó, se hacía hincapié en la creencia en un yo definido por su plenitud y trascendencia, un ente esencializado y unitario que preexistiría a la socialización del individuo, lo que Susan Midalia llama la 'autenticidad del yo': 'That margin of self assumed to exist outside or beyond social determinations and retrievable beneath the distortions of social roles.'[1] Según se vio en el capítulo primero, el postestructuralismo y la crítica feminista han desmantelado estas nociones de identidad fija y han demostrado que estamos construidos como sujetos del discurso y la representación. En consonancia con estas perspectivas, en los textos que se analizarán existe una conciencia clara de la identidad del sujeto como proceso de construcción cultural.

En este capítulo se examinará la constelación de discursos que configuran la identidad de los personajes femeninos de los *Bildungsromane* de Carmen Boullosa y Sandra Cisneros.[2] Esos discursos manifiestan la red de formaciones ideológicas, sociales y políticas, de acuerdo con las diversas formas culturales en uno y otro contexto, en que el sujeto ocupa una posición de marginalidad. Como se verá, esta marginalidad es interpretada de maneras diferentes por ambas autoras desde sus entornos y posicionalidades particulares, lo cual engendra diferentes versiones de alteridad y de *Bildung* femenina.

En el análisis a continuación, se empezará haciendo un esbozo de las condiciones históricas relevantes para este trabajo que definen la experiencia de mexicanas y chicanas, para seguidamente pasar a relacionarlas con las formas diferenciadas en que Carmen Boullosa y Sandra Cisneros exploran la noción de subjetividad femenina en sus obras dentro de los respectivos entornos socioculturales en que estas se enmarcan.

---

[1]   Susan Midalia, 'The Contemporary Female *Bildungsroman*: Gender, Genre and the Politics of Optimism', *Westerly*, 41.1 (1996), 89–104 (p. 100).
[2]   Se entiende *discurso*, en el sentido foucaultiano, como una estructura histórica, social e institucional específica de enunciados que condiciona el pensamiento del colectivo social.

Contextos socioculturales

Los *Bildungsromane* que se estudiarán se publican en un período que se extiende de 1983, año en que aparece *The House on Mango Street*, a 2002, fecha de publicación de *Caramelo*, pasando por *Mejor desaparece* de 1987, *Antes* de 1989 y *Treinta años* de 1999. En todos ellos encontramos la figura de niñas protagonistas, que, como las autoras, nacen a mediados de siglo.[3] La coyuntura histórica en que se emplazan sus universos narrativos y a la que se vincula la representación de la mujer corresponde, pues, al período de mediados y finales de siglo, período de grandes cambios sociales, económicos, políticos y culturales que dan lugar a la transformación de nociones convencionales de feminidad y a modificaciones fundamentales en las estructuras familiares tradicionales.

Ideología tradicional de género en el marco social mexicano y chicano
Para entender y contextualizar uno de los factores clave de la representación de la subjetividad femenina en las obras de Boullosa y Cisneros, es preciso acercarse a la ideología de género que permea la sociedad mexicana y que hereda la comunidad chicana, teniendo en todo momento presente que dicha ideología expresa ideales culturales de comportamiento que pueden o no tener correlación con la realidad.[4] Asimismo, conviene enfatizar que en este apartado se centra la atención en la categoría *mujer mexicana* en cuanto particularidad genérica por motivos analíticos y de relevancia para este estudio, sin profundizar en las diferenciaciones adicionales que factores como la clase social o la etnicidad establecen de modo tan marcado en el conjunto de la sociedad mexicana y se suman a la determinación de la diferencia sexual.

La ideología de género que enmarca las novelas corresponde al paradigma patriarcal, relación social en la que, partiendo de una diferenciación marcada entre mujeres y hombres, se privilegian los valores masculinos: el hombre atiende a sus necesidades y aspiraciones y desarrolla su potencial en la esfera pública, frente a la mujer, confinada al espacio privado del hogar y cuyo propósito primario en la vida es servir y obedecer a aquél, como padre

---

[3]   En el caso de las novelas de Boullosa, la fecha de 1954, la misma del nacimiento de la autora, es dada por las narradoras en *Antes* y *Treinta años*. De igual modo, en las dos novelas de Cisneros, las referencias históricas y autobiográficas indican que las niñas nacen también a mediados de los cincuenta.

[4]   Se emplea la noción de *ideología*, tal y como la definen Judith Newtown y Deborah Rosenfelt, en referencia a 'a complex and contradictory system of representations (discourse, images, myths) through which we experience ourselves in relation to each other and to the social structures in which we live' ('Introduction: Toward a Materialist-Feminist Criticism', en *Feminist Criticism and Social Change*, ed. por Judith Newton y Deborah Rosenfelt (New York: Methuen, 1985), pp. xv–xxxix (p. xix)).

primero y esposo después. El orden moral gira en torno a la familia nuclear, en que el padre funciona como proveedor y es obedecido por su mujer e hijos (especialmente por sus hijas) y la madre es responsable de la crianza y el cuidado de los hijos y el marido.[5]

Respecto al contexto mexicano, Marcela Lagarde señala: 'Todas las mujeres son madres-esposas independientemente de que lleguen a concretar la progenitura y el matrimonio. El espacio vital destinado a las mujeres es la reproducción social y su cuerpo es depositario de la procreación. Su vida toda se desenvuelve en la dependencia vital con los hombres (filial o conyugal).'[6] La familia es considerada, pues, el eje de las buenas costumbres y sobre ella se levanta en gran parte el modelo normativo de género por medio de la prescripción de unos roles fijos y el desempeño de una función socializadora que interviene en la interiorización de tipologías sexuales. Aunque esta fórmula tradicional es un modelo más que una realidad y el concepto mismo de familia se ha ido transformando con los cambios sociales y económicos,[7] no dejan de propagarse oficialmente las bondades de la 'trinidad familiar', lo que implica que 'se sigue asumiendo que el hombre será el proveedor, la mujer se quedará en casa y los hijos nacerán en un hogar con esta estructura'.[8]

En la ideología del patriarcado mexicano/chicano, la condición femenina responde a una dualidad básica originada en la experiencia subjetiva masculina: la *mujer buena* y la *mujer mala*. Como ya se comentó, esta dualidad está representada por los arquetipos de la Virgen de Guadalupe, la mujer pura, que es madre y virgen, y La Malinche, que encarna la madre violada o La Chingada. Según señala Luis Leal, en la psique del mexicano

---

5   En uno de los creativos apuntes etnográficos que hace Cisneros en *Caramelo*, la autora ilustra la ideología tradicional de género en México fijándose en las connotaciones de las palabras *madre* y *padre*: *madre* se usa en una variedad de insultos mientras que *padre*, en, por ejemplo, '¡Qué padre!', significa algo estupendo (p. 307). A lo que la autora añade: '*What does this say about the Mexican?*' (*Caramelo* (New York: Vintage, 2002), p. 307). (Las citas de *Caramelo* en este trabajo proceden de esta edición (se mantendrá en ellas la cursiva empleada en correspondencia gráfica al bilingüismo del texto tal y como la encontramos en el original).)

6   *Cautiverios de las mujeres: madresposas, monjas, putas, presas y locas* (México: Universidad Nacional Autónoma de México, 1990), pp. 362–63.

7   Marianne Braig y Teresita Barbieri afirman en su estudio que la forma tradicional de la unidad familiar en México está en proceso de disolución ('Geschlechterverhältnisse zwischen Modernisierung und Krise', en *Mexiko Heute: Politik, Wirtschaft, Kultur*, ed. por Dietrich Briesemeister y Klaus Zimmermann, 2ª ed. ampl. (Frankfurt a/M: Vervuert, 1996 [1992]), pp. 388–408). Brígida García nota este cambio en relación particular con el gran aumento de familias encabezadas por mujeres ('Economic Restructuring, Women's Work and Autonomy in Mexico', en *Women's Empowerment and Demographic Processes: Moving Beyond Cairo*, ed. por Harriet Presser y Gita Sen (Oxford: Oxford University Press, 2003), pp. 261–86).

8   Viétnika Batres, '¿Adiós a la familia? Modelos de convivencia del nuevo siglo', *El Universal* (26 abril 2004) <http://www.eluniversal.com.mx/graficos/larevista/contenido04.htm> [consultada 18 mayo 2006] (quinta sección, párrafo tercero).

las mujeres que se acomodan a su papel tradicional son asociadas con la Virgen de Guadalupe, que simboliza lo auténticamente mexicano, frente a La Malinche, que equivale a la exaltación de lo extranjero y al menosprecio de lo mexicano.[9] Lagarde comenta el conflicto vivido por la mexicana que desea desarrollar un sentido autónomo de sí misma (pp. 139–40):

> El conflicto identitario es vivido como antagonismo: si las mujeres cambian aunque sea para asumir más y más deberes, son evaluadas a partir de los mitos [...]. Siempre quedan en deuda, son inadecuadas, son malas. [...] Se considera que al emanciparse, las mujeres atentan contra tradiciones populares, regionales, étnicas o nacionales, familiares.

La promoción del papel tradicional de la mujer como madre y virgen ha tenido un apoyo fundamental en las enseñanzas de la Iglesia Católica, que han empujado a la mujer a identificarse con el sufrimiento de la Virgen María. Como explica Anna Nieto Gómez,

> It is believed that through Her, the Chicana [and Mexicana] experiences a vicarious martyrdom in order to accept and prepare herself for her own oppressive reality. In order to be a slave or a servant, a woman cannot be assertive, independent and self-defining. She is told to act fatalistically because 'All comes to those who wait'. She is led to believe that it is natural to be dependent psychologically and economically, and she is not to do for herself but to yield to the needs of others – the patron, her family, her father, her boyfriend, her husband, her God.[10]

En *El laberinto de la soledad*, Octavio Paz comenta el significado que tradicionalmente asigna el mexicano a la mujer (pp. 31–32):

> Como casi todos los pueblos, los mexicanos consideran a la mujer como un instrumento, ya de los deseos del hombre, ya de los fines que le asignan la ley, la sociedad o la moral. Fines, hay que decirlo, sobre los que nunca se le ha pedido su consentimiento y en cuya realización participa solo pasivamente, en tanto que 'depositaria' de ciertos valores. Prostituta, diosa, gran señora, amante, la mujer transmite o conserva, pero no crea, los valores y energías que le confían la naturaleza o la sociedad. En un mundo hecho a la imagen de los hombres, la mujer es solo un reflejo de la voluntad y

---

[9] 'Female Archetypes in Mexican Literature', en *Women in Hispanic Literature: Icons and Fallen Idols*, ed. por Beth Miller (Berkeley: University of California Press, 1983), pp. 227–42 (p. 229).

[10] Anna Nieto Gómez, 'La Chicana: Legacy of Suffering and Self-Denial', en *Chicana Feminist Thought*, ed. Alma M. García, pp. 48–51 (p. 49) (publicado originalmente en *Scene*, 8.1 (1995), 22–24). Incluyo 'Mexicana' en la cita junto a 'Chicana' por ser la misma ideología de género enraizada en el legado cultural mexicano la que afecta a ambas.

querer masculinos. Pasiva, se convierte en diosa, amada, ser que encarna los elementos estables y antiguos del universo: la tierra, madre y virgen; activa, es siempre función, medio, canal. La feminidad nunca es un fin en sí mismo, como lo es la hombría.

Paz conceptúa a las mujeres mexicanas como descendientes de La Chingada, a la que describe como

> un montón inerte de sangre, huesos y polvo. Su mancha es constitucional y reside [...] en su sexo. Esta pasividad abierta al exterior le lleva a perder su identidad: es la Chingada. Pierde su nombre, no es nadie ya, se confunde con la nada, es la Nada. Y sin embargo, es la atroz encarnación de la condición femenina. (p. 77)

Según el análisis de Paz, las mujeres son, pues, 'seres inferiores porque, al entregarse, se abren. Su inferioridad es constitucional y radica en su sexo, en su "rajada", herida que jamás cicatriza' (p. 27). Cómo señala Eli Bartra y sus colaboradoras, 'en el concepto de la "chingada" se resume atrozmente la condición femenina de una sociedad sexista'.[11] En términos menos simbólicos, Rosario Castellanos confirma la anulación de la mujer en su ensayo 'La mujer y su imagen':

> Por eso desde que nace una mujer la educación trabaja sobre el material dado para adaptarlo a su destino y cultivarlos en un ente moralmente aceptable, es decir, socialmente útil. Así se le despoja de la espontaneidad para actuar; se le prohíbe la iniciativa de decidir; se le enseña a obedecer los mandamientos de una ética que le es absolutamente ajena y que no tiene más justificación ni fundamentación que la de servir a los intereses, a los propósitos y a los fines de los demás.[12]

Pese a los cambios sociales y de concienciación que se han producido en las últimas décadas, estas aseveraciones generales siguen siendo en gran medida aplicables aún hoy día. El abuso de las mujeres, tanto físico como psicológico, impregna tan profundamente la cultura mexicana, afirma de Valdés, que se ve como componente natural de la relación entre los géneros (p. 17). Según observa Debra A. Castillo, 'the independent existence of women, though real, is still perceived as a fiction, as an imaginary, incomplete derivative of the

---

[11] En Castillo, *Easy Women*, p. 19 (tomado de Bartra y otras, *La revuelta: reflexiones, testimonios y reportajes de mujeres en México, 1975–1983* (México: Martín Casillas, 1983), pp. 101–02).

[12] En *Ensayo literario mexicano*, sel. de John S. Brushwood y otros (México: Universidad Nacional Autónoma de México, 2001), pp. 79–90 (p. 85) (reimpreso de *Mujer que sabe latín*, 2ª ed. (México: Fondo de Cultura Económica, 1984 [1973]), pp. 9–21).

self-duplication [...] of an overwhelmingly male ideological frame'.[13] Para Marcela Lagarde, la cultura patriarcal impregna todas las relaciones en la sociedad y sus instituciones y estructura el funcionamiento del Estado (p. 402). La antropóloga se refiere así al proceso de intersección de diferentes discursos culturales en la construcción del cuerpo sexuado femenino en México (pp. 383-84):

> No nacen mujeres, pero en breve aprenden a serlo. Un conjunto muy complejo de relaciones, de prácticas de vida, de instituciones y de concepciones se articulan para construir el contenido genérico sobre ese cuerpo sexuado. La familia, la escuela, la iglesia y los medios masivos, son instituciones encargadas de conformar el género a través de la educación, de la religión y de la síntesis ideológica primaria que se realiza en la familia, sustancialmente a través de la afectividad.

En consonancia con la visión de Monsiváis referida anteriormente, Julio Estrada Cortés describe esta compleja problemática como '*la invisibilidad histórica de la mujer en México*', que explica como 'la situación de la mujer en un horizonte histórico marcado por una acentuada desigualdad de oportunidades en el nivel laboral y educativo, con amplias asimetrías de poder entre los géneros'.[14] En relación con modelos culturales, la pervivencia de La Malinche entre las mexicanas de hoy es muy palpable y así lo afirma Sandra Messinger Cypess, para quien 'Mexican women are still associated with La Malinche's betrayal, which determines how the men in society treat them.'[15]

En relación con la comunidad chicana, se observa la permanencia de relaciones de género asimétricas con raíz en la ideología mexicana,[16] permanencia que, a pesar de los muchos logros del feminismo, es reforzada a través de, entre otros factores, la emigración continuada de México y de sus normas culturales. Los roles tradicionales, igualmente, encuentran su continuidad en la cultura anglosajona mayoritaria. Según señala Annie O. Eysturoy (p. 24), 'the Chicana has been defined and confined within the

---

13 *Talking Back*, p. 10.
14 'Prefacio' al estudio de Sánchez Olvera *La mujer mexicana en el umbral del siglo XXI*, pp. 9–11 (p. 9) (énfasis del autor).
15 *La Malinche in Mexican Literature: From History to Myth* (Austin: University of Texas Press, 1991), p. 166.
16 Maxine Baca Zinn, 'Political Familism: Toward Sex-Role Equality in Chicano Families', en *The Chicano Studies Reader: An Anthology of Aztlán, 1970–2000*, ed. por Chon A. Noriega y otros (Los Angeles: University of California/Chicano Studies Research Center, 2001), pp. 455–72 (p. 464) (publicado originalmente en *Aztlan*, 6.1 (Spring 1975), 13–26); Alfredo Mirandé y Evangelina Enríquez, *La Chicana: The Mexican-American Woman* (Chicago: University of Chicago Press, 1979) p. 98.

mother/virgin/whore stereotypes of the past, both within her own Chicano culture and the larger American cultural context'. Norma Alarcón subraya también la pesada carga de los arquetipos de comportamiento femenino en la vida de las chicanas: 'When our subjection is manifested through devotion we are saints and escape direct insult. When we are disobedient, hence undevout, we are equated with Malintzin.'[17] De la misma opinión es Cherríe Moraga, para quien el legado de La Malinche sigue estando muy presente: 'There is hardly a Chicana growing up today who does not suffer under her name even if she never hears directly of the one-time Indian princess.'[18]

La experiencia de marginalidad de chicanos y chicanas: etnicidad, clase (y género)

Junto con la marginalidad femenina tradicional característica del orden social mexicano y chicano, las chicanas tienen que enfrentarse, no solo con el sexismo de la sociedad angloamericana dominante, sino también con sus normas hegemónicas de clase y etnicidad, todo lo cual configura un sistema social sumamente estratificado.[19] Para examinar el modo en que Sandra Cisneros recoge en sus obras la realidad de la opresión que afecta a su comunidad, conviene hacer un breve repaso de las condiciones históricas que marcan la experiencia de esta.

Desde mediados y finales de los sesenta, el nacionalismo cultural chicano situó la experiencia histórica de este colectivo dentro del modelo teórico del colonialismo interno, según el cual sus comunidades representaban 'colonias internas' bajo el dominio y la explotación de los Estados Unidos.[20] El nacionalismo cultural identificó la fuente originaria de su opresión en la dominación colonial sobre los mexicanos y méxico-americanos, producida a partir de la anexión del territorio del norte de México a Estados Unidos como producto de la derrota mexicana en el conflicto bélico entre ambos países y el Tratado de Guadalupe-Hidalgo (1848). Como parte de este proceso de dominación colonial, se limitó el acceso de los mexicanos y méxico-americanos a la educación, al empleo

---

[17]   Norma Alarcón, 'Chicana's Feminist Literature: A Re-Vision Through Malintzin', en *This Bridge Called My Back*, ed. por Moraga y Anzaldúa, pp. 182–90 (p. 187).

[18]   'From a Long Line of Vendidas: Chicanas and Feminism', en Cherríe Moraga, *Loving in the War Years* (Boston: South End Press, 1983), pp. 90–144 (p. 100).

[19]   Sigo la definición de *etnicidad* de Martin Bulmer como 'a collectivity within a larger society having real or putative common ancestry, memories of a shared past, and cultural focus on one or more symbolic elements which define the groups' identity, such as kinship, religion, language, shared territory, nationality, or physical appearance' ('Race and Ethnicity', en *Key Variables in Sociological Investigations*, ed. por Robert G. Burgess (London: Routledge, 1986), pp. 54–75 (p. 54)). Frente al término *raza*, estrechamente vinculado a su aceptación materialista, *etnicidad* me parece mejor término debido a que, tal y como es usado en la actualidad, enfatiza la diferencia cultural más que la biológica.

[20]   Alma M. García, p. 3.

y a la participación política, por lo que las oportunidades con las que estos contaban no dependían de su valía individual sino de su diferencia étnica. Las divergencias entre las culturas angloamericana y mexicana se convirtieron en la base ideológica que legitimó el tratamiento desigual y el estatus marginal de estos colectivos, considerados cultural e intelectualmente inferiores.[21] Como resultado de este proceso, comenta Irene I. Blea, todavía en los sesenta la mayor parte de estos grupos sufría un nivel educativo bajo, un alto grado de pobreza, desempleo y discriminación laboral y salarial, un acceso precario al sistema sanitario, pocas oportunidades de tener una vivienda digna y un alto grado de criminalidad.[22]

Si bien el Movimiento contribuyó a mejorar las condiciones de los chicanos y el feminismo hizo a su vez visible la problemática añadida de las mujeres, su situación de marginalidad y desigualdad, como la de otros grupos étnicos en los Estados Unidos, está todavía muy lejos de desaparecer. En referencia particular a las chicanas, Irene I. Blea traza el panorama de una situación que en los noventa no había mejorado sensiblemente con respecto a la de los setenta: bajos niveles educativos, trabajos poco cualificados con salarios precarios que categorizan a este colectivo como 'working poor', segregación en barrios marginales o guetos y altos niveles de pobreza (p. 118). Como otras minorías étnicas, señala Rosaura Sánchez, los chicanos han internalizado el mito del 'sueño americano' y su promesa de un futuro mejor, un futuro del que, sin embargo, la mayoría está materialmente excluida. Naturalmente, según la ideología del angloamericano medio, el fracaso en alcanzarlo reside 'en la debilidad, imperfección, incapacidad e insatisfactoria actuación del individuo excluido'.[23] A pesar de su apoyo a las minorías y de su celebración teórica del pluralismo y la diversidad, la política oficial del multiculturalismo en Estados Unidos, observan Minoo Moallem y Iain A. Boal, suprime la realidad de la fragmentación social, promueve fantasías de homogeneidad cultural y pureza de las comunidades étnicas y distorsiona su experiencia histórica de colonialismo y opresión. En palabras de los pensadores, 'underneath the romantic reconciliation of a community of brothers and sisters [...] dramatic class, racial/ethnic, and gender inequalities continue to determine different groups' destiny, undermining the hope of, this time, a "multicultural

---

[21]   Denise A. Segura y Beatriz M. Pesquera, 'Beyond Indifference and Antipathy: The Chicano Movement and Chicana Feminist Discourse', en *The Chicano Studies Reader*, ed. por Noriega y otros, pp. 389–410 (p. 392) (publicado originalmente en *Aztlan*, 19 (Fall 1988–90), 69–92).

[22]   Irene I. Blea, *La Chicana and the Intersections of Race, Class and Gender* (New York: Praeger, 1992), p. 125.

[23]   Rosaura Sánchez, 'Ethnicity, Ideology, and Academia', *Americas Review*, 15.1 (1987), 80–88 (pp. 81, 83).

harmony".'[24] En referencia a la comunidad chicana y latina en general, Lomelí, Márquez y Herrera-Sobek observan (p. 287):

> By the end of the 1980s, Chicanos and other Hispanics felt that they had been seduced by a publicity stunt that had only co-optation and assimilation as its objective [...] The publicity campaign was designed to instill hope of a better future and to avoid any destabilization of the status quo or questioning of hegemonic society.

Lo mismo apuntan las investigaciones de los sociólogos Edward E. Telles y Vilma Ortiz, quienes mencionan el bajo estrato socioeconómico ocupado por los méxico-americanos debido principalmente al sistema educativo público, que implica una serie de prácticas institucionales e interpersonales de discriminación que limitan su logro académico y son responsables de sus bajos niveles de formación (pp. 284–85). Telles y Ortiz mencionan igualmente la discriminación que aún hoy sufre este grupo debido a su identidad étnica y los estereotipos persistentes que estigmatizan a los individuos de origen mexicano como parte de una cultura esencialmente inferior (p. 291). A pesar de que ha habido una progresiva ruptura de las barreras étnicas en los últimos cien años, señalan ambos sociólogos, persisten tres alarmantes tendencias que podrían disminuir o incluso invertir las posibilidades de una mayor integración: 'labor market polarization, worsening public education, and the growing size of the undocumented population' (p. 290). Las palabras de Cherríe Moraga son enormemente reveladoras: 'The fact that a few of us have "made it" and are doing better than we imagined has not altered the nature of the beast. He remains blue-eyed and male and prefers profit over people.'[25] El orden posterior al 11 de septiembre, asimismo, ha agudizado la xenofobia y lo que Claire Joysmith llama la 'mexifobia', parte de un esquema fóbico irracional hacia 'cualquiera que tenga pelo negro y tez más quemadita que blanca-blanca'.[26]

Tras este nada halagüeño acercamiento al panorama de algunos de los discursos hegemónicos que afectan a mexicanas y chicanas, estamos en condiciones de explorar la configuración de la identidad en las obras boullosianas y cisnerianas.

Los Bildungsromane de Carmen Boullosa: la construcción del género en el patriarcado mexicano

Los *Bildungsromane* de Carmen Boullosa se centran en la experiencia de la mujer mexicana en el seno de un marco social en que su marginalidad procede

---

[24] Minoo Moallem y Iain A. Boal, 'Multicultural Nationalism and the Poetics of Inauguration', en *Between Woman and Nation*, ed. por Kaplan y otras, pp. 243–63 (p. 252).

[25] *The Last Generation: Prose and Poetry* (Boston, MA: South End Press, 1993), p. 59.

[26] 'Entre la mexifobia y la chicanamieditis', p. 290.

de su género, pero no de su clase o etnicidad, es decir, describen la *Bildung* de mujeres de clase media o alta y cuya etnicidad no las hace marginales en el conjunto social. En conformidad con su propia posicionalidad, la autora da testimonio en sus novelas del entramado de estructuras ideológicas que construyen a la mujer como especificidad genérica en la sociedad mexicana configurando una red de relaciones asimétricas y opresivas. Esas estructuras ponen de manifiesto el conjunto de determinaciones que, en la visión boullosiana, pesan sobre la subjetividad de las mujeres en el México contemporáneo relegándolas a la sombra. Del lado de la etnicidad y la clase, y en una realidad como la mexicana en que se dan diferencias étnicas y de clase muy acentuadas, las mujeres de Boullosa son 'normativas', esto es, su identidad étnica o de clase no les imprime una marca negativa en el conjunto social. Su normatividad no implica, no obstante, que Boullosa desatienda en sus textos la realidad de la estratificación de etnicidad y clase existente en la sociedad mexicana: como se verá, esta realidad está presente ya en *Antes* y formará parte sustancial del conflicto de la protagonista en *Treinta años*.

A continuación se examinará la representación de la configuración de la identidad de las protagonistas en las tres 'novelas de formación' boullosianas. En estas el género representa, desde diferentes y variadas perspectivas, una clave fundamental para explicar y entender la representación de sus personajes y constituye la base para deconstruir los discursos que los subordinan.

Mejor desaparece*: las hijas frente al poder del padre*

Mejor desaparece da cuenta de manera paródica de la disolución de una familia mexicana burguesa ubicada en un contexto urbano, probablemente el de la Ciudad de México, a mediados o finales de siglo.[27] Esta disolución queda reflejada en la estructura del texto, que, dividido en seis capítulos, recoge las tres voces del triángulo familiar según la fórmula clásica: la de las hijas en los tres primeros capítulos, la de la madre en el capítulo quinto y posiblemente también en el cuarto y la del padre en el sexto.[28] De estos capítulos me centraré ahora en aquellos narrados por la voz de las hijas, es decir, los tres primeros, en los que se asiste a la 'formación' o *Bildung* de la subjetividad femenina y que se pueden considerar como una unidad analizable autónoma con respecto a los tres capítulos siguientes.[29]

---

[27]   A pesar de que no se describe ni se dan referencias contextuales específicas, se pueden hacer estas deducciones por diferentes alusiones del texto. Así, alusiones como semáforos o motores (en el fragmento 'Insiste') nos permiten ubicar temporalmente el texto de manera aproximada, e igualmente el hecho de que se aluda al renombre de la familia (en 'Entrevista') y de que esta tenga sirvienta nos lleva a considerar su estatus de clase.

[28]   Aunque no se puede afirmar con certeza que la madre sea la voz narradora del capítulo cuarto, creo que la lógica – o 'ilógica' – del texto nos invita a suponerlo así.

[29]   La validez de esta consideración independiente de los tres primeros capítulos es confirmada por Rike Bolte, que subraya que 'la novela consta de segmentos, de imágenes

Los tres primeros capítulos de la novela, precedidos por el fragmento 'Explicación', están compuestos por un *collage* de fragmentos o viñetas pesadillescos, que, cual pinceladas de un cuadro, desvelan de forma fragmentada retazos de la vida de sujeción y opresión patriarcal de las hijas de la familia Ciarrosa, desde la infancia en el primer capítulo y la adolescencia en el segundo a la vida adulta en el tercero. A pesar de la ambigüedad del texto, hay diversas pistas que indican esta lógica de crecimiento y que permiten considerar *Mejor desaparece* en el marco del *Bildungsroman* y así lo confirman también Eva Gundermann, Jean Franco o Barbara Dröscher.[30] Con este modelo se cruza, asimismo, el de la novela gótica,[31] cuyas convenciones utiliza Boullosa en el retrato de la violenta represión de la identidad que sufren las hijas de la familia. La definición que del género gótico nos proporciona Kate Ferguson Ellis sugiere la relación entre este y la violencia patriarcal: 'The strand of popular culture we call the Gothic novel can be distinguished by the presence of houses in which people are locked in and locked out. They are concerned with violence done to familial bonds that is frequently directed against women.'[32]

La (de)formación vital femenina en *Mejor desaparece* aparece marcada por la violenta construcción del sujeto mujer propia del discurso patriarcal, discurso encarnado de modo caricaturesco en la monstruosa figura del padre de la familia Ciarrosa y en su doble, El Caballero. En este mundo de relaciones violentas el individuo femenino es constituido o, en términos althusserianos, 'interpelado' por una variedad de discursos de poder que borran su individualidad.[33]

---

textuales, cada una de ellas casi pudiendo existir por su singular cuenta' ('La voz perdida – *Mejor desaparece*: exteriorización y alienación del sujeto entre la memoria imposible y la apertura textual', en *Acercamientos a Carmen Boullosa*, ed. por Dröscher y Rincón, pp. 75–88 (p. 76)).

[30]   Eva Gundermann, *Desafiando lo abyecto: una lectura feminista de 'Mejor desaparece' de Carmen Boullosa* (Frankfurt a/M: Peter Lang, 2002), pp. 59–60; Jean Franco, 'Piratas y fantasmas', y Barbara Dröscher, 'La muerte de las madres', ambos recogidos en *Acercamientos a Carmen Boullosa*, ed. por Dröscher y Rincón, pp. 18–30 (p. 22) y pp. 59–67 (p. 64) respectivamente.

[31]   Anna Reid lo señala en 'Transtornando la infancia: elementos góticos en la narrativa de Carmen Boullosa' (*Revista de Literatura Mexicana Contemporánea*, 9.20 (2003), 96–104). De manera similar, Jeanne Vaughn califica *Mejor desaparece* como 'una nueva [novela] gótica "urbana" y "posmoderna" de la ciudad de México' ('Las que auscultan el corazón de la noche: el deseo femenino y la búsqueda de representación', en *Sin imágenes falsas, sin falsos espejos: narradoras mexicanas del siglo XX*, coord. por Aralia López González (México: El Colegio de México, 1995), pp. 607–29 (p. 613)).

[32]   *The Contested Castle: Gothic Novels and the Subversion of Domestic Ideology* (Urbana: University of Illinois Press, 1989), p. 3.

[33]   Con *interpelación* se describe el proceso por el que una representación social es aceptada y absorbida por el individuo como su propia representación, convirtiéndose así para este en 'real' aun cuando en realidad es 'imaginaria' (véase el capítulo 'Ideología y aparatos

Se inicia el relato con la viñeta 'Explicación', en que una de las hijas emplaza los sucesos en un escenario gótico al relatar la llegada a la casa de algo que trae el padre, llamado 'eso', que provoca terror en las hijas. El 'eso' desfamiliariza las formas comunes de designar automatizadas en el lenguaje estándar, lo que sugiere la imposibilidad de nombrar el horror e introduce una sensación de estupor que recorrerá todo el relato. El 'eso' inaugura el ambiente asfixiante que se respirará en la gótica casa: se asimila a un hecho terrible que trae inmundicia y tormento al hogar y desencadena el proceso de deformación de las hijas. Así relata su llegada la narradora de este fragmento: 'Revoloteamos alrededor de eso todos sus hijos, convertidos de súbito en mosquitas indecisas alrededor de él.'[34] Como vemos, los 'hijos' se convierten ahora en 'mosquitas', es decir, el 'eso' los animaliza y feminiza, reduciéndolos a objetos que pueden ser moldeados conforme a los dictados del padre.[35] La llegada del objeto extraño impone una vigilancia y control absolutos sobre las hijas, como muestra el siguiente pasaje (p. 18): 'Papá cambiaba eso de lugar continuamente para sorprendernos, de modo que ya no podíamos estar tranquilos en ningún rincón de la casa, seguros de su ausencia.' En este sentido, el 'eso' o 'el mal', como diría Boullosa,[36] representa, no algo externo a la familia procedente del más allá, sino el mismo orden tiránico que impone la ley patriarcal en el seno familiar, que, como se irá viendo, amenazará y perseguirá a las hijas y acabará por imposibilitar su *Bildung*.[37] La representación del poder del padre y de la sujeción y vigilancia de la

ideológicos del estado', de Louis Althusser, *La filosofía como arma de la revolución*, 25ª ed. (México: Siglo Veintiuno, 2005 [1968]), pp. 102–51).

[34] *Mejor desaparece*, recogido en la colección de obras varias de Carmen Boullosa *Prosa rota* (México: Plaza & Janés, 2000), p. 14 (la publicación original corresponde a *Mejor desaparece* (México: Océano, 1987)). (Todas las citas de la novela que aparecen en este estudio proceden de esta colección.)

[35] En el capítulo tercero se verá que, a pesar de que el yo narrador es siempre femenino, con frecuencia se transgrede la polaridad genérica por medio del empleo alterno 'hijas'/'hijos' o 'nosotras'/'nosotros'. En relación con la animalización de las hijas, abundan en la novela otros ejemplos: las hijas son 'una camada' (p. 27); iban 'limpios hasta donde era posible, acicalados como animales' (p. 37); la narradora del fragmento quinto, asimismo, dice que los hijos 'son unos salvajes' (p. 76), 'la jauría de los Ciarrosa, la devoradora estirpe, la raza de vampiros inapetentes, de ratas destructoras sin raíces' (p. 76), '¡sus patas les huelen a queso!' (p. 84).

[36] 'Procuro pulir mi "feminidad" asalvajándola', entrevista incluida en Erna Pfeiffer, *Exiliadas, emigrantes, viajeras: encuentros con diez escritoras latinoamericanas* (Frankfurt a/M: Vervuert; Madrid: Iberoamericana, 1995), pp. 36–51 (p. 38).

[37] El turbio *eso*, como elemento indefinido, adquiere diferentes significados en la narración. Otro de los significados que tomará y que se analizará en el capítulo cuarto será el de la ausencia de la madre, que en los tres capítulos primeros se supone muerta. Merece atención el nexo intertextual establecido entre el *eso* de *Mejor desaparece* y el *huésped* del cuento de la mexicana Amparo Dávila 'El huésped' (de la colección *Tiempo destrozado* (1959)), símbolo también de la irrupción del mal en una familia de mano del marido y padre, que obliga a la esposa y los hijos a la lucha para defenderse.

formación de las hijas a las que este las somete serán los ejes temáticos de los siguientes fragmentos.

Marcela Lagarde explica la 'ley del padre' en la sociedad y sus instituciones en México como 'la afirmación en el éxito a partir de la propiedad, la posesión y el uso de bienes y de dependientes subordinados (mujeres, hijos, empleados, todos los demás)' (p. 402). La pensadora se refiere, asimismo, a la irracionalidad de las formas de poder derivadas del patriarcado (p. 403): 'Ser macho implica ser fuerte, violento, rencoroso, autoritario, a la vez que irresponsable y negligente, basado en formas de poder absoluto y arbitrario emanadas del patriarcado.' En conformidad con esta descripción, en *Mejor desaparece* el régimen paterno se representa como absurdo, incoherente y arbitrario. Así, en el fragmento 'Pan', Dalia nos relata los métodos irracionales del padre de garantizar la higiene en la comida de sus hijas, como, por ejemplo, remojar el pan en alcohol antes de ponerlo a la mesa. Con ello, el padre cree estar cuidando del mejor modo posible de la salud y crecimiento de su descendencia, adoptando así el papel de salvaguarda de su *Bildung*. El papel del padre como 'proveedor del pan de los hijos' aparece, de ese modo, ridiculizado. En otra viñeta, la 'Carta de papá', el propio padre narra en una carta sin sentido su decisión de no reconocer a sus hijos legítimos (p. 38):

> Aquél que se atreva a mencionar su anterior condición de legitimidad en presencia mía, o de modo que yo me entere, perderá toda posibilidad de acercamiento y estará en peligro de perder el apellido, lo único que les queda. No tanto, pero casi. Lo mismo para aquél que diga que es hijo ilegítimo.

Por medio de esta parodia de los lenguajes instalados, Boullosa enfatiza la irracionalidad del discurso patriarcal, que con su incoherencia condena a su prole al silencio y la indefinición. Como señala Jean Franco, la figura paterna ya no representa el discurso de la racionalidad del orden simbólico lacaniano, sino que habita el espacio de la irracionalidad y el desorden: '"father" has become an impossibly contradictory space'.[38] A pesar de ello, el padre impone sus designios en la *Bildung* de sus hijas, cuya individualidad *desaparece* como resultado de la construcción violenta a la que son sometidas por aquél. A continuación se examinarán distintos aspectos de la identidad femenina y de la construcción de género sugeridos en *Mejor desaparece*.

Un aspecto significativo de la identidad de las hijas en la novela viene conformado por el nombre floral que reciben: Dalia, Acacia, Orquídea, Magnolia, Margarita, Fucsia y Azucena. Sus nombres registran la reducción literal de su identidad a plantas, a naturaleza, reducción que corresponde a la dicotomía naturaleza–cultura que se ha construido en el orden patriarcal como

---

[38] *Plotting Women*, p. 184.

perteneciente a la esencia de lo femenino y lo masculino respectivamente. El esencialismo que aprisiona a la mujer es reflejado también en el fragmento 'Pintas', en que Dalia explica cómo su padre le ordena mudarse de cuarto y cómo 'a todas las mujeres nos apilaron en el más lejano y más oscuro' (p. 34): en el discurso hegemónico del patriarcado, la mujer es el otro, el objeto manipulable definido según una serie de características esenciales que conforman el cuarto o 'continente oscuro' de la feminidad.

La privación de sus derechos y su desplazamiento comportan, asimismo, un referente espacial, ya que a partir de la aparición del 'eso' las hijas son expulsadas del colegio y quedan aprisionadas en el espacio doméstico. Ello sugiere la construcción genérica del espacio en el patriarcado, en que el ámbito privado femenino de reproducción se opone al ámbito público masculino de producción. Esta división, además, ya no conlleva la imagen utópica de la casa como centro de armonía y refugio para la mujer propagada desde el patriarcado: la casa es ahora una prisión terrorífica para las hijas, un espacio asociado con los motivos del 'castillo fantasmagórico' y el 'entierro en vida' característicos del género gótico.[39] Lo doméstico o *heimlich*, pues, se funde con su aparente opuesto, lo *unheimlich*,[40] lo que desfamiliariza la casa como espacio de seguridad para la mujer.[41]

En los siguientes fragmentos, Boullosa se fija especialmente en cómo las formas de opresión patriarcales están sustentadas por el aparato del Estado y son (re)producidas por las instituciones de nuestra sociedad, que constituyen los althusserianos 'aparatos ideológicos del estado' que 'interpelan' al

---

[39]   El motivo del 'castillo fantasmagórico' corresponde a lo que Rosemary Jackson ha llamado 'Gothic enclosure' en *Fantasy: The Literature of Subversion* (London: Methuen, 1981), pp. 46–47; el del 'entierro en vida' es mencionado por Eve Kosofsky Sedgwick en *The Coherence of Gothic Conventions* (New York: Arno Press, 1980), p. 3.

[40]   Sigmund Freud, *The Uncanny* (London: Penguin, 2003). El tema del hogar familiar en la novela es abordado en detalle por Shigeko Mato en 'The Illusion of the "Homely" and Consciousness of the "Unhomely": Rethinking "Home" in Carmen Boullosa's *Mejor desaparece*', *Confluencia*, 18.2 (2003), 125–37.

[41]   Con respecto al espacio de la casa, Sandra M. Gilbert y Susan Gubar han llamado la atención en *Madwoman in the Attic: The Woman Writer and the Nineteenth-Century Literary Imagination* (New Haven: Yale University Press, 1979) sobre la diferencia entre las casas utópicas teorizadas por críticos y teóricos hombres, como Gaston Bachelard en *The Poetics of Space*, y las habitadas por los personajes femeninos de las novelas escritas por mujeres, en particular del siglo diecinueve, espacios prisioneros que albergan la locura del ser femenino. Con respecto al conjunto social latinoamericano, Jean Franco observa, asimismo, las resonancias racistas y clasistas que conlleva el confinamiento de la mujer en el espacio del hogar, un confinamiento 'intended to insure the purity of blood that Spanish society had imposed after the wars against the Moors' ('Beyond Ethnocentrism: Gender, Power, and the Third-World Intelligentsia', en *Marxism and the Interpretation of Culture*, ed. por Cary Nelson y Lawrence Grossberg (Urbana: University of Illinois Press, 1988), pp. 503–15 (p. 507)).

sujeto, entre los que se encuentran la familia, la ley, la Iglesia, los medios de comunicación o la educación.[42]

La institución contra la que la autora arremete con especial acritud será la de la familia tradicional, una familia de carácter burgués que corresponde a la invocada por el Estado. Boullosa revisa esta institución críticamente desenmascarando su supuesto carácter natural y poniendo al descubierto su papel coactivo y manipulador en la reproducción y consolidación del sistema de valores patriarcal. En palabras de Gabriella de Beer, 'Boullosa depicts this family in crisis, leaving a painfully stark image of its alienation, rejection, loneliness, and disintegration as a social unit.'[43] Central en esa crítica es la irrupción del 'eso', que, como se apuntó, introduce una degeneración en la casa que simboliza de manera eficaz la decadencia representada por la unidad familiar.

Diversos aspectos de ese retrato crítico de la familia se destacan a lo largo de los tres capítulos. Uno de esos aspectos lo constituye el hecho de que las niñas Ciarrosa, como hijas, no son más que productos desindividualizados del concepto normativo de familia mantenido por el padre, por lo que pueden ser manipuladas por este a su antojo. Así, en el episodio titulado 'Turista', el espacio de la casa se recrea en forma de tablero como símbolo del juego de la familia tradicional, un juego en que el padre establece las reglas y las hijas son tratadas como piezas intercambiables que han de atenerse a sus decisiones arbitrarias. En un momento dado del juego, el padre le ordena a Orquídea que corra a abrir la puerta a pesar de que nadie ha llamado. A partir de entonces, esta no vuelve a aparecer: se supone que por alguna infracción de las normas del juego, el padre la echa de la familia. Dalia le pregunta entonces al padre por la hermana y este, enfurecido por el cuestionamiento de su ley, la castiga encerrándola en un cuarto lleno de 'trebejos' (p. 21), lo que, en efecto, equipara a la niña a un 'juguete' o pieza del tablero que él controla. En el segundo capítulo, asimismo, la voz narradora se refiere a la nueva familia que quiere construir el padre como una 'escenografía', una 'construcción que quería hacer con "eso", los extraños y la muchachita' (p. 47).[44] En su nueva construcción, las hijas lo estorban, por lo que, como vemos en el fragmento 'Entrevista', el padre las reemplaza por otras hijas (p. 62):

[42] En el citado capítulo 'Ideología y aparatos ideológicos del Estado', Althusser explica que el Estado ejerce su poder por medio del 'aparato represivo' (como el ejército o la policía) y los 'aparatos ideológicos' (tales como las iglesias, las escuelas, la familia o los medios de comunicación). Los segundos proporcionan las condiciones necesarias para construir ideológicamente al sujeto, 'interpelándolo' a fin de que acepte someterse a un régimen de poder.

[43] *Contemporary Mexican Women Writers: Five Voices* (Austin: University of Texas Press, 1996), p. 161.

[44] 'Los extraños' se refieren a un conjunto de presencias indefinidas que aparecen de repente en la casa para habitarla y que usurpan el espacio a las hijas, y 'la muchachita' puede referirse, o bien a una sirvienta que trabaja en la casa, o bien a la nueva esposa del padre.

'Ninguna mención a nosotras, ni siquiera una alusión a nuestra existencia.'
Esa 'construcción' o 'escenografía' expresa de manera explícita el carácter no
natural de la familia frente a la noción de 'familia natural' propagada desde
el patriarcado.

Otro de los aspectos destacados de la crítica familiar lo conforma la relación
entre la familia y el Estado. Según señala Anne McClintock, el tropo de la
familia es central para el nacionalismo, ya que ofrece una figura 'natural'
para sancionar la jerarquía nacional.[45] Siguiendo sus premisas, el ataque de
la institución familiar que efectúa la obra implica también un ataque de la
estructura estatal. En *Mejor desaparece* esta crítica queda plasmada en la figura
del padre, que, como representante del grupo genérico y social dominante
en cuyas manos se encuentra el liderazgo político,[46] funciona dentro de la
familia como metonimia de la red de jerarquías institucionales falocéntricas
de hegemonía y control que conforman el Estado, cuyo discurso se encarga
él de imprimir en la vida de las hijas por medio de la vigilancia implacable
del 'eso' que las penetra. En diversos fragmentos vemos cómo en *Mejor
desaparece* se insiste, en la línea foucaultiana,[47] en el carácter discursivo del
género, siendo el padre el representante del 'poder de lo escrito, la tradición
de las grandes declaraciones y de las leyes'.[48] Así, en 'Duda o reproche' Dalia
cree 'ver un poco de eso embarrado' en el 'NO, escrito con enormes letras de
imprenta' (p. 23) que el padre anota en un papel como respuesta a la petición
de las hijas de dejar la casa: en términos lacanianos, el legislativo Nombre-
del-padre (*Nom-du-père*) transmite la Ley esencial de la cultura, fundiéndose
con su homófono prohibitivo, el No-del-padre (*Non-du-père*).[49] De modo
análogo, en la formación impuesta por el padre, este tiene el discurso jurídico
de su lado, representado en los fragmentos 'Duda o reproche' y 'La cita' por
la figura del abogado, defensor de la ley y poder patriarcales que gobiernan
el Estado. En el primero de esos fragmentos las hijas le piden al padre que

[45]   *Imperial Leather: Race, Gender and Sexuality in the Colonial Contexts* (New York:
Routledge, 1994), p. 357.

[46]   Marcela Lagarde explica que la figura del padre 'recoge el conjunto de atributos y
valores considerados como el máximo cultural, social y político que pueda ser encarnado por un
personaje (el padre) y por los sujetos designados como tales'. Según la autora, en la ideología
patriarcal se 'considera que el padre es el hombre pleno, el adulto que trabaja, que organiza [...]
y dirige el trabajo, la sociedad y el Estado. Su calidad de padre se suma entonces, a los atributos
masculinos patriarcales' (p. 359). Aunque el patriarcado impregna todas las clases sociales en
México, es importante tener en mente que en *Mejor desaparece* el padre es representante de la
élite masculina de clase media y alta (normalmente blanca o mestiza) que rige el Estado.

[47]   Según Foucault, el poder y el discurso se sirven mutuamente: 'It is in discourse that
power and knowledge are joined together' (*The History of Sexuality. Volume 1: An Introduction*,
trad. por Robert Hurley, 3 vols (London: Penguin, 1990 [1976]), p. 100).

[48]   Bolte, p. 83.

[49]   Dylan Evans, *An Introductory Dictionary of Lacanian Psychoanalysis* (London:
Routledge, 1996), p. 122.

las deje marchar, petición a la que este se niega rotundamente mandándoles un abogado. La ley impide a las hijas salir y las reduce al silencio y, en efecto, estas no pronuncian palabra en su encuentro con el letrado. En el segundo fragmento las niñas se ven apresadas por la Ley del Padre (p. 37): 'Quedábamos maniatados, solo podíamos atenernos a las consecuencias de decisiones tomadas por otro.'

La alianza entre el padre y la ley queda también reflejada de modo paródico en 'La carta de papá', en que una declaración tan violenta como la de la carta formulada por el padre se mantiene en el marco de la legalidad. Así, declara el padre (p. 38): 'procuraré destruirlos pero no tanto como para que se me pueda acusar de querer hacerlo. No tanto.' El apoyo que recibe el padre del discurso jurídico es advertido por las hijas, quienes declaran que aquél tiene 'para sí todos los más lícitos derechos' (p. 43). De hecho, el padre puede incluso eliminar a sus hijas, su pasado y su futuro, con tan solo quemar las actas de nacimiento y suprimir sus nombres, como figura en 'Declaración de guerra' (p. 52): 'Quemas actas de nacimiento, suprimes nombres de los gastos que te ahorrarían impuestos.' La función del lenguaje y el orden social están, pues, volviendo a Lacan, anclados en el Nombre-del-padre como portador de la Ley simbólica, esto es, la Ley del significante, que se da 'a conocer suficientemente como idéntica a un orden de lenguaje',[50] constituyendo el principal núcleo de poder en la vida humana. En este escenario no sorprende que en el fragmento 'Señor' la ley estatal y la ley patriarcal se identifiquen en la complicidad representada entre el padre y el policía (p. 70):

> – No señor Ciarrosa, desgraciadamente lo que ocurrió no fue solamente un robo.
> '¡Pero era una niña!'
> Fue contra su voluntad.
> – ¡Ah! – dijo ya tranquilo el señor Ciarrosa –, ¿podemos entonces, en lugar de tramitar el certificado de suicidio, eliminar del libro el acta de nacimiento?
> – Es lo que pensábamos sugerirle.

En otro fragmento, 'Pintas', se alude a una serie de pintadas incoherentes y 'disímiles' (p. 33) que aparecen por las paredes de la casa: '*adoremos la cruz, hacia arriba y a los lados*', '*culo domado*' o '*decencia y perseverancia*' (p. 33, énfasis de la autora). Estos mensajes se pueden tomar como referencia paródica a los discursos del catolicismo y la moral apoyados por la institución familiar, de los que, como nos cuenta Dalia, al final fue imposible deshacerse (p. 33): 'Al principio, cuando lo único que había en las paredes era letreros,

---

[50] Jacques Lacan, *Écrits: A Selection*, trad. por Alan Sheridan (London: Tavistock, 1977), p. 66.

los arrancamos uno por uno, pero a la larga los que lo hacían desecharon el papel y pintaron sus consignas en las paredes.' Se sugiere, asimismo, el control institucional sobre otro 'aparato ideológico', los medios de comunicación, con el mismo fin de mantener la moral social y familiar y los patrones fijos de género. Así lo vemos en la viñeta 'A la prensa', en que se difunde la imagen de una familia feliz tras haber eliminado toda disidencia en su interior, o en 'La cara', en que se alude a la financiación del 'desplegado en varios matutinos que se oponía a la publicación de lo que ellos llamaban imágenes groseras, expresamente de desnudos y de actos violentos' (p. 48).

Otro aspecto enfatizado por Boullosa en la novela es la construcción del cuerpo de la mujer por el orden establecido. La representación del cuerpo femenino como escenario donde convergen diferentes exigencias culturales constituye una preocupación temática constante en la obra boullosiana.[51] En *Mejor desaparece* se muestra cómo la construcción del cuerpo responde a prácticas discursivas dictadas desde los ámbitos políticos hegemónicos que permiten y aseguran la transmisión y el mantenimiento del sistema. Así lo vemos reflejado en la supresión violenta de la formación de Dalia en su rito de paso de la infancia a la pubertad al inicio del segundo capítulo. En el primer fragmento de este capítulo se relata el brote del rostro de Dalia, esto es, de la conciencia de sí misma y de su individualidad. En este mundo opresivo, sin embargo, Dalia no puede tener subjetividad alguna, por lo que su formación es suprimida violentamente por El Caballero, quien, emparentado con el personaje del *educador* o *mentor* del *Bildungsroman* clásico, se encarga de tutelar el desarrollo de las hijas y actúa de salvaguarda de la moral social y familiar.[52] En lo que se asemeja a una consulta ginecológica, El Caballero le quita el rostro a Dalia, con lo que 'con la ayuda de un médico me condenaron de nuevo a la situación absurda' (p. 49), es decir, a no tener identidad, a la adopción por la fuerza de las normas hegemónicas de (de)formación de la mujer. La escenificación de la consulta ginecológica y la extirpación del rostro de Dalia revelan las insidiosas maniobras de poder que intervienen en la construcción del sujeto femenino en el patriarcado y la violencia dirigida hacia las mujeres que recorre el cuerpo social. El abuso, asimismo, contiene ecos del arquetipo del 'rape trauma' al que se refiere Annis Pratt en relación con la narrativa femenina (p. 24): 'The event of "rape", in that it involves

---

[51] Sobre este tema, véase el ensayo de Laura Pirott-Quintero 'El cuerpo en la narrativa de Carmen Boullosa', *Inti*, 45 (1997), 267–75.

[52] Marianne Hirsch señala el 'educador' (que sirve como mediador entre la sociedad y el héroe) como uno de los personajes típicos del *Bildungsroman* ('The Novel of Formation as Genre: Between Great Expectations and Lost Illusions', *Genre* 12.3 (1979), 293–311 (pp. 297–98)). Para Eva Gundermann, El Caballero es una referencia intertextual a un personaje muy común de la literatura española medieval, en particular de las novelas de caballería y de las poesías de trovadores del Medievo, y también al personaje-tipo del caballero del teatro del Siglo de Oro (pp. 120–21).

the violation of the self in its psychological and physical integrity, […] becomes central to the young woman's experience.' Dalia, más que ningún otro personaje, responde a la visión de la mujer cuya autoridad para articular libremente su propia vida le ha sido usurpada de modo violento.[53]

La referencia al control del cuerpo la encontramos, de igual modo, en relación con otra de las hijas, Orquídea, quien, como vimos, es eliminada del juego de la familia por su disidencia y es convertida después en una figura de cera. La maleable cera contiene las resonancias de la percepción tradicional de la mujer 'como un lugar vacío, un silencio u oquedad que podía ser llenado, a placer, por la proyección de deseos y temores masculinos, por sus fantasías y protofantasías'.[54] Orquídea es también un '*buche*' (p. 51), lo que, como observa Marcia L. Welles, marca el cuerpo femenino como 'un signo, un indicador del ser de la mujer en el mundo como objeto valorado por su atracción erótica y fertilidad', lo que tiene como resultado su 'reducción metonímica'.[55]

En conclusión, en *Mejor desaparece* se representa la violencia que el discurso patriarcal inflige a las mujeres de una forma sumamente expresiva por medio de elementos tales como la parodia, la desfamiliarización, lo extraño y los elementos góticos. Mediante ese retrato gráfico se exponen las prácticas opresivas que producen la socialización del sujeto en cuanto sexuado y se insiste en que el género, como elemento constitutivo de las relaciones sociales, es una forma primaria de relaciones de poder y conforma un elemento fundamental en los procesos por medio de los cuales este construye al sujeto.

Antes*: la pesadilla del discurso católico-patriarcal*

En el segundo *Bildungsroman* de Carmen Boullosa, la protagonista y narradora relata su formación retrospectivamente desde su nacimiento hasta su paso a la adolescencia con la llegada de su primera menstruación, momento crítico que desencadena su muerte. La novela se organiza en torno a dos polos temporales: un *antes*, conformado por la infancia de la protagonista hasta su muerte, la cual conduce a un *después* suspendido entre la vida y la muerte cuya razón de ser es la narración de ese *antes*.

---

[53]   Es interesante observar que, según el análisis de Michel Foucault, la represión violenta del cuerpo femenino y el control de las apariencias son más estrictos entre las clases acomodadas. Según el pensador francés, para reafirmar su predominio y reproducir su hegemonía social las clases dominantes han utilizado medios de control severos sobre la sexualidad, la salud y el cuerpo femeninos, vigilancia anclada en las instituciones estatales que ha estado a cargo especialmente de la familia (*The History of Sexuality*, I, pp. 120–25).

[54]   Aralia López González, 'Justificación teórica: fundamentos feministas para la crítica literaria', en *Sin imágenes falsas*, coord. por López González, pp. 13–48 (p. 21).

[55]   'The Changing Face of Woman in Latin American Fiction', en *Women in Hispanic Literature*, ed. por Miller, pp. 280–88 (p. 286).

La niña sin nombre de *Antes* procede de una familia mexicana de clase acomodada que vive en la Ciudad de México a mediados de los años cincuenta y principios de los sesenta. Su padre es industrial y su madre pintora. Además de por estos, la unidad familiar está formada por otras dos hermanas del primer matrimonio del padre. En este ambiente, la infancia de la protagonista se desarrolla rodeada de todas las comodidades y oportunidades, como revelan la educación que recibe en un colegio de monjas o sus viajes de intercambio al extranjero para aprender idiomas. Sin embargo, como bien dice la protagonista, '"las cosas no siempre son lo que parecen"',[56] y lo que podría haber sido una infancia feliz en un ambiente idílico se convierte, como veremos, en una infancia pesadillesca que queda violentamente abortada. Antes de examinar esa pesadilla, se delineará a continuación el contexto histórico que la narradora traza en su relato de recuerdos en relación con las categorías de género y clase.

A lo largo del relato se nos proporcionan datos sueltos que retratan el discurso de género en el entorno en que se desarrolla la corta vida de la niña. Así, encontramos un significativo episodio en que se confirman los roles femeninos propios de madre y esposa y se considera con escepticismo la posibilidad de que la mujer pueda compatibilizarlos con una profesión. Así, una amiga de sus hermanas, Cristina, le pregunta a la protagonista sobre su madre (p. 146): '¿No resentías que ella trabajara?' Ante su respuesta negativa, Cristina se dirige a su novio (p. 146): '¿Ves Woyteh? Sí se puede. Se puede tener hijos y tener un hogar y tener profesión.' Parece, no obstante, que Cristina no está totalmente convencida y por eso vuelve a preguntarle a la niña más tarde (p. 147): '"De veras se puede"' También halla eco en *Antes* la conciencia de la subordinación múltiple a la que el género y la clase social (y, posiblemente, también la etnicidad) marginales someten al sujeto y ello a través de la visión de la protagonista, que se refiere a la 'escuela de capacitación de trabajadoras domésticas' de la que procedía una sirvienta que tuvo la familia y en la que, según la niña, enseñaban a las alumnas a desempeñar un papel que equivalía 'a no hacer nada, a despreciar todo cuanto era su mundo con mayor perfección' (p. 87). La narradora de *Antes* percibe también con ironía la marcada estratificación de clase característica de la sociedad mexicana y la complicidad de las clases pudientes con una red de poder fundada en la desigualdad. Así, a propósito de un concurso de dibujo en torno a las interpretaciones del lema de la escuela a la que asisten las niñas, la narradora nos cuenta que sus hermanas

hacían […] las casas que bordeaban la escuela, las casuchas de la *baranca* como le decían las *mothers* a los asentamientos de 'recién llegados'

[56] *Antes* (México: Punto de lectura, 2001 [1989]), p. 112. (Todas las citas de la novela en este estudio han sido tomadas de esta fuente.)

(algunos de los cuales tenían tres veces mi edad llegando, tratando de llegar al paraíso que habían imaginado en la ciudad) y dibujaban niñas uniformadas [...] repartiendo paletas de dulce o inyectando niños o cualquier acto que les pareciera remediaba o aliviaba su miseria. (p. 92)

La protagonista dibuja una niña lavando platos, dibujo – reflexiona la narradora – igual de absurdo que los demás, 'si pensamos que cuál lavar platos en mi casa habiendo una mujer cuyo trabajo era hacerlo [...], cuál "ayudar" a los niños de la *baranca* para los que nuestra sola presencia era una ofensa, cuál serviam, cuál "servir" si entre nosotros nos encargábamos de que el país entero nos sirviera' (pp. 93–94). La anáfora que estructura sus reflexiones y la serie de preguntas retóricas hacen hincapié en la distancia irónica de la narradora y, con ello, en su visión crítica de su clase social.

Pese a su perspicaz visión de la realidad que la rodea, la protagonista de *Antes* vive, no obstante, atrapada por un sentimiento de permanente miedo y confusión originado en ese mismo entorno circundante. Su espanto y desconcierto se traducen en pasos, ruidos y visiones de origen ignoto que, de nuevo en la línea de las convenciones del género gótico, acompañan a la niña desde muy pequeña y la persiguen constantemente fuera y dentro del espacio de la casa, que, como ocurriera en *Mejor desaparece*, se convierte en *unheimlich*.

Al principio de la novela, la narradora expresa el miedo que la invadió desde su mismo nacimiento y que la acompañará a lo largo de su breve existencia (p. 12): 'Recuerdo con precisión el día de mi nacimiento. Claro, el miedo.' Seguidamente relaciona este miedo con su madre (p. 12): 'La comprendo y no se lo reprocho, tal vez si yo llegara a estar en su situación [...] yo también sentiría miedo.' Y justo después explica que 'el miedo era por la abuela, no por mí' (p. 12). Cuatro líneas más abajo la narradora llama a ese miedo '*la* miedo' (p. 13), transformando ese sustantivo en femenino e identificando así ese sentimiento con la madre (p. 13):

Vuelvo al miedo, a *la* miedo: la jovencita, bañada en sudor, despeinada, con el cuerpo sometido a la violencia del parto, despojada de todos los signos de coquetería, era inocultablemente hermosa. Ese día estaba más pálida que de costumbre y cuando la vi por primera vez tenía en todos sus rasgos reflejado el miedo que no imaginé brincaría a mí para nunca dejarme.

Poco después se refiere la narradora a la reacción que su nacimiento había provocado en la abuela y el padre (p. 14): 'Mi abuela me miró con desilusión porque yo no era varón como ella hubiera querido. Mi papá ... él no me miró ni ese día ni los siguientes, hasta que perdí la cuenta.' Como vemos, ese miedo, que salta de inmediato al bebé que era la narradora, tiene dos orígenes: el miedo por el momento del parto y el miedo por la respuesta de la abuela si el bebé no era varón. Así pues, '*la* miedo' es, en efecto, un miedo en femenino que se relaciona con el cuerpo de la mujer y con un sistema social en que, como afirma Marcela Lagarde, 'el nacimiento de una niña es un tanto fallido' (p. 372).

La persecución de los pasos la padecen también otras niñas, como María Enela, Miriam y otras cuyas voces oye la narradora desde el espacio del 'no-ser' que ocupa. De estas dice la protagonista (p. 15):

> Afuera a veces escucho a las que vienen persiguiendo y aún no les dan caza. ¿O serán las mismas? Aúllan, tienen horror de los que las persiguen. Corren, vuelan, son capaces de cualquier cosa para salvarse. Han de ser otras cada noche, seguramente, seguramente porque ninguna podría escapar, es imposible escapar, que nadie intente engañarse. Alguna noche se lo grité a la desesperada en turno, pero no oyó.

En este fragmento hallamos dos entidades del mundo de 'afuera' bien diferenciadas, definidas por su función sintáctica y su género: 'los que las persiguen' y 'las que vienen persiguiendo', es decir, un *sujeto* masculino que persigue y aterroriza a un *objeto* femenino. Los polos masculino/femenino y sujeto/objeto se muestran, así, como estructuradores de la percepción de la protagonista narradora. Más adelante, en el capítulo cuarto, hallamos otra reveladora imagen de la persecución en forma del acecho y hostilidad que la protagonista sufre por parte del eucalipto (pp. 51–52):

> El eucalipto me hostilizaba de muchas maneras. [...] Ustedes no saben lo que es un árbol decidido a estar en contra de una niña. ¡Imaginen sus hojas clamando a coro odios y venganzas, imaginen sus raíces decididas a llevar la contra, a sus ramas, a su corteza, a sus retoños poseídos de ira! No hay imposibles para un árbol así.

La imagen del árbol nos lleva a las reflexiones de Georges Bataille, que comenta la posición *erecta* que el hombre le ganó al mono cuando dejó las ramas, que lo convierte en árbol: 'Man moves on the earth without clinging to branches, having himself become a tree, in other words raising himself straight up in the air like a tree, and all the more beautiful for the correctness of his erection.'[57] Como también sugiere Pedro Granados,[58] el árbol se convierte, pues, en símbolo del fiero falocentrismo que hostiga tenazmente a la niña.

---

[57] 'The Big Toe', recogido en Georges Bataille, *Visions of Excess: Selected Writings 1927–1939*, ed. por Adan Stoekl (Minneapolis: University of Minnesota Press, 1985), pp. 20–23 (p. 20).
[58] Véase Pedro Granados, 'Carmen Boullosa, el árbol y el remolino', *Inti*, 39 (1994), 223–25.

Junto a ello, otra de las significativas visiones terroríficas que tiene la protagonista de *Antes* es la de un incendio de un terreno colindante, en que la protagonista

> *veía* (oigan bien: veía, no imaginaba) sobre las llamas caras llegadas ahí para observarme, caras sin cuerpo, caras con todas sus partes completas. Una de ellas abrió sus labios carnosos para llamarme. Al oír mi nombre todas sonrieron. Apareció entonces en su lugar una multitud comiendo en franco desorden festivo, comiendo *caras*, lo vi, ahí estaba, no era mi imaginación. (pp. 35–36)

Como en *Mejor desaparece*, reaparece aquí el motivo de la cara como símbolo inequívoco de la identidad, una identidad que, en la visión de la niña, es ahora 'canibalizada', lo que de nuevo recrea el arquetipo del 'rape trauma' señalado por Annis Pratt.

La información reunida en el recorrido por estos pasajes nos permite ir desenterrando los fantasmas de la persecución: el miedo de la niña se perfila, no como un simple miedo infantil, sino como derivado de su condición femenina en el orden falocéntrico. Es, significativamente, el mismo miedo que Annis Pratt encuentra en las obras que examina en su estudio sobre 'la novela de desarrollo', que para la autora contienen un simbolismo de aprisionamiento y miedo de invasión psicológica derivados del patriarcado que introduce un elemento de pesadilla (p. 16). La caracterización de Pratt se ajusta perfectamente a la novela boullosiana, ya que, en efecto, la pesadilla en ella procede de un exterior definido por la lógica patriarcal y desencadenante de un sentimiento de miedo profundo, un miedo que, resultante de la constitución de la subjetividad de la protagonista por una variedad de estructuras ideológicas, tejen su cuerpo en desarrollo con hilos aprisionadores. Como sucediera en *Mejor desaparece*, pues, en *Antes* la autora explora el poder del discurso patriarcal sobre la subjetividad femenina y el modo en que las instituciones construyen el cuerpo de la mujer en la sociedad mexicana.

Las instituciones o 'aparatos ideológicos del estado' en que Boullosa se fijará de manera especial en *Antes* son la educación en conjunción con el catolicismo como propagadores del programa represivo del sujeto femenino instigado por el discurso del Estado. Como se mencionó anteriormente, la protagonista asiste a un colegio de monjas muy tradicional de 'niñas bien'. Aun cuando en su casa no hay fervor religioso, la tradición católica que cimienta la educación que recibe influye fuertemente en su subjetividad y filtra su visión del mundo, distorsionando la imagen que tiene de sí misma y determinando el devenir de su *Bildung*.

Los preceptos de la Iglesia Católica, según se señaló, han tenido un papel primordial en la conceptualización de la mujer mexicana y en su formación moral. El ideal del marianismo propagado por la Iglesia, que ha mantenido a la mujer sometida al poder masculino, implica que esta, para ser *buena*, ha de imitar a la Virgen María en su sumisión y pureza. Boullosa comenta las terribles consecuencias que la religión comporta para las mexicanas:

> Como mujer es horrible la religión mexicana, no voy a generalizar al resto del mundo pero aquí es terrible. Solo si piensas que hoy, en el año en el que estamos, una de cada dos mujeres antes de los dieciocho años ya tiene un hijo. Es una cosa espantosa y además, lo tienen pensando que es su salvación, pensando que es lo único que es de ellas. Le debemos de dar las gracias por esto al catolicismo mexicano, que es absolutamente abominable.[59]

En *Antes* encontramos un significativo pasaje en que se revela con ironía la abnegación y servilismo que ha de tener una mujer según los preceptos católico-patriarcales. La protagonista relata cómo la abuela le contaba vidas de santos mientras tejía (pp. 62–63):

> Mientras con el gancho uno Rita confía el deseo de hacerse religiosa a sus papás, con el gancho dos no le dan permiso porque ya son viejos, con el gancho tres no sabe si cumplir su deseo o apegarse a la voluntad de sus papás, con el gancho cuatro obedecer a sus papás, con el gancho uno la casan con un hombre duro que la maltrata y la golpea, con el gancho dos Rita no se lamenta, soporta todo siguiendo el consejo de Jesús, con el gancho tres afuera de la casa es también un hombre colérico, con el gancho cuatro pelea con los hombres del pueblo y lo matan, vuelta al uno, tejía hermosos manteles blancos para cuando nos casáramos, yo, mis hermanas y mis primos.

La historia refiere el modo en que las mujeres se encuentran limitadas, primero en el seno familiar (los cuatro primeros ganchos) y después por el marido (los cuatro ganchos siguientes), pero esta actitud sumisa y subordinada, que es la que *debe* tener toda señorita, es premiada por la Iglesia con el título de 'santa'. Esta añeja historia que borda los manteles de la abuela encarna, aun siglos después, el destino que, como mujeres, *engancha* a la protagonista y a sus hermanas en esa sociedad, que exige de toda 'mujer buena' la abnegación que encarna la 'santa' Rita. Tejido y texto (del latín *texere*), como vemos, se aúnan para recalcar el 'funcionamiento textil' del texto y, siguiendo la manda de Jacques Derrida, sugerir que el ocultamiento de la ley de composición del texto y de las reglas de su juego, lo que el filósofo llama 'the dissimulation of the woven texture', 'can in any case take centuries to undo its web'.[60]

---

59 En Ferrero Cándenas (respuesta 19 de 35).

60 Jacques Derrida, *Dissemination*, trad. por Barbara Johnson (Chicago: University of Chicago Press, 2004 [1981]), p. 71.

Esta hagiografía es una de las tantas que la protagonista de *Antes* lee con pasión tanto en la escuela como en la casa. Como resultado de sus lecturas, la niña percibe el mundo a través de las lentes del discurso religioso. La poderosa presencia de la religión en su *Bildung* se manifiesta en el hecho de que muchos de sus juegos infantiles giran en torno a mártires y santos (p. 62) y de que en ellos toma la niña el papel de la Virgen María (p. 68). En el capítulo quinto figura también un significativo episodio en que tres compañeras mayores del colegio le roban a la protagonista su ropa interior, suceso al que la niña le da un sentido religioso: las compañeras son ángeles que se disputan su alma en pecado y ella 'portaba la llaga, el estigma' (p. 61).

La internalización de la protagonista del discurso católico determina el sentimiento de terror que domina su existencia y la concepción devaluada que tiene de sí misma. Ello queda representado en la novela a través de un mundo fantasmal de culpabilidad y pavor indefinibles que desconcierta y perturba a la protagonista. La característica culpabilidad o traición ontológica que conforma el subconsciente colectivo femenino – que, según Margo Glantz, surge en la infancia[61] – constituye una de las formas más poderosas de control social de las mujeres y estructura 'la imagen "extraña" devaluada de sí mismas como fenómeno natural, ahistórico o de destino'.[62]

En *Antes* hallamos numerosos episodios que sacan a relucir la 'imagen extraña' que la niña tiene de sí misma y la culpabilidad, vergüenza y angustia que estructuran su subjetividad, que hacen que se perciba como blanco de rechazo y artífice de los males que ocurren a su alrededor.[63] Así, por ejemplo, en el episodio de la muerte de una compañera de escuela, María Enela, la protagonista se cree responsable de los pasos que persiguen a esta y por ello, antes del desenlace fatal, encuentra una nota acusadora escrita con letra de adulto (p. 26): '*Vendes a Enela* …' La letra con que la niña imagina escrita la nota sugiere el orden que estructura la subjetividad en el mundo de los adultos: el del sistema patriarcal que la acusa y la convierte en culpable. Debido a su 'traición' y entrega de Enela, la niña se identifica con el emblema de la traición, Judas (p. 29):

> Vamos, pensaba, seré cobarde. Entregué a Enela, renegué de Enela … No necesitaba compararme con la carne de los mártires, para saber cuán poca cosa era … No había necesitado probarme para no pasar la prueba y saber de mis vergonzosas flaquezas. Y sentí más miedo que nunca y los pasos se

---

61   'Las hijas de la Malinche', en *La Malinche, sus padres y sus hijos*, ed. por Margo Glantz (México: Universidad Nacional Autónoma de México, 1994), pp. 197–220 (p. 203).

62   López González, 'Justificación teórica', p. 19.

63   En relación con los elementos góticos de la novela, es significativo el comentario de Kate Ferguson Ellis en *The Contested Castle* (p. 7): 'The Gothic in fiction […] is a set of conventions to represent what is not supposed to exist, like guilt.'

alimentaban de mi miedo, cebándose con él, de él creciendo, de él engran-
deciéndose, volviéndose un monumento de la remordida carne de cañón en
que no sabía que me había convertido.

Más adelante, la narradora explica que se sentía 'atormentada, remordida,
culpable, castigada con el solo hecho de ser quien era …' (p. 31). Esta cita
nos confirma el origen de su culpabilidad, que deriva del 'solo hecho de ser
quien era', es decir, de su identidad misma al haber sido instruida por una
ideología de género que estigmatiza a la mujer.

Otro pasaje significativo lo encontramos en el capítulo duodécimo, en que
la niña halla un cuadro tirado en el jardín que piensa dirigido a ella (p. 128,
énfasis de la autora): 'Me lo habían aventado *a mí*, como una advertencia
que yo no alcanzaba a comprender.' El cuadro representa una ciudad anónima
que había sido 'castigada reiteradas veces como cuna de herejes' (p. 127) y
con la que la niña se identifica. Después de recogerlo del jardín y colocarlo
en su tocador, al cuadro le salen unas manchas en las faldas de las mujeres
representadas (p. 129):

> Me acerqué al cuadro, sí, estaba manchado y solo manchado en las faldas
> de las mujeres del cuadro, con manchas disparejas, uniformes en nada,
> insensatamente colocadas pero siempre en la misma prenda de las mujeres.
> Noté en una de ellas que la mancha, más clara y casi brillante, se iba exten-
> diendo en su prenda como si brotara de atrás del cuadro …

Las manchas, símbolo de la 'vergüenza' de la sangre menstrual y de su alma
de 'mujer mala', nos conducen al motivo boullosiano del cuerpo femenino
como construido por las prácticas ideológicas religioso-patriarcales, que, al
igual que en *Mejor desaparece*, halla amplia resonancia en *Antes*.

Como observa Marcela Lagarde, desde la ideología dominante de contenido
católico que configura la subjetividad femenina en México, el cuerpo de la
mujer ha sido construido como espacio sagrado y por ende, como objeto de
tabú (p. 365). En *Antes* tenemos ocasión de comprobarlo en el relato de las
vacaciones que la protagonista y sus hermanas pasaban en campamentos,
donde, recuerda la narradora, 'hacíamos gala de cómo quitarnos las prendas
de vestir al mismo tiempo que nos poníamos otras en juegos de escapistas,
porque nuestros cuerpos eran templos del Espíritu Santo que no debían ser
vistos por nadie …' (p. 120). Los códigos normativos, ciertamente, han
predicado la negación del cuerpo femenino, fuente de disgusto, impureza y
pecado, o, en palabras de Adrienne Rich, 'a source of moral and physical
contamination, "the devil's gateway"',[64] lo cual impide o dificulta a las

---

[64] *Of Woman Born: Motherhood as Experience and Institution* (London: Virago, 1977
[1976]), p. 34.

mujeres reconocer y asumir su propio cuerpo. El rotundo rechazo que la protagonista de *Antes* siente hacia el proceso de desarrollo de su cuerpo de niña a mujer evidencia la autoridad del dogma religioso-patriarcal en su vida. Diversos episodios de la novela ilustran su negativa a dejar la infancia y convertirse con ello en un cuerpo 'pecaminoso'.

Así lo vemos, por ejemplo, en su encuentro con una niña de unos trece años que 'ya era mujer y no digo mujer madura sino una niña podrida' (p. 71). Esta imprime en el cuerpo de la protagonista 'la roja marca del barniz de uñas, en el sitio de mi corazón, nueva – brutal, dolorosa – marca del estigma' (p. 73), referencia al hecho de ser mujer y, por tanto, ser impura, con la connotación violenta de ser objeto sexual que ello entraña. Esta mancha, expresa la narradora, no quería conservarla (p. 73): 'Corrí por el jardín a la alberca [...]. Me eché en el agua y nadé hasta que no quedó marca en mi pecho de la roja costra de dolor de su áspera caricia.' De vuelta a su casa, la niña se mira en el espejo y contempla con alivio su cara limpia (p. 74): 'me vi la cara: mis ojos eran oscuros, mi piel era limpia, mi cara no se parecía a la de ella.' Esta pureza es enfatizada por la narradora en otros episodios en su identificación con el color blanco. Así, por ejemplo, cuando se refiere al 'blanco que era mi corazón antes de que lo devoraran del todo las tinieblas' (p. 39) o su autoreconocimiento como 'un blanco más frágil y más visible' (p. 112) para los pasos, lo cual se opone tanto al rojo del carmín como al color brillante de la mancha en las faldas de las mujeres. Como bien señala Anna Reid (p. 102), este uso simbólico de los colores 'evoca las nociones católicas de pureza e impureza, enfatizando así la metáfora religiosa'.

Otros episodios ilustradores de la actitud negativa de la protagonista los hallamos en relación con sus hermanas mayores. La niña siente con compasión 'la *desaparición* de las niñas que fueron mis hermanas' (p. 118, énfasis de la autora) y muestra su disgusto hacia el 'intruso' o 'enemigo' con sus 'broches metálicos y [...] sus tirantes' (p. 117) que levanta una frontera entre ellas. De manera análoga, la exploración o reconocimiento del cuerpo, lejos de la *jouissance* de la escuela feminista francesa,[65] es para la niña un ritual degradante, como sugiere su crítica velada de su hermana Male (p. 117): 'Male se ponía, sin reparar en mi presencia, una media de nailon mientras se acariciaba la pierna, tocándola como estatua de santo, jugando a que ya hasta sus piernas eran de señorita.' La misma compasión siente la protagonista

---

[65] En relación con la narrativa del cuerpo, tan central a la representación de la *Bildung* en *Antes*, un punto de arranque de la autoconciencia femenina y de la resistencia frente al orden simbólico es lo que Hélène Cixous, Julia Kristeva y Luce Irigaray llaman la *jouissance*, es decir, la re-experiencia directa de los placeres del cuerpo y de la sexualidad, reprimidos pero no borrados por la Ley del Padre y por los que las mujeres tienen acceso a conocerse y representarse a sí mismas (véase Rosalind Jones, 'Writing the Body: Toward an Understanding of *l'écriture féminine*', en *Feminist Criticism and Social Change*, ed. por Newton y Rosenfelt, pp. 86–101 (p. 87)).

hacia otra niña que conoce en un campamento y que vivía 'la misma edad de tránsito' (p. 120) que sus hermanas, 'que había querido ocultar su cuerpo de las miradas de otras, porque sí, pensé, le avergüenza no tener ya el cuerpo de niña' (pp. 120–21). Como resultado de su vehemente negativa a aceptar un cuerpo de mujer, la protagonista de *Antes* expresa su resolución de que no le pase lo mismo que a las demás (p. 121): 'No me pasará nunca lo que a ellas, yo no me voy a dejar.' La percepción de la niña de ese 'lo que a ellas', no obstante, es tan solo intuitiva y ello se pone de manifiesto en su incapacidad de articularla o explicarla por medio del lenguaje. Así lo muestra también el intercambio entre la protagonista y la niña del campamento (p. 121):

> – Oye – le dije, creyendo ser amable y sinceramente conmovida por su situación –, te comprendo, les pasa también a mis hermanas.
> – ¿Qué? – me replicó de muy mal modo.

Ante ello, la protagonista no puede sino guardar 'prudente silencio porque yo no hubiera sabido cómo contestarle' (p. 121).

Aunque no alcanza a comprenderlo, ese 'lo que a ellas' implica tener un cuerpo al que la mujer se siente ajena, un cuerpo construido por las convenciones normativas que lo destinan a ser objeto de deseo y posesión en una red de relaciones falocéntricas. Así lo muestra otro significativo episodio hacia el final del relato, cuando la niña se acerca a la pubertad. En la visita a casa de una amiga, la protagonista se dispone a darse un baño en la piscina y relata su encuentro con su cuerpo ajeno (pp. 141–42): 'Salí con la ropa hecha una bola: avergonzada encontré una linda muchachita en el espejo.' En un juego a escondidillas en el que toma parte con el grupo de amigos, le toca de pareja a un chico cuya mano en la suya se convierte en 'una extremidad llena de dedos fríos, húmeda, lerda, en no sé qué aterradora' (p. 145). La protagonista, perpleja, observa la mano del chico (p. 145): 'Me la enseñó. Era una mano pero en mi mano su mano era un garrote deforme, era una aspereza revestida de piel, un gancho helado y rasposo con intenciones de desollarme.' La descripción tan terrorífica de la mano masculina, que, como el gancho que engarza la historia de la abuela, amenaza con mutilarla, da cuenta de su percepción inconsciente de ese mundo de relaciones de poder definido por la soberanía del hombre y la subordinación de la mujer. El chico le da su primer beso, con su 'lengua gruesa y palurda, fría también' (p. 145), imagen igualmente reveladora de sus sentimientos ante la sexualidad y el erotismo. Desde la percepción de la niña, su tránsito a mujer es, pues, una experiencia aterradora, por lo que relaciona el contacto con el chico con el frío de la muerte (p. 145): 'Me daba terror el frío de piedra de su mano y la heladez de su cara.'

La fijación y aprisionamiento identitarios sentidos por la niña quedan simbolizados en el dibujo que hace para su madre, al que llama 'Clavitos', que representa un cuerpo 'acostado como un bebé pero de mayor edad', el cual cubre 'de clavitos, de clavos que serían pequeños afuera de las proporciones del dibujo, o sea enormes alcayatas con cabeza de clavos enterradas en su cuerpo inmóvil y en su rostro' (p. 93). Esta imagen de un ser prisionero e inmóvil recrea magistralmente la autopercepción de la protagonista, sujeta a los clavos de las normas que la atemorizan y determinan. En consonancia con ello, momentos previos al fatal desenlace, la protagonista identifica la amenaza como procedente de algo fatal que 'se tramaba fuera de la casa' (p. 158): ahora que está a punto de convertirse en mujer, relaciona el orden externo con algo terrible, es decir, inconscientemente percibe el horror de los discursos culturales que 'clavan' la identidad femenina. La percepción aterradora que la niña tiene de sí misma se revela momentos antes de la tragedia final, cuando, ante el acoso en aumento de la persecución, la protagonista sale corriendo, 'sin querer detener en mí la mirada, no quería verme, no quería ver quién era yo ni qué buscaba ni dónde iba' (p. 159). Su miedo lo es así de su propio cuerpo como extraño, de la nueva identidad que planea sobre ella como resultado del inminente rito de paso a la pubertad.

El horror inscrito por el patriarcado en el cuerpo femenino llega a su culminación en la escena final por medio de la sangre menstrual. Esta es percibida por la protagonista como traición (algo que 'escurría desde adentro de mí, traicionándome' (p. 161)) y derrota ('me había dejado vencer' (p. 161)), ya que sella la etapa infantil y da paso a un destino que la protagonista siente incapaz de enfrentar. En términos psicoanalíticos, la sangre menstrual sugiere la noción de 'abyecto' que Julia Kristeva desarrolla en *Powers of Horror: An Essay on Abjection* (1980) como aquello que es expulsado del cuerpo y la parte del yo – literalmente, una otredad – que inspira 'horror', lo que implica un proceso de 'pasivización' por la que los resultados de la actividad del sujeto, que se ha constituido a sí mismo a través de la 'abyección' (activo), pasan a ser sufridos por este, convirtiéndolo en 'abyecto' (pasivo).[66] Lo 'abyecto' perturba el orden y la identidad al violar los nítidos límites entre sujeto y objeto en los que se funda la subjetividad, lo que es percibido como una amenaza por el yo. A pesar del intento de la niña de retener un sentido del yo como sujeto y de cerrar el paso a la amenaza, su cuerpo no es impermeable ni su yo estable o fijo. Esta percepción toma forma en su interiorización del 'horror' y la amenaza a través de su propio cuerpo, el cual contempla como otro ('Clavitos'), esto es, como escenario pasivo que preludia el yo como 'abyecto'. La consumación de la 'abyección', testimonio

[66] *Powers of Horror: An Essay on Abjection*, trad. por Leon S. Roudiez (New York: Columbia University Press, 1982 [1980]), pp. 6–7). La exploración de lo 'abyecto' en *Antes* no es, no obstante, expresión del deseo materno ni es solo la proyección de procesos interiores, como en los postulados de Kristeva, sino que se asocia primariamente con la realidad material que oprime al yo femenino.

del control precario que el sujeto tiene sobre su identidad, tiene lugar a través del cuerpo femenino menstruante, encarnación viva del 'horror', que es al mismo tiempo el 'horror' del orden patriarcal. El rechazo absoluto de la niña ante lo que la destruye desemboca en su absorción por el mismo 'abyecto', que torna su cuerpo en desfiguración y muerte.

Es a través de este simbólico camino por el horror como Carmen Boullosa explora en su segunda novela la constitución de la subjetividad femenina por aterradoras estructuras ideológicas de poder, estructuras que, inscritas en el dogma religioso-patriarcal mexicano, acallan la conciencia y, como clavos, sujetan a las mujeres en su posición subordinada. La protagonista de *Antes*, como resultado de la absorción de esas estructuras, no comprende lo que ocurre ni halla forma de oponer resistencia estableciendo un punto de vista válido desde el que desbancar los conceptos y controles falocéntricos. Su destino, volviendo a Paz, 'radica en su sexo, en su "rajada" herida que jamás cicatriza', lo cual, como se verá en detalle más adelante, la condenará para siempre.

Treinta años: *Delmira en el universo de Agustini*

En el tercer *Bildungsroman* boullosiano, Delmira Ulloa nos narra, desde su visión de adulta, la historia de su infancia y adolescencia en un pueblo semificticio llamado Agustini, en la región de Tabasco.[67] La Delmira narradora, ahora de mediana edad, vive en Europa desde hace treinta años y con su relato echa una mirada atrás a su pasado en su tierra natal. La narración de las memorias de su niñez se centra en tres puntos temporales: 1961, en que la protagonista cuenta con ocho años y en que se recrea el mundo de su infancia en el mágico Agustini y en la casa familiar de los Ulloa, formada por la omnipotente abuela y la ensombrecida figura de su madre; 1965, en que se relatan las vivencias de la adolescente Delmira, una chica inteligente e idealista que sueña con dejar atrás la limitación de Agustini y conquistar el mundo; y 1967, que narra los acontecimientos políticos que se precipitan en Agustini y desencadenan el exilio forzado de Delmira.

Como se desprende de este recuento, la novela presenta un arraigo más firme en un contexto histórico específico que sus predecesoras. La autora señala la importancia que tiene la historia en la ficción al describir la novela como 'prácticamente todo cuento de hadas al mismo tiempo que historia'.[68] El entorno histórico en que se ubica la obra, el pueblo de Agustini,

---

[67] En su entrevista con Rubén Gallo, Boullosa se refiere al carácter ficticio e histórico del pueblo: 'Agustini is and isn't Comalcalco, it also looks like the villages in the state of Hidalgo that I knew as a child. Agustini is Agustini: a world inhabited by fictional characters who "smell" like the jungles and rivers of Tabasco and are ultimately a mirror image of Tabasco' ('Carmen Boullosa', trad. por Rubén Gallo y Harry Morales, *Bomb*, 74 (2001), 57–61 (p. 59)).

[68] En Emily Hind, 'Entrevista: Carmen Boullosa', *Hispanoamérica*, año 30, n° 90 (2001), 49–60 (p. 50).

corresponde a un espacio en el umbral de un nuevo orden, un microcosmos del México de los años sesenta, en proceso de transición de las estructuras y valores comunitarios de la sociedad tradicional a una nación moderna e industrializada en que se empiezan a fracturar los esquemas también tradicionales de la construcción de la feminidad.[69] En este entorno, en lugar de una *Bildung* narrada en un contexto estático, nos encontramos, siguiendo a Mikhail Bakhtin, con la forma más significativa del *Bildungsroman*: aquella en la que lo personal y lo contextual se relacionan, esto es, una *Bildung* en la que la vida del personaje protagonista, como parte de la esfera de lo personal y familiar, está estrechamente ligada a los acontecimientos que tienen lugar en el contexto histórico más amplio.[70] La configuración de la identidad de la protagonista y su proceso de *Bildung* están, por tanto, estrechamente vinculados al medio particular de Agustini. Es por ello que es preciso describir el entorno agustiniano antes de trazar los factores que constituyen la identidad de la Delmira niña y adolescente en su seno.

El Agustini que recrean las memorias de la narradora corresponde a un mundo mágico dotado de 'una máquina de maravilla',[71] en que sucesos extraordinarios y maravillosos pertenecen a la experiencia diaria de sus habitantes. El juego entre lo real y lo irreal, entre lo lógico y lo absurdo genera una atmósfera extraña que nos lleva al realismo mágico, del que la autora nos ofrece un pastiche, rindiendo especial homenaje a *Cien años de soledad* (1967) y elaborando su particular escritura paródica.[72]

La maravilla de Agustini se relaciona con la memoria colectiva de la

---

[69]   La década de los sesenta se inserta en la historia de México dentro del llamado 'milagro mexicano', una etapa de crecimiento sostenido que se extiende desde los años cuarenta hasta los setenta en la que el país se incorpora al capitalismo internacional. Es también una época de gran desarrollo de los medios de comunicación y de consolidación de los proyectos de industrialización y modernización urbana. Elemento central será también la importación de bienes de consumo y del cine de Estados Unidos, que conduce a un deseo del *American Way of Life* (como se verá reflejado en *Treinta años*). La utopía del México moderno conoce su fin con la crisis económica de los ochenta, que profundiza el revés que sufren las instituciones políticas y el discurso nacionalista.

[70]   'The *Bildungsroman* and Its Significance in the History of Realism (Toward a Historical Typology of the Novel)', en Mikhail Bakhtin, *Speech Genres and Other Late Essays*, ed. por Caryl Emerson y Michael Holquist, trad. por Vern W. McGee (Austin: University of Texas Press, 1986), pp. 10–59.

[71]   *Treinta años* (México: Alfaguara, 1999), p. 174. (Todas las citas de *Treinta años* en este trabajo serán tomadas de este volumen.)

[72]   Entre los detalles que confirman la novela de García Márquez como intertexto encontramos el hecho de que la narradora empieza a escribir sus memorias en 1997, *treinta años* después de la publicación de *Cien años de soledad*. La obra del colombiano, de igual modo, aparece de manera implícita en las historias que narra la abuela y en la recreación del mundo mágico de Agustini, imagen lúdica de Macondo, y de manera explícita como una de las lecturas de la Delmira que abandona su hogar mexicano (sobre este tema, véase el artículo de Nancy Abraham Hall, 'Delmira en el exilio: los treinta años de soledad de Carmen Boullosa',

comunidad y con unas costumbres ancestrales ancladas en un orden altamente tradicional. Dentro de ese orden, la infancia de Delmira se desarrolla en 'una casa habitada solo por mujeres' (p. 17), encabezada por la autoridad de la omnipotente abuela Ulloa. A pesar de que su hogar constituye en este sentido un 'matriarcado', la abuela es, no obstante, garante de las 'buenas costumbres' que conforman la ideología patriarcal. Como sugieren las palabras del personaje del vendedor de echarpes, la abuela y, con ello, la madre, quieren imponer en Delmira los designios de una identidad fija que reproduce las pautas de comportamiento adecuado del medio conservador que representa Agustini (pp. 29–30): 'Ellas no quieren que veas nada, ni que conozcas nada. Ya te habrás dado cuenta. Eres su joya inmóvil. Te quieren para encerrarte en sus cajones.'

Delmira nos proporciona en su relato un vivo retrato del patrón tradicional imperante en las relaciones de género en el pueblo (p. 180):

> Aunque era raro que en nuestras fiestas hombres y mujeres se enfrascaran en una larga charla, estos intercambios rápidos, las más de las veces picantes y agresivos, eran en cambio parte del estilo nuestro. Cuando los hombres se veían sin mujeres, discutían sobre dinero, y de cómo hacer negocios, las mujeres se concretaban a hablar de ropa, peinados, los muebles que se compraban para sus casas.

La distribución del espacio en ese medio está también al servicio de las relaciones de pareja, con una 'alameda al centro para que sus jóvenes pasearan buscando amor y con quién hacer familia' (p. 98). Obviamente, para las jóvenes agustinianas no había más destino que 'buscar amor' y 'hacer familia', fines que las compañeras de escuela de Delmira aceptaban con complacencia. Así, relata Delmira, 'pasaban las tardes maquillándose, acomodándose pelucas, probándose ropas y hablando de los tres chicos del pueblo de quienes podían hacerse novias' (p. 143) y, como le cuenta al profesor de secundaria (p. 151),

> tienen la cabeza llena de paja [...] ¿Crees que nomás hablan de casarse, de novios, de cómo va a ser su casa, de cuántos hijos van a tener, de que si prefieren les nazca primero el hombre o si primero la mujer, del lugar donde van a ir de viaje de bodas?

Los objetivos de sus compañeras son testimonio de la asunción por parte de la mujer del deseo modelador, es decir, el masculino, que construye a esta como pasiva y dependiente. Como corroboran las teorías de R. W. Connell, el deseo, cuyo origen sitúa el sociólogo en las ideologías falocéntricas de la

en *Wellesley, recuerdo ileso: una celebración de lo hispano en el 125 aniversario*, ed. por Elena Gascón Vera y Carlos Ramos (Lleida: Milenio, 2002), pp. 177–90).

familia, el romance y el placer, desempeña un papel central en la construcción de los roles de género y la afirmación del poder y autoridad del hombre.[73] El deseo, así, moldea al sujeto femenino para un destino único del que Delmira tiene clara conciencia (pp. 143–44): 'Solo teníamos doce años pero el único panorama enfrente de nosotras era el matrimonio.'

Para el matrimonio era para lo que preparaban a las niñas de Agustini en el internado de religiosas de Puebla al que estaba destinada Delmira cuando terminara la primaria. Allí esperaba a las chicas una secundaria apropiada para 'una joven casadera' (p. 182), en la que 'aprendería[n] cocina, bordado y tejido, administración del hogar y francés' y en la que 'las monjas organizaban tardeadas con los muchachos del bachillerato de los maristas y lo más selecto de la sociedad poblana' (p. 144) con ánimos casamenteros. Como ocurría en *Antes*, pues, la educación y el catolicismo se retratan en *Treinta años* como instituciones que refuerzan la personalidad subordinada de la mujer y la encaminan a un rol estereotipado y fijo que aún hoy sigue siendo sancionado en las escuelas.[74]

Junto a los 'aparatos ideológicos' de la familia y la educación como reproductores del sexismo en México, en la novela queda también reflejado cómo el discurso revolucionario reproduce con su retórica de liberación la subordinación de que es objeto la mujer en la ideología nacional oficial. Así lo sacan a relucir los cantos latinoamericanos que entona el Peloncito con su guitarra a la salida de la escuela: '"a parir, madres latinas, a parir un guerrillero"' (p. 190), en que la mujer es reducida a una pura función reproductiva. La inscripción de los códigos de género en la construcción de la patria revolucionaria es señalada por Ileana Rodríguez: 'The myth of the hero, the "man who never dies" […], and of woman as adjunct, deputy, subaltern remains fixed.'[75]

Así como en las novelas anteriores se oyen fuertes ecos de la violencia a la que es sometido el cuerpo femenino en el orden falocéntrico, en

---

[73]   Desde una perspectiva sociológica, R. W. Connell identifica en *Gender and Power: Society, the Person, and Sexual Politics* (Cambridge: Polity Press, 1987) tres estructuras correspondientes a la división sexual del trabajo, el poder y el deseo ('cathexis') como subyacentes a las relaciones que se establecen entre los géneros (véase el capítulo de su estudio 'Labour, Power, Cathexis', pp. 91–118).

[74]   Véase Olga Bustos, 'Género y socialización: familia, escuela y medios de comunicación', en *Significados Colectivos: Procesos y Reflexiones Teóricas*, compil. por M. A. González Pérez y J. Mendoza García (México: CIIACSO/Tecnológico de Monterrey), pp. 289–358. Además de reforzar los roles de género, la educación que Delmira y sus compañeras reciben en la primaria 'se reducía a la historia de la Iglesia Católica' (p. 188), ignorando otras culturas y religiones y ofreciendo una historia de México totalmente alterada, lo que las mantenía en un mundo hermético y empobrecido que reforzaba la visión cerrada de las niñas de su destino.

[75]   *House/Garden/Nation: Space, Gender and Ethnicity in Post-Colonial Latin American Literatures by Women*, trad. por Robert Carr e Ileana Rodríguez (Durham, NC: Duke University Press, 1994), p. 41.

Treinta años se hacen también notar en la violación que, de no ser por el maestro, habría sufrido Delmira en manos de aquellos hombres de torso desnudo que habitaban el infierno de la panadería y que ya antes habían suscitado en la Delmira niña 'un pavor indescriptible' (p. 116). La Delmira que sufre el acoso sexual, no obstante, ya no es la niña de antaño, sino la adolescente presa de las 'extrañezas' (p. 141) que, la narradora recuerda, habían asaltado en un santiamén el territorio de su cuerpo. En el escenario de la metamorfosis del cuerpo femenino, el mundo infernal de la panadería se convierte en símbolo del abuso y la dominación a que es sometida la mujer. Como en *Mejor desaparece* y *Antes*, pues, la llegada de la pubertad transforma el cuerpo en objeto sexual susceptible de ser instrumentalizado por el poder establecido. Si en el caso de Delmira la violación no llega a consumarse, sí que se consuma cruelmente en el caso de Teresita, la telefonista, que, por su ayuda a los manifestantes contra la represión es violada por tres soldados enfrente de su madre ciega, tras lo que, como consecuencia de su 'mancha', se quita la vida. La 'culpabilidad' de la mujer violada es ratificada, de igual modo, por la abuela, como vemos en su reacción ante lo que ella cree había sido la violación de su nieta (p. 163): '– ¡Mejor nos la hubieran regresado muerta!' A ello responde el profesor con la retórica del que se sabe conocedor de una mentalidad en que es fundamental el mantenimiento de la apariencia de virtud e integridad (p. 163): 'Que no había pasado nada en verdad, que sí, que no se preocuparan, que él se encargaría de difundirlo por todo el pueblo, que en este mismo instante su tía ya lo estaba haciendo.'

La Delmira adolescente, con todo, consigue romper con algunas de las tradicionales virtudes femeninas sancionadas por la abuela, cuya negligencia y desprecio hacia la nieta crean para ella un espacio de relativa libertad. Así lo revela la atrevida ropa que consigue de la señora que la importaba de Estados Unidos, a través de la cual puede la protagonista empezar a crearse a sí misma. Esta ropa, sin embargo, la encasilla de inmediato en el arquetipo de la 'mujer mala' (p. 184): '¡Qué dirán de ella los hombres del pueblo! ¡Ni quién quiera casarse con una que muestra todos los muslos, como si fuera no sé qué tipo de mujer, una que no se ha visto jamás por aquí, porque en Agustini hasta las mujerucas visten con mayor recato!' La identificación de la protagonista con la negatividad de La Malinche es reforzada, asimismo, por las habladurías que, según relata la narradora,

> se habían desatado en torno a mi persona desde que ocurrió el incidente de la panadería, y que se habían extendido más en el momento en que la abuela y mamá habían cedido a las presiones del cura para que yo cursara una secundaria normal, de ciudadano, y no la apropiada para una joven casadera. (p. 182)

A pesar de su relativa libertad, por tanto, el comportamiento disidente de Delmira la marca colocándola al margen del orden social, lo que implica una continuidad de su aprisionamiento.

Otro elemento fundamental que configura la identidad de la protagonista es su privilegio de etnicidad y clase social, que incitará, de igual modo, su deseo de salir de Agustini. Los Ulloa son una familia adinerada y de 'buena' casta (esto es, blancos o 'güeros'), lo que la abuela se encarga de recalcar al hacer alarde continuo de su noble estirpe, descendiente de los 'fundadores de Agustini, cuyo apellido podía leerse una y otra vez en las calles, en las bancas de la Alameda, en las de la iglesia, en el panteón' (p. 236). Su orgullo va acompañado de una mentalidad racista y clasista, reflejo fiel de los prejuicios de la sociedad agustiniana, equiparables a los que siguen operando hoy día en México. Consciente de ello, Delmira expresa su teoría de que el pueblo pudo tal vez haber sido bautizado con el absurdo nombre de Agustini 'para subrayar que él no había sido jamás fundación india, como sí el vecino Comalcalco, o Cunduacán, Huimanguillo, Tenosique, Macuspana, Nacajuca, Tacotalpa' (p. 192). En las memorias de la narradora y en los cuentos de la abuela figuran numerosísimos ejemplos de la discriminación de que son objeto los 'indios', que para la abuela abarcan todos los que no son blancos y, por tanto, de pura casta como los Ulloa. Así, un tema de conversación frecuente en el pueblo era el de 'los perezosos indios, culpables de todos los males de la patria' (p. 180). Para la abuela los indios son 'gente sin razón' (p. 65), 'buenos para nada' (p. 78), 'no hay gente más necia, más arraigada a sus creencias, más acostumbrada a ser miserable, ni que guste más del mal vivir' (p. 228); los negros son incluso peores y quien los emplea tiene que pasarse 'con tapones en las narices, cómo aguantan trabajar con tantos apestosos, que además suenan sus tambores por las noches mientras menean el trasero despertando a alushes y a demonios' (pp. 178–79). En la escuela secundaria de Agustini, a la que asistían en su mayoría mestizos y algunos indios, no había, según la abuela, 'gente de bien' (p. 189), 'solo indios zarrapastrosos' (p. 144). En la mentalidad popular, las indias son incluso peores, por lo que son objeto de violaciones y vejaciones, como muestra Delmira al referirse a 'los hombres del pueblo que acostumbraba[n] montar indias sin respetar su condición o voluntad, convencidos de que ellas no conocían ni el pudor (el pecho descubierto era la prueba irrebatible) ni la gana de decir que no' (p. 170). Esta idea la comparte también la abuela, que en uno de sus cuentos habla del dictador Francisco Sentmanat, que 'hacía suya a cualquier mujer que se le antojase, como si en Tabasco todas fuéramos indias que uno puede tumbar entre las cañas y los cafetos sin haber consecuencias' (p. 92).

El racismo va también acompañado de una mentalidad clasista en extremo, como notamos en el retrato que hace Delmira del ambiente que se respiraba en el pueblo durante las fiestas (capítulo 31). De las consecuencias de la mentalidad clasista, racista y sexista de Agustini, la nana india de Delmira representa el caso más dramático. Dulce, tan solo unos años mayor que Delmira, había sido sirvienta desde sus siete años y apenas había ido a la escuela. La narradora la describe como una niña marchita bajo el peso de la autoridad de la abuela, 'inflexible gendarme entrenada por mi rígida abuela' (p. 21), 'embarnecida prematuramente' (p. 223), acostumbrada a servir 'con eficacia laboral, sin roce alguno de persona, supliendo a este [sic] por el grito y la aspereza, como una maquinaria a quien la tradición le daba indicaciones' (p. 224). Dulce se une, pues, a Teresita, la telefonista, así como a las niñas de *Mejor desaparece* y *Antes*, para dar testimonio de la 'muerte' femenina característica del universo boullosiano.

El primer encuentro de Delmira con su privilegio de clase y etnia lo tiene cuando apenas cuenta ocho años. La narradora nos relata el encantamiento de su yo de niña ante la suerte de hermosas conchas, estrellas y erizos que había visto en la playa. De su visión romántica se mofa una 'morenilla' de su edad, cuya perspectiva y experiencias son significativamente distintas (p. 101): '– ¿Y de qué te asombras tú, güerita? – me dijo –. ¿Qué crees que tiene el mar abajo? Pura concha que no sirve para nada. ¿O te vas a sentar a hacer collares como los indios, y a venderlos para que se los cuelguen los gringos?' A medida que va creciendo, Delmira va tomando conciencia de cómo la estratificación social está basada en relaciones de poder abusivo por parte de la clase privilegiada y así lo recuerda la narradora en su mención de las pieles y joyas de las señoras en las fiestas, 'que los indios espiaban desde la oscuridad […] sin imaginar ni un momento que ellos habían trabajado y ahorrado de sus propios sueldos para que los limpios de la región se dieran esos lujazos' (p. 182).

Su conciencia social y política despierta al entrar Delmira en contacto en la escuela secundaria con los indios y mestizos, quienes, a diferencia de los de su clase, manifestaban un compromiso político y tenían aspiraciones como ella. Según rememora la narradora, 'los que acababa de conocer hablaban de México, y a los míos México les tenía muy sin cuidado' (pp. 189–90). Con ellos comparte Delmira los sueños de libertad, emancipación y justicia social de los sesenta, sueños que, sin embargo, topan en su caso con su posición privilegiada. De la incomodidad e incoherencia de su posición o 'papel' en el escenario del pueblo y de su familia es consciente la protagonista (pp. 224–25):

> Me avergoncé frente a Dulce, de mí misma y del papel que me tocaba representar. […] En mis oídos todavía resonaban las consignas que veníamos de gritar. Todo el día había escuchado fórmulas salvadoras de la humanidad y la promesa de que la Revolución ya venía […]. Después de correr y fatigarme y aventurarme por los mares procelosos de la manifestación, aquí estaba yo, frente a la nana a quien había esclavizado toda mi vida.

Jean Franco se refiere al cruce de las categorías de clase social y género con estas palabras: 'If the sexual contract excluded women from the public sphere it also allowed middle-class women a particularly privileged and leisured existence, thanks to the class division between mistress and servant.'[76]

Junto a su marginalidad de género, pues, la clase y etnicidad privilegiadas de Delmira la expulsan de ese mundo que a la protagonista se le figura totalmente estático, hecho de cosas 'inmóviles [...], tensamente inamovibles, dolientemente inflexibles, rasposamente idénticas a sí mismas' (pp. 193–94), un mundo en que cada cual tiene un 'papel' fijo, en que 'podría la gente volar, los pájaros venirse al piso, pero no se podía cambiar ni un ápice el orden social: yo seguiría siendo una Ulloa pasara lo que pasara, Dulce sería siempre nana, el meón el meón' (p. 194). Esa expulsión será paralela a la que tendrá lugar realmente cuando el devenir de los incidentes políticos que se precipitan en Agustini obliga a Delmira a dejar su país.

A raíz de la muerte del Pelón de la Fuente por sus actividades políticas, el maestro y el cura movilizan al pueblo para organizar una manifestación en señal de protesta. Una multitud de indios, estudiantes y gentes del sindicato llegan a Agustini desde diferentes partes de la región para participar en ella. También la protagonista se une a la protesta, e, inocentemente, escribe un poema de rechazo ante lo sucedido. De los peligros del desorden en que ha participado le advierte la abuela a Delmira con su último cuento, que relata la matanza de indios por parte de los tabasqueños cuando se ven amenazados por los alushes (p. 231): '"Así terminan las historias de Agustini, Delmira. Aquí la gente mata. No lo has visto aún, porque eres muy niña, pero aquí los dueños de las fincas, si se ven amenazados, matan. Y hacen muy bien, no hay otra manera de llevar las cosas con orden [...]."' Como vaticina el cuento de la abuela, la represión en Agustini es feroz y al día siguiente los muertos en la manifestación se cuentan por cientos. Por causa de la publicación de su poema, Delmira es apresada por alborotadora. La inocente colaboración de la Delmira adolescente, además de oponerse al régimen autoritario del Estado y al 'orden' al que se refiere la abuela, transgrede la separación público/privado, situando 'inapropiadamente' a Delmira en la esfera pública. En ese escenario, la alianza del sexismo y la represión política – productos de la misma red de poder – someten a la adolescente a la humillación pública y al acoso sexual por parte de los soldados que la detienen. Así relata la narradora el abuso de 'los dos cerdos que me iban manoseando y cada vez más groseramente' (p. 237) cuando los fotógrafos les ofrecen tomarles unas instantáneas (p. 239):

> Para la primera fotografía, los soldados no hicieron nada especial. Los dos que traían sus manos sobre mis nalgas y mi espalda las acomodaron como dos ganchos cerrándolas sobre mis sendos hombros.

76   *Plotting Women*, p. 75.

Para la segunda, me alzaron la falda.
Para la tercera, uno me abrazó groseramente.
Para la cuarta, me hicieron hincarme, poner la cara al piso, y uno de ellos
puso su enorme bota sobre mi espalda.[77]

El hacer de su tío Gustavo la librará de un largo encarcelamiento e incluso de
la muerte, pero no del exilio forzado, que constituye – junto con la prisión, la
deportación o el control de la inmigración – uno de los mecanismos empleados
por el Estado para controlar la disidencia dentro de su dominio territorial
y establece 'structural constraints [that] impose limits upon historically
constituted agents'.[78] Ciertamente, el exilio al que es condenada limitará la
vida de la protagonista de *Treinta años* y será determinante en su *Bildung* de
forma que la adolescente Delmira no alcanza todavía a imaginar.

Los *Bildungsromane* de Sandra Cisneros: la triple subordinación de las chicanas

A diferencia de las mujeres de Boullosa, las protagonistas cisnerianas son
individuos subordinados desde un triple punto de vista: como mujeres, como
chicanas y como parte de una estratificación social baja. Como resultado, en
sus novelas Cisneros enfatiza la intersección de la tríada género, etnicidad
y clase en la construcción de la identidad como configuradora de relaciones
asimétricas y opresivas y como base para deconstruir la legitimación de
las desigualdades. Según confirma Ramón Saldívar, en la obra cisneriana
encontramos 'a clear-sighted recognition of the unavoidably mutual
overdetermination of the categories of race and class with that of gender in
any attempted position of the Chicana subject' (p. 182). En consonancia con
lo señalado en el primer capítulo, la firme aserción de esta intersección en
su obra es indisociable de la propia posicionalidad de la autora como mujer
descendiente de inmigrantes mexicanos de clase trabajadora. La epifanía que
la joven escritora experimenta en 1978 en el taller de escritores en Iowa
en que participa, en que descubre que su diferencia de etnicidad y de clase
frente a sus compañeros le daría su voz literaria, ilustra, de igual modo, la
importancia de estos factores en su obra.[79] En la misma dirección se orienta

---

77   Obsérvese aquí, como en *Antes*, el uso de la imagen del *gancho*, que amenaza con
atrapar a la mujer.
78   Cornel West, 'Marxist Theory and the Specificity of Afro-American Oppression', en
Marxism and the Interpretation of Culture, ed. por Nelson y Grossberg, pp. 17–29 (p. 24).
79   La escritora da cuenta de su alumbramiento durante la discusión en dicho taller en torno
a la obra de Gaston Bachelard *The Poetics of Space*. Mientras que sus compañeros podían
hablar de las casas bonitas y con jardín que centran la atención de Bachelard, Cisneros se da
cuenta de que su experiencia, radicalmente diferente, le daría su identidad literaria. Ese día
empezaría a escribir las historias que formarían parte de *The House on Mango Street* (Sandra

la respuesta de Cisneros a la cuestión de cuál es la importancia de la escritora chicana: 'I would say the importance lies in gender, and in how, as feminists, our gender politics are part of our class and racial politics.'[80]

Los *Bildungsromane* de Sandra Cisneros que centran la atención de este trabajo guardan, a grandes rasgos, mayor similitud entre sí que los de Carmen Boullosa. Los dos presentan la formación de una niña/adolescente en la década de los sesenta que vive en la frontera entre dos mundos – el de Estados Unidos, su lugar de residencia, y el de México, de donde procede su familia y, por tanto, sus raíces culturales – y que intenta sobrevivir en su lucha contra las tendencias absolutas de un orden patriarcal, racista y burgués que se funda en una noción de identidad fija. Las dos protagonistas, Esperanza y Lala, pueden ser consideradas como dos versiones del mismo personaje y, en último instancia, como álter ego de la propia autora. En el relato de su lucha por encontrar una identidad se entrelazan, asimismo, las historias de otros personajes, mayoritariamente mujeres, lo cual delinea un complejo mapa de una diversa comunidad femenina chicana.

En cuanto al discurso de género, Cisneros, como Boullosa, subraya de manera especial en sus novelas el peso de este factor en la configuración de la identidad de sus personajes. Ello no implica la jerarquización o separación de los discursos que subordinan a las chicanas: como en la vida real, estos forman un todo interdependiente y, por tanto, inseparable. El acento especial que adquiere el factor de género hay que entenderlo en el marco de la literatura feminista en general y de la intervención significativa de la producción literaria de las chicanas en relación con los textos producidos por los chicanos. Según señala Ellen McCracken, 'because they are intervening into what has been a largely male-dominated ethnic literary movement, Latina fiction writers in the late twentieth-century frequently emphasized the gendered construction of ethnic identity'.[81] A diferencia de las novelas boullosianas, las cisnerianas, como se verá, presentarán énfasis distintos en su representación de la marginalidad de género de acuerdo con sus contextos particulares.

Respecto a la identidad étnica de los personajes, hay que señalar que no hay autorreferencialidad al término 'chicana' en la obra de Cisneros: en la primera novela la protagonista es simplemente una niña de ascendencia mexicana, mientras que en *Caramelo* el personaje se autodenomina 'mexicana'. Esta ausencia, que caracteriza también su colección *Woman Hollering Creek*,

---

Cisneros, 'From a Writer's Notebook. Ghosts and Voices: Writing from Obsession', *Americas Review*, 15.1 (1987), 69–73). Junto con estas connotaciones burguesas, y como ya se mencionó anteriormente, Sandra M. Gilber y Susan Gubar también han examinado la teorización de Bachelard en *The Madwoman in the Attic* desde un punto de vista de género.

80   'Entrevistas poscoloquio', en *Las formas de nuestras voces*, ed. por Joysmith, p. 267.
81   *New Latina Narrative*, p. 179.

hay que considerarla en el contexto de la desestabilización y reformulación chicana de los límites convencionales de la mexicanidad para acoger las chicanidades, tal y como se desarrolló en el capítulo primero. Igualmente, conviene tener presente que el contexto en que se sitúa la *Bildung* de sus personajes corresponde a la década de mediados y finales de los sesenta y principios de los setenta, momento del nacionalismo cultural del Movimiento en que ser chicano/a estaba estrechamente ligado a una identidad política esencializada.[82] De este modo, aunque Cisneros es una escritora chicana y escribe en el marco de la literatura chicana, es natural que sus protagonistas, niñas o adolescentes, no presenten tampoco en este sentido una militancia política explícita en su autodenominación, tanto por su edad y trasfondo familiar, que no favorecen la articulación de cuestiones étnicas per se, como por el contexto histórico, que podría implicar una concepción limitadora de la identidad contraria al proyecto de la autora.[83] Siguiendo la práctica cisneriana de inclusión de la chicanidad dentro de la mexicanidad en su autodenominación, en este estudio se empleará, pues, el término 'chicana' en referencia a las protagonistas como equivalente de 'mexicana chicana'.

En las dos secciones siguientes se examinará la construcción de la identidad de los personajes femeninos cisnerianos a través de la exploración de la encrucijada de sistemas múltiples de explotación: el patriarcado, que ya se consideró ampliamente en las novelas de Boullosa, junto con el racismo de la supremacía blanca hegemónica y el capitalismo.

The House on Mango Street: *Esperanza y el universo del barrio*

The House on Mango Street se ubica en el marco del novedoso corpus de narrativa escrita por las chicanas, que, especialmente desde los ochenta, empiezan a articular sus subjetividades y a recodificar los roles estereotipados de género subyacentes en el discurso cultural nacionalista. La novela, texto canónico de la tradición literaria latina en los Estados Unidos y éxito de ventas,[84] narra de forma autobiográfica el desarrollo de una niña de origen mexicano, Esperanza, en el momento crucial de su paso de la infancia a la

---

82   Así queda retratado en *Caramelo*, según se verá más adelante.
83   Es interesante echar un vistazo a la propia biografía de Cisneros como autora chicana. En los inicios de su carrera como escritora a mediados de los setenta, admite la autora, ella no sabía que era una escritora chicana. Es más, no conocía a ningún otro escritor chicano en Chicago ni era consciente del Movimiento Chicano en el sudoeste. Fue hacia finales de los setenta, después de su experiencia en el taller de escritores de Iowa, cuando Cisneros se unió al Movimiento Artístico Chicano de Chicago y trabajó en un instituto como profesora y consejera de jóvenes latinos, lo cual, afirma la autora, 'shaped my political ideology and gave me a sense of direction and roots' ('Sandra Cisneros', en *Partial Autobiographies: Interviews with Twenty Chicano Poets*, ed. por Wolfgang Binder (Erlangen: Palms & Enke, 1985), pp. 54–74 (p. 68)).
84   *The House* se utiliza en muchos centros de educación estadounidenses como parte del programa de integración y apoyo a las minorías en el marco del multiculturalismo oficial.

adolescencia en el contexto de un barrio urbano 'étnico' en Estados Unidos, probablemente del Chicago del que es originaria la autora. En una serie de breves pasajes líricos, Esperanza da cuenta de su entrada en la madurez como resultado de su concienciación como chicana en el seno de la realidad social de su barrio.

Desde la sencillez y espontaneidad de la visión infantil, la novela presenta el complejo proceso de construcción de la identidad femenina chicana poniendo de relieve las condiciones de opresión que derivan de los discursos de género, etnicidad y clase en el marco del barrio marginal inserto en el entorno estadounidense dominante. El entramado de estos discursos es decisivo, tanto en la *Bildung* de la propia Esperanza como en la historia personal de los diversos personajes, mayoritariamente mujeres, que habitan en *The House*.

La novela se abre con la imagen de la destartalada casa en la calle Mango a la que Esperanza se acaba de mudar con su familia tras un periplo de constantes mudanzas. La vivienda, situada en un barrio 'étnico', decepciona profundamente a Esperanza, que compara la casa de sus sueños, formada por las imágenes que ve en la televisión, con la de la calle Mango, completamente opuesta a la primera. Así es como su expresiva mirada infantil la describe:

> It's small and red with tight steps in front and windows so small you'd think they were holding their breath. Bricks are crumbling in places, and the front door is so swollen you have to push hard to get in. There is no front yard, only four little elms the city planted by the curb. Out back is a small garage for the car we don't own yet and a small yard that looks smaller between the two buildings on either side. [...] The house has only one washroom. Everybody has to share a bedroom – Mama and Papa, Carlos and Kiki, me and Nenny.[85]

A la falta de aire donde respirar y la limitación de la casa roja de ladrillo, Esperanza opone la libertad que asocia a la casa soñada, blanca como el noble mármol, con 'at least three washrooms', 'with trees around it, a great big yard and grass growing without a fence' (p. 4). Más adelante, en 'Bums in the Attic', la narradora vuelve a comparar las casas del barrio con las de las personas adineradas para las que su padre trabaja, quienes 'have nothing to do with last week's garbage or fear of rats. Night comes. Nothing wakes them but the wind' (p. 87). Esta comparación, que nos sitúa frente a un colectivo pobre y marginal inserto en un orden social próspero y privilegiado, implica una desigualdad social y económica indisociable de la identidad étnica de los habitantes del barrio, ya que, observa Irene I. Blea, 'their common racial

---

[85] *The House on Mango Street* (New York: Vintage, 1991 [1983]), p. 4. (Todas las citas en este trabajo corresponden a esta publicación.)

and ethnic experience has oppressed these hard-working people into their class-status' (p. 126). A pesar de las muchas mudanzas y de que su situación económica y su vivienda no mejoran, los padres de Esperanza no pierden la fe en una casa de ensueño: a través del billete de lotería o de los cuentos que la madre relata a los hijos antes de dormir, vemos que estos siguen teniendo esperanza en el futuro prometido por el mito del 'sueño americano', sueño que, sin embargo, les cierra las puertas una y otra vez.[86] Devotos de un porvenir de prosperidad, los padres insisten en que la nueva casa de la calle Mango es solo temporal, pronunciamiento que revela el funcionamiento de la manipulación ideológica desde las esferas del poder, que mantiene a las masas dominadas y satisfechas con sus condiciones por medio de promesas de un sueño que se hará realidad y terminará con la miseria del presente. Esperanza, aun siendo niña, intuye ya el engaño en el que viven sus padres (p. 5): 'I know how those things go.'

En las siguientes viñetas la narradora recrea 'an urban geography of exclusion'[87] en el retrato de su nuevo barrio, habitado por diversos personajes de etnicidad marcada, latinos en su mayoría. Estos bordan un retazo representativo del tejido social de los barrios étnicos en las grandes ciudades, barrios cuya existencia se inserta en la historia de inmigración y relocalización de los grupos latinos en los Estados Unidos, 'where urban planners provide the blueprints for the dominant discourse of boundaries'.[88] El nombre de la calle, que Cisneros adapta de la 'North Mango Avenue' de Chicago, enfatiza la centralidad de la diferencia étnica en el ser del barrio.[89]

Otro aspecto explorado por Cisneros es la segregación de los guetos étnicos en el orden estadounidense. En el fragmento 'Those Who Don't', Esperanza alude al miedo de los que por error acaban adentrándose en el barrio, cuya imagen viene mediada por los estereotipos racistas y clasistas de la sociedad dominante. La niña sabe que la familiaridad y comunidad con su barrio la mantiene segura (p. 28): 'All brown all around, we are safe.' En otros barrios 'of another color', no obstante, se siente ella también insegura

---

[86] Rosaura Sánchez comenta que para la clase obrera, como para los pobres, el 'sueño americano' promete una mejor calidad de vida que nunca se llega a materializar. Sánchez explica la dinámica de exclusión e inclusión de los grupos étnicos respecto a este mito (p. 81): 'Ideologically, thanks to the media and to our educational system, these groups will probably all have swallowed the same myths and yet, materially, be excluded from the lifestyle, goods and services that characterize the life of middle classes in the US.'

[87] Norma Klahn, 'Literary (Re)Mappings: Autobiographical (Dis)Placements by Chicana Writers', en *Chicana Feminisms*, ed. por Arredondo y otras, pp. 114–45 (p. 134).

[88] Barbara Harlow, 'Sites of Struggle: Immigration, Deportation, Prison, and Exile', en *Feminist Explorations of Literary Space*, ed. por Margaret R. Higonnet y Joan Templeton (Amherst: University of Massachusetts Press, 1994), pp. 108–24 (pp. 120–21).

[89] El nombre 'Mango' también representa un homenaje a la revista literaria chicana de nombre homónimo fundada por la poeta chicana Lorna Dee Cervantes en 1976, donde Cisneros había publicado su primera colección de poesía, *Bad Boys*, en 1980.

y 'that is how it goes and goes' (p. 28). Esperanza intuye así que vivir en el barrio no solo está unido a una determinada situación material, sino también a la identidad étnica. La marginación y segregación de esos guetos étnicos ilustran la construcción ideológica histórica llevada a cabo por el sujeto nacional normativo en Estados Unidos, que ha proclamado su hegemonía a través de la subordinación de otros grupos por medio de lo que Werner Sollors ha llamado la 'invención de la etnicidad'. Esta invención, teoriza Sollors, legitima la etnicidad sobre la base de unas prácticas ideológicas construidas en términos de la diferencia o carencia de las características normativas de la mayoría nacional, lo cual justifica la marginación.[90] Desde el discurso oficial del multiculturalismo se ha efectuado una construcción artificial y estereotipada de los grupos étnicos como compartimentos que incluyen individuos de diferentes naciones y culturas variadas bajo una misma categoría homogénea, lo que, como ha sugerido Toni Morrison, se ha desarrollado en gran parte *en oposición* a la imagen normativa de la mayoría angloamericana.[91] Minoo Moallem y Iain A. Boal señalan la problemática de ese discurso y de su llamada al reconocimiento e inclusión políticos y culturales en el marco de una *ideología nacionalista*, ya que 'this racialist form of color awareness conforms to a politics of inclusion based on the model of a solid core surrounded by a periphery of the marginalized and the minoritized' (p. 253).

La interdependencia de los discursos de etnicidad y clase social es ilustrada por el personaje de Cathy, una niña del barrio que declara con orgullo ser 'the great great grand cousin of the queen of France' (p. 12) y que, por su etnicidad privilegiada en relación con los habitantes del barrio, se considera de rango superior a ellos a pesar de vivir en una casa tan destartalada como las demás. Cathy promete a Esperanza que será su amiga, pero solo hasta el martes, cuando se mudará con su familia, ya que 'the neighborhood is getting bad' (p. 13). De nuevo se advierte aquí la parcelación de etnicidad y clase del espacio social, que lleva a la familia de Cathy 'a little farther north from Mango Street, a little farther away every time people like us keep moving in' (p. 13).

---

[90] 'Introduction: The Invention of Ethnicity', en *The Invention of Ethnicity*, ed. por Werner Sollors (New York: Oxford University Press, 1989), pp. ix–xx. Se parte, pues, de la idea de que la etnicidad es una construcción culturalmente específica de una ideología dominante. Los sujetos 'étnicos', no obstante, han de tomar necesariamente esta categoría como base de una estrategia deconstructiva que persigue transformar una identidad étnica esencializada y evaluada como inferior por parte de la hegemonía en una identidad potencialmente múltiple y heterogénea e infundida de orgullo. Como explica Ángel R. Oquendo (p. 67), 'attacking racial exploitation and making amends for a long history of racial oppression requires taking the existing categories and turning them against their original purpose. The conceptual structure that singled out people in order to undermine them must now be used to empower them.'

[91] *Playing in the Dark: Whiteness and the Literary Imagination* (Cambridge, MA: Harvard University Press, 1992).

Como vemos, el barrio y la casa de la calle Mango funcionan como marcadores de las condiciones materiales, étnicas e ideológicas de la opresión, que fijan la identidad de sus habitantes como 'otros' y hacen a Esperanza consciente poco a poco de su propio estatus en la escala jerárquica. Un episodio significativo de la construcción de su identidad por los paradigmas hegemónicos nos lo proporciona la narradora en el intercambio con la monja del colegio, que le pregunta a Esperanza cuál es su casa (p. 45): 'That one? she said, pointing to a row of ugly three-flats, the ones even the raggedy men are ashamed to go into. Yes, I nodded even though I knew that wasn't my house and started to cry.' La monja, como miembro, no solo de la cultura dominante, sino también de una poderosa institución ideológica, fuerza a la protagonista a articular una realidad que no es la suya, lo que de nuevo ilustra el modo en que los dominados son subyugados por las instituciones de poder. En una ocasión anterior, Esperanza había relatado también su encuentro con otra monja, que también le había preguntado a la niña dónde vivía (p. 5):

> There, I said pointing up the third floor.
> You live *there*? [...]
> The way she said it made me feel like nothing. *There*. I lived *there*. I nodded.

Julián Olivares observa que en estos episodios 'the house and narrator become identified as one, thereby revealing an ideological perspective of poverty and shame'.[92] Como en las novelas de Carmen Boullosa, el 'aparato ideológico' de la Iglesia Católica es señalado como aliado del Estado en el mantenimiento del orden establecido.

Los paradigmas de etnicidad y clase que, desde el orden dominante, construyen la identidad de los habitantes del barrio se unen al sexismo de que son objeto las 'mujeres de color'.[93] En su novela Cisneros incide especialmente en la cuestión de la diferencia sexual como fuente fundamental de subordinación, que, entrelazada con la etnicidad y la clase marcadas, conforman la triple opresión que sufre la mexicana chicana.[94] De modo paralelo al relato de su *Bildung*, la narradora nos presenta en su recuento a

---

[92]   Julián Olivares, 'Sandra Cisneros' *The House on Mango Street*, and the Poetics of Space', *Americas Review*, 15.3–4 (1987), 160–70 (pp. 162–63).

[93]   Se entiende la denominación *mujeres de color* como posicionalidad común en el sentido expuesto por Chandra Talpade Mohanty: 'What seems to constitute "women of color" or "third world women" as a viable oppositional alliance is a *common context of struggle* rather than color or racial identifications' ('Cartographies of Struggle: Third World Women and the Politics of Feminism', en *Third World Women and the Politics of Feminism*, ed. por Chandra Talpade Mohanty y otras (Bloomington: Indiana University Press, 1991), pp. 1–47 (p. 7)).

[94]   El relieve que recibe el factor del género se pone también de manifiesto en la dedicatoria que precede el texto: 'A las mujeres/To the Women'.

algunas de las vecinas del barrio, cuyas historias, tristes casi en su totalidad, funcionan como imagen de las limitadas posibilidades que se abren ante una chicana como Esperanza en ese ambiente.[95] Estas diversas microhistorias vitales delinean un mapa de las 'mujeres de color' heterogéneo, en que los diferentes vectores que las diferencian – lugar de procedencia, nivel de educación, circunstancias familiares, generación y un largo etcétera – las sitúan en comunidades plurales que desbancan la noción de una identidad chicana esencial y singular.

En 'My name', Esperanza se refiere a su nombre como signo de la intersección de construcciones múltiples en su persona (p. 10): 'In English my name means hope. In Spanish it means too many letters. It means sadness, it means waiting.' La misma hibridez de la narración, que combina el idioma inglés con un sustrato español en la estructura sintáctica y ocasional elección léxica,[96] funciona como imagen de la identidad múltiple y fragmentada del sujeto, habitante de un espacio intersticial en que la comprensión del yo conlleva grandes dificultades y requiere una negociación constante. Así, del lado de la cultura angloamericana mayoritaria, la construcción de la identidad de la protagonista desde los parámetros hegemónicos distorsiona su nombre, lo que vulnera su identidad con la dureza del estaño (p. 11): 'At school they say my name funny as if the syllables were made out of tin and hurt the roof of your mouth.' Del lado de la cultura mexicana de origen, la dificultad que implica la negociación bicultural es aún mayor para las mujeres, que soportan la carga añadida de la tradición patriarcal mexicana. Como afirma la niña, los mexicanos 'don't like their women strong' (p. 10). De nuevo, el nombre de Esperanza es ilustrativo: se trata de un nombre heredado de su bisabuela, 'a wild horse of a woman, so wild she wouldn't marry' (p. 11); estos rasgos, que la podrían haber convertido en modelo de fortaleza e independencia femeninas para la protagonista, se tornan al final en sometimiento y resignación ante el poderío del código sexista mexicano, que doma su bravura por medio de la violencia y la fuerza (p. 11): 'My great-grandfather threw a sack over her head and carried her off.' La visión de Esperanza del abuso y la ilegitimidad del poder masculino se recoge expresivamente en el símil que sigue (p. 11): 'Just like that, as if she were a fancy chandelier.' Tras el fatal secuestro, la

---

[95] De la procesión de personajes que aparecen la mayoría son mujeres. De los personajes masculinos destaca Geraldo No Last Name, un inmigrante ilegal – del que ni el apellido se sabe – que muere por negligencia en el hospital y que encarna un más que posible destino del 'brazer who didn't speak English' o 'wetback' (p. 66) que cruza diariamente la frontera.

[96] Frances R. Aparicio llama a este espectáculo lingüístico de etnicidad 'inglés tropicalizado', por el que los significantes anglos son transformados y reescritos desde el punto de vista cultural latino ('On Subversive Signifiers: U.S. Latina/o Writers Tropicalize English', *American Literature*, 66.4 (December 1994), 795–801; véase también *Tropicalizations: Transcultural Representations of Latinidad*, ed. por Frances R. Aparicio y Susana Chávez-Silverman (Hanover, NH: University Press of New England, 1997)).

bisabuela, anclada cual velero al que arrancaron las velas, 'looked out the window her whole life, the way so many women sit their sadness on an elbow' (p. 11). Su tristeza y espera junto a la ventana, a lo que se añaden las sombrías historias de las vecinas del barrio, explican la mirada subjetiva con que Esperanza tradujo su nombre en español: 'sadness', 'waiting' (p. 10). La genealogía matrilineal mexicana marca, pues, la subjetividad de Esperanza y le ofrece un modelo de inmovilidad y resignación, lo que hace a la niña consciente de la limitación que supone su diferencia de género en conjunción con su herencia cultural.

En el entorno patriarcal del barrio, en que el espacio, como también vimos en *Mejor desaparece*, se estructura según una estricta división entre el universo público masculino y el universo femenino del hogar, una de las imágenes a la que más presta atención la narradora es precisamente la de la mujer junto a la ventana, que, atrapada en la casa por el marido, el padre o por su propio sentimiento internalizado de inferioridad, contempla el mundo inalcanzable del exterior.[97] El símbolo central de la casa se convierte así en espacio paradójico para la 'mujer de color', ya que, si bien puede representar refugio y solaz como seno de solidaridad familiar frente a la hostilidad del orden dominante, puede también ser significante de aislamiento y subordinación, lo que desenmascara su violencia. La observadora Esperanza percibe desde muy temprano la diferenciación entre los sexos y la división del espacio ligada a ella (p. 8): 'The boys and the girls live in separate worlds. The boys in their universe and we in ours.' Ello lo vive la niña en su propia familia en relación con sus hermanos, quienes, afirma Esperanza, '[ha]ve got plenty to say to me and Nenny inside the house. But outside they can't be seen talking to girls' (p. 8). Estas palabras sugieren, asimismo, la presión que los patrones normativos de masculinidad ejercen sobre los niños desde muy temprano, lo que en la adultez desembocará en la perpetuación de las conductas hegemónicas de género y la consecuente reproducción de la organización genérica del espacio.

Junto a la bisabuela de la protagonista, otras mujeres que, inmóviles, contemplan el mundo desde la ventana son Rafaela y Mamacita. Rafaela es una chica isleña joven, pero 'getting old from leaning out the window so much' (p. 79). Al confinamiento por su etnicidad y clase en el espacio marginal del barrio se une la prisión que sufre en manos de su posesivo marido, que la encierra en casa cuando sale a jugar al dominó, 'since she is too beautiful to look at' (p. 79). Recluida en casa, Rafaela les pide a los niños del barrio que le compren zumos de fruta, que beberá mirando por la

---

97 En Carmen Martín Gaite hallamos la misma imagen en su libro de ensayos sobre literatura femenina titulado *Desde la ventana* (Madrid: Espasa-Calpe, 1987). La autora describe la mirada desde la ventana como 'una localización […] precisa y concreta que nunca olvida sus propios límites, sus puntos cardinales' (p. 36).

ventana mientras sueña con otras 'sweeter drinks, not bitter like an empty room' (p. 80). A la transposición metafórica entre las 'bebidas más dulces', en su sentido sensorial, y la dulzura de sus deseos, en un sentido simbólico, se opone la sinestesia de una habitación vacía de sabor amargo. Como bien saben Rafaela y Esperanza, esas otras bebidas saben a un destino que podría haber sido mucho más dulce.

Mamacita es una mujer mexicana a la que su marido consigue traer de México después de muchos esfuerzos económicos, pero que no habla inglés, por lo que, cree Esperanza, no deja nunca su apartamento en el tercer piso. Mamacita se siente terriblemente infeliz, a pesar de que escucha la radio en español y de que el marido le pinta las paredes del piso de rosa, como las de su casa mexicana. Desde la ventana de su prisión recrea un sueño imposible de retorno a la patria (p. 77): 'She sits all day by the window and plays the Spanish radio show and sings all the homesick songs about her country.' El polisíndeton y la resultante lentitud de la frase, junto con la construcción sintáctica paralelística, representan expresivamente la espera de la Mamacita. Cuando su niño empieza a cantar en inglés el anuncio de Pepsi que ve por la tele, la madre, abatida, intenta impedirlo, pero, irónicamente, se ve obligada a utilizar, aunque rudimentariamente, esa misma lengua dura y ajena para comunicarse con el niño (p. 78): 'No speak English, she says to the child who is singing in the language that sounds like tin.' La prisión de la mamacita es absoluta: además de su subordinación de etnicidad y clase, su género y su inhabilidad lingüística la relegan a los estratos ínfimos del orden social y la mantienen en una cárcel infranqueable.[98]

La procesión de mujeres atrapadas discurre tristemente a lo largo de las viñetas. Así, conocemos a Rosa Vargas, quien, abandonada por el marido sin previo aviso, se ve atrapada en casa con un sinfín de hijos a los que no puede controlar. Otra de las vecinas, Ruthie, dejó a un lado una vida llena de posibilidades para casarse y ser abandonada más tarde por su marido, lo que la lleva de vuelta a la casa materna en la calle Mango. También nos encontramos con Minerva, tan solo un poco mayor que Esperanza pero ya con dos hijos, que, repitiendo el destino de su madre, parece que tendrá que criar sola, pues 'her husband [...] left and keeps leaving' (p. 85). Harta de esta dinámica de repetición, Minerva lo echa un día de casa, pero el marido siempre vuelve y ella sigue abriéndole la puerta. Su dependencia económica y psicológica del marido y su fe en que todo cambiará le hacen caer una y otra vez en el mismo error, a pesar de que el marido, además, la maltrata. La violencia de género, precisamente, encarna otra de las formas extremas de control de la mujer en el sistema patriarcal representado en *The House*.

---

[98] Esperanza es muy consciente del poder de la palabra y así en numerosos pasajes de la novela identifica la habilidad lingüística y la capacidad de nombrar con el poder y la libertad. La palabra será, de hecho, fundamental en su propia liberación.

El marido abusivo de Minerva encuentra su paralelo en la figura del padre violento de otras dos chicas del barrio, Sally y Alicia, cuyo encuentro marcará la historia de Esperanza.

Sally es una chica muy guapa, lo que intensifica la vigilancia y represión de su sexualidad por parte del padre, consciente, como el marido de Rafaela, de la mayor atención a la que está sometido el objeto femenino bello por parte de la mirada masculina. La figura de Sally responde al estereotipo de la 'mujer mala' del patriarcado mexicano, ya que, a pesar del estricto control paterno, se entrega a los juegos sexuales de la pubertad y, a escondidas, se pinta y se viste con cuero negro y medias que despiertan la admiración de la inocente Esperanza. Cuando vuelve a casa después de clase se transforma en la Sally que conoce su familia, lo que no evita las frecuentes palizas que recibe del padre, quien teme que se escape y avergüence a la familia como ya antes habían hecho sus tías. Y ello, según le dice a su amiga Esperanza, 'just because I'm a daughter' (p. 92). La mayor paliza que recibe es un día en que el padre la sorprende hablando con un chico (p. 93): 'He just went crazy, he just forgot he was her father between the buckle and the belt.'[99] La posibilidad de que el padre, además, abuse sexualmente de la hija, como puede insinuar la segunda frase, intensifica dramáticamente la monstruosidad del progenitor y el horror del patriarcado.

Alicia es otra amiga de Esperanza que teme a su padre, una figura con todos los atributos del patriarca mexicano que confirma con severidad y dureza la división de los roles de género (p. 31): 'A woman's place is sleeping so she can wake up early with the tortilla star.' Debido a la muerte temprana de su madre, Alicia se ve obligada a asumir el papel tradicional materno en la familia y criar a sus hermanos, tarea 'femenina' que en la tradición familiar mexicana le corresponde como hija mayor. Aunque Alicia parece no ser maltratada físicamente por el padre, sí que lo es psicológicamente y por ello, observa Esperanza, Alicia no le teme a nada 'except four-legged fur [mice]. And fathers' (p. 32). Con todo, la posibilidad de que, como en el caso de Sally, se puedan interpretar los ratones de modo simbólico como el abuso sexual por parte del padre – un padre viudo, autoritario y que insta a la hija a que cierre los ojos a lo que ocurre ('close your eyes, and they [mice]'ll go away' (p. 31)) – queda también abierta.[100]

---

[99] El duro castigo que recibe Sally tan solo por hablar con un chico resulta, si cabe, más injusto si lo comparamos con el modo de vida de otro personaje del barrio, el mujeriego Earl of Tennessee. Este trae habitualmente a su casa a diferentes mujeres, probablemente prostitutas, pero su conducta no es criticada por los vecinos, que se limitan a especular en torno a cuál de ellas es su esposa. En otra viñeta, 'Sire', Esperanza se refiere a la novia de Sire, Lois, quien, por sus flirteos con su novio, responde también, según la mentalidad del barrio, al rol de mujer prostituta (p. 73): 'Those kind of girls, those girls are the ones that go into alleys.'

[100] La ambigüedad con la que es tratado el asunto del abuso, tanto en el caso de Sally como en el de Alicia, configuraría, además, una táctica narrativa acorde con el punto de vista infantil

También Esperanza sufre los efectos de la violencia a que la están expuestas las mujeres en el barrio, como vemos en el pasaje que relata su despertar sexual, 'The Family of Little Feet'. Un día la protagonista y sus amigas Rachel y Lucy se calzan unos zapatos de tacón viejos que una vecina del barrio les había dado y, encantadas de ser Cenicientas, exploran el barrio jugando a ser mayores. Las niñas se sienten entusiasmadas con sus zapatos nuevos, que mágicamente transforman sus cuerpos de niñas en cuerpos de mujer y las dotan del poder de la sexualidad femenina. Cisneros, no obstante, ofrece una parodia feminista del cuento de hadas, construido, como observa María Elena Soliño, sobre una visión convencional de los roles de género y peligrosamente destinado a cumplir una función educativa desde la más tierna infancia, especialmente entre la audiencia femenina.[101] Así lo vemos cuando la escena de las Cenicientas se transforma en un peligroso ritual que convierte los zapatos mágicos en objetos de terror al transformar la nueva identidad de las niñas en centro de la mirada de los hombres de la calle. El tendero de la esquina invoca a la policía, uno de los 'aparatos represivos' del Estado, como instrumento de sometimiento de su naciente sexualidad (p. 41): 'Them are dangerous, he says. You girls too young to be wearing shoes like that. Take them shoes off before I call the cops.' Otro chico las piropea por la calle y poco después un vagabundo borracho se acerca a Rachel haciéndole una propuesta que la convierte en prostituta (p. 41): 'If I give you a dollar will you kiss me?' De esta forma tan desagradable aprenden las niñas que en el barrio patriarcal su recién descubierta sexualidad les da solo un poder ilusorio, ya que, mediada por la mirada masculina, las convierte en objetos y las hace más vulnerables a la violencia sexual. Para Ellen McCracken en esta viñeta se expone la tesis de que 'sexual flattery, male power, and the potential for violence are elements of a continuum'; tales cuestiones, continúa McCracken, 'are inextricably linked to the ethnic social space in which the protagonist undergoes her transformation'.[102] El explícito comentario de Cisneros en relación con su novela es, asimismo, altamente revelador: 'I was writing about it [the barrio] in the most real sense I knew, as a person walking those neighbourhoods with a vagina.'[103] Como en los *Bildungsromane* de Boullosa, pues, este pasaje muestra cómo la sexualidad

de la narradora, que en este momento de su desarrollo no está en condiciones de articular esta cuestión.

[101] Véase la 'Introducción' de María Elena Soliño a su estudio *Women and Children First: Spanish Women Writers and the Fairy Tale Tradition* (Potomac, MD: Scripta Humanistica, 2002), pp. 9–47.

[102]   *New Latina Narrative*, p. 181.

[103]   En Pilar E. Rodríguez Aranda, 'On the Solitary Fate of Being Mexican, Female, Wicked and Thirty-Three: An Interview with Writer Sandra Cisneros', *Americas Review*, 18.1 (1990), 64–80 (p. 69).

femenina es controlada por la ideología masculina hegemónica y figura entre las estrategias primarias que mantienen a las mujeres bajo control.

Por ahora las niñas, 'tired of being beautiful' (p. 42), pueden regresar al mundo infantil simplemente deshaciéndose de sus zapatos y así del peligro de su floreciente atractivo sexual. Pero cuando las caderas se les empiezan a desarrollar y transforman sus cuerpos, como vemos en el capítulo 'Hips', el retorno ya no será posible. En el siguiente fragmento, la ya adolescente Esperanza se refiere a su primer trabajo, que, a pesar de no tener la edad permitida, consigue por mediación de su tía para poder ayudar a financiar su educación en una escuela católica. De modo equivalente a la escena de los zapatos, la primera incursión de la protagonista en el espacio público viene acompañada de peligro y violencia, representados esta vez por un compañero de trabajo, un hombre mayor que le pide un beso de cumpleaños y que, traicionando su confianza, 'grabs my face with both hands and kisses me hard on the mouth and doesn't let go' (p. 55).

Estos incidentes, no obstante, no impiden que la púber Esperanza albergue sus sueños románticos y su visión idealista del amor y de la sexualidad, ensoñaciones que proyecta sobre un chico del barrio, Sire, en el fragmento homónimo. En su imaginación la adolescente cree controlar el juego de miradas que se establece entre ellos, pero en realidad su necesidad de demostrar su seguridad frente a él sugiere el desafío que su naciente sexualidad representa para su identidad. Al juego de miradas sigue la aparición en escena de la novia de Sire, Lois, que, según observa Esperanza, 'doesn't know how to tie her shoes' (p. 73). Sire, todo un caballero, se los ata, lo que indica que la fragilidad y torpeza de la chica pueden constituir un atractivo para el chico. Como contraste, Esperanza, orgullosa, asegura que ella sí puede atarse sola los zapatos, lo cual apunta el valor positivo que para ella conlleva su autosuficiencia. De este modo tan sutil es como Cisneros deja entrever los modos fijos de comportamiento que son construidos por el mito del amor romántico y que refuerzan roles fijos de género.

Los sueños románticos que Esperanza proyectara en Sire serán dramáticamente desbancados, más tarde, en 'Red Clowns', en que la protagonista sufre en carne propia la violencia del abuso sexual. En este fragmento el mundo exterior vuelve a representar amenaza y terror en el escenario de una feria ambulante, a la que Esperanza va con su amiga Sally. Mientras la protagonista espera a su amiga, que se había ausentado en compañía de un chico, los otros integrantes del grupo de chicos la asaltan (p. 100): 'The one who grabbed me by the arm, he wouldn't let me go. He said I love you, Spanish girl, I love you, and pressed his sour mouth to mine. […] I couldn't make them go away. I couldn't do anything but cry.' Estas significativas líneas revelan cómo la violencia patriarcal está ligada al racismo, que, como indica la interpelación 'Spanish girl', construye a la 'mujer de color' como otredad homogénea. Esperanza dirige entonces su ira tanto hacia Sally, 'a liar' (p. 100) que la ha abandonado a su suerte y no le ha dicho la verdad sobre las relaciones con el otro sexo, como hacia la sociedad y la cultura, 'all the books and magazines, everything that told it wrong' (p. 100), que ocultan la realidad de la violencia patriarcal a través de un entramado de imágenes falsas. María Herrera-Sobek señala que en este pasaje la protagonista descubre una conspiración de silencios: 'Silence in not denouncing the "real" facts of life about sex and its negative aspects in violent sexual encounters, and *complicity* in embroidering a fairy-tale like mist around sex, and romanticizing and idealizing unrealistic sexual relations.'[104]

Como contraste, la fábula del hombre como salvador o como vía de escape del barrio, junto con los discursos de la familia tradicional y el 'refugio' del hogar, siguen traicionando a otras chicas del barrio, como Marin y la propia Sally, lo que muestra que el ciclo de aprisionamiento femenino continúa en las nuevas generaciones, como ya vimos también en el personaje de Minerva.

Marin es una chica de Puerto Rico que responde también al rol de 'mujer prostituta', con sus medias oscuras y su maquillaje, que la hacen orgullosa de su poder sexual. La adolescente dice tener un novio secreto con el que se casará cuando vuelva a su isla natal, pero al mismo tiempo sueña con conocer a alguien en Estados Unidos que la 'rescate' y la lleve a una de esas grandes casas lejos del barrio. Estas características, como también sugiere su nombre, la vinculan de manera explícita con la figura de La Malinche.[105] Esperanza comprende que su poder sexual es tan solo una máscara, ya que en realidad solo aguarda a que algo o alguien tome las riendas de su destino. La reiteración y el paralelismo de las frases subordinadas con que la narradora describe su talante enfatizan su espera y pasividad (p. 27): 'I know. Is waiting for a car to stop, a star to fall, someone to change her life.'

El segundo caso lo representa Sally, que, escapando de su violento padre, se ve atrapada, como las otras mujeres de la novela, en una casa que, más que nunca, se asemeja a una prisión, ya que el marido 'won't let her talk on the telephone. And he doesn't let her look out the window. [...] She sits at home because she is afraid to go outside without his permission' (pp. 101–02). Sally, que se convierte ahora en 'mujer buena', se convence de que es feliz, ya que ahora puede comprarse cosas y tiene una bonita casa, lo que pone de manifiesto una forma de transacción patriarcal de bienes materiales a cambio de libertad.[106]

---

[104] 'The Politics of Rape: Sexual Transgression in Chicana Fiction', *Americas Review*, 15.3–4 (1987), 171–81 (p. 178).

[105] Así lo señala también Leslie Petty en 'The "Dual"-ing Images of la Malinche and la Virgen de Guadalupe in Cisneros's *The House on Mango Street*', *MELUS*, 25.2 (2000), 119–32 (p. 125).

[106] Su paso del padre al esposo, el tratamiento de objeto que recibe y el intercambio de bienes materiales por libertad sugieren lo que Gayle Rubin ha llamado 'el tráfico de mujeres'

La dependencia del hombre y la complicidad de estas chicas jóvenes con los mitos construidos por el patriarcado las destina así a repetir el destino de sus madres, destino que tenemos ocasión de observar de cerca también en el personaje de la madre de Esperanza. De ella cuenta la hija (p. 90): 'She can speak two languages. She can sing an opera. She knows how to fix a T.V. but she doesn't know which subway train to take to get downtown.' Con un tono apesadumbrado, la madre afirma que podría haber llegado a ser alguien, pero la pobreza y la falta de educación, junto con la distribución tradicional de roles de género, la han mantenido en el gueto (p. 91): 'You want to know why I quit school? Because I didn't have nice clothes. No clothes, but I had brains.'

A través de esta exploración por el universo de Esperanza hemos podido examinar la forma magistral en que Cisneros articula en su novela, desde la ingenuidad de la visión infantil, las razones por las que las mujeres del barrio se ven atrapadas en una situación de extrema opresión. Su interacción con el contexto sociocultural del barrio y su propia experiencia hacen consciente a la protagonista de la naturaleza de la ideología patriarcal, racista y clasista que determina la vida de las mujeres en el barrio y de su propia posición como chicana dentro de ese universo.

Caramelo: *el destino prefijado de Soledad y Lala*
Casi dos décadas después de la aparición de *The House on Mango Street*, Sandra Cisneros publica su segundo *Bildungsroman*, *Caramelo*.[107] En él Cisneros se fija de nuevo en las líneas que el género, la etnicidad y la clase social trazan en el mapa identitario del individuo a través del relato autobiográfico de su protagonista, Celaya o Lala, una niña de origen mexicano en el entorno de la sociedad angloamericana. Como ya ocurriera en *The House*, la novela no se limita al relato de su vida, sino que, multiplica caleidoscópicamente sus capas narrativas, esta vez para dar cuenta de la historia de la saga familiar, formada por un sinfín de personajes cuyas vidas se desenvuelven a ambos lados de la frontera.[108] Para Ellen McCracken, 'the double figure of Celaya/Cisneros

en 'The Traffic in Women: Notes Toward a Political Economy of "Sex"' (en *Toward an Anthropology of Women*, ed. por Hayna R. Reiter (New York: Monthly Review Press, 1975), pp. 157–210).

[107] Aunque la novela tiene un subtítulo, *Puro Cuento*, en este estudio se utilizará su título corto por conveniencia, además de ser este el empleado convencionalmente por la crítica.

[108] Las historias de *Caramelo* se basan en la historia familiar de Cisneros y constituyen un tributo de la autora a su padre y a su generación. En varios textos anteriores aparecían ya muchos de los personajes y escenas cuyo testigo recoge ahora *Caramelo* en forma de narraciones extensas, en parte autobiográficas y en parte ficticias. Así, en *The House on Mango Street* la viñeta 'Papa Who Wakes Up Tired in the Dark' representa un temprano germen del personaje del padre y en *Woman Hollering Creek* aparecen los abuelos paternos en las historias 'Mericans' y 'Tepeyac'.

is an ethnographer of her communities on both sides of the border'.[109] La fotografía de una de las vacaciones de la familia por tierras mexicanas al inicio de la novela, en la que aparecen todos los miembros de la familia excepto Lala, será el motivo que dará paso al retrato que, como fotógrafa (o etnógrafa), hará la narradora en las siguientes secciones.[110]

Caramelo se compone de ochenta y seis capítulos enmarcados por una sección inicial titulada 'Disclaimer' y un epílogo denominado 'Fin, Pilón'. Los capítulos aparecen distribuidos en tres partes. La primera, 'Recuerdo de Acapulco', se desarrolla durante la infancia de Lala, que, como narradora y personaje, presenta su vida familiar en el entorno bicultural en que se ubica la vida de los chicanos. En la segunda parte, 'When I was Dirt', la voz narradora se centra especialmente en el relato de la vida de la abuela Soledad y del padre Inocencio en su juventud. Finalmente, en la tercera parte, 'The Eagle and the Serpent, or my mother and my father', la protagonista, de nuevo como personaje y narradora, se ocupa del presente de la familia y de su lucha constante por encontrar un lugar en la sociedad angloamericana, así como de su lucha propia, que la adolescente tendrá que librar como mujer y como chicana en un mundo hostil. Junto a estas historias principales de la saga familiar, la novela multiplica sus capas narrativas en el relato de una plétora de historias de otros personajes de la familia: los bisabuelos paternos Regina y Eleuterio Reyes, el abuelo Narciso Reyes, el padre Innocenio Reyes, la madre Zoyla Reyna o la 'Tía de Piel Clara', 'Aunty Light-Skin'.

El motivo central del relato lo constituye el rebozo de la abuela, que, con su complejo bordado formado por multitud de hilos, encarna la multiplicidad de historias y colores que conforman la identidad personal, porque, como bien señala Cisneros, 'a life contains a multitude of stories and not a single strand explains precisely the who of who one is' (p. 115). Como se irá viendo en el análisis, 'the *rebozo*, which covers, warms, protects, and carries objects for the Mexican poor is reconfigured as the central motif of [...] *Caramelo*, a metaphor for narrative, family history, and ethnic identity'.[111]

Dentro del marco de historias complejamente entrelazadas que componen *Caramelo*, Cisneros presenta la formación de Lala como inseparable especialmente de la de la otra gran figura femenina de la estirpe familiar, la abuela Soledad, cuya *Bildung* nos relata Lala como esencial en su propio proceso de concienciación. Aunque en contextos diferentes, las historias de la protagonista y de la deuteragonista son, pues, parte de una misma historia,

---

[109] 'Postmodern Ethnicity in Sandra Cisneros' *Caramelo*: Hybridity, Spectacle, and Memory in the Nomadic Text', *Journal of American Studies of Turkey*, 12 (2003), 3–12 (p. 9).

[110] De hecho, la narradora explicita su función de fotógrafa o recolectora de la memoria (p. 4): 'Then everyone realizes the portrait is incomplete. It's as if I didn't exist. It's as if I'm the photographer walking along the beach with the tripod camera on my shoulder asking, – ¿*Un recuerdo*? A souvenir? A memory?'

[111] McCracken, 'Postmodern Ethnicity', p. 3.

por lo que en el examen de la conformación de la identidad de la heroína se partirá de la consideración de la identidad de su antecesora. A través de la exploración del personaje de Soledad, asimismo, se prestará atención una vez más a la ideología de género que impregna el orden mexicano y que más tarde afectará a la nieta. El análisis, además, resulta enriquecedor en un estudio comparativo como el presente, ya que la *Bildung* temprana de la abuela mexicana está marcada por su subordinación de género, como en las novelas de Boullosa, pero también por su pobreza y, en parte, por su etnicidad – y todo ello en el contexto, no de la sociedad angloamericana, como ocurre normalmente en el caso de las chicanas, sino de las complejas jerarquías de etnicidad y clase del orden social mexicano. Este aspecto marca de nuevo diferencias entre la representación literaria boullosiana y cisneriana, al mismo tiempo que nos proporcionará otra perspectiva 'desde *afuera*' de la sociedad mexicana y sus paralelismos con el orden angloamericano.

Según se mencionó, en la segunda parte de *Caramelo* Lala relata la *Bildung* de su difunta abuela Soledad, a la que llama 'Awful Grandmother'. Como vemos en el retrato de este personaje en la primera parte de la obra, cuando la abuela aún vive para hacerles la vida imposible a sus nietos, motivos no le faltan a la narradora para calificarla de 'terrible'. Apesadumbrada por el odio que ha sembrado en vida, en la tercera parte el fantasma de la abuela buscará la salvación en la memoria y por ello volverá a la nieta para pedirle a esta que cuente su historia con el fin de conseguir el perdón y poder así descansar en paz. Lala tomará entonces la palabra y con un tono lúdico dará cuenta de su versión de la historia de Soledad, que se iniciará con el capítulo significativamente titulado 'So Here My History Begins'.

La infancia y adolescencia de Soledad se enmarcan en la Ciudad de México en los años previos a la Revolución, cuando la capital es conocida como la 'Ciudad de los Palacios'. Nos encontramos en la era del orden y el progreso, la era en que el gobierno porfiriano invierte 'huge amounts of the national treasury to impress the world with how truly "civilized" – European – Mexico had become' (p. 124). Un mundo de lujo, esplendor y derroche convivía, como sigue ocurriendo hoy, con la más terrible pobreza; así lo pone de manifiesto la irónica voz narradora en su recreación crítica de aquel mundo (p. 124): 'While you [Soledad] slept in the kitchen pantry and ate rice soaked in bean broth, there were magnificent new public buildings under construction, the Venetian/Florentine-style post office, the opera house of Carrara marble, as ornate as wedding cakes.' La vasta diferencia de clases va acompañada, asimismo, del acostumbrado racismo hacia los indios y así lo ilustran las reestructuraciones del paisaje urbano en la conmemoración de la Independencia, en que 'Indians and beggars were routed from the downtown streets […] so as not to spoil the view' (p. 125). La discriminación de clase y etnicidad se completa con la de género y así nos relata la narradora de un modo lúdico que en aquellos días era común que las mujeres, en su desesperación, se suicidaran arrojándose de los campanarios de los templos (p. 98): 'So many women had sought out churches for this express purpose that a proclamation was signed by all the bishops in the land and an edict issued that absolutely prohibited anyone from taking their life on church property.'

La niña Soledad vive en provincias con su padre, quien, después de la muerte de la madre, de la que solo queda un rebozo sin terminar de un diseño llamado caramelo, se vuelve a casar con la malvada figura de la madrastra de la Cenicienta, por obra de la cual Soledad es enviada a la capital con su tía. La tía Fina, como el personaje de Rosa Vargas en *The House*, tiene un sinnúmero de hijos y recibe a Soledad para emplearla en la lavandería. La pobre niña no es allí más que un objeto sin valor, un ser invisible a quien nadie presta atención – nadie excepto el tío Pío, el marido 'artista' del que la tía habla orgullosa y de cuyos acosos sexuales tiene que protegerse Soledad a todas horas. De haber sido un hombre, muy diferente hubiera sido su destino, pero en ese mundo jerarquizado ella no es más que un estorbo o un objeto al servicio de los demás. Su pobreza, además, limita todavía más sus opciones en la vida, por lo que para salir de su situación Soledad no tiene más opción que encontrar un hombre que la 'rescate'. A sus rezos responde, ciertamente, el destino, que hará aparecer en su vida a Narciso Reyes, un mozo impertinente que, ante la trágica historia de Soledad, se siente, como caballero, obligado a rescatarla ofreciéndole trabajo en su casa. Como comenta la narradora, 'though she thought she was making a choice, she was in reality only following the course already set out for her' (p. 109) – esto es, el camino que, como mujer pobre, le viene marcado de antemano.

A través de la familia de Narciso, los Reyes del Castillo, Cisneros echa una mirada llena de humor e ironía al discurso de etnicidad y clase que entonces, como hoy, dominaba en México. La estrategia de que se sirve la autora es, como se ha ido viendo, una fuerte presencia de la voz narradora, que, siguiendo la modalización de la omnisciencia editorial, interviene constantemente con sus comentarios y se distancia irónica y lúdicamente de las actitudes de sus personajes. Respecto a la etnicidad, la autora se fija en la fuerte jerarquización de un sistema en que el elemento europeo era señal de prestigio y motivo de orgullo frente a la inferioridad y vergüenza asociadas con el elemento indígena. Alicia Gaspar de Alba sintetiza el sistema histórico de castas que operaba y opera en la sociedad mexicana y que vemos representado en *Caramelo* (p. 47):

> New Spain, upon which the Mexican nation was founded, operated under this caste system until Mexico's independence from Spain in the early 19th century, but even after Mexican independence, the caste system was in effect, that is to say, those in power were still the white-skinned, land-owning criollos and their servants were still the dark-skinned indios, mestizos, mulattos, and they continued to 'own' black slaves until 1829. The fact that they were all 'Mexican', that is, part of the sovereign nation of

Mexico, did not liberate anybody from the racial ideology of the 'sistema de castas'. This ideology is still in effect.

Ese sistema lo vemos bien reflejado en el caso del padre de Narciso, Eleuterio, oriundo de Sevilla. Los orígenes humildes de Eleuterio y su 'consecuente' mediocridad (p. 161) motivan el desprecio de su mujer en su patria, lo que lo lleva a marcharse para probar fortuna en el Nuevo Mundo. Allí la 'pureza' de su sangre española – 'mixed', apostilla la narradora, 'with so much Sephardic and Moorish ancestry' – se convertiría en signo de su superioridad étnica 'over their mixed-blood neighbors' (p. 163), haciéndolo, asimismo, atractivo para las mexicanas (a pesar de ser, ironiza de nuevo la narradora, 'like a big grizzled vulture' (p. 177)). Este había sido el caso de la madre de Narciso, Regina, que se había casado con él pensando que *'she had purified her family blood, become Spanish, so to speak'*, pese a que sus rasgos eran marcadamente indígenas (p. 116): *'In all honesty, her family was as dark as* cajeta *and as humble as a* tortilla *of* nixtamal.' El empeño de ocultar la 'vergüenza' de la herencia indígena contrasta con la posición de Lala, que en su descripción asocia la piel de Regina con la herencia maya y la realeza (pp. 112–13):

> As dark as a cat, she was not taller than Soledad, yet she held herself like a queen. [...] If Regina had a *nagual*, an animal twin, it would have to be a jaguar. It's the same face you see in the Mayan glyphs and everywhere in the Mexican Museum of Anthropology.

Este rostro, observa Lala, 'is seen even now driving an M&M-colored taxicab or handing you a corn-on-the-cob on a stick' (p. 113), lo que sugiere el entrelazamiento entre etnicidad y clase social. En este entramado de categorías étnicas jerarquizadas, cuando nace el niño Narciso la madre se muestra complacida con su pálido color de piel (p. 157): 'Yes, he would be *güero*, fair. The world would be kind to him.' Junto con su 'privilegio' étnico, la familia de Narciso hace alarde de su posición adinerada, aunque, en realidad, como de nuevo nos hace ver la narradora, es todo apariencia e invención del pasado por parte de su familia, a la que califica de 'chronic *mitoteros*' (p. 163), es decir, 'cuentistas'. Una y otra vez y de una forma altamente irónica y lúdica, como vemos, se nos muestran así la invención de linajes imaginarios y la apariencia como estrategias para enfrentar los complejos provocados por la discriminación de etnicidad y clase.

En el rancio ambiente de apariencia de la casa de los Reyes del Castillo, Soledad, que cuenta ahora con casi doce años, no escapará de los aires de superioridad de Regina, cuando lo cierto era que Soledad era también una Reyes, aunque, nota la narradora, 'of that backward, Indian variety that reminded Regina too much of her own humble roots' (p. 113). La madre de Narciso se apiada de la pobre Soledad y le ofrece toda su 'bondad' acomodándola en la despensa de la cocina – en una casa en la que sobraban habitaciones vacías – y regalándole ropas usadas que nadie quería, ya que 'a girl of your category is unaccostumed to any other way of life. How lucky you must feel now, living here like a queen' (p. 115). La adolescente Soledad, desamparada e inocente, recibe únicamente el calor y la ternura de lo que para ella es el amor de Narciso, para quien, en cambio, ella no es más que un desahogo sexual; después de todo, añade la narradora, disponer de ella era su 'birthright. Was she not "*la muchacha*", after all, and was it not part of her job to serve the young man of the house?' (p. 156). El clasismo y el sexismo del mozo se unen a la ignorancia de Soledad, cuya educación, como sucedía en *Antes*, está marcada por las enseñanzas del catolicismo: la niña era 'as innocent as if she had been castrated before birth. And she had been. Not by any knife except an abstract one called religion' (p. 156).[112] Como resultado de la inexistente educación sexual de la mujer, fundada, 'then as now', en la máxima 'the less said the better' (p. 156), Soledad desconoce totalmente su cuerpo y se entrega ingenuamente a las mentiras de Narciso. En su vivo relato, Cisneros no pierde ocasión de reprender retóricamente las contradicciones del orden moral imperante (p. 156): 'So why did this same society throw rocks at her for what they deemed reckless behavior when their silence was equally reckless?' La actitud de Regina frente a los escarceos nocturnos del hijo confirma la doble moral de la sociedad y la complicidad femenina con los roles sexuales establecidos: por una parte, esta le aconseja a Soledad que se cuide ahora que es una señorita (p. 153), pero, por otra parte, se hace la ciega ante el comportamiento de su 'niño'. Su ceguera confirma, asimismo, la invisibilidad de Soledad, una criatura asustada y explotada por la autoridad y las palizas de Regina, 'whom everyone was so used to seeing they didn't see her' (p. 165).

Como resultado de las costumbres nocturnas de Narciso, Soledad queda embarazada, lo que los obliga a casarse muy a pesar de Regina. El matrimonio, sin embargo, no trae la felicidad anhelada y mucho menos el fin de su soledad (p. 285, énfasis de la autora): 'But she'd always been so alone, especially *after* her marriage.' Para compensar su desdicha y la falta de atención del marido, Soledad encuentra la salida de la maternidad. En sus visitas diarias a la iglesia, reza para que su bebé sea niño y promete cuidarlo cumpliendo bien su papel como la Santísima Virgen de la Soledad. Así es como Soledad adopta el papel de 'madre-virgen' del patriarcado mexicano y su primogénito Inocencio, el padre de nuestra protagonista, sustituye al marido y se convierte edípicamente en 'the great love of her life' (p. 173). Ni Inocencio ni los hijos que vendrán más tarde harán cambiar nada en el matrimonio ni en los roles

---

[112] Este punto es tratado por Cisneros en su ensayo 'Guadalupe the Sex Goddess' (en *Goddess of the Americas: Writings on the Virgin of Guadalupe*, ed. por Ana Castillo (New York: Riverhead Books, 1996), pp. 46–51).

que cada cual ocupa: Narciso se desentiende totalmente de su mujer y sus hijos, que se convierten para él en extraños, y pasa el tiempo ocupándose de sus asuntos en la esfera pública, mientras Soledad se ocupa de la crianza de los hijos.[113] Soledad, definida a lo largo de su vida únicamente como madre y esposa, recordaría años después uno de los momentos más felices de su vida en una playa de Yucatán durante una de las pocas vacaciones familiares, cuando 'Narciso and the children had wandered off in search of soft drinks and food, leaving her in peace finally' (p. 348): la felicidad es tan simple como eso, un 'ser para sí' y no un permanente 'ser para otros' tal y como la mujer ha sido construida por las prácticas ideológicas imperantes.

La historia de Soledad se ve abocada al final a un destino fijo sin posibilidad de elección. La invisibilidad que había sufrido durante toda su vida,[114] que, determinada por la mirada masculina, había desaparecido brevemente en su adolescencia, cuando 'her body changed and garnered the trophy of men's attentions' (p. 347), se intensifica cuando sus hijos ya están criados y su cuerpo envejecido, cuando 'men no longer looked at her, [and] society no longer gave her much importance after her role of mothering was over' (p. 347). Una vez que su cuerpo deja de cumplir los papeles a los que está destinado como objeto sexual y sede de reproducción, su ser, pues, desaparece. Convertida ya en abuela, Soledad no puede dejar atrás las llagas y cicatrices de su invisibilidad característicamente femenina; su carácter se agría y su mentalidad reproduce las mismas prácticas de las que ella había sido víctima, lo que en parte la convierte en la 'Abuela Terrible' de Lala. Tras la muerte de Narciso, Soledad fantasea incluso con poner un anuncio en el periódico local para encontrar un compañero,[115] pero enseguida se avergüenza de su pensamiento, inapropiado de una mujer 'respetable' como ella. Su decisión de mudarse a Chicago a vivir con sus hijos la hace todavía más infeliz, pero, una vez allí, 'she couldn't go backward, could she? She was stuck, in the middle of nowhere it seemed, halfway between here and where?' (p. 287). En este contexto, es comprensible que su muerte no sea para ella sino del color de la paz y la liberación, del mismo que vislumbró en aquella lejana playa de Yucatán (p. 348):

---

[113] Es importante apuntar, no obstante, que Cisneros no condena a sus personajes sino que los presenta en todo momento desde una óptica de empatía.

[114] Recordemos aquí las palabras de Julio Estrada Cortés sobre 'la invisibilidad histórica de la mujer en México' referidas con anterioridad.

[115] Su lectura de la columna de anuncios deja traslucir, de nuevo, la importancia del color de piel en el orden ideológico que habita y la preferencia por la piel clara, como ilustran los siguientes ejemplos (pp. 282–83): 'Mexicana, *white, tall* [...]. *I wish to meet a gentleman of 45 to 55 years old, light or fair-skinned*' o '*Mex-Tex, single, 35 years old, 145 pounds,* piel apiñonada'.

A saltwater warmth of well-being. The water lifting her and her self floating out from her life. A dissolving and a becoming all at once. It filled her with such emotion, she stopped thrashing about and let herself float out of her body, out of that anchor her life, let herself become nothing, let herself become everything little and large, great and small, important and unassuming.

Solo después de su muerte comprenderá Soledad lo terrible que ha sido su historia, por lo que pedirá ayuda a la nieta (p. 408): 'You're the only one who can see me. Oh, it's terrible being a woman. The world doesn't pay attention to you until you grow *tetas*, and then once they dry up, you turn invisible again.'

De la historia de Soledad pasamos ahora a la de la nieta, lo cual implica un cambio sustancial de escenario, no solo temporal sino también espacial, ya que Lala nace al otro lado de la frontera. El intermediario en este salto es su padre Inocencio, quien, debido a su mal hacer académico y huyendo de la represalia del padre, se marcha a Chicago a principios de los años cuarenta siguiendo los pasos del hermano.[116] El marco histórico que corresponde a la generación de Inocencio en México contempla la creación de 'a new *mestizo* identity proud of its Indian heritage, though in reality' – comenta de nuevo la narradora – 'Indians were still treated like Indians everywhere' (p. 206). El racismo solapado de la sociedad mexicana encuentra, asimismo, su parangón en el de la sociedad estadounidense en la que aterriza Inocencio, donde, bajo los auspicios del discurso hegemónico de asimilación del *melting pot*, ser mexicano es motivo de vergüenza, como relata Lala al hacer recuento de los inicios laborales de su padre en un restaurante (p. 210): '– May I serve you? he says it in such a charming way, the women customers are sure to ask, – Are you French? Or, – I've got it – you're Spanish, right? They don't say "Mexican", because they don't want to insult Inocencio, but Inocencio doesn't know "Mexican" is an insult.' Con el tiempo Inocencio conocerá la realidad en toda su crudeza y se dará cuenta de que el privilegio de que gozan los Reyes en México llega a su fin tan pronto como cruzan la frontera, que automáticamente encasilla a los mexicanos en un mismo compartimento estereotipado y marginal de etnicidad y clase. También la abuela, al mudarse a vivir con sus hijos al otro lado tras la muerte de Narciso – ya que su barrio mexicano, La Villa, 'is no longer La Villa anymore! It's flooded with a different category of people these days' (p. 251) – es objeto de su mismo racismo y clasismo. Así se refiere la narradora, con su toque de ironía, a la frontera como marca de la diferencia entre ideologías paralelas (p. 289):

---

[116] Las circunstancias que empujan a Inocencio a emigrar, que reflejan las circunstancias reales en que el padre de Cisneros dejó México, cuestiona la idea de la inmigración por causas económicas asociada estereotípicamente con la experiencia del inmigrante mexicano.

Something happened when they crossed the border. Instead of being treated like the royalty they were, they were after all Mexicans, they were treated like Mexicans, which was something that altogether startled the Grandmother. In the neighborhoods she could afford, she couldn't stand being associated with these low-class Mexicans, but in the neighborhoods she couldn't, her neighbors couldn't stand being associated with her.

La infancia y adolescencia de Lala, como la de la autora, se ubican en el espacio intersticial que conforma el movimiento constante de la familia de Estados Unidos a México. La narración da comienzo precisamente con la imagen del viaje que la familia Reyes hace cada año desde su Chicago de residencia a la Ciudad de México, donde residen Soledad, convertida ahora en la 'Abuela Terrible', y Narciso, el 'Pequeño Abuelo' ('the Little Grandfather'). Desde niña, Lala está acostumbrada al cambio absoluto de universos que supone el cruce de la frontera, que mágicamente transforma los signos lingüísticos, los referentes culturales e incluso los sonidos que hacen las cosas (p. 17): '*Toc*, says the light switch in this country, at home it says *click*. *Honk*, say the cars at home, here they say *tán-tán-tán*.' Desde la sencillez de la visión infantil, la narración nos sitúa así desde el principio en el complejo escenario de la memoria cultural e histórica bifurcada con la que se enfrentan los chicanos, 'like all emigrants caught between here and there' (p. 434). Esta bifurcación se sitúa, además, en el mapa de las conflictivas relaciones entre las dos naciones, de lo que de nuevo da testimonio la perspectiva infantil de Lala (p. 235): 'For a long time I thought the eagle and the serpent on the Mexican flag were the United States and Mexico fighting.'

Lala es la pequeña en una familia de otros seis hermanos. Por ser mujer, su nacimiento decepciona al principio al padre; con todo, enseguida se convertirá en la niña de sus ojos. El nombre Lala deriva de Celaya, denominación de la ciudad donde Pancho Villa había sido derrotado y, según la narradora, perfectamente adecuada a su personalidad e historia, ya que ella también se convertirá más tarde, como veremos, en lo que la hija llamará 'my father's Waterloo' (p. 232). La *Bildung* de Lala está marcada, como en el caso de su abuela, por la ideología de género de raíces mexicanas y, junto a ello, por los discursos de clase y etnicidad, que Cisneros delineará en toda su complejidad en diferentes contextos: el de las ideologías mexicana y angloamericana hegemónicas, que ya hemos visto en el caso de la abuela, y, significativamente, el de la misma comunidad chicana.

Los Reyes son una gran familia mexicana tradicional centrada en la figura de la abuela, quien, como la abuela Ulloa en *Treinta años*, actúa ahora de salvaguarda de los patrones de comportamiento 'propios' de cada género. Así, Soledad se enorgullece de que su Narciso jamás haya entrado en la cocina – lo que significa, apostilla la narradora, que 'he was a real man' (p. 121). Asimismo, como 'sufrida mujer mexicana' intentará, a la muerte de su marido, tirarse a su féretro, ya que este comportamiento – ironiza la nieta – 'is expected of every good Mexican widow since the time of the Olmecs' (p. 250). Igualmente, ya viuda, decide marcharse a Estados Unidos para cumplir su deber de madre, pues 'what else can I do but suffer one more calamity and move myself up there to be near my grandchildren. It's a sacrifice, but what's life if not sacrifices for our children's sake?' (p. 251).[117] Siguiendo la enseñanza materna, el otro pilar familiar, el padre de Lala, hará también alarde de su mentalidad ortodoxa, como vemos en su negativa a permitir trabajar a su esposa Zoila muy a pesar de ella (p. 289): 'What! A wife of mine work? Don't offend me!'

Durante su infancia, Lala entra en contacto con la ideología sexista de la sociedad mexicana en sus visitas vacacionales a casa de los abuelos. Ello es ilustrado por el personaje del señor Coochi, que intenta convencer a la pequeña Lala de que se quede en su casa ofreciéndole una habitación de princesa; cuando, finalmente, Lala cede a su persuasión, las palabras del señor Coochi proyectan sobre la niña la sombra de La Malinche (p. 52): 'Women! That's how they all are. You just need to find their price.' De igual modo, como en *Treinta años*, la pequeña Lala vive de cerca el racismo y clasismo mexicanos a través de la 'Abuela Terrible', quien, olvidando su pasado, se convierte ahora en una segunda Regina. El blanco de desprecio en el entorno de México es, como sabemos, el individuo de piel oscura y rasgos indígenas y por ello la abuela prohíbe a Lala jugar con quien resultará ser su hermanastra y la nieta de Soledad, Candelaria, una niña del barrio de piel color caramelo que no sabe ni leer ni escribir y que trabaja con su madre en la lavandería desde el amanecer. La centralidad del motivo del color de la piel, como expresa ya el título de la novela, se pone también de manifiesto en el personaje de la tía Norma, cuyos sobrenombres son ya ilustrativos (p. 29): 'Aunty Light-Skin's real name is Norma, but who would think to call her that? She's always been knows as la Güera even when she was a teeny tiny baby because – well, just look at her.' A diferencia del trabajo de lavandera de Candelaria, la 'Tía de Piel Clara' trabaja para un hombre importante, el señor Vidaurri, cuya piel, afirma Lala, 'is as dark as my mother's' (p. 32); este, chismorrean la madre de Lala y su cuñada, lleva a la tía al trabajo cada día en su gran coche negro y le da regalos a su hija, la prima Antonieta Aracelia. A lo largo de *Caramelo*, comenta acertadamente Tracy Roberts-Camps, 'the implication is that Aunty Light Skin is favored because of her light skin

---

[117] Inocencio, por su parte, encarna el 'fanático amor a la madre' del mexicano, que, según observa Roger Bartra en *La jaula de la melancolía*, constituye, junto con el machismo, un modelo recurrente en México (p. 205). La narradora se refiere a ello con su peculiar tono juguetón (p. 128): 'There is nothing Mexican men revere more than their mamas; they are the most devoted of sons, perhaps because their mamas are the most devoted of mamas … when it comes to their boys.'

and resented because of this' (p. 136). El color de la piel hará de nuevo su aparición en otro pasaje ubicado durante las vacaciones en Acapulco, durante las que la abuela y la madre de Lala tienen una fuerte pelea en que la primera insulta a la segunda con sus improperios clasistas y racistas (pp. 85–86): 'You climbed up in life marrying my son, a Reyes [...] and to make matters even more sad, you're as dark as a slave. [...] Trash! Indian!'

La protagonista se mueve así desde pequeña en un contexto en que los factores de género, etnicidad y clase son decisivos en la conformación de la identidad del individuo. Estos factores, aunque en contextos diferentes, serán también determinantes en el espacio estadounidense en que se desarrolla mayormente la vida de Lala. De ello dará amplio testimonio la narradora en la tercera parte de la novela, cuando la adolescente tendrá que enfrentar el drama derivado de la construcción estereotipada de su identidad como mujer en el seno familiar y como mexicana de clase baja en el conjunto de la sociedad dominante.

La vida temprana de Lala se ubica, como en *The House*, en el contexto de un humilde barrio étnico de Chicago. El padre de Lala trabaja como tapizador y, a pesar de trabajar muy duro, la familia se ve obligada a vivir '*where the rent is cheap and the fauna resilient*' (p. 298). El esfuerzo del padre por sacar el hogar adelante le lleva en ocasiones a no poder ni comer por sí mismo cuando, a los ojos de la hija, 'his hands are as big as Popeye's' (p. 358). En el marco del carácter autobiográfico de la representación literaria cisneriana, se advierten los paralelismos entre los personajes de Esperanza y Lala. Como la familia de Esperanza, la de Lala posee un largo historial de mudanzas en el paisaje urbano de Chicago. De las muchas viviendas que han ocupado, Lala recuerda la miseria, el acecho de las ratas, el miedo (p. 313): 'It's always, always about being afraid to get up in the middle of the night. And being scared to eat from a half-open box of corn flakes.' Por mucho que limpien y limpien, las casas siguen estando sucias; como afirma la protagonista, '*it is no disgrace to be* pobre, *but ... it's very inconvenient*' (p. 298). La pobreza y el peligro hacen mella en la joven Lala, que anhela con todas sus fuerzas poder salir de ese ambiente (p. 301): 'I've wanted nothing more my whole life than to get out of here. To get out of the cold, and the stink, and the terror.' El polisíndeton y el ritmo de la frase breve inciden en la crudeza de un medio que Lala, como la niña de *Antes*, siente aterrador. Por su experiencia en México y en Chicago, la protagonista sabe ya de la marca que la pobreza y la identidad cultural impresa en el color de la piel inscriben en el individuo e, igualmente, de las formas que dibujan en el mapa de la ciudad. Así, señala la narradora (pp. 289–90): 'Everyone in Chicago lived with an idea of being superior to someone else, and they did not, if they could help it, live on the same block without a lot of readjustments, of exceptions made for the people they knew by name instead of as "those so-and-so's".' Ciertamente, estos individuos sin nombre son etiquetados por su identidad social y su color de piel, lo que, como en *The House*, genera los reajustes que reconstituyen el 'mapa étnico' de la ciudad.

En los albores de la adolescencia de Lala, la familia se muda a San Antonio en uno de sus intentos de mejorar su suerte y probar fortuna, donde la abuela puede comprarles una casa debido al precio inferior de las viviendas en Texas. Los nombres en español de las calles sorprenden a la ilusionada Lala, que percibe la cualidad intersticial del nuevo espacio (p. 304): 'Almost like being on the other side, but not exactly.' Las ilusiones de la protagonista de tener por fin una casa decente, con todo, se vienen abajo ante la realidad de la pobreza que también allí los persigue. La óptica infantil de la narradora hace ver claramente el estupor de la niña a través de expresivos símiles: el tejado de la nueva casa está tan desvencijado que parece como si un elefante se hubiera sentado en él y la vivienda entera parece un *collage* de diferentes casas; las viviendas vecinas, igualmente, son como la suya o peores, 'houses like bad words meant to shock or scare you' (p. 306). La versión texana del barrio, pues, no es en absoluto mejor que la de Chicago: el 'sueño americano' cierra de nuevo sus puertas y muestra su verdadero rostro a la desencantada Lala, que lo ve proyectado plásticamente en la casa en forma de 'a mouth with missing teeth' (p. 315).

En la parroquia del barrio a donde, como es habitual con cada mudanza, acude la protagonista con el padre a pedir trabajo, la mujer que les abre la puerta la mira de forma despectiva (p. 318): 'I never bother to think what I look like till somebody looks at me like she does. I should've worn my good shoes.' Al terror de la pobreza se unen, asimismo, el sexismo y el racismo, que, como en Chicago, constituyen factores que condicionan a la joven protagonista. Como sucedía en *The House*, las calles de San Antonio se convierten en un espacio aterrador en que la 'mujer énica' está expuesta a la violencia. Así lo vemos después de su primer y único día de trabajo en la parroquia, cuando la adolescente se verá obligada a volver sola a casa y planear las consabidas estrategias con las que ha de contar una mujer en caso de peligro (p. 321): 'The huddled houses and the dark scare me. Run down the center of the street, not near the parked cars, like I do in Chicago, so there's time to escape in case I have to.' El peligro, además, como apunta Inocencio, es aún mayor para una joven mexicana (p. 322): 'How does he [the priest] expect a young lady to be walking alone after dark? Doesn't he realize we are Mexican?'

El terror de las calles para el sujeto femenino volverá a hacer su aparición en el espacio de la Ciudad de México. Allí tiene Lala su primera menstruación, durante una de las vacaciones en la calle simbólicamente llamada Destino donde viven los abuelos; este cambio, como en *Antes*, destina al cuerpo sexuado de la mujer a la lógica de las normas patriarcales y así la protagonista describe su pavor y sus escalofríos en el espacio público ante los gestos obscenos de un viejo que 'starts making smacky kisses' (p. 261), el acoso de las miradas y palabras de los hombres que, solos o en grupo, le dicen 'where are you going, my queen?' (p. 261), o la visión de '*un borrachito* slouched like a sack of dirty laundry', con 'his *thing*' 'bulging out from his belt' (p. 261). Por tanto, aunque en México Lala no es marginada por su etnicidad o clase social, el patriarcado es ubicuo y genera el ambiente de pesadilla y miedo que encontrábamos en *Antes* y que Annis Pratt señalaba como característico de los *Bildungsromane* femeninos.

En su nuevo hogar en San Antonio los padres hacen el esfuerzo de mandar a la hija a una escuela católica, ya que, según la madre, las escuelas públicas son aliadas del mantenimiento del sistema de poder que privilegia a los 'güeros' frente a los grupos étnicos (p. 312): 'The whole system is designed to make you fail. [...] Just look at the numbers dropping out. But until it's the *güero* kids who are failing in as many numbers as us, nobody gives a damn.'[118] Tampoco en la escuela católica consigue Lala espantar el estigma de la pobreza, que la marca como parte de las 'poor girls' (p. 327) que han de quedarse a trabajar después de clase para poder así ayudar a financiar su educación. Más tarde, debido a que el negocio del padre no prospera a pesar de su cambio de nombre de 'Tapicería Reyes' a 'King Upholstery', Lala se verá obligada a cambiar de escuela. En el nuevo centro, un instituto de secundaria vocacional, vive la protagonista una dura experiencia al topar con un grupo de militantes del Movimiento chicano, cuyas proclamas se fundamentan en una concepción fija de la identidad mexicana/chicana. A la dificultad de negociar su identidad como americana *y* mexicana debido a su diferencia étnica (en Estados Unidos) y cultural (en México) se añade entonces su necesidad de probar su mexicanidad frente a sus 'hermanos'. El intercambio con sus compañeros mexicanos de escuela es significativo (p. 352):

– Hey, hippie girl, you Mexican? On both sides?
– Front and back, I say
– You sure don't look Mexican.

Frente a la visión simplista de sus compañeros, Lala responde con una inteligente retahíla de mexicanidades diversas, de las que las chicanidades constituyen parte integrante (p. 353):

There are the green-eyed Mexicans. The rich blond Mexicans. The Mexicans with the faces of Arab sheiks. The Jewish Mexicans. The big-footed-as-a-German Mexicans. The leftover-French Mexicans. The *chaparrito* compact Mexicans. The Tarahumara tall-as-desert-saguaro Mexicans. The

---

[118] La conciencia política de Zoila despierta especialmente ante la posibilidad de que los hijos sean llamados a filas para ir a la guerra de Vietnam. Según su teoría (p. 245), 'all the brown and black faces are up on the front line. If you ask me it's all a government conspiracy!'

Mediterranean Mexicans. The Mexicans with Tunisian eyebrows. The *negrito* Mexicans of the double coasts. The Chinese Mexicans. The curly-haired, freckled-faced, red-headed Mexicans. The jaguar-lipped Mexicans. The side-as-a-Tula-tree Zapotec Mexicans. The Lebanese Mexicans. Look, I don't know what you are talking about when you say I don't look Mexican. I *am* Mexican. Even though I was born on the U.S. side of the border.

Este sugerente pasaje, verdadero espejo de la crisis del discurso del nacionalismo revolucionario,[119] representa eficazmente la diversidad y heterogeneidad de las identidades mexicanas, que, como pone de manifiesto la enumeración, corresponden a un concepto plural y fluido acorde con el mestizaje de culturas característico de la historia de México, mestizaje del que forma parte la interacción con el orden estadounidense. Otro significativo ejemplo de las mexicanidades fluidas significadas por Cisneros lo encontramos en relación con la comida, de tantos colores y sabores diversos como diversos son los tonos de la piel mexicana (p. 368):

When Ernesto saw me put sour cream on my enchiladas and didn't say, – yech – like the other kids from San Antonio, I just knew. I don't have to explain everything, about the different foods we eat depending on the different regions our families come from – the desert north of Mexico with their flour *tortillas*, the Yucatán south with their fried bananas and black beans. The pink skinned beans and the black-skinned beans, the pink-skinned Mexicans and the black-skinned Mexicans, and all the Mexican shades in between. Ernesto doesn't have to ask me if I'm Mexican. He knows.

Para la desgracia de Lala, sus compañeros no poseen su agudeza, lo que hace de su paso por la escuela un auténtico infierno. El episodio más significativo que tiene lugar en ella viene de la mano de sus 'seven evil enemies' (p. 353), siete chicas comprometidas con la causa chicana que cantan a coro 'Brown Power!', '*Viva la raza*', o 'I'm Chicana and proud' (p. 354) y que, desde su visión monológica, desprecian e insultan a la ingenua Lala desde que esta cometiera el error de aludir inocentemente a los orígenes españoles de su bisabuelo Eleuterio. A la salida de la escuela, las chicas empiezan a insultarla y a golpearla (p. 356): 'Think you're smart because you talk like a white girl. *Huerca babosa*. You think you're better than us? *Pinche* princess, you're nothing but *basura*.'

La subordinación que sufre Lala por su identidad cultural, pues, no solo procede de la comunidad angloamericana dominante, sino del mismo discurso esencializado de su comunidad. Con ello, Cisneros cuestiona el esencialismo

---

[119] Véase el artículo de Roger Bartra 'The Crisis of Nationalism', en *Blood, Ink, and Culture*, pp. 104–32.

en la visión de la identidad del sujeto mantenido por el discurso del nacionalismo cultural en sus inicios, desmitificando la idea de la unidad entre los chicanos y exponiendo la violencia inherente a concepciones monológicas de identidad.[120] En consonancia con las tendencias de la literatura chicana reciente, su cuestionamiento conlleva una reconceptualización de la categoría de lo político y de la identidad en diversos ámbitos y contextos, en que

> political concerns do not remain restricted to a representation of one rela-tionship of domination with the national community. Instead, the category of the political is reconceived in terms of […] multiple contexts of identity, or sites of struggle, which co-exist with each other.[121]

Un incidente que afligirá profundamente a la familia de Lala en San Antonio y desencadenará su regreso a Chicago será el encuentro con las autoridades, representadas por los oficiales de la 'migra' (la oficina de inmigración o INS), ante los que Inocencio tendrá que probar su ciudadanía – y ello, como denuncia el personaje, a pesar de haber arriesgado su vida por el país en la Segunda Guerra Mundial. El estado de pánico y sobresalto del padre es revelador de la amenaza que representa la vigilancia severa de las fronteras geopolíticas, que en *Caramelo* muestran un revelador desarrollo: de unas fronteras más o menos fluidas y accesibles en la historia de Inocencio en su juventud y de las generaciones que lo preceden – cuando el país necesitaba mano de obra extranjera – se pasa a las restricciones que el control estatal aplicará con el paso del tiempo y de ahí al anacronismo que en un mundo globalizado representa en nuestros días la construcción de un muro fronterizo.[122] El dominio pobre del inglés por parte del padre, que, como en el caso de Mamacita en *The House*, representa otro de los factores que intensifica su subordinación, hace necesaria la intervención de Lala, que se convierte tempranamente en traductora o mediadora entre los dos espacios culturales. De vuelta a casa, todo es aflicción, rabia, tristeza. 'You understand, don't you, Lala?', le pregunta el padre a la hija. Ciertamente, Lala empieza a concienciarse de lo que ocurre cuando la identidad étnica es motivo de exclusión sistemática y arroja una sombra permanente de sospecha sobre el sujeto.

A la determinación de la subjetividad originada en la clase social y la identidad cultural se une la que impone el rígido código de género en el

---

[120] En otros episodios (especialmente el cuarenta y nueve, 'Piensa en mí'), Cisneros tematiza también la difícil relación existente entre los mexicanos de uno y otro lado de la frontera, o 'mexicanos nacionales' y 'mexicanos chicanos'.

[121] Neate, p. 254.

[122] En la cronología del final de la novela Cisneros da cuenta del desarrollo de las restricciones de la frontera y de las leyes de inmigración que las acompañan, rematando su particular recuento con un apunte sobre la situación mundial (p. 439): 'All over the world, millions leave their homes and cross borders illegally.'

seno particular de la familia, código en que, como bien sabe Lala, solo hay dos caminos (p. 325): 'Pretend like I'm a *puta* or pretend I'm la Virgen de Guadalupe. Which is worse?' La autora señala la dificultad que esa rigidez dicotómica implica para la mujer mexicana: 'We're raised with a Mexican culture that has two role models: La Malinche y la Virgen de Guadalupe. And you know that's a hard route to go, one or the other, there's no in-betweens.'[123] Como en los desarrollos fracasados de las mujeres de *The House* y de la 'Abuela Terrible', Cisneros vuelve así a insistir por medio de la adolescente Lala en la cuestión de la diferencia sexual como cardinal en la construcción de la identidad de las chicanas.

En sus proyecciones de futuro la protagonista sueña con hacer algo interesante y útil y tímidamente le hace saber al padre sus anhelos; la respuesta paterna no se hace esperar (pp. 359–60):

> – I just thought maybe I would want to try stuff. Like teach people how to read, or rescue animals, or study Egyptian history at a university. I don't know. Just stuff like … like you see people doing in the movies. I want a life like …
> – Girls who are not Mexican?

De modo paralelo, los deseos de vivir sola en un futuro expresados por Lala tropiezan con la visión unilateral del padre (p. 359): 'But that's not for girls like you. Good girls don't leave their father's house until they marry, and not before.' La ruptura de este comportamiento, siguiendo la lógica paterna, la convierte en una 'mujer mala': 'If you leave your father's house without a husband you are worse than a dog. Your aren't my daughter. You aren't a Reyes. You hurt me just talking like this.'[124] Y añade (p. 360): 'If you leave alone you leave […] *como una prostituta*. […] *Como una perra*, like a dog. *Una perdida*.' Al igual que en *Mejor desaparece*, el padre es, pues, portavoz de las normas de género impuestas por el concepto tradicional de familia en México. Los deseos de libertad sentidos por Lala suponen una desviación de esos cánones culturales, desviación que implica una desestabilización del privilegio masculino que la estrategia patriarcal en el contexto chicano convierte en equivalente a la pérdida de la debida entrega de las chicanas a la supervivencia de la identidad cultural y de la comunidad. Ese 'atentado' las convierte en Malinches, o, en palabras del padre de Lala, en 'perras' o 'perdidas' que desean emular a las 'girls who are not Mexican' destruyendo con ello a su gente. De manera similar a los comentarios anteriormente

---

[123] En Rodríguez Aranda, p. 65.

[124] La misma opinión tenía el padre de la autora, como refiere Cisneros en 'Only Daughter': 'Being only a daughter for my father meant my destiny would lead me to become someone's wife' (en *Máscaras*, ed. Lucha Corpi (Berkeley, CA: Third Woman Press, 1997), pp. 119–23 (p. 119)).

aludidos de Luis Leal, Cherríe Moraga dilucida elocuentemente la postura ortodoxa del padre:

> The woman who defies her role as subservient to her husband, father, brother, or son by taking control of her own sexual destiny, is purported to be a 'traitor to her race' by contributing to the 'genocide' of her people. [...] she is *una Malinchista*. Like the Malinche of Mexican history, she is corrupted by foreign influence which threatens to destroy her people.[125]

Esa 'corrupción', además, supone no solo una 'pérdida' de mexicanidad, sino una complicidad con el hostil orden angloamericano dominante, una suerte de 'agringamiento'. Sandra Cisneros atestigua este patrón en relación con su propia experiencia en una familia en que ella fue la primera y, además, la única chica en dejar la casa familiar sin haber pasado por el altar: el abandono del rol de 'mujer buena' prescrito la convirtió, afirma, en 'un-Mexicanized, gringo-ized, deflowered, ruined'.[126] Vemos así cómo en la comunidad chicana convertirse en La Malinche no solo conlleva la ruptura de los imperativos culturales del patriarcado mexicano, como en las obras de Boullosa, sino que también supone la 'complicidad' con el 'enemigo' opresor.

Ante este encasillamiento, la protagonista se siente descorazonada (p. 360): 'When I breathe, my heart hurts. *Prostituta. Puta. Perra. Perdida. Papá.*' La aliteración y cualidad implosiva del sonido inicial [p], junto con las pausas largas que separan cada vocablo por medio de los puntos, ponen de relieve la pesada carga que los códigos sexistas suponen para Lala. A diferencia de las opciones abiertas para sus hermanos, como, por ejemplo, la opción de uno de ellos de ir al ejército para, en palabras del padre, 'make a man out of him' (p. 361), Lala se pregunta (p. 361): 'But what's available to make a woman a woman?'

El final de la novela, constituido por un epílogo en que la narradora reflexiona retrospectivamente sobre las implicaciones de dejar la infancia y convertirse en mujer en un mundo semejante al recreado por Boullosa en *Antes*, recalca una vez más la importancia que el factor género tiene en la conformación de la subjetividad, aproximando la visión de ambas autoras (pp. 433–34):

> Girls somewhere between the ages of, say, eight and puberty, girls forget they have bodies. [...] She doesn't look in mirrors. She isn't aware of being watched. Not aware of her body causing men to look at her yet. There isn't the sense of the female body's volatility, its rude weight, the nuisance of

---

125 En *Loving in the War Years*, p. 113.

126 Sandra Cisneros, ponencia 'My Wicked Wicked Ways: The Chicana Writer's Struggle With Good and Evil, or Las Hijas de la Malavida', presentada en Chicago en la convención de la *Modern Language Association* (citado en Calderón, p. 173).

dragging it about. There isn't the world to bully you with it, bludgeon you, condemn you to a life sentence of fear.

La sugerente comparación de la transición entre la infancia y la adultez con el 'red Rio Bravo you have to carry yourself over' (p. 433) enlaza magistralmente la frontera real y metafórica en una bella y terrorífica imagen: el rojo de la sangre menstrual y el rojo de un río que lleva consigo la memoria de la violencia del paso de uno a otro lado – el mismo rojo que, como se ha ido viendo, determina la identidad de las chicanas.

Conclusiones

A lo largo del precedente viaje analítico, se ha ido viendo en detalle el conglomerado de discursos que configuran la identidad de mexicanas y chicanas como marginales según la visión boullosiana y cisneriana. Carmen Boullosa, como se ha analizado, se centra en sus textos en la marginalidad del sujeto como particularidad de género en cuanto determinado por un conjunto de estructuras históricas, socioculturales e institucionales que suprimen su individualidad en el orden mexicano hegemónico. Discursos como los de la familia tradicional, la educación, el catolicismo, la ley o el poder estatal confabulan en el México contemporáneo para condenar a las mujeres a 'una sentencia vital' de aprisionamiento, miedo y exclusión. Sandra Cisneros, por su parte, presta también una atención central a la marginalidad de sus protagonistas como mujeres en el seno de su comunidad. Las cuestiones a las que Cisneros atiende especialmente en su representación son, como también sucede en Boullosa, la configuración de la familia tradicional mexicana, la autoridad del padre en su seno, la violencia patriarcal, la construcción del cuerpo de la mujer y el poder de las tradiciones como determinantes en la subordinación del sujeto femenino y en la limitación de sus potencialidades. Según se ha examinado, una diferencia significativa observada entre la representación de las dos autoras en este aspecto lo constituye la relacionada con el impacto de la religión católica: frente a la fuerza de los dogmas católicos sobre la protagonista en *Antes*, en las protagonistas cisnerianas el discurso religioso no tiene una fuerza directa en la conformación de su subjetividad – aunque su presencia, ciertamente, es insoslayable en la ideología mexicana de género. Este contraste confirma diferencias con respecto al contexto cultural en que se sitúa la producción de ambas autoras: como apunta Elena Poniatowska, la influencia de la religión entre las mujeres en México es todavía profundísima y tiene un efecto paralizante,[127] frente a la situación de las chicanas, quienes, a pesar de sufrir fuertemente también los efectos de esa tradición, residen en

---

[127] Poniatowska, 'Mexicanas and Chicanas', p. 49. Según señala la escritora en su ensayo, en México 'the hundreds of thousands of pilgrims who go to Tepeyac to pay tribute to their

un entorno en que el catolicismo tiene un menor poder directo y la ideología autoafirmativa de la *American way of life* es central.[128]

En cuanto a la etnicidad y clase social, según se ha visto, los personajes femeninos de la escritora mexicana no son marginales, lo que no implica que la autora ignore el privilegio de sus personajes en torno a estos factores: la protagonista de *Antes* es ya consciente de su situación ventajosa y de la incoherencia de los de su clase, mientras que en *Treinta años* la posición de Delmira en una sociedad tan estratificada social y étnicamente como la mexicana la sitúa en conflicto con sus ideales de justicia social y determina, junto con otros factores, su salida de México. En el caso de Cisneros, sus novelas prestan atención a la conjunción de las marginalidades de etnicidad y clase que, junto con la de género, configuran la identidad de sus protagonistas mexicanas chicanas en Estados Unidos. Junto a ello, la escritora examina también en su segundo texto la configuración de los discursos dominantes de género, clase y etnicidad en el entorno mexicano, proporcionándonos así un retrato de estructuras hegemónicas paralelas operantes a ambos lados de la frontera. Su examen de marginalidades múltiples, además, nos brinda – sin ánimo de ignorar las muchas diferencias en los contextos de referencia – cierto acercamiento a la experiencia de marginalidad vivida por millones de mujeres mexicanas indígenas y, en el marco amplio del presente estudio comparativo, una mayor comprensión de algunas de las diferencias existentes entre las mismas mujeres mexicanas.[129]

Una vez examinadas las configuraciones de identidad de los personajes boullosianos y cisnerianos, la siguiente sección se ocupará de seguir comparativamente las trayectorias diferentes de sus *Bildungen*, esto es, los modos en que ambas autoras representan la formación de las subjetividades de sus protagonistas en el seno de las estructuras que las determinan y la relación de sus representaciones con los contextos culturales y literarios de referencia.

---

little Virgin exercise an influence so powerful over Mexicans that, like it or not, it has to be considered both politically and socially' (p. 46).

[128] Poniatowska, 'Mexicanas and Chicanas', pp. 47, 49.

[129] Así lo señala de Valdés, que argumenta su inclusión de Sandra Cisneros en su estudio *The Shattered Mirror* aludiendo al hecho de que Cisneros representa una marginalidad que 'no one writing in Spanish in Mexico today could' (p. 23); 'the marginalization of the Chicana within an alien dominant culture', afirma de Valdés (p. 23), 'provides us with insight into the situation of the silent marginalization of the millions of Mexican native women'.

3

La dialéctica entre la 'historia normativa' y las 'contrahistorias' de formación: *Bildung* y anti-*Bildung*

En el seno de la relación dialéctica que se fragua entre la estructura social y el individuo propia del género del *Bildungsroman*, Boullosa y Cisneros se enfrentan a los paradigmas dominantes en sus obras de modos diferentes al asumir la marginalidad femenina desde perspectivas, posiciones y en contextos diferentes, lo cual da lugar a representaciones subjetivas diferenciadas de la *Bildung* femenina.

El examen de esta sección se detendrá, en primer lugar, en las áreas de solapamiento entre las novelas boullosianas y cisnerianas desde la perspectiva común de su revisión del género del *Bildungsroman*. Seguidamente se pasará al grueso del capítulo, constituido por el examen detenido de las diferencias en la representación literaria del proceso de *Bildung* seguido por las protagonistas de las novelas. Por último, para explicar y comprender estas diferencias se tomará en consideración en la sección final la naturaleza y características de ambas literaturas en sus diferentes contextos de producción y recepción.

Marco común de revisión del *Bildungsroman*

Una de las características compartidas por nuestros textos la constituye su reescritura del modelo genérico del *Bildungsroman* desde el punto de vista de la problematización de las nociones tradicionales de subjetividad como unitaria y esencializada. Como se vio en el capítulo segundo, Boullosa y Cisneros enfatizan, en consonancia con las teorizaciones del feminismo contemporáneo, la construcción del sujeto *mujer* y su experiencia de multiplicidad y heterogeneidad como mediada por relaciones y estructuras diversas.

Entre el entramado de múltiples discursos culturales que determinan al sujeto femenino y los deseos y expectativas de las protagonistas se produce una colisión que está en la base del *Bildungsroman* femenino en general y que, como observa Annis Pratt, 'appears consistently throughout the history of women's fiction' (p. 33). En sus narraciones, ambas escritoras resisten el discurso dominante producido desde las esferas del poder por medio de 'contradiscursos' que exponen y subvierten las implicaciones ideológicas de aquél.[1] Ello da lugar a lo que Mikhail Bakhtin denomina 'dialogismo' en la novela, que implica una 'heteroglosia' o pluralidad de discursos, vehículo de la confrontación entre cosmovisiones o ideologías diversas.[2] En este estudio se conceptuará el choque entre el discurso dominante y los 'contradiscursos' como una tensión entre diversas narraciones de desarrollo resultante del encuentro entre la 'historia normativa' de formación – una historia en singular que corresponde a las normas y dictados que el orden hegemónico prescribe a las mujeres – y un mosaico de diversas historias divergentes o 'contrahistorias' de formación – que suponen una desmitificación y resistencia frente a la primera.

En el seno de esta interacción entre la 'historia normativa' y las 'contrahistorias' de formación, fundamento de la significación textual, las novelas de Boullosa y Cisneros no suponen tanto el relato de *Bildung* de un personaje particular como una dialéctica entre diferentes discursos de formación femenina en contextos determinados. Ello hace referencia a lo femenino como espacio de colisión ideológica y pone de manifiesto la ambigua situación de la subjetividad femenina en su paso hacia la emancipación en una sociedad patriarcal que la dificulta o impide. En este trabajo esa dialéctica se tematiza, además, doblemente a través de la comparación de las formas diferenciadas en que se representa la formación femenina en dos contextos culturales distintos.

Como habrá ocasión de analizar, en el escenario de esa intersección dialéctica de discursos, ambas escritoras subrayan, aunque desde diferentes perspectivas, la fluidez, la disonancia y la inestabilidad de la identidad femenina a través de un intrincado proceso textual que cuestiona nociones de linealidad y coherencia. Para ello representan el proceso de *Bildung* de manera fragmentada por medio de saltos temporales, discontinuidades espaciales, puntos de vista múltiples, referencias deshilvanadas o cambios de escena sin relación aparente. Ello constituye una estrategia narrativa subversiva, característica de la literatura escrita por mujeres, que contrasta con las convenciones tradicionales del *Bildungsroman* clásico, cuya representación discursiva de la *Bildung* ha naturalizado la presencia de una subjetividad unificada.[3] La fragmentación textual, asimismo, retrata sutilmente la

[1]   Adapto el término *contradiscurso* de Richard Terdiman, que desarrolla esta estrategia literaria en su estudio *Discourse/Counter-discourse: The Theory and Practice of Symbolic Resistance in Nineteenth Century France* (Ithaca: Cornell University Press, 1985).

[2]   La definición de Graham Roberts de *heteroglosia*, en particular, resulta especialmente relevante para este trabajo: 'The conflict [...] between "official" and "unofficial" discourses within the same national language' ('Glossary', en *The Bakhtin Reader: Selected Writings of Bakhtin, Medvedv and Voloshinov*, ed. por Pam Morris (London: Edward Arnold, 1994), p. 248).

[3]   En el contexto literario de México, la novela fragmentada se inscribe en una larga tradición narrativa que no solo caracteriza la producción femenina y que, como analiza Carol Clark D'Lugo, se relaciona con la realidad sociopolítica y las necesidades literarias de México

posición de marginalidad y la dialéctica de fuerzas antagónicas vividas por mexicanas y chicanas. En palabras de Fatima Mujčinović, 'the reality of minority subjects cannot be represented in an orderly and linear narrative: the female condition in patriarchy or the experience of the oppressed under authoritarianism, for example, find the most powerful representation through ruptured and dislocated textual moments'.[4] Para Cristina Santos esta estrategia 'is a conscious choice to introduce a narrative style that does not share the traditional prefigurative [*sic*] that has historically silenced and subjugated the expression of a female identity'.[5]

Dentro de este marco común, Boullosa y Cisneros representan el proceso de desarrollo femenino en el contexto de sus respectivas configuraciones socioculturales de formas significativamente diferentes. Tomando como referencia la geometría dialéctica señalada entre la 'historia normativa' y las 'contrahistorias' de formación femenina, a continuación se explorará ese proceso de desarrollo diferenciado en las novelas de las dos escritoras, que dará lugar a dos formas diferentes de reescribir el *Bildungsroman*: una que enfatiza 'contrahistorias' de formación femenina negativa y otra que afirma la posibilidad de desarrollo en forma de 'contrahistorias' de formación positiva.

Carmen Boullosa y el 'anti-*Bildungsroman* femenino'

En sus novelas la escritora mexicana recrea universos terribles en los que la mujer es habitante fantasmal de espacios fronterizos que la anulan o la atrapan. El viaje hacia el autoconocimiento y la claridad ontológica que fundamenta el modelo del *Bildungsroman* se convierte para sus personajes en una andadura negativa o irónica por el mapa de la anti-*Bildung*: en todos los casos, la formación de la mujer en México aparece como imposible, como una regresión en lugar de una progresión, como un proyecto abortado de modo violento o que avanza – o retrocede – hacia callejones sin salida. Engullidas por la 'historia normativa', las protagonistas boullosianas intentan resistir pero, o bien son derrotadas y se integran forzosamente en un orden social que las suprime, o bien su resistencia impide toda posibilidad de integración,

---

(*The Fragmented Novel in Mexico: The Politics of Form* (Austin: Texas University Press, 1997)). En la narrativa chicana, de igual modo, una de las constantes del diseño narrativo ha sido el uso de la fragmentación, representación de la experiencia cultural híbrida de la comunidad. En el caso de la narrativa escrita por mujeres, la experiencia del género constituye un factor adicional en las formas fragmentadas utilizadas, que, en este sentido, según afirma Clark D'Lugo, sirven para desestabilizar el patriarcado, tanto en términos literarios como sociales (p. 10).

[4]   *Postmodern Cross-Culturalism and Politization in the U.S. Latina Literature: From Ana Castillo to Julia Álvarez* (New York: Peter Lang, 2004), p. 16.

[5]   *Bending the Rules in the Quest for an Authentic Female Identity: Clarice Lispector and Carmen Boullosa* (New York: Peter Lang, 2004), p. 141.

expulsándolas y llevándolas a un lugar ubicado fuera de la historia, un 'no-lugar' desde el que les es imposible alterar el curso de su formación. Aunque el acto de tomar la palabra y renarrar su historia constituye un acto cuestionador y crítico intrínsecamente afirmativo, ello no les permite acceder a la historicidad. Dentro de ese 'no-lugar', la disolución, aprisionamiento o alienación del yo femenino configura una identidad femenina siempre al margen, un yo cuya permanente otredad responde a una imposibilidad de ser viable. La mujer mexicana representada, pues, es incapaz de convertirse en sujeto histórico y, por tanto, de actuar,[6] con lo que no puede encarnar lo que Rosario Castellanos llamara 'otro modo de ser'.[7]

En este escenario, la conjunción final entre los procesos sociales y el yo característica del género del *Bildungsroman* tiene en todos los casos consecuencias negativas para las protagonistas. La dialéctica que se establece entre el discurso dominante y los 'contradiscursos' se traduce en la narrativa de Boullosa en una problematización del desarrollo que da lugar a unas 'contrahistorias' gobernadas por el tropo de la formación negativa o anti-*Bildung*. Por medio de sus anti-*Bildungsromane* Boullosa ofrece, pues, una forma alternativa de leer la 'historia normativa' de formación femenina en la configuración social mexicana como una historia de imposición, degradación, pérdida o decepción, o, en otros términos, como una 'de-formación', poniendo en evidencia las contradicciones de la ideología de 'formación' femenina en el sistema patriarcal y deconstruyendo, con ello, los discursos normativos sobre la mujer mexicana. Con su tematización de la 'de-formación' femenina, Boullosa le da la vuelta a las nociones de *libertad*, *progresión* y *potencialidad* que fundamentan el *Bildungsroman* operando, de este modo, una radical reescritura negativa del género.

En este escenario, en ninguno de los textos boullosianos hallamos una rearticulación de subjetividades alternativas o una propuesta política viable engendrada en las condiciones reales de existencia de las mujeres en la sociedad mexicana. La representación de la autora mexicana constituye un gesto

---

6   Al hablar de 'sujeto histórico' me refiero a la percepción de este de las formaciones sociales históricamente configuradas que lo constituyen, así como a la posibilidad del – en este caso – ser femenino autónomo y dinámico de autodeterminarse de modo responsable en relación con su cuerpo, sexualidad, elecciones, conducta o pensamiento y de llevar a cabo un proyecto de emancipación.

7   En el poema 'Meditación en el Umbral' (de la colección *Poesía no eres tú* (1972)), Castellanos expresa su búsqueda de otro camino para la mujer que no discurra por los arquetipos trágicos femeninos:

Debe haber otro modo que no se llame Safo
ni Mesalina ni María Egipciaca
ni Magdalena ni Clemencia Isaura.
Otro modo de ser humano y libre.
Otro modo de ser.

deconstructivo inflexible conformado por la sospecha y el cuestionamiento crítico que acaba con los paradigmas ideológicos patriarcales mexicanos sirviéndose en su proyecto de la aniquilación radical del sujeto femenino. Por medio de esta representación negativa, Boullosa hace hincapié en los obstáculos que impiden a las mujeres mexicanas constituirse como sujetos e integrarse en el devenir histórico en el orden ideológico y social del patriarcado mexicano. Ello no debe llevar a entender su retrato narrativo como implicación de un estatismo político o de una imposibilidad de acción, sino que sirve una función estratégica central en el desencadenamiento de una interrogación radical de la condición cultural de la mujer mexicana y del orden social, lo que transforma su radical reescritura negativa en un gesto crítico positivo de subversión y deconstrucción de las representaciones oficiales.

Para comunicar la anti-*Bildung* femenina, Boullosa erige un espacio literario regido por la incertidumbre, la ironía, la parodia, la indeterminación o el juego, construyendo una monumental máscara que oculta un rostro en interrogación perpetua de la visión dominante. Especialmente en sus dos primeras narraciones hallamos una pesada atmósfera de irrealidad y un clima subterráneo de angustia y perplejidad generados por diversos elementos alejados de las normas narrativas convencionales: fractura del discurso, vacilaciones de las voces narrativas, sucesos extraños, silencios y elipsis, ambigüedad e insinuación, ausencia de desenlace, elementos estos que tuercen la linealidad ideológica del discurso dominante dando lugar a significados oblicuos y dificultando el discernimiento del mundo ficcional. La concepción de los personajes subvierte, asimismo, las categorías tradicionales definidas en un marco realista: las niñas protagonistas, muertas o en proceso de desaparición, son voces privadas de sustancia, cuerpos fantasmales que no se aferran a un nombre o a una identidad. En estos textos, como también sucede en *Treinta años*, la identidad de los personajes queda en la nebulosa, lo que resulta en una identificación difícil entre estos y el lector. Ese carácter enigmático y 'no consumible'[8] de los textos boullosianos construye una racionalidad propia poderosísima por el espacio que genera a las voces divergentes y a las 'contrahistorias' que socavan las estructuras autoritarias de poder.

Mejor desaparece: *la historia circular de formación femenina*

El viaje de la infancia a la madurez femenina que Carmen Boullosa propone en su primer texto describe el desconcertante proceso de anti-*Bildung* de las hijas de la familia Ciarrosa, cuya integración en el orden social es concebida como un rito de paso violento que anula toda posibilidad de agencia y las obliga a formarse según los imperativos paternos. La novela se presenta como

---

8   Con ello me refiero a un tipo de texto que se resiste al dominio del lector por medio de elementos como la carencia de identidad estable o definida de los personajes, la lógica extraña de la ficción o la ausencia de resolución en la trama.

una evocación en gran parte retrospectiva en que las hijas desaparecidas o pseudo-desaparecidas renarran la *Bildung* impuesta por el padre en su afán de revisar críticamente el pasado que condujo a su deformación y a la disolución de su identidad. Ese sentido de deformación, a lo que contribuye la intersección de las convenciones del género de la novela gótica, permite considerar el texto, como también hace Eva Gundermann, como un 'anti-*Bildungsroman*' (p. 60).

Las dos geometrías antagónicas acerca de la formación femenina que emergen en *Mejor desaparece* corresponden, por un lado, a la 'historia normativa' de formación sancionada por el padre y El Caballero y, por otro lado, a la 'contrahistoria' que subvierte a la primera en forma de anti-*Bildung*.

Según la versión de la 'historia normativa', las hijas logran un desarrollo integral y una madurez plena al formarse según las imposiciones de la ideología dominante. Esta versión corresponde a la disposición cronológica de los tres capítulos que narran la formación en infancia, adolescencia y edad adulta, tal y como sucede en el *Bildungsroman* normativo, en que los acontecimientos de la vida del protagonista se disponen cronológicamente enfatizándose así el carácter lineal y coherente de la formación.

La segunda versión, la 'contrahistoria', implica un cuestionamiento de la 'historia normativa' por medio de la representación de la evolución negativa que sigue la identidad de las hijas en el seno del discurso hegemónico. La desmitificación de la *Bildung* normativa por medio de la negatividad da lugar al anti-*Bildungsroman*, que revela la tensión inherente a la experiencia de las mujeres al dramatizar un desarrollo femenino enredado, abrupto, contradictorio y, en última instancia, imposible. Esta 'contrahistoria' se asienta sobre una textura narrativa subversiva a través de la fragmentación del texto en piezas sueltas sin relación aparente entre sí, la multiplicación y fluctuación de voces narrativas en movimiento continuo entre las hijas que desaparecen y las que repentinamente aparecen, la dislocación de las coordenadas temporales dentro de las tres etapas de infancia, adolescencia y madurez y el lenguaje híbrido entre la visualidad y la escritura,[9] todo lo cual representa una crisis lingüística, que es al mismo tiempo familiar y cultural. La yuxtaposición de fracciones de conciencia inconexas y la despersonalización de las voces narrativas, subrayada por actos violentos como la violación (Dalia) o la desaparición (Orquídea), niegan la presencia del cuerpo y problematizan el proceso de concienciación de las hijas al originar una visión fragmentada y discontinua de la subjetividad femenina. Esta se caracteriza, además, por la ambigüedad sexual: a pesar de que la voz narradora es siempre femenina, el referente

---

[9] Intercalados entre los fragmentos hallamos los expresivos dibujos de raras formas – como las hijas florales – de Magali Lara, que recrean el universo extraño de *Mejor desaparece*.

colectivo que se emplea en relación con el conjunto de las hijas presenta una dislocación genérica sugerente de la inadecuación de las categorías 'naturales' femenino/masculino, y así a veces se habla solo en femenino de 'nosotras', 'hijas' y 'hermanas' y otras veces hallamos un masculino genérico como 'nosotros' 'hermanos' e 'hijos'.[10] Este 'nosotros'/'nosotras' móvil, junto con la fragmentación, la indeterminación e inestabilidad de las voces y el carácter floral y, por tanto, fugaz de la identidad de las hijas,[11] espantan nociones fijas y esenciales de identidad características del *Bildungsheld* y generan un yo disperso y discontinuo.[12]

La desestabilización del sujeto crea un espacio de indeterminación potencialmente positivo que podría abrir la puerta a la creación de identidades nuevas o formas alternativas de subjetividad que escaparan del discurso patriarcal. Un primer paso hacia esta creación lo vemos en la transgresión de la bipolaridad genérica mediante la señalada ambigüedad 'nosotros'/'nosotras', que conlleva una invasión subversiva del espacio del otro género y, con ello, un quebrantamiento potencialmente liberador de la asignación cultural de los roles femenino y masculino en la línea propuesta por Judith Butler.[13] Boullosa, no obstante, no rearticula en su novela subjetividades femeninas viables: toda posibilidad de rearticulación es abortada a través de la representación de figuras desposeídas y vaciadas de contenido, de un yo como otro cuya dispersión y descentramiento tienen un efecto ontológico devastador. Ese vaciamiento y dispersión, resultados de la violencia intrínseca a la 'historia normativa' de formación, configuran la 'contrahistoria' de deformación. A continuación se analizará en detalle la geometría circular de la deformación que conforma la anti-*Bildung* femenina en *Mejor desaparece* a lo largo de las

---

[10]   Como ilustración, en el fragmento 'Yo' la narradora emplea el 'nosotros' para referirse al conjunto de las hermanas (p. 60): 'Una de nosotros es una figurilla de cera, otra es ejecutante, otra actriz, otra ama de casa.' En el poema 'De una libreta', como veremos más adelante, la referencia es también al 'nosotros'. Esta amalgama de géneros es igualmente característica de los personajes boullosianos de obras posteriores: así encontramos mujeres piratas en *Son vacas, somos puercos* y travestismo en las protagonistas de *Duerme* y *La otra mano de Lepanto*, Claire y María respectivamente.

[11]   Como afirma Jean Franco, 'the girls are all named after flowers, as if they are part of a nature that is rapidly disappearing' (*Plotting Women*, p. 184).

[12]   En este sentido, podríamos incluso afirmar que la voz múltiple de las hijas corresponde en realidad a las de un mismo individuo (así lo han señalado también Eva Gundermann (p. 65) y Anna Reid (p. 103)).

[13]   En *Gender Trouble*, Judith Butler hace una llamada al desmontaje de las concepciones tradicionales de género para entenderlo como una cualidad variable, es decir, como un acto de *performance* – el modo en que nos comportamos en momentos y en contextos diferentes – mediante una política feminista de confusión subversiva y multiplicación en forma de parodia de significados de la identidad de los géneros producidos culturalmente, lo cual daría paso a una nueva igualdad en que el individuo no estaría limitado por los roles sexuales tradicionales. Esta línea la explora Boullosa especialmente en *Duerme*.

tres fases del desarrollo vital de las hijas, prestando en ello especial atención a la metamorfosis de las voces narrativas.

En el primer capítulo, dedicado a la infancia, su narradora, Dalia, da cuenta del inicio del proceso de deformación de las hermanas a partir de la aparición del 'eso', así como de su intento de resistirse frente a la imposición. Ya tempranamente, en el fragmento 'Es necia', las hijas se ven a sí mismas como 'esporas' podridas que buscan refugio en la deformidad del espacio (p. 26):

> nos dispersamos como esporas en los lugares más recónditos de la casa. Pero estas esporas hace mucho que se pudrieron. Cada una de ellas trata de abrirse lugar en los húmedos rincones, en los deformes espacios que hay entre el librero y el libro, entre la pared y la cómoda, entre la silla y el escritorio.[14]

En 'Burlas', el padre se mofa de las niñas, que, reacias a la imposición del 'eso', no se ajustan todavía a la formación por él deseada, por lo que son calificadas de 'deformes, absurdas' (p. 27). En el poema anónimo del fragmento 'Aclaración', las hijas, asimismo, reconocen que llevan el nombre de La Malinche (p. 29):

> *No tienen, no han tenido nunca. Nacieron*
> *de una hoja; su cuerpo es un vestigio;*
> *son ruinas de un pasado que nunca fue*
> *ni presente ni futuro. Nada lo desmentirá*
> *nunca.*

Una abrumadora negatividad, pues, las define, marcada por la repetición de las partículas 'no', 'nunca' y 'ni' y la aliteración del negativo sonido [n], así como por el campo léxico-semántico en torno a la pérdida y la muerte ('nada', 'vestigio', 'ruinas'). La ontológica culpabilidad de La Malinche, de igual modo, las atrapa y, en consecuencia, declaran las hijas, 'como nos conocemos culpables, estamos atadas a que nos hagan cualquier acusación y podemos ser aquello que a ellos les venga en gana' (p. 28): en efecto, la nada que las define da vía libre a la manipulación y al abuso de sus identidades por parte del poder hegemónico. En el último fragmento de este capítulo, 'Dar la vuelta', el espacio de juegos infantiles, antes espacio de solaz, se

---

[14] La tercera acepción que el Diccionario de la Real Academia Española recoge de la palabra *espora* – 'cada una de las células que, en un momento dado de la vida de los protozoos esporozoos, se forman por división de estos y, dividiéndose dentro de este quiste, dan origen a los gérmenes que luego se transforman en individuos adultos' – es muy significativa, ya que las esporas podridas hacen referencia al hecho de que las hijas nunca se transformarán en individuos adultos.

convierte ahora que llega la marca de la sangre menstrual en una 'mancha negra, tensa, el desecho del fuego que habían prendido, cómplices del viento, para terminar con todo' (p. 44), lo que las obliga a 'dar la vuelta', es decir, a no avanzar, a deformarse. El devastador poder destructor del padre será, a partir de ahora que están 'manchadas', especialmente feroz.

El segundo capítulo es también narrado en los dos primeros fragmentos por Dalia, cuyo nuevo rostro nos lleva a la etapa de la adolescencia. Al inicio de esta sección, la actuación del padre se describe como una 'máquina' (p. 47) de destrucción y la casa como un 'estercolero' (p. 47) en que las hijas están encerradas. Una de las hijas se refiere a la determinación de ese orden de borrar su subjetividad como un intento de quitarles el rostro: 'tanto luchar para dejarnos sin rostro' (p. 57). La supresión del rostro es especialmente cruenta, como vimos, en el caso de Dalia, que hasta el momento ha sido la voz que ha denunciado la deformación del conjunto de las hijas. Como resultado de la violación que sufre en manos de El Caballero, Dalia no aparecerá más como narradora. En su relato del capítulo precedente confirmaba ya la imposibilidad futura de salir (p. 22): 'En la actualidad salir de aquí es imposible.' En los tres fragmentos siguientes otras voces continúan con la narración, pero ya no hay mención explícita de la identidad de estas: en 'A la prensa' y 'Declaración de guerra' hallamos una voz colectiva, mientras que el último fragmento, 'Cuello de viudo', es narrado desde la perspectiva individual de una de las hermanas, probablemente Acacia.[15]

En el tercer capítulo aparecen una serie de voces nuevas de hijas convertidas en adultas. Su ser de adultas toma por sorpresa al lector, lo cual apunta a una configuración de la formación que no sigue un ritmo paulatino y armonioso, como sucede en el *Bildungsroman* tradicional, sino abrupto y violento. La primera de las voces que aparecen es la del ama de casa, cuya imagen paródica nos lleva a la de la mujer que se piensa desde la referencia de lo pensado por la visión androcéntrica, como vemos en su identificación plena con su 'placentera' actividad doméstica (p. 58): 'Me gusta pasar el agua por los platos, los cubiertos, las ollas, embadurnar todo de jabón; pasar la esponja por la mesa …' Otras dos hermanas que se mencionan en este tercer capítulo son Azucena, que es ejecutante, y Fucsia, que es actriz. Sus profesiones indican que parecen haberse abierto camino en la vida con éxito. No obstante, como les ha ocurrido en el capítulo anterior a Orquídea, la figura de cera, o a Dalia, a quien arrancaron el rostro, ninguna de estas hijas tiene individualidad o identidad propia, 'porque Azucena pulcramente ejecuta la música de otros, Fucsia recita con mesura parlamentos que no tienen nada que ver con su vida, el ama de casa cuida las vidas de los que la rodean'

---

[15] Así lo podemos deducir, ya que en este fragmento se relata un sueño al que se hará referencia más tarde en 'Un deseo', narrado por Acacia.

(p. 61). El padre y El Caballero aparecen ahora totalmente complacidos con el resultado de su creación: El Caballero 'se veía orgullosísimo' (p. 57) al escuchar la música de Azucena y observar el agrado del público en la sala y el padre, igualmente, aparece 'transformado en un hombre irreprochable, dignamente sentado en su butaca' (p. 58). En el fragmento siguiente, 'Yo', habla la voz de otra hermana que se identifica con su actividad de olerse. Aunque esta actividad autoerótica puede sugerir una identidad femenina diferente de la impuesta por el orden social,[16] esta hija también ha sido 'incapaz de hacerse un rostro' (p. 60) y, según dicen, '"se quedó en su triste mundo de niña"' (p. 60). Todas estas hermanas, pues, parecen fingir una vida que no les pertenece dentro de una sociedad hostil a su individualidad. Como comenta Donald L. Shaw, glosando a Carol Clark D'Lugo, las hijas simbolizan 'the inauthenticity imposed on them by the men in the novel'.[17] Su progreso como adultas, por tanto, ha sido solamente aparente y al final todas ellas no son más que materializaciones fantasmales de las prácticas hegemónicas del patriarcado en México. La confirmación de la evolución al revés de las hijas y su incapacidad de crecer y desarrollarse la encontramos en el poema 'De una libreta', en que se traza una frontera nítida entre el 'ustedes' dominante e invariable que contempla satisfecho su creación y el 'nosotros' menguante, vacío y amargo de las hijas (p. 64):

> Somos nosotros los muertos
>   – los abandonados,
>   los dejados solos –,
> no ustedes,
> no ustedes que sin reproche nos miran,
> ya adultos, ya lo que seamos;
> nos miran siempre como fuimos.
>
> Porque ustedes son lo que siempre han sido
> y nosotros nos hemos ido quedando atrás …
>
> Somos nosotros y no ustedes
> los que a cada día tenemos menor el esqueleto
> y más vacía la boca
> y un gusto amargo
> porque se nos han ido agotando los gustos.

En los siguientes fragmentos podemos deducir que otra hija, Acacia, asume la voz colectiva del conjunto de las hermanas. Esta revela el resultado

---

[16] Eva Gundermann lo señala con estas palabras (p. 80): 'El oler es lo que sobrepasa los límites de su identidad de "flor": las flores huelen, pero no se huelen a sí mismas.'

[17] *A Companion to Modern Spanish American Fiction* (London: Tamesis, 2002), p. 225.

monstruoso que la formación impuesta por el padre ha producido en las hermanas (p. 65): 'Papá, ¿no te das cuenta de que soy un monstruo?' Esta monstruosidad grotesca, expresivo espejo de la violencia del código de valores impuesto sobre la mujer, alude a imágenes de aprisionamiento y deformación femeninos de larga tradición en la literatura escrita por mujeres, tradición que, como constatan las hijas boullosianas, continúa viva en la literatura mexicana contemporánea.[18] La monstruosidad advertida por Acacia establece una relación dialéctica con la 'normalidad' que ahora percibe el padre según sugiere la pregunta de la hija ('¿no te das cuenta de que soy un monstruo?'),[19] normalidad que, siguiendo a Foucault, tiene una resonancia necesariamente política y lleva consigo una pretensión de poder intrínsecamente unida a un proyecto prescriptivo de producción de identidades normativas.[20] Frente a la percepción de monstruosidad de Acacia, así, para el padre la hija es ahora un ser 'normalmente' formado, lo que, en palabras de Rosi Braidotti, corresponde a 'the zero-degree of monstrosity'.[21] La pretensión de poder que separa lo 'normal' de su desviación se pone de manifiesto en *Mejor desaparece* desde el punto de vista de las '"technologies of gender"', en que, en efecto, según observa Mary Russo, 'normalization […] has been harsh and effective in its highly calibrated differentiation of female bodies in the service of a homogeneity called gender difference'.[22]

En su tentativa de escapar de la monstruosidad, Acacia tratará de negociar

---

[18]   Ellen Moers hace referencia a esa tradición respecto a la novela gótica inglesa de los siglos dieciocho y diecinueve (*Literary Women* (Garden City, NY: Doubleday, 1976), p. 108). También en *Madwoman in the Attic*, Gilbert y Gubar examinan la locura y monstruosidad femeninas en la literatura inglesa del siglo diecinueve. En cuanto a la literatura mexicana, un ejemplo paradigmático de monstruosidad lo hallamos en la obra de Rosario Castellanos, en que la mujer aparece como prisionera de un cuerpo monstruoso, cuya forma repugnante es metáfora de vergüenza, traición y dolor (véase Nuala Finnegan, *Monstrous Projections of Femininity in the Fiction of Mexican Writer Rosario Castellanos* (Lewiston: Edwin Mellen Press, 2000)). Otras imágenes de monstruosidad femenina en la literatura mexicana las encontramos en relación con la figura de la loca, que Ana Cruz García analiza en su estudio en torno a la obra de Elena Garro o Susana Pagano.

[19]   Recordemos que para el padre las hijas eran, antes de ajustarse a sus normas, 'deformes, absurdas' (p. 27).

[20]   De relevancia especial en este sentido son los cursos foucaultianos sobre la anormalidad recogidos en *Abnormal: Lectures at the Collège de France, 1974–1975*, trad. por Graham Burchell (London: Verso, 2003 [1999]).

[21]   'Mothers, Monsters, and Machines', en *Writing on the Body: Female Embodiment and Feminist Theory*, ed. por Katie Conboy y otras (New York: Columbia University Press, 1997), pp. 59–79 (p. 62). Braidotti interpreta la monstruosidad como una desviación o anomalía de las normas sociales y, en consecuencia, como un acto positivo de emancipación de las convenciones de género. Aquí, sin embargo, se invierte el sentido, pues la anomalía no es percibida desde el seno normativo de la sociedad, representado por el padre, sino desde la subjetividad femenina misma, que percibe su monstruosidad como alienación del yo.

[22]   *The Female Grotesque: Risk, Excess, and Modernity* (New York: Routledge, 1995), p. 14.

y comunicarse con el padre con el objetivo de que el orden paterno reconozca a las hijas como individuos, reconocimiento imprescindible para poder fundar un espacio posible para las mujeres, que, necesariamente, ha de estar dentro, y no al margen, de la ideología y la historia. El padre, sin embargo, ha borrado ya a las hijas, y así lo vemos en el fragmento 'Entrevista', en que estas son reemplazadas sin más por otras hijas en la 'escenografía' familiar. En la ideología paterna, en efecto, las hijas responden ahora a lo que, según el código normativo, debe ser la mujer, esto es, un hueco, la nada misma; ello permite hacerlas desaparecer y reemplazarlas por otras como si fueran fichas de un tablero de juego. En el fragmento 'Llamada' se muestra expresivamente esa desaparición de forma gradual en la llamada telefónica que Acacia hace al padre, en que este pasa de reconocerla al principio a eliminarla por completo al final negando todo vínculo familiar (p. 68):

> Marqué el número de teléfono.
> – ¿Papá?
> – Sí, dime.
> – Habla Acacia. Te llamaba …
> – ¿Con quién quiere usted hablar?
> La voz iba cambiando de tono hasta darse a sí misma un acento extranjero:
> – ¿La oficina del señor Ciarrosa? – pregunté.
> – No hay señor Ciarrosa aquí, aquí no vive ningún Ciarrosa.
> Colgué el teléfono. ¡Papá!

A partir de este fragmento, ciertamente, la voz de Acacia desaparece, abriéndose paso los dos últimos fragmentos: 'Señor', en que, como ya vimos, el padre y el policía dialogan sobre la desaparición, supuestamente por suicidio, de una hija convertida en niña, y 'La fiesta', narrado por una voz infantil. Estos son reveladores del tipo de desarrollo que han experimentado las hijas: en ellos aparece de nuevo la figura de la niña y no la de una adulta, como sería de esperar, lo cual configura un movimiento circular que desmiente explícitamente el desarrollo de las hijas y repite infinitamente la historia de desaparición de la identidad femenina en el orden falocéntrico. Es la misma historia de 'decrecimiento' que Annis Pratt ve reflejada en las obras que examina en su estudio, en las que, concluye la autora, convertirse en mujer adulta significa aprender a ser precisamente lo contrario, esto es, 'no adulta' (p. 16). A la anulación de la adultez y la permanencia de la mujer en una infancia eterna se refiere Boullosa en su entrevista con Emily Hind con estas palabras:

> Si uno atendiera a las leyes culturales católico-mexicanas fielmente, eso es el cuerpo adulto de una mujer. Porque en la adultez, el hombre ingresa a la responsabilidad económica, al trabajo y a la sexualidad, y una mujer

siempre tiene que ser una niña en nuestra cultura. Una mujer no tiene derecho a tomar sus propias decisiones, a mantenerse ella sola, a tener su propio cuerpo y gobernarlo.[23]

A la luz de esta evolución al revés, pues, la 'historia normativa' de formación femenina en el contexto mexicano se muestra como una 'contrahistoria' pesadillesca o anti-*Bildung* que desemboca en una vacuidad absoluta de la identidad. La 'imaginación grotesca'[24] del cuadro boullosiano subraya de manera implacable lo deforme y monstruoso de una identidad que se presume armónica desde el discurso normativo. De esta manera revela *Mejor desaparece* que las condiciones genéricas que afectan a las mujeres mexicanas son antitéticas a la maduración y al desarrollo personal y, como afirma Annis Pratt, dan lugar a 'the irony that growing up [...] means growing down' (p. 30).

Antes: *el destierro al espacio del no-ser*
En su segundo *Bildungsroman*, Boullosa traza otra historia de iniciación a la feminidad que discurre por los senderos de la pesadilla y el desconcierto. En líneas similares a *Mejor desaparece*, la autora plantea en *Antes* la problemática de la posición de la mujer en el sistema patriarcal de significados del México moderno. El modelo genérico del *Bildungsroman* se cruza de nuevo con el gótico para escribir la formación de su protagonista como una 'anti-expedición', que, frente a la empresa triunfante de la masculinidad del modelo clásico, acaba en el espacio oscuro del 'no-ser'.

El conflicto encarnado en la formación femenina representada en *Antes* deriva del rechazo absoluto de la protagonista de la 'historia normativa' de formación, es decir, del contrato social sancionado por los imperativos culturales de género del patriarcado mexicano, que la niña identifica inconscientemente con la imposición futura de un conjunto de valores o roles inalterables que anularán su individualidad. Según vimos en el capítulo segundo, esta 'historia normativa' es representada en diversos pasajes de la novela en que la protagonista muestra su repulsa hacia los cambios que sufre el cuerpo femenino, cambios que, como se vio en la escena de la Cenicienta en *The House* o en las calles mexicanas en *Caramelo*, arrojan a la mujer a la palestra de la mirada masculina y el abuso. Esta versión oficial de *Bildung*, equivalente a una claudicación de la identidad que se materializa a partir de la

---

[23] 'Entrevista', p. 56.
[24] Tomo la expresión de Rodrigo Cánovas E., que define la exhibición del grotesco como la coexistencia de 'lo proporcionado con lo deforme, lo armónico con lo monstruoso, o sea, donde lo que debiera estar separado aparece junto o entremezclado' (*Novela chilena, nuevas generaciones: el abordaje de los huérfanos* (Santiago de Chile: Fundaciones Universidad Católica de Chile, 1997), pp. 63–64).

adolescencia, se convierte para la protagonista de *Antes* en una carrera hacia un destino aterrador del que no halla más salida que una negación absoluta, lo que da lugar a la 'contrahistoria' de la anti-*Bildung*. Para representar el recorrido de la anti-*Bildung* femenina, Boullosa retrata en su novela un universo de terrores y fantasmas que persiguen a la niña como resultado de su internalización de la narrativa prescriptiva de género. El viaje que la niña emprende hacia su ser como mujer en el universo de imperativos patriarcales que ocupa se convierte en un camino lleno de violencia y peligro acechado por presencias ignotas que representan una llamada insistente a una identidad definida en negativo que a la protagonista se le figura ineludible.

El sombrío tránsito de la niña del seno materno al orden social a través de '*la* miedo' anticipa el rito de paso que habrá de sufrir hacia la otra oscuridad de la muerte. Desde el primer capítulo desenmascara la protagonista la intrínseca hostilidad existente entre ella y el mundo circundante, reflejo plástico de la relación esencialmente antagónica entre la subjetividad y la estructura social característica del *Bildungsroman* (p. 17): 'Las calles siempre me dieron vértigo, nunca me aceptaron como a una de las suyas. A ellas nunca pude engañarlas. Ni a la ciudad. Pero menos que nadie a mí misma.' La relación de oposición entre el yo femenino y el mundo es recreada a lo largo del relato por medio de las convenciones características del género gótico. Así, el mundo pavoroso se interpola en el espacio familiar, lo que da lugar a una nueva dimensión en que los miedos y los terrores se tornan indisolubles de lo 'real'. La sensación de asfixia y angustia derivada de la arreciante persecución es absoluta y la niña se siente desnuda de estrategias para enfrentarla (p. 40): 'No sabía qué podía hacer contra la persecución.' El resquicio de abrigo que brevemente encuentra junto a la cama de sus padres le es negado desde que el padre sentenciara que sus terrores nocturnos eran '"payasadas"' (p. 40), lo que da testimonio del rechazo del discurso patriarcal de la voz marginal de la niña. Tal es la devastación del mundo subjetivo de la protagonista que ni siquiera en sus sueños halla descanso. En efecto, entre el mundo soñado y el mundo 'real' se establece un paralelismo que destruye el mito del dulce sueño infantil: la niña describe sus sueños como 'salvajes' en su acepción de 'lo violento, lo destructor, lo que podía acabar con todo' (p. 105), ambiente equivalente a la cacería destructora de los pasos y ruidos que al final acaban con ella.

La mezcla en *Antes* de la experiencia 'real' con otras formas de subjetividad como la fantasía y los sueños (o pesadillas) desestabiliza el modo convencional de percibir el mundo, lo cual nos ofrece un retrato tremendamente expresivo de la problemática representada. Esta representación desfamiliarizada apunta, igualmente, a la insuficiencia de las convenciones literarias tradicionales para dar cuenta de la versión femenina del motivo del desarrollo propio del *Bildungsroman*. La ambigua 'realidad' resultante de la atmósfera de acontecimientos extraños es análoga a la desorientación de la protagonista:

entre su yo y el mundo pavoroso que la acosa existe una estrecha conexión, pero, como sucede en el modelo gótico tal y como lo caracteriza Eve Kosofsky Sedgwick, esta relación se basa en una casualidad deficiente y, por ende, en la perplejidad del sujeto ante el mundo circundante.[25]

Los sentimientos de desconcierto y terror que nutren la anti-*Bildung* de la niña de *Antes* en el laberinto patriarcal son reproducidos, asimismo, por medio de la narración. Aunque menos ambigua que *Mejor desaparece*, *Antes* construye un universo confuso y nebuloso a través de una estructura narrativa fragmentada en que las distintas experiencias vitales recordadas no constituyen eslabones de un desarrollo coherente e integral sino un *collage* de episodios que se suceden unos tras otros sin transiciones, sin un sentido de evolución o continuidad y con muchas omisiones en el relato autobiográfico. El único elemento que proporciona coherencia al recuento de los episodios es que todos ellos contribuyen al desenlace y ello, afirma la narradora, explica las elipsis de su narración (p. 132): 'Si omití muchos años y muchos hechos, también borré de mis palabras muchas personas con la que hice mundo, mencionando solo las que ayudaron (todas, sí, sin quererlo) a traerme aquí.' Con el relato de los recuerdos del pasado se funden, igualmente, las reflexiones presentes sobre ese pasado y sobre el presente que ocupa la protagonista, lo cual compone un ir y venir constante entre el antes y el ahora. Todos esos elementos generan una textura narrativa enmarañada, lo cual constituye reflejo fiel de la incapacidad de la niña de comprender qué le ha pasado y, con ello, de ordenar retrospectivamente su vida de acuerdo con un esquema vital previsto a la manera de la modalidad clásica del *Bildungsroman*. Su experiencia del mundo como una serie de fragmentos dentro de una incomprensible lógica opresiva, en efecto, no permite una estructura unificadora y coherente con un principio, un desarrollo y un final, por lo que le es imposible percibir orden y coherencia desde la región densa y cenagosa que la rodea.

La (des)composición narrativa encarna la visión fragmentada de la subjetividad de la protagonista, cuyo sentido del yo se desmorona frente a los fantasmas de los discursos normativos que la persiguen. Esos fantasmas desestabilizan el yo unificado y dan lugar a un sujeto discontinuo y descentrado incapaz de comprender y explicar el terror que la acosa. De modo paralelo, la fluctuación entre la conciencia narradora como centro de

---

[25]   La concepción de Kosofsky Sedgwick del género gótico se acomoda muy bien a nuestra novela. La autora explica que en la novela gótica el yo está separado de modo absoluto de algo – por ejemplo, el ambiente circundante – a lo que normalmente debería tener acceso. Característicamente, el yo tiene un vínculo necesario con ese algo de fuera, pero es incapaz de discernirlo. La vida interior y la vida exterior tienen que continuar, pues, separadamente; se fragua, por tanto, una relación de paralelos y correspondencias más que de comunicación, una disyunción donde debería haber unidad. El afán por reintegrar los elementos dispersos – y en última instancia, la imposibilidad de restaurarlos a su unidad original – constituyen, según Kosofsky Sedgwick, las fuerzas más características de la novela gótica (p. 13).

subjetividad y la desaparición del yo producida por el acto violento de la muerte transforman el texto en un laberinto de presencias y ausencias que cuestionan permanentemente conceptos de subjetividad estables. Análogas a esa inestabilidad son, asimismo, la incertidumbre, contradicción e indeterminación que caracterizan la narración, que ponen dramáticamente al desnudo el yo despedazado de la niña protagonista.

Ilustrativas de la fragmentación y escisión de la subjetividad son las contradicciones y ambivalencias que caracterizan la visión de la narradora. Así, por ejemplo, si, por un lado, esta se muestra incapaz de desvincularse de las enseñanzas de la educación católica que recibe, también es, por otro lado, crítica hacia ellas, como sugiere su opinión de la figura de la madre Gabriela, que 'como era vigorosa e inteligente no era monja' (p. 90), o su comentario de los planes de estudio de la escuela, que, 'maquinados por burócratas' (p. 31), estudiaba con 'poco placer y nulo interés' (p. 33). Otro ejemplo significativo de ambivalencia lo constituye la visión de la narradora de la infancia y así lo vemos en la escisión de la conciencia entre 'el puro gusto de la infancia' (p. 69) que representan convencionalmente los años de la niñez, en que la traición femenina todavía no se ha consumado, y la atmósfera de espanto que anuncia el fin de la niñez y que, paradójicamente, convierte la infancia en trágica.[26]

El tejido de recuerdos que confecciona *Antes* deja, asimismo, muchos cabos sin atar, lo cual conforma un trazado de sucesos y vivencias subjetivas incierto. Ello queda especialmente de manifiesto en el abundante empleo de los puntos suspensivos, sugerentes de la necesidad de *otra* dimensión o 'lógica', de otro lenguaje con el que representar *otras* experiencias de formación en el antagónico universo de significados falocéntricos. Esa *otra* dimensión está ligada a la visión de la protagonista de su mundo como dividido en dos categorías: el 'mundo desverbal que inventé o habité de niña' (p. 41), un universo profuso que 'tenía muchos más habitantes, situaciones, mucho más mundo...' (p. 42) que el 'mundo que compartía con los otros' (p. 41). El primero, el 'mundo desverbal', asimilable a lo que Julia Kristeva teoriza como el orden pre-lingüístico y pre-edípico ligado a lo instintivo de lo semiótico, corresponde a un universo subyacente afín a su subjetividad femenina, para el que no existe expresión en el dominante 'mundo que compartía con los otros', equivalente al kristevano orden simbólico, lógico y positivo.[27]

---

26   Una visión ambivalente de la infancia similar a la de *Antes* la encontramos también en el libro de cuentos *La semana de colores* (1964), de Elena Garro.

27   En *Revolution in Poetic Language* (trad. por Margarite Waller (New York: Columbia University Press, 1984)), Julia Kristeva parte de la distinción entre el orden imaginario y el orden simbólico de Lacan para transformarla estableciendo las esferas de lo semiótico y lo simbólico como subyacentes al proceso de significación. Lo semiótico constituye la dimensión

Una incertitud expresiva semejante caracteriza los mismos recuerdos recreados, los cuales son objeto de duda por parte de la conciencia narradora (pp. 17–18): 'Nunca podré recordar cómo era precisamente la llegada a la escuela. [...] Y ¡el ruido!, ¡el ruido, el parloteo! Tampoco lo recuerdo. Lo imagino, debía estar ahí ...' Más adelante confiesa (p. 65): 'Yo no tengo más que recuerdos y lo que imagino pude haber vivido entre esos recuerdos.' El recuerdo habita, pues, una zona liminal entre lo real y lo ficticio que hace visible el germen subjetivo de la memoria. Su papel, central en el *Bildungsroman*, es así cuestionado como fuente certera de coherencia en el flujo de impresiones que experimenta la subjetividad y, en consecuencia, como garante de la identidad personal. Más adelante, con todo, la niña insiste en que ha sido fiel a la verdad, en que no ha imaginado recuerdos (p. 103): 'Para qué las imaginaciones [...] ¿Qué tal que también me da miedo lo que produjera mi imaginación si la tuviera?' La paradójica certeza de la narradora, como vemos, oscurece aún más el espacio desde el que se produce la narración.

La oscuridad de ese espacio se manifiesta también en la ausencia de nombre de la protagonista. En efecto, desde el principio del relato salta a la vista el modo explícitamente anónimo en que la narradora se presenta a sí misma. Así, esta comienza el relato de su vida invocando al 'tú' del interlocutor pero omitiendo el esperado '(yo) me llamo' y pasando directamente a referir la ubicación de su nacimiento (p. 12): 'Nací en la ciudad de México en 1954.' Unas líneas más abajo, la narradora comenta que la que le dio a luz, Esther, 'se llamaba con un nombre totalmente distinto al mío' (p. 13), pero sigue sin revelar cuál es ese nombre. En otros momentos de la novela se seguirá haciendo hincapié de manera similar en el eclipse del nombre, lo cual sugiere la ausencia y exclusión ontológicas de la niña de la Ley del Padre, al mismo tiempo que su negativa a pertenecer a ese mismo orden genealógico paterno. Como bien señala Vanessa Vilches Norat, 'sin nombre no se es, el nombre introduce al sujeto en el Orden Simbólico'.[28]

Igualmente iluminadora de la oscuridad que ocupa la subjetividad es el intento de la narradora de forjar un yo coherente dentro del espacio del 'no-ser' que ocupa. Ello se muestra en el juego fluctuante que, como novela

---

preverbal no mediada por la estructura edípica de la vida social; se asocia típicamente con el infante y la relación precultural que mantiene con la figura materna (no es, con todo, una fase en el desarrollo humano, sino una capa de la subjetividad simultánea con la esfera simbólica). Dicha esfera corresponde, pues, a lo que no puede ser captado por los signos establecidos por lo simbólico, constituyendo un cuestionamiento y desestructuración de la función organizadora patriarcal. Debido a la mayor proximidad que la niña mantiene con la madre, postula Kristeva, la mujer estaría más cercana a la circulación de impulsos de presignificación de lo semiótico.

[28]   Vanessa Vilches Norat, *De(s)Madres o el rastro materno en las escrituras del yo (A propósito de Jacques Derrida, Jamaica Kincaid, Esmeralda Santiago y Carmen Boullosa)* (Santiago de Chile: Cuarto Propio, 2003), p. 192.

de recuerdos, hallamos en el texto entre los dos actantes de la narración: el 'yo que narra' la historia, cuya perspectiva predomina, y el 'yo narrado' de la niña. En ocasiones encontramos que la narradora muestra distancia con respecto a su yo de niña; así, por ejemplo, el 'yo que narra' tacha críticamente de 'fantástico' el deseo del 'yo narrado' de no crecer y convertirse en mujer, como vemos en 'mi fantástico deseo sería ingrediente para mi condenación' (p. 121). La conciencia del desdoblamiento de la identidad es ilustrada, de modo similar, en la diferencia de percepción de los dos actantes reflejada en la siguiente reflexión, en que los hechos que afectaron la vida del 'yo narrado' se tornan retrospectivamente para el 'yo que narra' en peligrosos (pp. 101–02):

> No me atrevería a volver a vivir lo que fui de niña porque, recuperados por la memoria los hechos se tornan peligrosas agujas que coserían mi alma, que escocerían mi alma, que harían pedazos de carne muerta mi alma. Cuando vivimos apenas nos damos cuenta de lo que estamos viviendo … volver a vivir lo que hemos visto con la limpia y directa mirada del recuerdo sería intolerable, o por lo que toca a mí, no tendría valor para hacerlo.

También, desde el espacio atópico del 'después' en que se encuentra su yo, la conciencia narradora afirma estar 'tan lejos de mí' (p. 37). No obstante, a pesar del reconocimiento de la existencia de voces discordantes en su yo, la narradora insiste ambiguamente en afirmar la continuidad y coherencia de su identidad (p. 98): 'Porque ya no soy la que fui de niña. Soy la que era, eso sí, soy o creo ser la misma desde el día en que nací hasta hoy, pero no tengo los mismos ojos.'

Su intento de afirmar un yo coherente frente a la multiplicidad y fragmentación de la identidad representa la única forma que halla la subjetividad narradora de protegerse de su precariedad identitaria y sirve, asimismo, la función de articular su resistencia frente a los violentos esquemas ideológicos impuestos legitimando su experiencia como sujeto individual. A este intento pertenecen también las imágenes alternativas de *Bildung* que la niña protagonista proyecta en sus recuerdos frente a la anti-*Bildung* que la invadió en vida. Una de las imágenes más reveladoras de esas otras 'contrahistorias' alternativas de formación la representa la experiencia del concierto en Bellas Artes relatado en el penúltimo capítulo, en el que la protagonista atisba un paraíso simbolizado por la música en el que ella existe al margen de las limitaciones sociales impuestas sobre su cuerpo de mujer. La imagen del concierto funciona en sus recuerdos como símbolo de 'las aspiraciones que acuñé a una vida con emociones' (p. 155), es decir, de su intento de recuperar un sentido de identidad diferente a la impuesta por los procesos de socialización del patriarcado mexicano. Así se refiere la niña a su éxtasis (pp. 151–52):

> … Concierto a Bellas Artes … noche de música … […] pasos de ángeles … seres puros que sobre la tierra se movían sin arrastrarse y que si volaban no era hacia arriba, no era para irse sino para observar … ¡puro amor ahí entregado! … cariños sin cuerpo … nervios sin carne … nervios desnudos y sin dolor, sintiendo …

Los numerosos puntos suspensivos que utiliza la narradora nos llevan a aquella *otra* dimensión, que tan solo puede ser sugerida debido a la incapacidad del lenguaje lógico de articularla. Con todo, a pesar del abrazo acogedor y autoafirmativo que, frente a la pesadilla, conlleva su experiencia en esa *otra* dimensión, los seres puros y angelicales de su imaginario revelan una visión dicotómica irreconciliable entre su 'yo auténtico' y su 'yo social', esto es, entre el yo que la niña considera su yo verdadero y el modelo normativo de feminidad que la hostiga y que a ella se le antoja inamovible. Frente a esas imágenes paradisíacas de su 'yo auténtico', la niña tacha los ruidos que se le acercaban de 'pobreza' (p. 153), de sonidos sin 'signo musical. Eran sonidos sin alma, insensibles, que en sí no abrían puertas ni querían decir algo. Tuve ira de que lo que me perseguía no se asemejara a aquel paraíso al cual yo quería pertenecer, sentí vergüenza de la estrechez que estaba ávida de mí.' Esa 'estrechez' es internalizada por la protagonista como porvenir insoslayable (p. 39): 'Yo sabía que su cacería sin ojos terminaría por no ser infructuosa.' La visión dicotómica y trágica que revela su actitud será devastadora para la niña, ya que la empujarán a evadirse de la historia, impidiéndole así hacer frente a la construcción de su yo dentro – y no fuera – de las estructuras que la determinan.

La cacería, ciertamente, arrecia y da sus frutos. Antes del trance final, la protagonista trata de escapar, pero, significativamente, la puerta cerrada de la casa le niega el acceso al espacio público (masculino), aprisionándola para siempre (p. 160): 'Intenté abrir la puerta que daba a la calle pero no pude, era más fuerte que yo.'[29] Es así como la niña quedará encerrada en su sino, que la menarquia sellará violentamente fundiendo a perseguidores y perseguida. El implacable rito de paso inaugurado por la sangre se convierte en ceremonia oficiada en un espacio cultural marginal que conduce a la disolución absoluta, a la caída definitiva, simbolizada esta por una expresiva foto que la niña lleva consigo en el momento del tránsito y que retrata 'la descomunal caída de agua' de unas cataratas (p. 133), 'un chorro de agua en la oscuridad' (p.

---

[29] La simbología de la puerta también la menciona Priska M. Ballmaier en su estudio *Von der Möglichkeit, Ich zu sagen: Versionen weichlicher Lebensentwürfe im Werk Mexikanischer Autorinnen* (Hamburg: Kovač, 2001), p. 112.

134). Aunque la narradora comenta que la fotografía es 'mudo, único testigo que conservé por error del mundo que habité de niña' (p. 133), nada hay de fortuito en la imagen: la desorientación y el entendimiento deficiente, como vemos, siguen marcando la percepción subjetiva del 'yo que narra' de la transición de un estado a otro de conciencia. La imagen, además, la única incluida en el cuerpo textual de *Antes*, vincula materialmente las dimensiones del 'antes' y el 'después' y subraya el símbolo de la caída que subyace a ambas.

Como en la novela anterior, pues, en *Antes* la *Bildung* femenina se representa como una formación negativa, como un camino lleno de obstáculos y rodeos que finalmente conducen a la nada. Esa nada que constituye la anti-*Bildung* da por concluida la formación de la niña y condena a la voz narradora a repetir eternamente el relato de sus recuerdos. Paradójicamente, el acto de poder que representa la narración solo toma sentido en el ámbito aespacial y acronológico de la nada, que justifica y pone en marcha el proceso de la narración; así lo reconoce la narradora al referirse a la necesidad de llevar su relato a término y de contar cómo llegó al lugar que ocupa (p. 156): 'Si terminara de hablarles en el concierto, yo no sería más que una niña sin nombre emocionada [...] Si lo fuera, no me avergonzaría, ¿cómo o de qué? No tendría la necesidad de contárselo a nadie, ni a mí misma.' Como sabe la narradora, el relato de sus recuerdos es lo único que detiene la extinción absoluta (p. 103): 'No soy más que un poquito de carne a quien los recuerdos le impiden pudrirse, llenarse de gusanos y de moscas hasta acabarse.' Con su relato desde las tinieblas, la narradora aspira a juntar los pedazos de la fragmentación de su yo en un desesperado intento de encontrar respuesta al 'cómo fue que llegué yo aquí' (p. 155), ya que, declara ella, 'para comunicárselo ha sido toda la plática, para decirles cómo fue que llegué yo, qué me llamó y desde cuándo' (p. 156).

Un primer atisbo de comprensión de la fatalidad de la visión del 'yo narrado' lo vemos en el reconocimiento póstumo del 'yo que narra' de la actitud de la niña como 'fantástico deseo [que] sería ingrediente para mi condenación' (p. 121), ya que, según intuye ahora la narradora, la evasión imaginaria de los procesos sociales y de la acción y la suspensión fuera de la historia resultan en una contradicción errada. En efecto, la oposición a los valores sociales desde un ámbito metafísico 'divorciado de la realidad'[30] constituye un intento fallido de superar el pacto social patriarcal que la protagonista ha interiorizado como destino insoslayable, pues la lleva a un espacio donde la formación femenina es ya esencialmente imposible. Como señala Marianne Hirsch, 'to posit, even tentatively, a space outside of ideology and patriarchy

---

[30] Carmen Boullosa habla de la niña de *Antes* como un 'personaje divorciado de la realidad' (en Kristine Ibsen, 'Entrevistas: Bárbara Jacobs/Carmen Boullosa', *Chasqui*, 24.2 (1995), 46–63 (p. 56)).

is to support and participate in that very ideology, rather than to attempt to undermine it'.[31] La fugaz comprensión de la narradora, no obstante, es tan solo una intuición borrosa, ya que el relato no consigue liberarla de la oscuridad que ocupa ni le proporciona sentido positivo alguno a la historia de la niña: al final de su plática, la narradora sigue atrapada en la misma incomprensión que manifestó al principio de su relato y que aspiraba a iluminar, a la manera agustiniana, con la narración de sus recuerdos, incomprensión que sigue la misma geometría circular de desarrollo que vimos en *Mejor desaparece*. La narradora, consciente de ello, lo admite al final de su recuento (p. 155): 'No puedo adivinar qué me llamó (de hecho no sé qué).'

Desde las tinieblas que la embargan, pues, la conciencia narradora no puede hacer las paces con el pasado ni tampoco fundar un espacio válido capaz de crear una autoconciencia eficazmente liberadora y afirmativa que le permitiría, si bien parcialmente, apropiarse de la historia: la narración no provoca catarsis ni representa una epifanía, sino que la condena a repetir eternamente su historia en una búsqueda de comprensión circular y, por tanto, fallida. Desde el espacio exangüe del 'no-ser' que ocupa, la narradora no puede sino negarse a sí misma un nombre y un cuerpo, suplido este por formas 'obscenas' que lo deforman (p. 98): 'A mí misma me he impuesto la obscena tarea de deformarme, de quitarme la facultad de abrazar.' Su negación, originada en la menstruación, equivale al reconocimiento de su irreconciliable escisión, de la abyección que le ha mostrado el cuerpo como otro y que la suspende en una esfera inmóvil que la mantiene 'tan lejos de mí' (p. 37).

Antes, en suma, dibuja una anti-*Bildung* femenina en un sentido doble: en el violento anegamiento en la nada de la identidad de la niña, cuya ruptura con su mundo no da lugar a un espacio válido de diferencia desde el que desarticular los discursos que la aterrorizan, y en el espacio de interrogaciones sin respuesta en que habita la subjetividad narradora, cuyo viaje narrativo no la lleva a un despertar ni a un descubrimiento de sentido dentro del sinsentido. Desde su prisión en el limbo, la niña de *Antes* da expresivo testimonio de la inmundicia del discurso falocéntrico originado en las instituciones que construyen (o destruyen) la subjetividad femenina en México.

Treinta años: *el (auto)exilio de Delmira*

En su tercer *Bildungsroman*, Carmen Boullosa toma una dirección diferente en la recreación de un universo ficcional más convencional y más cercano, en cierto sentido, a las concepciones normativas del género para retratar la formación de su heroína Delmira en el Agustini de sus años de infancia y

---

[31]   Marianne Hirsch, *The Mother/Daughter Plot: Narrative, Psychoanalysis, Feminism* (Bloomington: Indiana University Press, 1989), p. 145.

temprana adolescencia. La autora no hace uso ahora de ambientes góticos o personajes pseudo-muertos, lo que construye un mundo literario más reconocible y accesible para el lector.[32] Junto a la ya señalada parodia del realismo mágico, *Treinta años* reescribe irónicamente la versión paradigmática de formación del *Bildungsroman*, género este que es remodelado con el marcado germen de negatividad inherente a la ironía.

Treinta años aparece dividida en cuarenta y cinco capítulos precedidos por la leyenda 'Delmira traza el mapa a seguir'. Cuarenta y tres de ellos están conformados por los recuerdos de la Delmira adulta de su infancia y adolescencia en su México natal, mientras que los dos restantes, uno al principio y otro al final, se sitúan en el presente de 1997 en Alemania, desde donde la narradora escribe. En el primer capítulo, titulado 'El invierno y la gripe', Delmira expresa su decisión de marcharse después de sus treinta años de estancia europea. La narradora da cuenta de su hastío después de un invierno que se prolonga y le hace imaginar el fin de la humanidad a consecuencia de una epidemia de gripe. Esta fabulación, que la vincula a su pasado mexicano, le descubre a la adulta su necesidad de regresar al sol de su país.

En los siguientes cuarenta y tres capítulos, divididos en tres secciones correspondientes a 1961, 1965 y 1967, la narradora se escapa hacia su origen en un viaje de recuerdos que, siguiendo el desarrollo lineal y coherente propio del *Bildungsroman*, relata los años de infancia y adolescencia bajo el sol de México. Junto a esa estructuración cronológica, hallamos otra división de los capítulos por medio de números romanos que divide el crecimiento del personaje en cinco etapas que tienen más relación con su proceso de maduración interior que con su edad. Entre estas etapas se da una progresión ordenada en que el sujeto femenino, a diferencia de su concepción en *Mejor desaparece* y *Antes*, consigue emanciparse de los paradigmas dominantes del ambiente hostil que habita como resultado de un proceso coherente de toma de conciencia. En palabras de la autora, se retrata 'la construcción de un cuerpo en un ambiente que desea su destrucción'.[33] Las diferentes etapas de su desarrollo representan los distintos pasos 'del mapa a seguir' de la *Bildung* de la protagonista.

En la primera etapa, correspondiente a 1961, se recrea la magia de Agustini, un universo de sucesos extraordinarios que crean un ambiente de

---

32 En *Treinta años*, no obstante, Boullosa lleva a cabo una operación lúdica a partir del juego metaliterario y autorreflexivo que añade otro nivel a la 'sencillez' de su accesibilidad (véase, en este sentido, la reseña de Mario Bellatín 'Signos como pequeñas heridas', *La jornada* (1999) <http://www.jornada.unam.mx/1999/ago99/990801/sem–libros.html> [consultada 10 octubre 2005]). El presente análisis se centrará en la 'intensidad' y 'gravedad' que Sergio Pitol encuentra en el 'oxímoron' existente en *Treinta años* entre 'la intensidad y el juego, 'la gravedad y la ligereza' (p. 7).

33 Hind, 'Entrevista', p. 59.

cuento de hadas. La magia es reforzada por el 'hechizo' (p. 30) del encuentro de Delmira con el vendedor de echarpes, que insta a la niña a que no siga los pasos de su abuela y profetiza tempranamente su destino enlazándolo con el de su padre, que 'abandonaría la casa para siempre jamás' (p. 30). En el mercado una gitana le dice a la niña que no le gusta su suerte y le exhorta también a que se marche, refiriéndose a ella como 'güera' y equiparando el peligro que corre con la suerte de la vaca no autóctona del rancho de los Ulloa, que, según la gitana, murió por comer 'más lo de estas tierras' (p. 84). Ese mundo, como vemos, hermana a Delmira con lo ajeno a 'estas tierras' y empieza con ello a expulsar a la niña de sí.

La segunda etapa, también localizada en 1961, representa el segundo paso de separación entre Delmira y su medio. Durante su convalecencia por causa de la tifoidea, Delmira comienza a dudar del mundo de maravilla de Agustini y a pensar que, como dice su tío, son 'patrañas' (p. 115), lo cual constituye la primera señal de su propio proceso interior de distanciamiento del entorno (p. 117): 'Con las exageraciones de la fiebre había aprendido a desconfiar de lo que atesoraba mi cabeza. Dudé si los domingos de hechos extraordinarios eran o no verdad. No tenía a quién preguntárselo.' Al final, tras intentar encontrar pruebas de su veracidad, solo con escepticismo puede la niña aceptar la maravilla (p. 119): 'medio me convencí de que los domingos previos a mi tifoidea habían sido ciertos'.

La siguiente etapa, ubicada en 1965, se inicia con la llegada de la menstruación, que marca en el cuerpo de la protagonista 'una geografía casi terrenal de la que no había estado dotada antes' (p. 125) e inaugura la entrada de Delmira al mundo adulto. A pesar de la actitud reacia de Delmira a ese cambio,[34] el tránsito tiene lugar de manera suave, lo que, a diferencia de lo que ocurría en *Antes*, revela la afinidad que la joven siente con su cuerpo. En esta fase de su pubertad temprana, la protagonista desdeña los deseos eróticos de sus compañeras de clase, en que la mujer participa únicamente como objeto de intercambio sexual, y muestra su rotundo rechazo hacia la formación propia de su edad 'casadera'; su repudio hacia esta no puede ser más absoluto (p. 151): 'Me da asco pensar que voy a tomar clases de cocina, de bordado, de tejido…' De la mano del maestro, Delmira accede a un universo afín al suyo, totalmente diferente del que caracteriza a Agustini: un universo en el que reina un silencio para ella desconocido, repleto de interesantes libros y donde por vez primera escucha los discos de Bob Dylan o Joan Baez. La adolescente incorpora de ese modo el cambio de valores que se efectuó en la década de los sesenta y empieza a contemplar la posibilidad de materializar sus sueños de emancipación y realización personal. Dentro de ese horizonte

---

[34]   La actitud de Delmira ante la batalla sobre su piel es de hostilidad y furia. Cuando se da cuenta de que tiene 'protuberancias', se siente tan mal por su incapacidad de controlar su cuerpo que, confiesa la narradora, 'me dio diarrea de enojo' (p. 142).

soñado, el maestro le traza un plan que estimula el ya arraigado heroísmo de la protagonista y la libera del mundo cerrado de Agustini (p. 152): 'Te vas a hacer la preparatoria a la ciudad, entras a la Universidad, terminas tu carrera y salvas al mundo.' Embriagada de ideales, la protagonista adolescente empieza a afirmarse a sí misma, convirtiéndose en una chica rebelde que, al modo del *Bildungsheld* de la versión normativa del género, proclama orgullosa su autonomía y libertad. Signo de su necesidad de autodescubrimiento y autocreación lo constituye su cuerpo en desarrollo, escenario de su deseo y naciente sexualidad, que la joven Delmira explora ahora a través de ropas extravagantes importadas de Estados Unidos como la minifalda, las medias de rayas o el estampado psicodélico. A pesar de que esas ropas la convierten, como vimos, en una 'mujer fácil', no son los 'objetos de terror' en que se habían convertido los zapatos de las niñas de *The House* ni debilitan a la tenaz heroína, que no se deja avasallar por la mentalidad cerrada del pueblo. Es más, cuando la abuela le cierra la llave del gasto en ropas, la joven desarrolla otras estrategias subversivas como el atuendo de caballero o las ropas indias del mercado local. La importancia del motivo de la exploración del cuerpo y de la propia sexualidad frente a la represión externa viene, además, ilustrada por el nombre de la protagonista, que constituye una codificación literaria en homenaje a la poeta uruguaya Delmira Agustini (1886–1914), una de las primeras autoras de las letras hispanas en escribir sobre su propia sexualidad y sobre el cuerpo femenino. En términos de Boullosa, 'both Delmira, the poet, and Delmira, my character, share an obsession, the elaboration of a body, the creation of their own bodies against the grain, the defence of their own eroticism against a hostile environment'.[35] Paralelo al desarrollo de su autoerotismo en esta etapa es, asimismo, el alejamiento de la protagonista del orden que la rodea, alejamiento que ahora toma la forma de una descreencia absoluta de la maravilla de su pueblo (pp. 173–74): 'no dejé que me fascinara, que me impresionara, que me engatusara; no dejé que su poder – que consistía en romper una tras otra las leyes de la lógica […] – me afectara. […] No le tuve fe.' Delmira se pone entonces del lado de la razón y la coherencia y pierde la fe en el realismo mágico de su pueblo, que, como observa Luis Leal, 'is more than anything else, an attitude toward reality'.[36]

En la cuarta etapa, también en 1965, la protagonista culmina su proceso de diferenciación social con un rechazo absoluto de su limitado entorno. Su separación está marcada por fantasías que, si bien borrosas, tienen un destino claro (p. 194): 'Yo debía dejar Agustini. Mis horas se habían acabado aquí. Mi reloj debía comenzar su otro sitio si yo misma no quería terminarme.'

---

35   En Gallo, p. 59.

36   Luis Leal, 'Magical Realism in Spanish American Literature', en *Magical Realism: Theory, History, Community*, ed. por Lois Parkinson Zamora y Wendy B. Faris (Durham, NC: Duke University Press, 1995), pp. 119–23 (p. 121).

Sus horizontes, además, se amplían, ya que ahora Delmira no solo deseará salir de Agustini sino que 'debía cruzar el océano, irme a otras latitudes' (p. 195). A diferencia de lo que para ella significa Agustini, un orden inmutable, limitado e incoherente, la protagonista es seducida a través de sus lecturas por su imagen del mundo europeo, un mundo diferente donde 'todo era posible, pero todo aquello que fuera coherente y que al ocurrir enriqueciera la realidad con una dimensión profunda y con una nobleza de fórmula, no como las cosas de Agustini' (p. 193). Otro de los sueños que Delmira fragua en esta etapa y que da tintes a la novela de *Künstlerroman* es la de hacerse escritora y para ello debía también salir de Agustini, 'debía viajar, ver otros confines. Viviría cantidad de aventuras' y 'después me sentaría a escribir' (p. 195) una obra magna que le permitiría entrar en el parnaso literario.

En la quinta etapa, que se desarrolla en 1967, Delmira prosigue su 'contrahistoria' de formación positiva con la inspiración, ahora, del misterioso vendedor de echarpes, que vuelve a aparecer e instar a la protagonista a marcharse del pueblo (pp. 217–18): 'Ya eres mujer, Delmira, aquí deben de estar buscándote marido. Escapa a tiempo.' La joven se siente ya preparada y expectante ante la idea de escapar (p. 218): 'Escapar … Me encantaba la idea. ¿Por qué no escapar? Yo también sentía […] que me había llegado la hora de dejar mis tierras, de cruzar el océano, de buscar mi otra verdad.' Parece que Delmira podrá contar entonces con las mismas posibilidades de las que disfruta el héroe del *Bildungsroman* clásico, en el que el desplazamiento geográfico con vistas a desarrollar una personalidad autónoma e independiente constituye uno de los motivos más comunes.

La realización de los anhelos de escapar de Agustini, sin embargo, no acontece de la manera en que la heroína había previsto: con motivo de la represión que tiene lugar en el pueblo tras la manifestación, como sabemos, Delmira tendrá que abandonar el país precipitadamente para salvarse. La expulsión simbólica que el mundo agustiniano había venido efectuando de sus deseos y aspiraciones encuentra, de ese modo, una réplica brutal en la expulsión real del propio Agustini (esto es, de México) como espacio sociocultural incapaz de albergar a una heroína cuyo ser funda un nuevo concepto de sujeto femenino frente a las concepciones dominantes. El modo en que se desencadenan los acontecimientos establece ahora una relación irónica con la modalidad normativa del *Bildungsroman*: su 'viaje' no es fruto de su decisión de marcharse ni está revestido de la autonomía y libertad de desplazamiento de las que goza el *Bildungsheld* en su peregrinaje, sino que es el hostil orden mexicano el que la obliga a ello, ya que 'la rubia Delmira había perdido su lugar en Agustini' (p. 237). La crudeza de lo ocurrido y el exilio forzado para salvar la vida suponen un golpe mortal para Delmira y su *Bildung* en México, que quedará frustrada para siempre.

Siguiendo la estela del deseo de Delmira, el exilio, con todo, podría suponer la oportunidad de cumplir los anhelos de escapar y de liberarse en la soñada tierra prometida. Nada más lejos de la realidad. A pesar de la ilusión primera a su llegada a la tierra soñada, la Delmira adulta da cuenta en el último capítulo, situado circularmente en 1997, de su hastío y de la insatisfacción de su vida europea (p. 253): 'Estos treinta años de vida europea, no me detienen, me expulsan, me quieren extraer de sí.' Es por ello que la esperada tinta que podría haber empleado en el relato de sus treinta años en tierras extranjeras la vierte la narradora ahora en un recuento marcado por la negatividad del Agustini que dejó atrás para siempre, del México que nunca pudo conocer. Así, relata la narradora, '*no* volví a ver la casa de la abuela. *No* la he vuelto a ver. *Nunca* volví a ver a mamá. Murió hace seis años. *No* fui a su entierro' (p. 249, énfasis mío), o

> Pasé por la ciudad de México casi *sin* verla. *No* la conozco. *Nunca* vieron mis ojos los frescos de Rivera en Palacio Nacional, *ni* la Catedral [...]; *nunca* recorrí la avenida Reforma [...]. *Nunca* vieron mis ojos el Zócalo de la ciudad de México, *nunca* el Museo de Antropología e Historia, *nunca* la gigantesca estatua del Tlaloc o la Coatlicue o la Coyolxauhqui. *Ni* siquiera dormí en la ciudad. (p. 251, énfasis mío)

Con la publicación del poema que la condena al exilio, en que la protagonista había usado sin saberlo el nombre de la poeta uruguaya, afirma ahora la narradora, 'salé mi futuro literario, y creo que también el curso de mi vida' (p. 220). Irónicamente, pues, la 'contrahistoria' que representa el cuento de hadas de la infancia y temprana adolescencia de Delmira, que había subvertido los códigos de la 'historia normativa' articulando una *Bildung* femenina alternativa, toma abruptamente la forma de una anti-*Bildung* como consecuencia de la expulsión violenta del sujeto femenino y de su deseo, o, en palabras de Boullosa, de la 'destrucción' a la que la somete el ambiente.

El desengaño de la Delmira adulta establece una gran distancia irónica entre el 'yo narrado' heroico de juventud y el 'yo que narra' pragmático de madurez. La ironía, uno de los rasgos que configuran el desarrollo de la conciencia más característicos del *Bildungsroman*,[37] salpica así el texto y por medio de ella la narradora subraya la ignorancia, ingenuidad e inexperiencia de su yo adolescente. Así, son numerosas las ocasiones en que la narradora

---

37 Marianne Hirsch, 'The Novel of Formation as Genre', p. 298. Paradójicamente, no obstante, en su modalidad clásica se intenta reducir al mínimo la distancia entre los dos actantes de la narración afirmando así una base común a los dos estados de conciencia que se nos describen, esto es, un único yo que estaría presente en ambos momentos. Según Berthold Schoene-Harwood, 'conventional *Bildungsromane* tend to insist on the narrative consistency of their characters, suggesting that, whilst they grow and evolve, they do not change, but remain essentially identical with whom they were at the outset and will be in conclusion' ('Beyond (T) Race: *Bildung* and Proprioception in Meera Syal's *Anita and Me*', *Journal of Commonwealth Literature*, 34.1 (1999), 159–68 (p. 159)).

ironiza sobre su heroísmo adolescente: los sueños de la niña de hollar el universo son tachados por la adulta de 'absurdos' (p. 192) y lo mismo el sistema de oposiciones que la protagonista había establecido entre Agustini y la supuesta riqueza y coherencia de otro orden en que los sueños se podían hacer realidad. Para la Delmira madura (pp. 219–20), 'yo era fatua, presumida y tenía inflado de soberbia hasta el más estrecho rincón del alma; porque tenía prisa, porque quería ver mundo, porque quería comerme los continentes de un bocado y deglutir de un sorbo al océano'. El ideario político de la joven es también satirizado por la narradora, para quien la Delmira de Agustini era 'una adolescente en babia' (p. 191) que se dejaba lavar el espacio de sus ideas con las del maestro (p. 174) o que albergaba 'sobadas ideas revolucionarias que oía yo de tercera mano' (p. 220). Otro de los sueños de grandeza de la heroína, hacerse escritora y escribir una obra magna, despierta, igualmente, la burla de la desencantada Delmira adulta, (p. 196): 'Me veía entrar gloriosamente al Parnaso con un texto sin precedente, sin medir no solo el aburrimiento a que condenaría a algún posible lector, sino el que yo también padecería de enfrascarme durante años, como pensaba hacerlo, en un proyecto tan estéril, pretencioso y falto de toda cordura.' La crítica de la narradora de su yo de niña, dibujado como un ser íntegro y coherente, sin embargo, no equilibra en ningún modo la balanza de la simpatía del lector hacia la desdibujada y desconocida Delmira madura, cuyo antipático ataque a la niña sirve a Boullosa más bien de contrapunto en el apoyo del polo contrario: los nobles deseos de la pequeña Delmira frente a la precariedad del hostil ambiente mexicano.

La renuncia de ideales del héroe, volviendo al marco del *Bildungsroman* normativo, conlleva generalmente la integración social de este como condición necesaria y positiva del proceso de *Bildung*.[38] En *Treinta años*, en cambio, la rendición de ideales no se produce a favor de una identidad social ni conduce a la integración o reconciliación del personaje con la comunidad, ya que la división entre los dos yos de Delmira es precisamente inseparable de la expulsión del hostil orden social mexicano de origen. Ni siquiera la muerte de la madre puede reconciliarla con la comunidad y, como se ha visto, solo treinta años más tarde puede Delmira plantearse siquiera la posibilidad de volver a su tierra. Volver, sin embargo, ya no es posible, pues aquel México es ahora tan solo un espejismo añorado que solo existe en el recuerdo (p. 255): 'volví a un Agustini que no existe más'. Aunque el deseo le hace todavía proyectar sus esperanzas de retorno, la narradora sabe que la restitución es ahora irrealizable (p. 259): 'No hay dónde volver, Delmira, has vuelto al único sitio que quedaba: al recuerdo.' Su recuento del México que dejó treinta años atrás no hace sino hurgar en la herida de una identidad ausente. La orfandad a la que la condena la usurpación del origen dibuja,

---

38   Shaffner, p. 20.

pues, un itinerario de formación que, frente a su yo íntegro de antaño, 'lo único que, por otra parte, he sido realmente' (p. 257), acaba dejando al yo maduro de Delmira en el 'no-lugar' del extrañamiento de su tiempo, de su espacio y de sí misma.

En *Treinta años*, en suma, Carmen Boullosa muestra la autoafirmación de la mujer mexicana como un gesto imposible que la expulsa de su país. A diferencia de sus textos anteriores, la autora emplaza ahora la historia de su personaje Delmira en un México particular en transición entre el mundo tradicional que representa la fábula de la abuela y la irrupción de la modernidad en los sesenta que da lugar al México moderno. La emergencia de este nuevo orden no supone, no obstante, el nacimiento de 'otro modo de ser' para la mujer en México: la tentativa de la heroína de rebasar las fronteras de ese limitado mundo y fundar así una épica femenina diferente y convertirse en sujeto histórico siguiendo los instintos de su deseo está condenada a la anti-*Bildung* en un universo doblegado por la 'historia normativa' de formación. El intento de negociación de una nueva identidad para la mujer mexicana bajo el eclipse de la memoria cultural e histórica será, de igual modo, infructuoso. Entre un México que expulsa al sujeto femenino autónomo y el abismo de la pérdida de la identidad cultural no existe para el personaje más que el 'no-lugar' del exilio permanente, un espacio que escindirá su ser en múltiples pedazos que la memoria, lejos de recomponer, dispersará aún más a través del irreconciliable distanciamiento entre las voces narrativas y los yos de Delmira. Por medio de su reescritura negativa, Boullosa vuelve así a incidir en *Treinta años* en la esterilidad del viaje de formación para la mujer en México.

Sandra Cisneros y el '*Bildungsroman* femenino alternativo'

En las novelas cisnerianas, a diferencia de las boullosianas, la formación de las protagonistas se proyecta como posible, como una senda, no sin sus muchos recovecos, hacia la afirmación de la identidad. Como ocurre en la representación de Boullosa, el desarrollo femenino en las novelas de Cisneros aparece plagado de dificultades e incertidumbres, que, originadas en la configuración del yo como seno de las diversas formaciones ideológicas que determinan la experiencia histórica de opresión de las chicanas, dibujan un viaje de formación tortuoso e intrincado. Ubicada en la intersección de fronteras que separan espacios nacionales, lenguas y culturas, grupos étnicos, géneros y clases sociales, la subjetividad de las protagonistas aparece fragmentada en múltiples pedazos. Con todo, Cisneros resuelve positivamente el espacio dialéctico que ocupan sus protagonistas trazando un camino de desarrollo que, partiendo del sentimiento inicial de irreconciliable otredad de los personajes, discurre por la consolidación del ser y la afirmación de su presencia en el devenir histórico.[39] De ese modo, el itinerario de *Bildung* en los textos cisnerianos sigue un trazado en que las heroínas abandonan el espacio subalterno al que están confinadas según los parámetros dominantes – superando así la 'historia normativa' de formación – para afirmar su autodeterminación y, siguiendo a Gerda Lerner, su percepción de sí mismas como parte de la historia.[40] Con ello, y frente a la reescritura negativa boullosiana, Cisneros remodela el *Bildungsroman* femenino y lo convierte en un género adecuado para la expresión de una identidad femenina nueva alejada de los parámetros negativos que han definido tradicionalmente la feminidad por medio de lo que puede denominarse '*Bildungsroman* femenino alternativo'.[41]

La afirmación de la voz personal de las protagonistas frente a los códigos culturales da paso a la fundación de un territorio inserto en la historia conformado por su autodefinición y por su recuperación del legado cultural, cuya ubicación les permite convertirse en agentes y transformar así las determinaciones de los discursos que las condicionan. Como señala Rita Felski (pp. 56–57),

> we may not conclude that because subjectivity is constructed, it constitutes an illusion which merely serves to reproduce the status quo [...] Human subjects are not simply constructed through social and linguistic structures, but themselves act upon and modify the structures through the reflexive monitoring of their actions.

De manera análoga, Patricia Waugh comenta que 'it is possible to experience oneself as a strong and coherent agent in the world, *at the same time* as understanding the extent to which identity and gender are socially constructed and represented' (p. 14). La posibilidad de agencia y autocreación de las protagonistas establece los cimientos de nuevos espacios de significados que, redefinidos desde el interior de la propia cultura chicana, permiten mirar

---

[39]   Es oportuno mencionar que la obra cisneriana se caracteriza en su conjunto por su afirmación de nuevos modelos para la mujer. Como explica Erlinda Gonzales-Berry, Cisneros 'makes women the central focus of the narrative and presents a firmly centered female protagonist who acts, not as the Other of a male protagonist but, rather, as a subject who dares to confront lies and to deconstruct myths' ('Unveiling Athena: Women in the Chicano Novel', en *Chicana Critical Issues*, ed. por Norma Alarcón y otras (Berkeley: Third Woman Press, 1993), pp. 33–44 (p. 43)).

[40]   *Why History Matters: Life and Thought* (New York: Oxford University Press, 1997), p. 201.

[41]   Utilizo la denominación '*Bildungsroman* femenino alternativo', frente a 'anti-*Bildungsroman* femenino', con ánimo de establecer claramente la diferenciación entre dos formas de reescribir el género en las prácticas literarias boullosianas y cisnerianas, diferentes la una de la otra *y* diferentes del *Bildungsroman* convencional.

hacia el futuro desde la óptica de un proyecto vital sobre el que fundar una identidad inédita potencial, es decir, 'otro modo de ser'.

Ese 'otro modo de ser' se alza sobre la concepción de la identidad de las protagonistas como provisional y heterogénea, como un yo en constante negociación en consonancia con las posicionalidades y experiencias múltiples de las chicanas en el espacio fluido que comporta su movimiento constante entre fronteras. A través de este yo se deconstruyen nociones de identidad fija emergentes del orden patriarcal, burgués, racista y nacionalista a favor de la libertad y la elección, configurando un complejo tejido que Norma Alarcón denomina 'subject-in-process': 'Identity formations through differentially theorized experience – in this instance through the term Chicana, thus signalling a historically raced/gendered/class position forged through the interstices of two nation-states – proposes a subject-in-process, desirous of self-determination.'[42] Este 'sujeto-en-proceso' está en el corazón de las chicanidades y corresponde a lo que Rafael Pérez-Torres llama 'an endless project of becoming, rather than being, Chicana/o' (p. 30).

Cisneros insiste en ese 'proceso de hacerse chicana/o' o 'sujeto-en-proceso' en la representación de la identidad de sus protagonistas a través de dos elementos: la perspectiva presente del relato de *Bildung*, que, al secuenciar la transformación psicológica del yo de la niña y después adolescente como un proceso actual e inmediato simultáneo a la narración, acentúa el proceso de cambio de la subjetividad e intensifica su inserción dentro del devenir histórico;[43] y el final abierto e inconcluso de las novelas, que, frente a la atadura de cabos característica del *Bildungsroman* tradicional, no presentan la *Bildung* como terminada al final de la narración sino todavía en proceso.[44] Por medio de este flexible modelo reconstructivo – en conjunción con el retrato de experiencias femeninas chicanas plurales a través de las muchas mujeres que desfilan por sus novelas – Cisneros se aleja de una condición ontológica chicana esencializada para acomodar la multiplicidad, la diferencia y la ambigüedad en la reconceptualización del yo, superando así las dificultades inherentes a la reconstrucción identitaria femenina. A diferencia de lo que ocurría en la narrativa boullosiana, en la cisneriana, pues, la identidad múltiple, fragmentada y descentrada del sujeto femenino crea signos móviles positivos de identidad que dan lugar a una apertura en

---

[42] 'Cognitive Desires', pp. 81–82. En relación con este tema, véase también su artículo 'Conjugating Subjects: The Heteroglossia of Essence and Resistance', en *An Other Tongue*, ed. por Arteaga, pp. 125–38.

[43] Este tiempo narrativo, característico también de *Caramelo*, constituye una constante de la ficción cisneriana.

[44] En relación con los rasgos de *Künstlerroman* de estas novelas, la narración misma de *The House* y *Caramelo* encarna ya el producto de la concienciación lograda de un personaje que ha alcanzado su madurez, con lo que, desde este punto de vista, la *Bildung* femenina daría un paso más allá de la suspensión de los relatos en el yo adolescente de las protagonistas.

que el sujeto femenino se transfigura en diversas propuestas que equilibran, sin negar, las ambigüedades y ofrecen modalidades nuevas y flexibles de autodeterminación, resistencia y agencia política del individuo.

De esta suerte, la interrelación dialéctica entre el individuo y los procesos sociales que caracteriza el *Bildungsroman* da lugar en la historia de las protagonistas cisnerianas a una resolución armónica, es decir, a unas 'contrahistorias' que, a diferencia de la anti-*Bildung* boullosiana, articulan una *Bildung* femenina positiva. A esta se yuxtaponen las 'contrahistorias' de formación negativa que, como ya vimos, siguen otras mujeres, como las vecinas del barrio o las abuelas de Esperanza y Lala, cuyo ejemplo será fundamental en el proceso de concienciación de las heroínas.[45]

La propuesta afirmativa cisneriana comporta, pues, un movimiento doble: la deconstrucción de las fuerzas y estructuras sociales que generan y perpetúan la subordinación de las chicanas e impiden o dificultan su formación como sujetos; y un movimiento reconstructivo que conlleva una rearticulación de subjetividades femeninas potenciales – o 'sujetos-en-proceso' – y, con ello, una propuesta política viable enraizada en las condiciones de existencia de las chicanas, que busca generar alternativas a su compleja problemática. Para ello, Cisneros se aleja de la perspectiva exclusivamente institucional que caracteriza la aproximación boullosiana para enfatizar, en palabras de Teresa de Lauretis, 'the subjective and even individual level of micropolitical and everyday practices',[46] 'prácticas' que abren una posibilidad de agencia y autodeterminación personal y política y resisten eficazmente la desesperanza nacida del poder de las instituciones.

Para representar la 'contrahistoria' de *Bildung* de sus heroínas, Cisneros construye un mundo literario en que, a diferencia de la 'irrealidad' de las dos primeras novelas boullosianas, la verosimilitud es el motor de la organización de la conciencia que estructura la subjetividad narradora, ubicada en un universo con referentes sociohistóricos reconocibles en la inmediatez. Como sugieren especialmente el lenguaje poético de *The House* y la perspectiva lúdica y problematización de la representación de *Caramelo*, ello no implica en modo alguno que Cisneros conceptúe el 'mundo real' como singular o absoluto en una narración mimética tradicional, ni tampoco que haya una pretensión de representar transparentemente los hechos en su totalidad para encontrar 'la verdad' derivada de la certeza de la intelección del mundo. Lo que la escritora persigue no es tanto el detalle realista o el referente verificable

---

[45] A esas otras 'contrahistorias' de formación negativa se las podría calificar también de 'anti-*Bildungen*', que muestran los efectos trágicos de la 'historia normativa' desmitificándola y cuestionándola. En este trabajo, con todo, reservo la denominación de 'anti-*Bildung*' para la reescritura boullosiana con ánimo de mantener bien diferenciadas las distintas reescrituras de las dos autoras con respecto a las identidades protagónicas que constituyen el foco de estudio.

[46] *Technologies of Gender*, p. 9.

como la puesta en evidencia de las condiciones de opresión y lucha por la supervivencia de su comunidad y la reformulación de proyectos viables para esta. De modo análogo, frente al yo ausente y desdibujado boullosiano, los 'contradiscursos' que disputan la visión dominante en las novelas cisnerianas no se apartan de una concepción realista de los personajes, cuya aproximación a los seres de carne y hueso del 'mundo real' facilitan la identificación del lector, que se deja así arropar por la 'verdad' de la ficción y se adentra en un universo en que las voces divergentes y las 'contrahistorias' resuenan con la fuerza vigorosa proporcionada por la cercanía.

The House on Mango Street: *la 'casa en el corazón' de Esperanza*
En *The House on Mango Street*, su protagonista Esperanza emprende un viaje desde la infancia que la lleva a las puertas de la madurez como resultado de su toma de conciencia de la realidad social del barrio y de los condicionamientos que en él determinan las vidas de las chicanas, que, encarnadas en las historias de las vecinas, discurren por las sendas decretadas por los dictados patriarcales, racistas y clasistas y dibujan una formación que borra a la mujer del devenir histórico. Esas 'contrahistorias' de formación negativa funcionan como proyección del posible futuro que aguarda a Esperanza como parte de esa comunidad, futuro al que se niega a doblegarse enfrentando la imagen que proyectan aquellas historias con su propia 'contrahistoria' de *Bildung* fundada en su sólida voluntad de autodeterminación.

La 'contrahistoria' de *Bildung* que representa el proceso de maduración de Esperanza es narrada por su protagonista a lo largo de cuarenta y cuatro fragmentos sin una continuidad cronológica definida que emplazan la historia en la realidad social del barrio en que se desenvuelve la existencia de muchas chicanas. La niña narradora retrata la vida en ese entorno por medio de los diferentes personajes que lo pueblan y da cuenta de sus sentimientos y experiencias en él, trazando de este modo su proceso de *Bildung*. La fragmentación narrativa traza un recorrido no lineal o nítido de *Bildung* que refleja la experiencia vital de Esperanza como un mosaico de episodios vivenciales, que esta, y del mismo modo los lectores, han de dilucidar y convertir en una vida y narración coherentes.[47] El relato se caracteriza por sus oraciones sencillas, mayoritariamente paratácticas, y su empleo generalizado del tiempo presente, lo que da lugar a la fusión del 'yo narrado' y el 'yo que narra'.[48] El presente narrativo y la fusión de los dos actantes indican que

---

[47] Aunque los fragmentos de *The House* no conforman un itinerario de *Bildung* ordenado en etapas sucesivas, el presente análisis tratará de discernir un camino más o menos ordenado de desarrollo siguiendo el rastro que van dejando diferentes fragmentos.

[48] La separación entre ambos actantes la encontramos en contadas ocasiones, como, por ejemplo, el relato de Esperanza de su encuentro con tía Lupe, que le dice (p. 61): 'You must remember to keep writing, Esperanza. You must keep writing. It will keep you free, and I said yes, but at that time I didn't know what she meant.' Otra ilustración la hallamos en el relato

la narradora no va a contar la historia de su *Bildung* como adulta de modo retrospectivo, sino que su propia formación está en proceso y es paralela a la narración, que irá descubriendo al personaje, y con ello al lector, su propio proceso de maduración. En conformidad con ello, y a diferencia de lo que suele ocurrir en la versión paradigmática del *Bildungsroman*, la niña no se presenta a sí misma desde el principio de la narración por medio de su nombre, lo cual confirma la ausencia de un sentido sólido de identidad al inicio de su formación y está en consonancia con la representación de su proceso de concienciación en desarrollo. Como resultado de todos esos elementos, se crea un efecto de viveza e inmediatez en el retrato de la experiencia de *Bildung* que enfatiza el sentido de potencialidad y transmite de modo fehaciente la necesidad que tiene el individuo que se aleja de los senderos predeterminados por la 'historia normativa' de inventar nuevas veredas que le permitan definir su identidad.

El motivo con que se inicia el texto y alrededor del cual girará el relato de *Bildung* en *The House* es el deseo de su protagonista de escapar de la calle Mango y, por tanto, de las limitaciones que acechan sobre su sentido del yo como habitante del barrio. El aspecto viejo y desvencijado del nuevo hogar al que se acaban de mudar su familia y ella avergüenza a la pequeña Esperanza e incita su deseo de escapar del barrio y tener 'a real house', 'like the houses on T.V.' (p. 4), es decir, una casa que en esta fase temprana del desarrollo de la pequeña corresponde a deseos materialistas basados en la ideología asimilacionista de la *American way of life*.

Desde la mirada de la niña, en la casa y el barrio 'there is too much sadness and not enough sky. Butterflies too are few and so are flowers and most things that are beautiful' (p. 33). Los sentimientos de Esperanza, como vemos, se proyectan sobre su entorno, que la niña percibe subjetivamente como espacio inhóspito en que el mundo natural, metáfora de libertad y belleza, apenas se puede entrever: el cielo, oculto bajo bloques de pisos o nublado por la visión de la protagonista, parece querer huir, mientras que las mariposas y las flores no hallan un hábitat adecuado donde vivir y desarrollarse. Pese a estas limitaciones, no obstante, la narradora no emplea un tono de lamento en su relato sino que, en consonancia con su determinación de construir su propia *Bildung*, expresa tempranamente su fe en la capacidad del individuo de transformar la privación en contento (p. 33): 'Still, we take what we can get and make the best of it.' Este acento jovial es recreado, de igual modo, en los diversos fragmentos en que se celebra el gusto de la infancia, como ilustran 'Our Good Day', 'Laughter' o 'And Some More'.

En su ansia de no heredar el lugar 'junto a la ventana' que condenó a su bisabuela Esperanza, la protagonista expresa en 'My name' su deseo de

---

retrospectivo del fragmento titulado 'Monkey Garden' (p. 96): 'This is where I wanted to die and where I tried one day but not even the monkey garden would have me. It was the last day I would go there.'

darse a sí misma un nombre nuevo, es decir, un nombre culturalmente vacío
al que imprimir significado partiendo de sí misma, desvinculándose de esa
manera de las limitaciones que representa el nombre de su antecesora. Así
formula Esperanza su anhelo (p. 11): 'I would like to baptize myself under a
new name, a name more like the real me, the one nobody sees. Esperanza as
Lisandra or Maritza or Zeze the X. Yes. Something like Zeze the X will do.'
Por un lado, darse un nombre nuevo constituye un acto de resistencia positivo
en la tarea de crear un yo fluido y flexible que la mujer pueda moldear con
libertad. Por otro lado, sin embargo, nuestra protagonista internaliza su otredad
separándose de sí misma y de la comunidad, como muestra la dicotomía que
establece entre las dos entidades de 'Esperanza' y 'Zeze the X'. La primera
corresponde a la habitante del barrio conformada por su legado cultural, es
decir, su 'yo falso', mientras que la segunda constituye 'the real me, the one
nobody sees' (p. 11), esto es, la versión del personaje que niega el anclaje
de su identidad en el barrio y aspira a un proyecto imposible – análogo
al de la niña de *Antes* – de creación de su yo individual al margen de las
configuraciones culturales que lo conforman. Una separación similar entre su
'yo falso' y su 'yo auténtico' es expresada de nuevo en el fragmento 'Born
Bad', en el que la ya adolescente protagonista le recita a su tía Lupe un
poema escrito por ella misma (pp. 60–61):

> I want to be
> like the waves on the sea,
> like the clouds in the wind,
> but I'm me.
> One day I'll jump
> out of my skin.
> I'll shake the sky
> like a hundred violins.

La imposibilidad de ese proyectado 'brinco' de la protagonista hacia fuera de
sí misma muestra, pues, que el conflicto entre la pertenencia al barrio y los
deseos y aspiraciones del personaje parece irreconciliable.

La tía Lupe, una mujer ciega que, cual figura mitológica, manifiesta una
visión profética, entiende el poder de la palabra y anima a la niña a que siga
escribiendo (p. 61): 'You must remember to keep writing, Esperanza. You
must keep writing. It will keep you free.' La sobrina, con todo, desconoce por
ahora el significado de sus escarceos literarios y de las palabras de Lupe (p.
61): 'I said yes, but at that time I didn't know what she meant.' Su ignorancia
es análoga a su falta de entendimiento del vaticinio de la adivina Elenita,
a quien Esperanza acude para saber si se cumplirá su ilusión de tener una
casa propia. Elenita le confirma que en su futuro ve una casa, 'a home in the
heart' (p. 64), a lo que Esperanza, desilusionada, replica (p. 64): 'Is that *it*?'
La protagonista, como vemos, no ha alcanzado todavía la madurez suficiente

que le permita comprender y, con ello, aceptar esa 'casa en el corazón': sus sueños siguen girando en torno a sus anhelos de dejar atrás su origen y tener una casa como espacio material que la libere de su legado.

En el capítulo 'Four Skinny Trees' Esperanza encuentra su propio reflejo en cuatro árboles del barrio 'with skinny necks and pointy elbows like mine' (p. 74). Estos le dan consuelo y amparo cuando las inquebrantables murallas del barrio casi la aplastan (p. 75): 'When I am too sad and too skinny to keep keeping, when I am a tiny thing against so many bricks, then it is I look at trees. When there is nothing left to look at on this street.' El paralelismo y la anáfora, junto con el juego de palabras y aliteración del duro sonido velar plosivo [k] en 'skinny to keep keeping', dan una expresiva voz a las dificultades del ambiente que la heroína tiene que enfrentar. Frente a este, la fortaleza y el esplendor de los cuatro árboles funcionan como modelo para la joven, quien, como ellos, muestra su voluntad de perseverar en sus aspiraciones pese a la hostilidad de un entorno de ladrillo y hormigón (p. 75): 'Four who grew despite concrete. Four who reach and do not forget to reach. Four whose only reason is to be and be.' De nuevo, la anáfora, el paralelismo sintáctico y el lenguaje poético de la narradora comunican expresivamente la entereza de Esperanza y el espíritu que la llevará por el sendero de una *Bildung* positiva.

Según la visión de Esperanza, esos cuatro árboles, como ella, 'do not belong here but are here' (p. 74). Su visión de sí misma como ubicada por error en un mundo que no es el suyo se vuelve a repetir en la viñeta que lleva por título 'Sally', en la que la niña, movida por la empatía que siente hacia su amiga, proyecta sus deseos en un diálogo con esta que lo es, en realidad, consigo misma (pp. 82–83):

> Sally, do you sometimes wish you didn't have to go home? Do you wish your feet would one day keep walking and take you far away from Mango Street, far away and maybe your feet would stop in front of a house, a nice one with flowers and big windows and steps for you to climb up two by two upstairs to where a room is waiting for you. And if you opened the little window latch and gave it a shove, the windows would swing open, all the sky would come in. There'd be […] only trees and more trees and plenty of blue sky. […] And you wouldn't have to worry what people said because you never belonged here anyway.

Por medio de este diálogo-monólogo vemos que, de nuevo, Esperanza distingue espacialmente su 'yo falso' de su 'yo auténtico', un yo este que la lleva ahora a un *locus amoenus*, en que, frente a la pobreza de cielo del barrio, habría un cielo inmenso en armonía con su ser propio.

El desarrollo de Esperanza en la pubertad trae consigo los deseos sexuales propios de esta etapa y así se aprecia en el fragmento titulado 'Sire' (p. 73): 'Everything is holding its breath inside me. Everything is waiting to explode like Christmas. I want to be all new and shiny. I want to sit out bad at night, a boy around my neck and the wind under my skirt.' Esos deseos rebeldes satisfacen la fantasía de la adolescente del mito romántico heterosexual al mismo tiempo que le proporcionan vías de escape del desaliento del barrio. La decidida protagonista, no obstante, expresa su firme decisión de abandonar el espacio de pasividad y estatismo 'junto a la ventana' en sus relaciones con el otro sexo. Su observación sensible de las vidas de sus vecinas Marin, Rosa Vargas, Ruthie, Mamacita, Rafaela o Minerva, cuyas tristes historias se originan en gran parte en su dependencia o sometimiento al hombre, hace a la protagonista rechazar en su imaginación la pasividad y nulidad de estas mujeres: Esperanza quiere 'sit out bad at night', esto es, anhela ser una 'mujer mala' que se rebela contra la tradicional ausencia femenina. En 'Beautiful and Cruel' la heroína expresa firmemente esta resolución (p. 88): 'I have decided not to grow up tame like the others who lay their necks on the threshold waiting for the ball and chain.' En sus fantasías rebeldes, Esperanza manifiesta su idealización de la imagen de la *femme fatale*, esto es, la mujer activa, independiente y en control de su poder sexual (p. 89): 'In the movies there is always one with red lips who is beautiful and cruel. She is the one who drives the men crazy and laughs them all away. Her power is her own. She will not give it away.' Es la misma caracterización que encontramos en *El laberinto de la Soledad* de la 'mujer mala' (p. 35):

> La imagen de la 'mala mujer' casi siempre se presenta acompañada de la idea de actividad. A la inversa de la 'abnegada madre', de la 'novia que espera' y del ídolo hermético, seres estáticos, la 'mala' va y viene, busca a los hombres, los abandona. […] La 'mala' es dura, impía, independiente, como el 'macho'.

Esta imagen femenina nos lleva a la denostada Malinche, que se desviste ahora de la negatividad tradicional que le otorga el discurso dominante para convertirse para Esperanza en un modelo positivo de insubordinación y autoafirmación.

En el universo apenas descubierto de la adolescencia, Esperanza se deja acompañar por Sally. Su experimentada amiga representa para la protagonista el poder de la sexualidad que ella ansía, lo que, como vemos en el fragmento 'Sally', despierta la admiración de Esperanza. En 'Monkey Garden', con todo, la confundida adolescente se debate entre la seducción que ejercen los juegos sexuales de su amiga y el deseo imposible de seguir tomando parte en otros juegos, los de la infancia, un espacio en que, como empieza a discernir Esperanza y como también intuía la niña de *Antes*, no tiene que enfrentar la vulnerabilidad que representa su género en el orden falocéntrico. La amenaza que representa su sexualidad se cierne sobre la joven, según se vio, en el acoso que sufre en la feria ambulante. A través de este encontronazo, radicalmente diferente de la épica de iniciación sexual de la versión masculina del *Bildungsroman*, Esperanza se da cuenta de que en ese mundo de relaciones de poder ella no posee el control anhelado, lo cual desbanca los discursos escapistas del amor romántico como vía para alcanzar sus sueños de autonomía y libertad y, del mismo modo, su idealización de la mujer 'bella y cruel' de las películas. Esperanza tendrá que encontrar otra vía de reafirmarse a sí misma y convertirse en 'mujer mala' partiendo de su realidad.

La desolación de las mujeres vecinas que ha ido observando a lo largo de su desarrollo confirman, de manera similar, el discernimiento de Esperanza de que los mitos del erotismo, el matrimonio y la formación de una familia en esa estructura social no constituyen realmente una forma de escapar de las condiciones del barrio. Esta desmitificación queda ilustrada especialmente en el destino de la joven Sally, cuyas razones para casarse descifra Esperanza en 'Linoleum Roses' (p. 101): 'She says she is in love, but I think she did it to escape.' Según corrobora Irene I. Blea, para las chicanas pobres de clase trabajadora 'marriage promises independence and the hope for a better life' (p. 122). En el caso de Sally, sin embargo, esa esperanza de una vida mejor la lleva a otro 'barrio' incluso peor del que escapó.

Rodeada de ejemplos de 'contrahistorias' de formación femenina negativa, la joven Esperanza arde en deseos de dejar la calle Mango y tener una casa propia en que crearse a sí misma de manera autónoma, 'not a man's house. Not a daddy's. A house all my own' (p. 108). Su madre la orienta en dirección a su *Bildung* incitando a la hija a que estudie duro para poder así cuidar de sí misma, animándola con ello a abandonar el rol de dependencia que ella y otras tantas vecinas se han visto obligadas a asumir (p. 91): 'Esperanza, you go to school. Study hard. [...] Look at my *comadres*. She means Izaura whose husband left and Yolanda whose husband is dead. Got to take care all your own, she says shaking her head.' A la orientación de su madre se une el modelo positivo de *Bildung* de su amiga Alicia, una chica inteligente que representa una excepción en el barrio al no elegir el camino del matrimonio para salir de su dura situación. De ella comenta Esperanza (pp. 31–32): '[She] studies for the first time at the university. Two trains and a bus, because she doesn't want to spend her whole life in a factory or behind a rolling pin. Is a good girl, my friend, studies all night.'

Un paso más en el proceso de maduración de Esperanza viene representado por el misterioso encuentro con las tres comadres del fragmento 'Three Sisters'. Estas figuras, afines a las tres Parcas de la mitología griega que hilan el destino de los seres humanos, profetizan un futuro en que los deseos de la joven se harán realidad. Las comadres, con todo, le recuerdan la importancia de que reconozca su origen y su identidad como parte del

barrio, es decir, como Esperanza – y no como 'Zeze the X' (p. 105): 'You
will always be Esperanza. You will always be Mango Street. You can't
erase what you know. You can't forget who you are.' A pesar de que sigue
siendo reacia a identificarse con su 'yo falso', la protagonista empieza
a reconocer que, en verdad, ella no es otra que la Esperanza de la calle
Mango. Así lo vemos en el fragmento que sigue, 'Alicia & I Talking on
Edna's Steps', en que la narradora asevera 'I don't ever want to come from
here' (p. 106), negación que implica su reconocimiento implícito de que,
en realidad, pertenece a ese 'aquí' real y no al entorno idealizado de un 'yo
auténtico' falso. Del mismo modo que las comadres, su amiga Alicia insiste
en la necesidad de que acepte sus raíces y su pertenencia a la comunidad,
aceptación fundamental en la responsabilidad que como Esperanza – y no
como 'Zeze the X' – tiene en la tarea de transformar y mejorar la calle
Mango (p. 107): 'Like it or not you are Mango Street and one day you'll
come back too.'

A través de la guía que recibe de esos diversos personajes, equivalentes
a la figura del *mentor* del *Bildungsroman*, Esperanza consigue comprender
que la realidad del barrio es vital para su supervivencia y desarrollo, ya
que la negación de sus raíces – de su yo social o 'yo falso' – equivaldría
a la negación de sí misma y conformaría un abismo desde el que definir
su yo futuro sería un proyecto irrealizable. De manera similar, la joven
se da cuenta de que la disyunción entre la integración social al barrio
y su liberación individual es solo aparente y va entonces encontrando
respuesta a la paradoja de no pertenecer al lugar al que pertenece. La
aceptación de sus raíces culturales y su determinación de integrarse en la
historia y afirmar su agencia permiten a nuestra heroína, a diferencia de
lo que ocurre con la protagonista de *Antes*, reconciliarse con su otredad e
identidad fragmentada y poner los cimientos de la casa con la que siempre
había soñado. Desde la óptica de su madurez emocional, Esperanza puede
ya penetrar en esa casa, la 'casa hecha de corazón' que le vaticinara
Elenita, un espacio simbólico en que el individuo pueda definirse y crear
nuevos valores partiendo de su aceptación de sí mismo y de su entorno.
En palabras de María Elena de Valdés, 'the lesson she must learn is that
the house she seeks is in reality her own person' (p. 164). El simbolismo
de la casa, además, enfatiza de modo implícito la problemática de la
mujer alejada de sí misma y aprisionada en el hogar que emerge de las
tristes historias de sus vecinas, problemática que Esperanza se propone
superar.

En los dos últimos fragmentos, la casa soñada que poco a poco va
vislumbrando la protagonista toma una forma más precisa a través del
descubrimiento de la protagonista de su vocación literaria. En el primero de
ellos, 'A House of My Own', el hogar que la joven ha estado buscando se
convierte en casa poética (p. 108): 'Only a house quiet as snow, a space for

myself to go, clean as paper before the poem.'[49] Esperanza, que hasta ahora había mostrado inquietudes literarias, comprende ahora que su necesidad de escribir y sus ansias de escapar y tener un espacio propio van de la mano: la palabra escrita recoge las huellas de su identidad fragmentada y construye el camino hacia la concienciación del yo y el conocimiento de sí misma que constituyen los cimientos de la nueva casa.[50] En el último pasaje, una vez aceptada la pertenencia a la calle Mango, la escritura se convierte en la aliada de Esperanza en su distanciamiento de la realidad opresiva del barrio y su superación emocional de sus limitaciones (p. 110): 'I put it down on paper and then the ghost does not ache so much. I write it down and Mango says goodbye sometimes. She does not hold me with both arms. She sets me free.'[51] La joven hace ahora suyas las palabras de la tía Lupe: la indagación autobiográfica representa una forma terapéutica de vencer el fantasma que habita en su interior y así de liberarse. En un movimiento circular que, a diferencia de las novelas de Boullosa, dibuja un trazado positivo, Esperanza vuelve al principio para convertirse en la narradora que escribe la historia de su propia *Bildung* y que ha comprendido finalmente qué significa la casa de la calle Mango (pp. 109–10):

> I like to tell stories. I am going to tell you a story about a girl who didn't want to belong. We didn't always live on Mango Street. Before that we lived on Loomis on the third floor, and before that we lived on Keeler. Before Keeler it was Paulina, but what I remember most is Mango Street, sad red house, the house I belong but do not belong to.

La casa literaria que Esperanza ha ido creando como narradora a lo largo de su relato ha sido, además, la afirmación constante de la pertenencia del personaje a la calle Mango a través de la hibridez lingüística de los fragmentos, metáfora de la identidad cultural múltiple y fluida que la protagonista está ahora en condiciones de comprender y aceptar.

Con la escritura de su yo Esperanza puede entonces comprender su presente y crear una casa en que albergar su recién encontrada identidad.

---

[49] El motivo de la casa como espacio de creación se hace eco de la 'habitación propia' de Virginia Woolf, pero, significativamente, mientras que para Woolf la habitación equivale a un espacio necesario para escribir, en Cisneros posee connotaciones más simbólicas, puesto que escribir constituye la forma de conseguir un espacio propio.

[50] Según Juan Bruce-Novoa, la escritura tiene una importancia central en el proceso de maduración representado en los *Bildungsromane* masculinos chicanos ('Hispanic Literatures in the United States', en *Retrospace*, pp. 25–32 (p. 31)), afirmación que se puede aplicar también al caso de la versión femenina del género y que se refleja en las dos novelas cisnerianas analizadas.

[51] 'Mango', como se observa en la cita, adquiere el género femenino del equivalente español 'casa' o 'calle', lo que manifiesta el 'inglés tropicalizado' con que Frances R. Aparicio caracterizara la lengua chicana.

El aliento que recibe de ese nuevo espacio le da, asimismo, fuerzas para proyectar su yo futuro, paso correspondiente al momento de la elección característico del final del *Bildungsroman* que confirma la entrada del personaje en la madurez (p. 110): 'One day I will pack my bags of books and paper. One day I will say goodbye to Mango. I am too strong for her to keep me here forever. One day I will go away.' Su propósito de alejamiento no puede ser más firme: la anáfora, el paralelismo y la triple repetición del verbo volitivo 'I will' muestran una resolución imparable. El empeño de Esperanza es tan recio que puede incluso predecir la reacción de sus vecinos ante su marcha del barrio (p. 110): 'Friends and neighbors will say, What happened to that Esperanza? Where did she go with all those books and paper? Why did she march so far away?' Los vecinos, sin embargo, no sabrán que Esperanza volverá, que marcharse del barrio será solamente el paso necesario para poder volver más tarde fortalecida y en condiciones de asumir su responsabilidad, esto es, para volver 'for the ones I left behind. For the ones who cannot out' (p. 110). Aunque el final de la novela queda suspendido en esta decisión de la protagonista de marcharse, sabemos que el relato de Esperanza de su historia y la de la comunidad representa ya la construcción de su propia casa e igualmente el retorno a la calle Mango en busca de las otras mujeres en su intento de ofrecerles un camino sembrado de esperanza.

Caramelo: el descubrimiento del bordado de Bildung en el rebozo de la abuela

Como en *The House*, en *Caramelo* Sandra Cisneros describe la *Bildung* de su protagonista como un sendero que, aunque sinuoso, va abriendo paso a un espacio de identidad posible para el ser de las chicanas dentro del orden hostil en que se ubica su existencia. De modo semejante a la *Bildung* de Esperanza, en la de Lala el descubrimiento de ese espacio es indisociable del legado familiar e histórico-cultural que borda el rebozo de su vida.

De relevancia fundamental en el proceso de *Bildung* femenina en *Caramelo* es, en efecto, la concienciación de la protagonista como producto del aprendizaje que le proporciona el ejemplo de la 'contrahistoria' de formación negativa de la abuela. En la historia vital de su antecesora, inundada, como se analizó, por la frustración, hallamos un equivalente de las tristes historias de las mujeres del barrio de la novela anterior. A pesar de las importantes diferencias entre el contexto histórico, geográfico y sociocultural en que habitan abuela y nieta, sobre la segunda pesan barreras que, de modo análogo, imponen una identidad fija y amenazan con configurar su vida como una historia de frustración y desengaño. La experiencia y ejemplo de la abuela serán esenciales en la formación de Lala, lo que, conjugado con la voluntad de la heroína de crear su propia 'contrahistoria' de *Bildung*, dará lugar a una resolución armónica que incide en el sentido de posibilidad y potencialidad de las chicanas. En su segunda narración, pues, Cisneros articula de nuevo un espacio contradiscursivo que ofrece una propuesta positiva de *Bildung* como parte del amplio proyecto cisneriano de escribir 'alternative discourses against all histories written about and against Mexican American women'.[52]

En *Caramelo* esa creación de discursos alternativos sobre la historia femenina se enmarca en un proyecto más complejo y ambicioso que en la novela anterior: Cisneros pretende recapturar la borrosa memoria familiar y colectiva chicana desde su propio punto de vista como acto de resistencia frente a la historia erigida por el discurso dominante. Por medio de esta rememoración, la autora aspira a recuperar para los chicanos un sentido de agencia en una historia que los ha borrado, marginado o estereotipado. En palabras de la autora, 'but in the end it is important we each tell our versions, set the story straight and write our own interpretations instead of having them written for us. Sometimes one needs to reinvent one's past before one can re-invent [sic] one's future.'[53] Este imaginario reconstruido a través de la memoria, que entronca con el conjunto de la literatura chicana,[54] se debe entender, no como un retorno nostálgico e idealizado a la comunidad y a las tradiciones, sino como, en palabras de Norma Klahn, 'a feminist political positioning, fundamental to the re-grouping of a community dis-(re)membered'.[55]

En su reescritura de la historia en *Caramelo*, Cisneros subraya que su recreación constituye un gesto puramente subjetivo. La sección que encabeza la novela, 'Disclaimer',[56] es ya reveladora:

> The truth, these stories are nothing but story, bits of string, odds and ends found here and there, embroidered to make something new. I have invented what I do not know and exaggerated what I do to continue the family tradition of telling healthy lies. If, in the course of my inventing, I have inadvertently stumbled on the truth, *perdónenme*. To write is to ask questions. It doesn't matter if the answers are true or *puro cuento*. After all and everything only the story is remembered, and the truth fades away like the pale blue ink on a cheap embroidery pattern.

De modo análogo, la subjetividad narradora de Lala enfatiza el hecho de que inventa, imagina o exagera los hechos narrados. Así lo vemos al inicio

---

[52]   Esra Satiyanci Öztarhan, 'Rememory and the Challenge of Histories in Cisneros' *Caramelo*', *Ege Alman dili ve edebiyati aras tirmalari dergisi*, 13.2 (2004), 79–89 (p. 79).

[53]   Citado en Satiyanci, p. 87.

[54]   Rosa Morillas Sánchez, 'Destiny vs. Destination: memoria y viaje como relación amor/odio en las heroínas chicanas', en *Perspectivas transatlánticas en la literatura chicana: ensayos y creatividad*, coord. por María Herrera-Sobek y otros (Málaga: Universidad de Málaga, 2002), pp. 211–21 (p. 202).

[55]   'Literary (Re)Mappings', p. 123.

[56]   El título completo de esta sección es: 'Disclaimer, Or I Don't Want Her, You Can Have Her, She's Too *Hocicona* For Me'.

de la segunda parte del relato, en el que la narradora formula claramente las líneas de su proyecto de recreación de la historia de sus antecesores (p. 89): 'When I was dirt is when these stories begin. Before my time. Here is how I heard or didn't hear them. Here is how I imagine the stories happened, then.' Siguiendo estas líneas, la reescritura que sigue de la historia de Soledad aparece salpicada constantemente por el diálogo juguetón entre la narradora y la abuela en su disputa de la autoridad de los hechos rememorados. Valga como ilustración el siguiente ejemplo de su intercambio de entre los muchos que encontramos en el relato (p. 156):

> **Why do you constantly have to impose your filthy politics? Can you just tell the facts?**
> And what kind of story would this be with just facts?
> **The truth!**
> It depends on whose truth you're talking about. The same story becomes a different story depending on who is telling it.[57]

Por medio de lo que Ellen McCracken llama 'politicized appropriations of postmodernism',[58] se muestra el germen subjetivo de la narración poniendo de relieve que todas las narraciones – sean historia o ficción – están sujetas a las mismas estrategias narrativas y, por lo tanto, son construcciones discursivas o 'puro cuento': la historia no es lo que pasó, sino cómo y qué se narró, es decir, el poder pertenece al narrador. Por ello, ante las protestas de la abuela, Lala subraya su autoridad como narradora (p. 172): 'Your story *is* my story.' En las otras partes de la novela, en que la protagonista está todavía inmersa en su proceso de concienciación, se insiste en el borrado de la distinción entre cuento ('story') e historia ('history') de otras maneras, como, por ejemplo, el diálogo entre el personaje como adolescente y su padre (p. 246):

> – What's the difference between '*un cuento*' and '*una historia*'?
> – Ah! ... now that's a different kind of lie.

Con este cuestionamiento preñado de humor e ironía, Cisneros critica la esencia de la autoridad del narrador y de la historia oficial – 'la verdad' – poniendo de manifiesto que toda historia es una reconstrucción intencional y política de los hechos y subrayando la importancia de ser sujeto de la historia para contar la versión propia.[59] Como señalan los editores de *Memory, Narrative and Identity: New Essays in Ethnic American Literatures*, 'all memories – individual, family, ethnic, or racial – are socially constructed and allow for their

---

57 Se mantiene aquí la negrita del texto original.
58 'Postmodern Ethnicity', p. 22.
59 En esta argumentación he seguido las líneas del artículo de Esra Satiyanci Öztarhan citado anteriormente.

reconstruction in narratives in quest of change and new meaning. Narrative recollects in its aspiration to a new "story", a new history.'[60] La autoridad que reclama Lala como narradora en el 'contradiscurso' que representa su reconstrucción de una 'nueva historia' irá de la mano de la afirmación de su identidad propia como personaje en la 'contrahistoria' de su *Bildung*.

Como en el caso de la representación de la formación de Esperanza en *The House*, la *Bildung* femenina en *Caramelo* no sigue una línea nítida y sencilla hacia la autodeterminación de su protagonista. Tomando el significado central que tiene el rebozo caramelo de la abuela, podemos concebir su complejo diseño como imagen del intrincado desarrollo de la subjetividad femenina y de la dificultad con que se encuentran las chicanas en el discernimiento de su itinerario de formación.[61] Del sinuoso proceso de *Bildung* en la novela dan testimonio las estrategias narrativas utilizadas, que, como en el texto anterior, ponen de relieve la experiencia de la protagonista como chicana.

Caramelo presenta una estructura fragmentada en capítulos de variada extensión distribuidos en tres grandes partes sin un desarrollo cronológico. Así, de la infancia de Lala en la primera parte pasamos al pasado de sus ancestros y, en particular, de la abuela en la segunda parte y de ahí a la historia de los padres y la adolescencia de la protagonista en la tercera parte, lo cual conforma una estructura que plasma de modo muy efectivo el enlazamiento entre la historia de la protagonista y la de sus antecesores y en especial entre las historias de formación de la abuela y la nieta. De modo paralelo, en los capítulos que componen cada una de las tres partes de la novela encontramos frecuentes anacronías, inserción de historias de otros personajes o interrupciones constituidas por la intervención de la narradora en diálogo con el personaje, lo cual nos proporciona un retrato de la historia familiar y cultural chicana y del proceso de *Bildung* de Lala en su seno a modo de *collage* de episodios sin un sentido de desarrollo lineal. A estas múltiples capas narrativas se une el popurrí de repertorios genéricos que compone la narración, en la que se funden ficción, tradición familiar, cultura popular e investigación histórica. Esta última se inserta en el cuerpo del texto,

---

60   *Memory, Narrative and Identity: New Essays in Ethnic American Literatures*, ed. por Amritjit Singh y otros (Boston: Northwestern University Press, 1994), p. vii. El imperativo que Cisneros antepone a su relato, '*cuéntame algo aunque sea una mentira*'/'Tell me a story, even if it's a lie', invoca la preeminencia del acto de narrar la realidad sobre la verdad de lo que se narra, es decir, de ser sujeto de la propia historia. Según Rudolfo Anaya, 'the act of storytelling is very important in the Chicano community. Listening to or reading stories leads one to become a storyteller, and in writing a story one can re-create one's life' ('Foreword' de *Growing Up Chicana/o*, ed. por Tiffany Ana López (New York: Morrow, 1993), pp. 5–10 (p. 6)).

61   La narradora explica que el rebozo lo había heredado Soledad de su madre, quien había fallecido sin haberlo terminado, 'the design so complex no other woman was able to finish it without undoing the threads and starting over' (p. 94).

situando así historia y ficción al mismo nivel, y se presenta, además, en forma de numerosas notas a pie de página y de una cronología al final de la narración, que, como observa McCracken, constituyen 'counter-narratives that correct the gaps in the master narrative of U.S. and Mexican history' en su rescate de 'little known cultural, historical, and political facts in her alternative documentation'.[62] Todo ello da como resultado una innovadora maraña narrativa,[63] hilvanada por el recuerdo colectivo y la reconstrucción subjetiva por parte del 'yo' autobiográfico de la narradora. Como ocurría en la novela anterior, esta configuración no unitaria de la narración subraya la multiplicidad de la subjetividad de la protagonista y su constitución por variadas relaciones sociales en el universo plural que ocupa, representando su *Bildung* sin forzar artificialmente una unidad y linealidad inexistentes para el personaje.

Los capítulos de *Caramelo* que constituyen la 'contrahistoria' de *Bildung* propiamente dicha pertenecen a las partes primera y tercera, en las que Lala es niña y adolescente respectivamente. En ellas es difícil distinguir entre narradora y personaje, ya que Lala, como Esperanza, proyecta su historia como un proceso actual e inmediato mediante el empleo de una perspectiva temporal mayoritariamente de presente y la consecuente fusión de los dos actantes de la narración.[64] La narración se configura así como un camino en el curso del cual la joven protagonista irá descubriendo su identidad, estrategia que, como ya ocurría en *The House*, incide en el sentido de potencialidad y posibilidad de la subjetividad retratada.

En su conjunto, la perspectiva presente del relato, la discontinuidad temporal, la fragmentación narrativa, el uso extendido del diálogo, la multiplicación de las capas narrativas, la composición textual multigenérica y la hibridez lingüística o 'inglés tropicalizado', que, como en *The House*, caracterizan la narración,[65] dan lugar a una forma genérica que transmite eficazmente la experiencia múltiple y heterogénea de la *Bildung* de Lala. Al

[62] 'Postmodern Ethnicity', p. 10.

[63] Entre las técnicas narrativas innovadoras figuran largas notas a pie de página, algunas de ellas de más de una página de extensión, y notas de las notas a pie de página.

[64] En la primera parte de la novela, solo en contadas ocasiones encontramos separación entre personaje y narradora, como, por ejemplo (p. 86): 'Then Father does something he's never done in his life. Not before, nor since.' En la segunda parte, como se señaló, Lala aparece solo como narradora. En la tercera y última parte, mientras que, en general, no se establece separación entre ambos en el relato de su *Bildung* propia, sí la podemos hallar en otras ocasiones en referencia a otras figuras de la ficción. Así lo ilustra, por ejemplo, la pregunta que le hace la nieta a la abuela, 'Grandmother, who was cut out of this picture?' (p. 253), cuya respuesta conoce la narradora, quien, debido a su conocimiento superior al del personaje, puede recrear los recuerdos de la abuela que darán respuesta a la pregunta.

[65] Como ilustración, en *Caramelo* encontramos divertidos juegos de palabras bilingües como 'It's the hour of the nap' (p. 39), 'It's that she has shame' (p. 73), '*Estás* "deprimed"?' (p. 238) o 'What a barbarity!' (p. 256).

examen de esta estará dedicado el análisis que sigue a continuación a través del recorrido por la infancia y adolescencia de la protagonista.

Al inicio del relato, como si de una fotógrafa se tratara, Lala nos presenta a su gran familia y su ubicación en la frontera entre los dos universos que conforman su identidad, de la que la casa familiar de la protagonista, formada por 'things bought here to take to the other side and things bought on the other side to bring here' (p. 14), es paradigmática. En el ombligo de la familia Reyes se encuentra el personaje de la 'Awful Grandmother', a quien la perspectiva infantil de Lala retrata como 'the witch in that story of Hansel and Gretel. She likes to eat boys and girls. She'll swallow us whole, if you let her' (p. 23).

En consonancia con la perspectiva narrativa adoptada y la inmediatez de su proceso de formación, Lala no goza de un sentido sólido de identidad al principio del relato, por lo que, como Esperanza, no se presenta a sí misma por medio de su nombre; de hecho, solo descubrimos cómo se llama en el capítulo quinto al mencionarlo su hermano Tikis. Cuando más adelante se presenta al lector, lo hará como parte de la colectividad de hermanos y de una manera distanciada utilizando la tercera persona (p. 27): 'We come in all sizes, from little to big, like a xylophone. Rafa, Ito, Tikis, Toto, Lolo, Memo, and Lala.' En esta etapa temprana de su desarrollo, pues, la niña ni siquiera afirma su individualidad mediante el empleo convencional del 'yo', sino que se ve a sí misma esencialmente como parte del nosotros de la familia, a cuya descripción dedica la mayor parte de esta primera parte de su 'recuerdo'.

Durante su infancia, con todo, Lala empieza ya a manifestar tímidamente anhelos prematuros de tener su propio espacio algún día, como vemos en su deseo, equivalente al de Esperanza, de tener una habitación propia (p. 53): 'I would like a room all for myself someday, white and lacy like the princess bedrooms in the Sears Roebuck Catalog.' Su deseo, no obstante, nos revela que en esta fase de desarrollo ese espacio propio se origina más bien en su vaga percepción de la discrepancia entre las imágenes propagadas desde el orden angloamericano dominante y su privación de siquiera una habitación (p. 52): 'At the Grandmother's, I sleep on the rollaway cot in Mother and Father's room when I'm not sleeping in their bed. And back home in Chicago, my bed is the orange Naugahyde La-Z-Boy in the living room. I've never had a room of my own.'

Pese a la falta de recursos de la familia y la carencia de comodidades, la niña crece en un entorno propicio a su desarrollo y no conoce todavía el lastre de otras subordinaciones que le afectarán en el futuro. De hecho, en el México donde pasa sus veranos goza la niña incluso de privilegios de etnicidad y clase respecto a sujetos de piel más oscura y de clase socioeconómica inferior, como sucedía en el caso de Candelaria. Mientras que todos se apartan de ella, llamándola 'india sucia', la pequeña Lala, cuya piel es de 'coffee-with-too-much-milk color' (p. 34), no entiende todavía de tales categorizaciones sociales y, separándose de los dictados familiares, admira la belleza de

Candelaria y su piel caramelo frente a los cánones normativos de belleza que infectan el imaginario y las prácticas sociales (pp. 34–35):

> Until I meet Candelaria I think beautiful is Aunty Light-Skin, or the dolls with lavender hair I get at Christmas, or the women on the beauty contests we watch on television. Not this girl with too many teeth like white corn and black hair, black-black like rooster feathers that gleam green in the sun.

Sutilmente muestra aquí Cisneros cómo la identificación y subversión de los dogmas establecidos culturalmente, que privilegian la piel y el pelo claros, requieren de una mirada nueva, como la fresca mirada de una niña, capaz de valorar la belleza del pelo oscuro y la piel caramelo.[66] Como parte de esta operación de re-visión, el color caramelo adquirirá para Lala connotaciones de dulzura que asociará constantemente con los suyos.[67] Este cambio de valores y de colores manifiesta señales prematuras de la deconstrucción por parte de la protagonista de los discursos establecidos y de la afirmación de su orgullo étnico, lo que constituirá un componente esencial de su proceso de concienciación como chicana.

Tras el viaje al pasado que supone la segunda parte de la novela, en la tercera parte Cisneros nos ubica de nuevo en el presente, cuando Lala está a punto de rebasar la frontera entre infancia y adolescencia. En el tercer capítulo vemos que la llegada de la menstruación en la calle Destino sentencia a Lala a una primera experiencia aterradora como cuerpo sexuado y advierte ya a la joven del 'destino' con el que tendrá que lidiar en su proceso de *Bildung*. Retrocediendo al primer capítulo de esta tercera parte, nos encontramos con una reveladora imagen inaugural de la Lala ya adolescente: en ella la heroína muestra su desagrado del escándalo que forma la familia en su entonado de la canción popular 'Cielito Lindo' durante uno de los viajes que los lleva de vuelta a Chicago desde México. La canción, convertida en México como en segundo himno nacional, es calificada por Lala de 'corny old song' (p. 237) y el espectáculo de su familia cantándola al unísono le hace sentirse deprimida, una tónica que será habitual en esta fase de su desarrollo (p. 238): 'I think to myself, *Yes, I'm* deprimida. *Who wouldn't be depressed in this family?*' Esta imagen ilustra el característico sentimiento de separación de su legado cultural y de su familia que experimentará la adolescente y que será una constante en esta fase de su formación.

Del Chicago originario pasamos al San Antonio al que la familia se muda en busca de mejor fortuna a instancias de la abuela. La adolescente se ilusiona al

---

[66] La afirmación de la belleza de la piel morena se repite en otras ocasiones a lo largo de la novela. Así, Lala describe a su madre en estos términos (p. 60): 'A beautiful woman with black-black eyes and dark skin, who is our mother in her good fuchsia satin dress.'

[67] Roberts-Camps, p. 147.

pensar que, como el padre le había prometido, tendrá por fin un espacio para ella sola en la nueva casa, espacio que, a diferencia de su anhelo de infancia, ya no constituye la proyección material de las imágenes propagadas por el discurso dominante sino simplemente un lugar privado, anhelos naturales de una joven que, incluso su padre admite, es ahora '"*una señorita*"' (p. 301). Cuando ve la casa en el decrépito barrio 'étnico' al que se mudan, la desilusionada Lala, haciéndose eco de los sentimientos de Esperanza, le pregunta al padre (p. 305): '*This* is *it*?' Nada es en ella como este había prometido y tampoco dispone Lala en ella del espacio privado que tanto ansía (p. 315): 'A lock on my door. A door. A room. A bed.' El estilo nominal con que expresa su falta, junto con el ritmo impuesto por la frase corta y la anáfora, comunican con precisión el vacío que aflige a la joven protagonista. En la nueva casa deambula Lala en busca de silencio y privacidad 'to hear my own thoughts' (p. 332), empresa imposible en medio del caos y el ruido permanente de 'this stupid house' (p. 332), en la que la única solución posible para escapar es la lectura de sus biografías de mujeres (p. 332): 'My Cleopatra book is a fat one, which is all I ask from a book these days. A cheap ticket out of here. Biographies are best, the thicker, the better. Joan of Arc. Jean Harlow. Marie Antoinette.' En esta afirmación encontramos ya dos de los gérmenes de su *Bildung*: por un lado, el papel capital que la palabra y la literatura empieza a ocupar en su vida; y, por otro lado, la diferenciación del personaje como sexuado y su afán, probablemente inconsciente en esta etapa de su desarrollo, por hallar en la historia de mujeres históricas ejemplares modelos femeninos de comportamiento alejados de la norma.

A la habitual confusión de la adolescencia se une, asimismo, la emergente conciencia de la heroína de las limitaciones que, como se vio en el capítulo segundo, implica la conformación social de su yo desde su posicionalidad de género, etnicidad y clase. En ese universo Lala se siente sola, confundida y triste, aflicción que significativamente transforma la música que escucha en una disonancia en cinco escalas (p. 316): 'Loneliness, fear, grief, numbness, and despair.'

En el instituto de secundaria Lala encuentra una salida a su soledad de la mano de Viva Ozuna, una chica sexualmente precoz de orígenes similares a los de Lala y que, como Sally en *The House*, impulsa el despertar sexual de la protagonista. En sus sueños juveniles, inspirados en las ilusiones de los sesenta, ambas fantasean con salir de su pequeño mundo y hollar el universo en un viaje que las lleve lejos de allí. El noviazgo de Viva, sin embargo, trunca las ilusiones de Lala, que queda profundamente decepcionada ante los incomprensibles planes de su amiga. Frente a la excesiva seriedad y gravedad de la protagonista, su amiga replica (p. 345): 'You should see yourself. You look like those big teddy bears they give away at the carnivals. Listen, sweets, it's simple. You're the author of the *telenovela* of your life. You want a comedy or a tragedy?' El motivo de la telenovela invocado por Viva aparecerá frecuentemente en la narración de *Caramelo* y adquirirá un papel significativo;[68] según se deduce de sus palabras, telenovela y vida, ficción y realidad, se sitúan al mismo nivel. De la misma opinión es el yo de la narradora, que, a través de Viva, puede distanciarse de su yo de adolescente y considerar con ironía su identidad pasada desde la visión privilegiada del yo que ha llevado a cabo una *Bildung* exitosa. En el capítulo ochenta y tres hallamos la confirmación de la coincidencia entre la visión de Viva y de la narradora, equivalente a la de la autora implícita: en una nota a pie de página, comenta la narradora/Cisneros que, en su opinión, los mexicanos no han moldeado su vida a la manera de un melodrama de telenovela, según había afirmado un famoso cronista mexicano, sino que son las telenovelas las que han emulado la vida tal y como es en México (p. 409).[69] La insistencia en la agencia del sujeto en la escritura de la telenovela de su vida pone una vez más de manifiesto la base de la reescritura positiva del *Bildungsroman* en la obra cisneriana: la concepción de la posibilidad y capacidad del individuo de cambiar las convenciones sociales a través de actos performativos alternativos que configuran la elección de un camino propio de cuyo diseño – comedia o tragedia – es él responsable.

Junto con la narración de su *Bildung* propia, en esta tercera parte la narradora sigue centrando su atención en el entorno familiar y, especialmente, en la abuela, cuya vida llega ahora a su fin. En San Antonio, Soledad sufre una enfermedad que la paraliza y la deja muda, intensificando la invisibilidad que ya había sufrido en vida (p. 347): 'She was turning invisible. She was turning invisible. What she had feared her whole life.' A su muerte la nieta trata de orar por ella, pero le es imposible, puesto que, como confiesa la joven, 'I can't think of anything to say for my grandmother who is simply my father's mother and nothing to me' (p. 350). Su rechazo de la abuela es incluso más fuerte que su deseo de tener un espacio propio, por lo que se niega a ocupar la habitación ocupada antes por aquélla. Así, aunque, a diferencia de Esperanza, Lala no niega la cimentación de su identidad en sus raíces, según ratifica su afirmación segura ante sus compañeros de escuela de 'I *am* Mexican' (p. 353), rompe, no obstante, todo vínculo con esa mujer que para ella no había sido más que una vieja terrible.

A raíz de la muerte de la abuela, todo va de mal en peor en la familia: las facturas por su funeral se llevan toda su herencia y el negocio de la tapicería no prospera. Para Lala la abuela es la única responsable de las

---

[68]   Ese motivo nos lleva al trasfondo social de Cisneros, quien comenta que 'las chicanas somos muy de clase trabajadora. Así que en nuestras casas crecimos con las telenovelas' (en Claire Joysmith, 'Municiones envueltas en papel picado: entrevista a Sandra Cisneros', 'El dominical' de *El Nacional*, 26 septiembre 1993, pp. 4–7 (p. 4)).

[69]   En este caso, a través de Viva se establece, sin bien solo de forma indirecta, separación entre el 'yo que narra' y el 'yo narrado'.

desgracias familiares (p. 351): 'She's the reason we're stuck here.' Pese
a la hostilidad sentida por la nieta, la presencia del espectro de la abuela
empieza, no obstante, a dejarse notar en la vida de aquélla. Su primera
aparición tiene lugar después del traumático episodio en que Lala es
golpeada por sus compañeras de escuela. La angustia y desconcierto de la
joven son absolutas (p. 356): 'Take me, dangle me from the bumper. I don't
care, I never belonged here. I don't know where I belong anymore. And the
sting from the beating like nothing compared to how much I hurt inside.' La
invocación de su nombre, 'Celaya', pronunciado, aunque sin saberlo ella,
por el fantasma de la abuela, la salva de la petrificación que le produce el
miedo y gracias a ello consigue salir corriendo y llegar a salvo a casa (p.
357): 'Celaya, I'm still myself. Still Celaya. Still alive. Sentenced to my
life for however long God feels like laughing.'

A partir de este suceso, la abuela se aparecerá constantemente a la nieta,
quien expresa su rechazo e incomprensión ante la persecución del fantasma
de la que para ella es todavía una '*Vieja metiche*' (p. 363): 'It was bad enough
when she was alive. But now that she's dead, the Awful Grandmother is
everywhere'; 'But what does she have to do with me?' La joven, que ya antes
no podía gozar de privacidad, se siente ahora todavía más desesperada ante
la invasión de todo espacio íntimo. La única forma posible que encuentra
de estar consigo misma es dormir o soñar despierta, soñar que escapa de
ese universo opresivo que habita y que crea caminos más allá de los fijados
para ella (p. 352): 'I want to take classes like anthropology and drama. I
want to travel someday. Be in a movie, or even better, make a movie. I want
to do something interesting, [...]. Something useful.' Siguiendo el sendero
iluminado por sus sueños, Lala, como vimos, desea también poder estar sola
algún día y tener así el espacio propio que anhela, lo cual choca frontalmente
con la concepción monológica del padre y, con ello, del código social
imperante (p. 360): '¿*Sola*? How? Why? Why would a young lady want to
be alone?' En esta fase temprana de su desarrollo, los sueños de Lala, como
vemos, están fuertemente impregnados por el mito del *American Dream* y
presentan una orientación predominantemente individualista. Aunque algunos
de los proyectos futuros que la protagonista imagina – por ejemplo, su deseo
de enseñar a leer a la gente o de rescatar animales (p. 359) – apuntan ya
hacia una dimensión comunitaria, Lala está todavía en vías de conseguir
la madurez suficiente que le permitirá conciliar en un todo armónico sus
aspiraciones como individuo y su pertenencia a la comunidad que la define.

En sus deseos de escapar y tener una vida y espacio propios, y frente a
la oposición paterna, la inexperta Lala se deja seducir entonces por la salida
sancionada por el padre, escapatoria que ya había tentado a Esperanza y que
había malogrado la vida de tantas mujeres en *The House*. La ilustración de
un calendario colgado en la pared de su casa titulado 'El rapto' despierta los
deseos del personaje de convertirse en la heroína de un cuento de hadas en el

que un charro la rescate a caballo. El salvador tendrá nombre propio, Ernesto Calderón (p. 368): 'Just like that picture on the Mexican calendar, *El rapto*, Ernesto arrives in my life to rescue me.'[70] Del mismo modo que Narciso fue el destino de la abuela ('Narciso Reyes, You Are My Destiny', rezaba el título del encuentro entre ambos en el capítulo veintitrés), la joven cree ahora que Ernesto puede ser su 'destino' (p. 372): 'After all, maybe Ernesto Calderón is my *destino*.' Tentada por la idea de un embarazo que, según las normas sociales, le dé vía libre a su destino, Lala planea un rapto ficticio que lleva a la pareja a la Ciudad de México (p. 382, énfasis de la autora): 'Once I'm pregnant, then they'll *have* to give us their blessing.'[71] En el hotel junto al Zócalo en el que se instala la pareja, la felicidad de la heroína es absoluta (p. 382): 'I feel like I'm in a movie [...]. Me living my life, and me watching me live my life. Like some great movie.' Con su puesta en escena de las narraciones románticas convencionales y su alusión al mundo del celuloide, imbuido de la ideología angloamericana y en particular de las historias de amor del cine hollywoodiense, Cisneros nos invita a ver a su personaje a través de un prisma irónico que, como en *The House*, interroga los mitos culturales que construyen el amor heterosexual como un cuento de hadas idealizado.

Por fortuna para la protagonista, los planes se desbaratan debido a las dudas de Ernesto, quien siente que ha pecado y ha herido a su madre, a quien identifica con la Virgen de Guadalupe – lo que, por oposición, convierte a Lala en 'mujer mala' (p. 388): 'I'm as evil as Eve.' Esta lógica erótica corresponde a las pautas de conducta del llamado por Roger Bartra 'paraíso mexicano': 'El Adán mexicano no quiere a las mujeres como las hace, ni es capaz de hacerlas como las quiere. Cuando son compresivas y virginales, las viola; pero cuando se vuelven lúbricas, huye temeroso y se refugia en las faldas de la madre-virgen.'[72] La joven, descorazonada, se envuelve en el rebozo caramelo, el mismo que había anhelado poseer desde que lo había visto de niña,[73] y que, en un impulso, se había llevado consigo al fugarse con

---

70 Aunque el episodio de Ernesto es relatado con ironía, se trata de la ironía del propio personaje y no la de la narradora, es decir, no se establece distancia entre las perspectivas del 'yo que narra' y el 'yo narrado'. Así, por ejemplo, en los capítulos 'Parece Mentira' y 'On the Verge of Laughable' la adolescente Lala, aunque enamorada, se ríe irónicamente de la actitud y el aspecto de Ernesto, confirmando con ello que la distancia procede del personaje mismo.

71 Esta parte de la novela que cubre las ensoñaciones románticas de la protagonista constituye una parte poco creíble de la *Bildung* de Lala y la parte menos convincente de la novela. Con esta desviación se advierte que Cisneros quiere mostrar una tesis que desborda la verosimilitud de su personaje y la verdad novelesca. Si bien – se puede argumentar, siguiendo la lógica de la novela – lo telenovelesco, aunque 'Parece Mentira', es tan real como la vida misma.

72 *La jaula de la melancolía*, p. 224. Efectivamente, poco más tarde Ernesto se casará con una 'little *católica*' (p. 399).

73 Así, cuando el abuelo se lo enseña, confiesa la niña (p. 58): 'I can't think of anything I want more than this cloth the golden color of burnt-milk candy.'

Ernesto. Lala empieza entonces a chupar sus puntas repitiendo, sin saberlo, la misma acción que tantas veces había ocupado a la abuela en vida: el rebozo de color caramelo, el mismo color que el de la piel de Candelaria, forma ya parte de su herencia e identidad como mexicana, que la protagonista está en proceso de asumir.

Poco después del abandono de Ernesto, Lala siente el primer vestigio consciente de su metamorfosis al mirarse al espejo (p. 394): 'The Grandmother's face in mine. Hers. Mine. […] It scares the hell out of me, but it's only me. Amazing the way I look different now, like if my grandmother is starting to peer out at me from my skin.' Apesadumbrada y confundida, Lala pasea por las calles de la Ciudad de México en busca de respuestas y en ellas experimenta una breve epifanía al sentir por vez primera el abrigo de sus raíces culturales a través de una Virgen de Guadalupe transformada, la misma que las chicanas han convertido en estandarte de su discurso feminista y breve señal inaugural de la concienciación y emergente madurez de la protagonista.[74]

Tras un lapso temporal, en el capítulo siguiente nos encontramos de nuevo en Chicago, a donde la familia ha regresado tras la fallida experiencia de San Antonio. La protagonista, que cuenta ahora con quince años, sigue desorientada y afligida por el suceso del 'rapto', que se hace más obvio al convertirse en un tema tabú a su alrededor. El fracaso de su fuga y el 'rescate' de su familia confirman la aserción paterna de que 'la familia es lo primero'. Lala entonces se siente escindida: ¿cómo resolver el dilema que representa su deseo de afiliación a la familia y la colectividad que la constituye y su necesidad de tener su propio espacio privado? El fantasma de la abuela actuará de guía en el camino que la lleve a la comprensión y, con ello, a la madurez.

Hasta ahora las apariciones de la abuela se han seguido sucediendo sin que Lala entendiera el motivo. Para la nieta su antecesora es todavía la 'Abuela Terrible', 'a greedy bitch. Same as always' (p. 405). La revelación del origen de su presencia le viene a la protagonista cuando la abuela le advierte de que no es ella quien la persigue sino al contrario, es la misma Lala quien la busca al insistir en repetir la historia de su antecesora (pp. 406–07):

---

[74] En referencia a la reconceptualización de esta figura en manos de las chicanas, véase la citada colección de ensayos editada por Ana Castillo *Goddess of the Americas*, entre los que se encuentra 'Guadalupe the Sex Goddess' de Sandra Cisneros. Es también interesante mencionar al respecto la reinterpretación heterodoxa que desde finales de los setenta ha llevado a cabo la artista Yolanda M. López, cuya serie de retratos de Guadalupe (entre ellas, las populares 'Portrait of the Artist as the Virgin of Guadalupe' o 'Our Lady of Guadalupe') representa una mujer activa y en control que desafía los presupuestos culturales mexicanos de feminidad representados por la Virgen, construyendo de ese modo una nueva ideología de empoderamiento que funde las tradiciones culturales con una perspectiva feminista de futuro.

It's *you*, Celaya, who's haunting *me*. I can't bear it. Why do you insist on repeating my life? Is that what you want? To live as I did? [...] *Ay*, Celaya, don't wind up like me, settling with the first man who paid me a compliment. You're not even a whole person yet, you're still growing into who you are.

La 'historia normativa' de formación de la abuela, que en vida la había empujado por los derroteros de una creciente invisibilidad y a su muerte la conduce a un espacio 'halfway between here and there, in the middle of nowhere' (p. 406), le muestra a Lala el camino que ha de esquivar si no quiere que su historia y su destino repitan el fracaso de Soledad. Por medio del ejemplo negativo de la 'contrahistoria' de la abuela, la joven alcanza a comprender que Ernesto 'was my destiny, but not my destination' (p. 399), esto es, él era la 'historia normativa' que el fatal destino le tenía preparada como chicana, pero no la meta de su viaje. La recién desvelada afinidad entre abuela y nieta permite a Lala '[to] see inside her [grandmother's] heart' (p. 424) y entender que la soledad y el abandono que aquélla sintió en vida no le dejaron más alternativa que convertirse en la 'Abuela Terrible' que fue. A raíz de su comprensión, la joven está entonces ahora en condiciones de expresar su empatía hacia la abuela (p. 406): 'And for the first time in my life, I feel sorry for the Grandmother. Her cries are like the yelping of a dog hit by a car, a terrible ancient sadness, from below the belly. I've heard that cry before.' Ahora reconoce Lala que, como mujeres y mexicanas, ambas son la misma y comparten un lamento y un gemido que las une: como afirma la abuela, 'you're the only one who can see me. Oh, it's *terrible* being a woman' (p. 408, énfasis mío).[75] Así es como Lala acepta la historia de su antecesora como propia y asume la responsabilidad de desenredar la 'tangled life' (p. 408) de Soledad en la segunda parte de la novela, historia que, como hemos visto, constituye una exploración subversiva de orígenes que nutre la *Bildung* de nuestra protagonista.

Así pues, en *Caramelo* la protagonista descubre a través de la comunidad específicamente femenina con la abuela la facultad que, a pesar de todos los obstáculos,[76] tiene de seguir en el rebozo heredado los hilos de un destino femenino alternativo, lo cual conlleva la reconciliación con su herencia cultural. Por mediación del espíritu de su herencia femenina, la heroína comprende que es posible armonizar sus aspiraciones propias y su identificación con las raíces culturales a través de la revisión crítica y transformación de los aspectos opresivos de estas, lo que convierte en una 'comedia' la telenovela

---

[75] La *terrible* historia en femenino, recordemos, convierte a Soledad en la 'Abuela Terrible'.

[76] Aquí figura de manera prominente la oposición del padre, quien no tendrá más remedio que claudicar: Celaya, recordemos, se convertiría en su 'father's Waterloo' (p. 232).

de su vida. De modo análogo a su personaje, Cisneros afirma: 'We accept our culture, but not without adapting ourselves as women.'[77] La suerte prefijada de la abuela, que no pudo sino seguir 'the course already set out for her' (p. 109) que la condujo a la invisibilidad, se convierte, pues, en la *Bildung* de la nieta en un camino que esta podrá moldear en sus propios términos partiendo de sí misma y afirmando con tesón su presencia en la historia.

Aunque el relato de la *Bildung* de la protagonista queda en suspenso en este descubrimiento, Lala, como Esperanza, vislumbra ya en su vocación literaria una posible senda por la que podrá discurrir el bordado de un destino que la aleje de la 'tragedia' de la 'historia normativa' de formación y cumpla la responsabilidad que siente con respecto a la comunidad (p. 428): 'Maybe it's my job to separate the strands and knot the words together for everyone who can't say them, and make it all right in the end.' Y, en efecto, la narración de *Caramelo* resulta ser la constatación de la elección del bordado de *Bildung* alternativa o de 'comedia' que la protagonista teje con su vida. Como sujeto firmemente inserto en la historia, la narradora reclama su presencia en un gesto narrativo regenerativo cuya fuerza brota de sus raíces culturales mediante un acto de 'rememoria' en tres niveles: el recuento de la *Bildung* del personaje desde su propia subjetividad, la reconstrucción de la historia familiar, en particular la de la abuela, y la reescritura de la historia colectiva mexicana y chicana.[78] Como resultado de su rememoración propia, la heroína crea un hogar imaginario que rompe con las limitaciones que representa su identidad marginal transformándolas en renacimiento y potencialidad en su vida y en la de la comunidad.

Conclusiones: marco explicativo de las divergencias entre los retratos de las *Bildungen* representadas

Los retratos de *Bildung* y anti-*Bildung* que se han ido analizando en torno a las protagonistas de los textos de ambas escritoras no se entienden simplemente como justificaciones o visiones de las vidas fracasadas o exitosas de sus protagonistas o como *reflejos* fidedignos de la existencia 'real' de mexicanas y chicanas. Antes bien, hay que pensarlos como *productos* de las prácticas sociales y culturales y de los discursos ideológicos diferentes en que se enmarcan las literaturas mexicana y chicana y que interactúan

---

[77]   En Rodríguez Aranda, p. 66. En la misma entrevista con Rodríguez Aranda, la autora se refiere a su propia experiencia del conflicto por el que pasa su personaje con estas palabras (p. 66): 'I felt, as a teenager, that I could not inherit my culture intact without revising some parts of it. That did not mean that I wanted to reject the entire culture, although my brothers and my father thought I did.'

[78]   Estos actos de 'rememoria' son señalados y desarrollados por Esra Satiyanci Öztarhan en su mencionado artículo.

para determinar las experiencias del individuo como escritor.[79] Sin perder
de vista las diferencias contextuales expuestas en el capítulo primero, a
continuación se ofrece un marco explicativo que tratará de hilvanar los hilos
de las divergencias exploradas en un lienzo global construido sobre la base
de un concepto de *literaturas feministas* plural y dialógico capaz de acoger
manifestaciones políticas y culturales diversas y de explicar tanto la función
de la afirmación y la presencia como de la negatividad y la privación en la
representación literaria del desarrollo femenino.

Uno de los elementos principales a tener en cuenta en la consideración
y comprensión de las divergencias exploradas lo constituye la concepción
de la relación entre literatura y política de una y otra autora en el seno de
sus respectivas tradiciones literarias. En cuanto a su visión de la literatura,
ya se comentó que para Carmen Boullosa esta constituye inevitablemente
una revisión crítica de nuestra actitud como seres sociales y una forma
de repensar la realidad, pero no es un instrumento político de lucha o
reivindicación social. De ese modo, en cuanto a la representación en sus
textos de 'malestares culturales'[80] y a su planteamiento de la necesidad de
modificar las condiciones sociales existentes y su toma de partido por los
vencidos de la historia,[81] su representación literaria tiene ineludiblemente un
carácter político, pero ello no significa que trate de proporcionar soluciones
o dar con respuestas. La autora lo explica de esta manera:

> Todo es actitud política, todo es actitud social, sea o no escribir. No hay
> manera de no hacerlo. Somos seres políticos, sociales, y todo acto u
> omisión tiene repercusiones. Leer no es más social o político que otros
> oficios. Práctica y metafóricamente, leer y escribir son oficios transgresores
> de la realidad, profundamente corrosivos. Pero no por eso traen consigo
> soluciones, o *slogans*, o respuestas. O remedios. Antes bien, lo contrario.
> La realidad es algo demasiado complejo. Escribir llena más de dudas, de
> preguntas ...[82]

[79] El énfasis en los conceptos de *reflejo* y *producto* pretende poner de relieve la importancia
de las configuraciones socioculturales en que se inserta la práctica literaria, que, insisto, se
entiende como engendrada en el seno de una realidad exterior pero no como mímesis de esta.

[80] 'Mis mundos imaginarios son representaciones de malestares culturales', afirma
Boullosa (en Cristina Santos y Adriana Spahr, 'Comentarios de Carmen Boullosa sobre algunos
de sus personajes sobrenaturales', en *Defiant Deviance: The Irreality of Reality in the Cultural
Imaginary*, ed. por Cristina Santos y Adriana Spahr (New York: Peter Lang, 2006), pp. 7–14
(p. 9)).

[81] Característico de las novelas boullosianas es su puesta del lado de seres marginales o
silenciados ubicados al margen del orden social o de la historia: niñas y mujeres en los tres
relatos analizados, piratas en *Son vacas, somos puercos* y *El médico de los piratas* o gitanos
en *La otra mano de Lepanto*. Así lo declara la autora en su entrevista con Rubén Gallo (p. 57):
'I like placing myself in the shoes of strangers, foreigners, and all those who exist outside the
world – perhaps that is why I write novels.'

[82] En Bracho, pp. 261–62.

En relación particular con el discurso de género, y en líneas análogas con sus declaraciones anteriores, Boullosa cree firmemente que la literatura debe funcionar al margen de militancias de cualquier índole, entre ellas el feminismo.[83] Con todo, y de manera paralela a lo señalado, la escritora declara que su hacer literario manifiesta una posición inevitablemente feminista desde la perspectiva de que su visión del mundo desde su posicionalidad como mujer y su percepción de las desigualdades conllevan una postura política en relación con la situación de subordinación femenina. Así, declara la autora: 'Soy mujer, escribo desde mi cuerpo y desde mi memoria,'[84] un cuerpo y una memoria insertos en un entorno, el del México contemporáneo, en que, desde su punto de vista, 'el trato a las mujeres [...] sigue siendo completamente desigual, en el mundo laboral, en el mundo práctico, en el mundo doméstico, en el mundo cotidiano, en todo'. Y añade: 'Exageraré un poco si digo que la mujer no es precisamente un humano, que sigue siendo un semi-humano, pero solo un poco. [...] En la práctica es una sociedad todavía enormemente sexista.' En ese marco, Boullosa considera que en su labor literaria practica un 'feminismo involuntario.'[85] De ese modo, la escritora se desmarca en su apuesta literaria de un compromiso feminista intencional presentando así una vocación 'irresponsable'[86] – literalmente, 'sin respuesta' – que mediante el radical gesto deconstructivo manifiesto en sus anti-*Bildungen* apunta caminos invisibles con potencial para la transformación de los discursos establecidos, pero cuya forma y textura han de forjar los lectores en su mente y las mujeres y hombres en sus vidas.

La apuesta deconstructiva boullosiana, carente de respuestas definidas o de soluciones palpables, entronca en su conjunto con la tendencia de la narrativa en México, que, como afirma Sara Sefchovich, 'no hace alardes, no moraliza y ni siquiera hace propuestas [...]. Las novelas ofrecen un testimonio, se abren a dudas, a búsquedas sin partido ni dogma' (p. 54). Jean Franco comenta también esta cualidad en relación con la literatura latinoamericana escrita por mujeres: 'Many Latin American women understand their position to be not so much that of confronting a dominant patriarchy with a new feminine position but rather that of unsettling the stance that supports gender power/ knowledge as masculine.'[87] Y, en efecto, la validez de tales aserciones la

---

83   Boullosa, así, no profesa ser una autora feminista y se autodenomina 'escritor' y no 'escritora' (o 'escritor varón' y no 'escritora mujer' (en Ibsen, pp. 53, 54)). Hay que precisar que la consideración de las opiniones políticas del autor no implica que se identifiquen sus intenciones con la intencionalidad del texto. No obstante, conocer su posición nos puede ayudar a entender el universo creado en sus novelas.

84   En Pfeiffer, *Exiliadas, emigrantes, viajeras*, p. 40.

85   Las tres últimas citas proceden de Hind, 'Entrevista', p. 54.

86   En su conjunto de ensayos titulado *Papeles irresponsables* (1989) se conjuga un juego de autoría diferida que, en este sentido, me parece significativo de la vocación boullosiana.

87   Franco, 'Going Public', pp. 74–75.

podemos comprobar en relación con la característica negatividad o sentido de anti-*Bildung* femenina que brota de muchas de las obras escritas por autoras mexicanas. Así, lo vemos en la innombrada niña narradora de *Balún Canán* (1957), los personajes de la Ilol o de Idolina en *Oficio de Tinieblas* (1962) o las mujeres de *Álbum de familia* (1971), de Rosario Castellanos, como también en Isabel en *Los Recuerdos del porvenir* (1963), Mariana en *Testimonios sobre Mariana* (1981) o el personaje homónimo en *Inés* (1995), de Elena Garro; las protagonistas de Amparo Dávila hallan en la locura su refugio; en *El lugar donde crece la hierba* (1959), de Luisa Josefina Hernández, la protagonista encuentra su libertad en la cárcel; en 'Las mariposas nocturnas' de la colección *Río Subterráneo* (1979) de Inés Arredondo, Lía renuncia a su sexualidad para ganar el espacio de la cultura y en 'La sombra', del mismo volumen, la mujer narradora grita su soledad y desamparo; las mujeres de Sara Sefchovich se pierden en la prostitución o en el sinsentido de viajes interminables; en *Los limones* (1984), de Olga Harmony, su protagonista se queda sola con la única salida del suicidio; en *Y si yo fuera Susana San Juan* (1998), de Susana Pagano, la 'locura destructiva' media la liberación del sujeto femenino;[88] las protagonistas de las novelas de Ana Clavel sufren también transformaciones reveladoras de aquella negatividad: en *Los deseos y su sombra* (2000), Soledad se vuelve invisible, mientras que en *Cuerpo náufrago* (2005) Antonia se convierte en el hombre Antón; también en otro texto boullosiano, *Duerme* (1994), Claire toma el papel de hombre; los títulos de las antologías de cuentos de escritoras mexicanas compilados por Beatriz Espejo y Ethel Krauze, *Atrapadas en la casa* (2001), *Atrapadas en la cama* (2002) y *Mujeres engañadas* (2004), son, asimismo, significativos.[89] En su estudio *Ambivalence, Modernity, Power*, Nuala Finnegan emplea el término de 'ambivalencia' como concepto que captura de manera efectiva

[88] En *Re(de)generando identidades*, Ana Cruz García analiza la representación narrativa de la liberación de la mujer a través de la figura de la loca, que toma, en el caso de la obra de las dos autoras mexicanas en que se centra – Elena Garro y Susana Pagano – la forma de una 'locura destructiva' (y ello, significativamente, frente a la reconstrucción positiva, o 'locura constructiva', que Cruz García percibe en la obra de la chicana Ana Castillo y la mexicana – pero con mayor afinidad con la cultura chicana – María Amparo Escandón).

[89] No es mi propósito proporcionar aquí un recuento exhaustivo de escritoras mexicanas, sino tan solo ejemplificar un espíritu característico en las producciones de muchas autoras, en las que es difícil hallar modelos femeninos positivos o asertivos. Así lo afirma también Kay S. García, que señala la abundancia de modelos femeninos negativos en la narrativa contemporánea mexicana de mujeres (*Broken Bars: New Perspectives from Mexican Women Writers* (Albuquerque: University of New Mexico Press, 1994), pp. 3–4); frente a esos modelos, García examina en su trabajo la obra de Elena Poniatowska, Ángeles Mastretta, Silvia Molina y Brianda Domecq como ejemplos de narrativa que se aleja de ese espíritu y presenta alternativas de emancipación para las mujeres en el contexto mexicano.

la 'situación imposible' (p. 22) de muchos de los personajes de las obras de autoras mexicanas que explora en su estudio.[90]

En su conjunto, pues, parece existir un instinto pronunciado en el pensamiento literario feminista mexicano hacia la negatividad y la interrogación, hacia el cuestionamiento, la sospecha y la crítica velada de los órdenes establecidos más que hacia la formulación de respuestas o conclusiones en forma de gestos afirmativos manifiestos del sujeto femenino, tendencia que hay que contextualizar, asimismo, en el marco que se trazó en el capítulo primero en relación con la postura general de las escritoras mexicanas en cuanto a cuestiones de género y la relativa marginalidad del discurso feminista en México, que no auspiciaría la adquisición de un compromiso político consciente o afirmativo entre las escritoras.[91]

En el caso de Sandra Cisneros y, en general, de la literatura chicana escrita por mujeres, nos encontramos ante una situación sensiblemente diferente: la voz literaria se considera herramienta poderosa del cambio social y persigue el objetivo concreto de enfrentar la subordinación de la comunidad, y, en particular, de las mujeres, lo que da lugar a la asunción de una posición discursiva crítica y testimonial. En este contexto, para Sandra Cisneros lo que convierte el arte en 'arte chicano' es 'the awareness, the awareness of self as Chicano and the awareness of the social condition of our fellow Chicanos and Mexicans'.[92] A diferencia del distanciamiento de Boullosa, la escritora chicana explica la vinculación de su quehacer literario, su agenda política y su historia personal:

> When I was eleven years old, teachers thought if you were poor and Mexican you didn't have anything to say. Now I think that what I was put on the planet for was to tell these stories. Use what you know to help heal the pain in your community. We've got to tell our own history. I am very conscious that I want to write about us so that there is communication between the cultures. That's political work: making communication happen between cultures.[93]

---

[90]   Las autoras que Finnegan examina son Brianda Domecq, Guadalupe Loaeza, Ángeles, Mastretta, Silvia Molina, Susana Pagano, Rosamaría Roffiel y Sara Sefchovich. Esta 'ambivalencia' se refiere también a la propia posición de la escritora con respecto a las estructuras tradicionales de poder cultural y está enraizada en la contradicción de un 'neo-liberal project that encourages women to participate actively in the making of profits for the nation while it leaves their roles as home-makers and mothers unprotected and unsupported' (p. 24).

[91]   Estas afirmaciones, no olvidemos, son tan solo generales y se refieren a la producción de escritoras nacidas en torno a los cincuenta. En el caso de las escritoras que les suceden, las que nacen a partir de los sesenta y empiezan a publicar desde los noventa, Ana Rosa Domenella mantiene que su mirada es 'desinhibida, sin culpas ni remordimientos y francamente sexuada' (*Territorio de leonas*, p. 41).

[92]   En Binder, p. 69.

[93]   Cisneros, introducción a 'Eleven', en *Growing Up Chicana/o*, ed. por Tiffany Ana

Como escritora, por tanto, Cisneros siente su labor como una responsabilidad
y es de esa manera que se originaron algunos fragmentos de *The House*, tales
como 'Alicia Who Sees Mice', 'Sally' o 'What Sally Said', inspirados en las
historias de jóvenes latinas que conoció durante el tiempo en que trabajó como
consejera de estudiantes de grupos minoritarios en la Universidad Loyola de
Chicago: 'From this experience of listening to young Latinas whose problems
were so great, I felt helpless; I was moved to do something to change their
lives, ours, mine. I did the only thing I knew how. I wrote.'[94] La autora afirma,
en este sentido, su rotundo sentido de responsabilidad social: 'I am the first
woman in my family to pick up a pen and record what I see around me, a
woman who has the power to speak and is privileged enough to be heard.
That *is* a responsibility.'[95] Al hilo de estas observaciones, resulta significativo
considerar las diferentes conceptualizaciones del papel de la escritora que
encontramos en los universos literarios de Cisneros y Boullosa: mientras que
para Esperanza y Lala, como para su creadora, escribir constituye un acto
creativo de afirmación del yo y responsabilidad social, para la protagonista
de *Treinta años* hacerse escritora equivale a anularse, desertar de sí misma,
'abandonarme por completo haciéndome la pluma de las vidas de otros' (p.
259).

En virtud de la experiencia histórica de subordinación y exclusión de
las chicanas, estas sienten la necesidad de autodefinirse y autoafirmarse
por medio de la palabra: escribir representa un medio de curar las heridas
causadas por la opresión del discurso dominante. Es por ello que el contenido
de su literatura se identifica íntimamente con un discurso de autodefinición y
reconocimiento identitario afirmativo. Según afirma Eliana S. Rivero,

> Definitions and expressions of self-identity are especially central to the
> emergence and development of a minority literature. A group which is
> not part of a mainstream society struggles to claim validity for itself by
> affirming *sui generis* values. This affirmation of idiosyncratic features
> defines the group's uniqueness and legitimizes its claims for acceptance,
> on its own terms, by the larger society.[96]

En este sentido, pues, para Cisneros la palabra implica la creación de nuevas
afiliaciones y la imaginación de alternativas que permitan a la comunidad

---

López, pp. 155–59 (pp. 155–56).

[94]   'Do You Know Me?: I Wrote *The House on Mango Street*', *Americas Review*, 15.1
(1987), 77–79 (p. 78).

[95]   'Notes to a Young(er) Writer', *Americas Review*, 15.1 (1987), 74–76 (p. 76, énfasis de
la autora).

[96]   'The "Other's Others": Chicana Identity and Its Textual Expressions', en *Encountering
the Other(s): Studies in Literature, History, and Culture*, ed. por Gisela Brinker-Gabler (New
York: State University of New York Press, 1995), pp. 239–60 (p. 240).

reconocerse a sí misma, es decir, la reinvención de una identidad e ideología propias en la frontera de la diferencia entre dos culturas y sus estructuras subordinantes. El proyecto literario de Cisneros y de las chicanas en general se concibe, por tanto, no solo como hacedor de una conciencia crítica deconstructiva del orden establecido, como en el caso boullosiano, sino como dador de propuestas y modalidades nuevas – esto es, de modelos alternativos de *Bildung* femenina – que, sin pretensiones de construir un concepto esencial del ser de la chicana ni de resolver cuestiones de identidad de una vez y para siempre, puedan imaginar una visión tangible de futuro y proporcionar una fuente de aliento y esperanza. El discurso asertivo de las chicanas se inserta, además, dentro de la larga tradición y solidez del feminismo en su comunidad, que favorece una posición discursiva feminista consciente. Con su discurso se identifica firmemente nuestra escritora en su labor literaria: 'It's a feminism, but it's a feminism that is very different from the feminism of upper-class women. It's a feminism that is very much tied into my class.' Y añade: 'I guess my feminism and my race are the same thing to me. They're tied in one to another.'[97]

De esta forma, frente a la tendencia negativa observada en las obras boullosianas y en otras obras de escritoras mexicanas, el gesto reconstructivo de Cisneros y de muchas otras voces chicanas ofrece alternativas y caminos visibles para enfrentar la problemática de su comunidad femenina, lo que configura un pensamiento literario feminista afirmativo. Así lo vemos en muchos de los textos de autoras chicanas, que, a pesar de las muchas dificultades, reconstruyen una presencia femenina sólida y asertiva: *The Mixquiahuala Letters* (1986) y *So Far From God* (1993), de Ana Castillo, en que las mujeres protagonistas, Teresa y Sofi respectivamente, se rebelan contra la tradición y luchan por sus ideales de emancipación con empeño y confianza en sí mismas; las obras de Cherríe Moraga, entre las que encontramos la colección de ensayos y poesía *Loving in the War Years: lo que nunca pasó por sus labios* y la pieza teatral *Giving Up the Ghost* (1986), que expresan una fuerte presencia femenina y lésbica en las letras chicanas; *The Last of the Menu Girls* (1986), de Denise Chávez, que da voz a la *Bildung* de su protagonista, Rocío Esquivel; el clásico *Borderlands/La Frontera: The New Mestiza* (1987), de Gloria E. Anzaldúa, cuya nueva mestiza ha dejado una huella imborrable en la literatura chicana; *The Ultraviolet Sky* (1988) y *Luna's California Poppies* (2002) de Alma Luz Villanueva, que exploran el poder y la fuerza de las chicanas a través de las historias de Rosa y Luna respectivamente; *Delia's Song* (1989) de Lucha Corpi, que relata la *Bildung* de Delia durante el Movimiento; *Cantora* (1992), de Sylvia López Medina, en

---

[97] 'Sandra Cisneros', en *Writing Women's Lives: An Anthology of Autobiographical Narratives by Twentieth Century American Women Writers*, ed. por Susan Cahill (New York: HarperCollins, 1994), pp. 459–68 (p. 461).

que las cuatro generaciones de mujeres representadas desafían las tradiciones que las oprimen, aun dentro de un profundo respeto a su legado; *The Memories of Ana Calderón* (1994), de Graciela Limón, en que su protagonista, Ana, a pesar de todas las calamidades por las que tiene que pasar, es capaz de afirmar su ser con seguridad y confianza en sí misma al final de su relato; *Canícula: Snapshots of a Girlhood in la Frontera* (1995), de Norma Cantú, que relata una *Bildung* en forma de autobiografía ficcionalizada en el complejo enclave de la frontera; o *House of Houses* (1997), de Pat Mora, una saga familiar imbuida de un profundo espíritu de supervivencia y celebración. En relación particular con el *Bildungsroman*, Tey Diana Rebolledo y Eliana S. Rivero confirman su gesto positivo en la literatura de las chicanas: 'Growing stubbornly, like thin weeds […] [Chicana] heroines begin to make their own legends and their own realities, […] achieve self-realization, make accommodations and yet not lose the hope, vitality, and integration as they "steadily make" their way.'[98]

En el marco comparativo de este trabajo se entiende, pues, que el gesto afirmativo de la obra de Cisneros deriva de unas exigencias vitales de definición urgentes en cuanto a una identidad diferenciada y un orden habitable que no se dan con la misma urgencia en el contexto en que escribe Boullosa. Ello, hay que insistir, no significa que la autora mexicana no sea consciente de la necesidad de cambiar los códigos sociales patriarcales sino una comprensión diferente de su papel y del de su obra del que tiene la autora chicana. Esas diferencias entre las exigencias de definición femenina en Cisneros y Boullosa tienen que ver, asimismo, con la posicionalidad de las escritoras y la relación distinta que se establece entre su experiencia personal y la palabra escrita en uno y otro caso.[99]

Como es característico de la literatura de las chicanas, Sandra Cisneros parte en sus narraciones de una experiencia autorreferida en un acto de descolonización y rearticulación del yo que proporciona un sostén tangible a su identidad borrada como chicana. En sus novelas, la autora crea un espacio ficticio para rearticular su experiencia sociohistórica o la de la comunidad.[100] Respecto a su primer texto, *The House*, Cisneros explica el vínculo en él entre verdad y ficción: 'What I'm doing is writing true stories.

---

98 *Infinite Divisions*, p. 307.

99 Sin dejar de tener presente la separación existente entre autora y personaje y, por tanto, entre el acto de autoafirmación de la escritora como autora por medio de la palabra y el acto de autodeterminación de sus personajes en sus relatos, es relevante considerar la interacción diferente en sus producciones entre la dimensión textual y la propia experiencia de las autoras en la consideración de sus representaciones literarias.

100 Aunque se trate de la experiencia de la comunidad, o las escritoras chicanas no hayan vivido directamente el hecho representado en sus ficciones, el conflicto retratado adquiere siempre una dimensión personal. En palabras de Jean Franco, 'even for the Latina who is born in the United States, there is an ancestral memory of violence and loss' ('Foreword' a *In Other*

They'are all stories I lived, or witnessed, or heard; stories that were told to me. I collected those stories and arranged them in an order so that they would be clear and cohesive.'[101] *Caramelo*, por su parte, se compone de una amalgama de las experiencias de la autora y de su familia.[102] El personaje protagonista, reconoce la escritora, es ella misma: 'Lala is emotionally me.'[103] Como resultado, en sus obras hallamos un enlazamiento entre lo personal y lo político, entre la historia individual y la historia pública: por un lado, se explora la percepción cambiante del propio yo y, por otro lado, se sobrepone un modelo transubjetivo de significado derivado de la agenda política de su proyecto literario.[104]

Otra es, en cambio, la relación entre la experiencia personal y la creación literaria en el caso de Carmen Boullosa, quien, como todo escritor, arma su mundo literario con elementos autobiográficos,[105] pero no escribe su yo partiendo de un conflicto personal preexistente al texto y reconocible en la inmediatez como en el caso chicano, ni utiliza la palabra en un acto equivalente de liberación de su yo oprimido como mujer mexicana. En relación específica con su experiencia de género, Boullosa reflexiona en su entrevista con Inés Ferrero Cándenas sobre los cambios que trajo el feminismo y las posibilidades que ello supuso en su vida personal sin que ella tuviera que luchar por ellas debido a su generación y su clase privilegiadas, como sí luchó, en cambio, la generación de su abuela o como todavía han de hacerlo las mujeres de otras clases sociales en su país. Así lo expresa la escritora: 'Si no hubiese habido feminismo yo no podría llevar la vida que llevo. Soy de una generación privilegiada, en la que otras pelearon por mí. [...] Yo llegué y el mundo

---

Words: Literature by Latinas of the United States, ed. por Roberta Fernández (Houston, TX: Arte Público Press, 1994), pp. xiv–xx (p. xvii)).

101 En Rodríguez Aranda, p. 64.

102 Los paralelismos entre vivencias autobiográficas y ficción en *Caramelo* se pueden observar especialmente en el mencionado texto autobiográfico recogido en *Partial Autobiographies*, ed. por Binder.

103 Ray Suárez, 'Author Conversation: Sandra Cisneros' (audio), *PBS: The NewsHour with Jim Lehrer* (15 October 2002) <http://www.sandracisneros.com/articles.php> [consultada 22 noviembre 2007].

104 En este sentido, en la producción de las chicanas, como en la de otras literaturas minoritarias, destaca la elevada producción de novelas autobiográficas. Sobre esta cuestión, véanse el mencionado artículo de Norma Klahn 'Literary (Re)Mappings: Autobiographical (Dis)Placements by Chicana Writers' y el trabajo de María Henríquez Betancour 'Chicanas' Contemporary Constructions of Autobiographical Texts' (en *Literatura chicana: reflexiones y ensayos críticos*, ed. por Morillas Sánchez y Manuel Villar Raso (Granada: Comares, 2000), pp. 173–81).

105 La escritora declara así que en su obra 'todo está armado con cosillas mías. Pues yo creo que le pasa a todos los escritores' (en Erna Pfeiffer, 'Yo no tengo misterio, tengo aplicación', *EntreVistas: diez escritoras mexicanas desde bastidores* (Frankfurt a/M: Vervuert, 1992), pp. 26–46 (p. 33)). Entre los rasgos autobiográficos, la crítica ha señalado especialmente la muerte temprana de la madre, que aparece en los tres textos analizados.

estaba dado.'[106] De ese modo, en relación con *Mejor desaparece*, por ejemplo, la autora declara que la escribió 'de tal manera que no tiene nada que ver conmigo, que no se parece a mi pasado'.[107] Naturalmente, la ubicación y necesidades diferentes de Boullosa con respecto a Cisneros no minimizan el valor crítico de sus textos en lo que supondría una llamada a la experiencia como único terreno legítimo de conocimiento, sino que se reconocen las posicionalidades diferentes desde las que las escritoras producen sus textos.

Las consideraciones precedentes nos proporcionan ángulos diversos que permiten entender e interpretar el significado del acto deconstructivo de los *Bildungsromane* boullosianos frente a la labor reconstructiva adicional y el esfuerzo de síntesis de los textos cisnerianos, especialmente desde la perspectiva de las condiciones de producción. De modo análogo, las cuestiones relacionadas con la recepción literaria ocupan un lugar no menos significativo. En el caso de Cisneros, para cumplir el objetivo político que persigue con su obra, es esencial que con ella pueda alcanzar al mayor número de lectores posibles. En relación con sus lectores chicanos y, en particular, con las chicanas, es importante, además, que su literatura no se aísle del colectivo que da vigencia al producto, sino que se encarne en él utilizando una forma accesible y familiar y abogando por cambios factibles que posibiliten el reconocimiento de las lectoras en las protagonistas. Aunque Cisneros insista en la ficcionalización de vivencias reales, con sus textos persigue un proyecto de construcción de un yo reconocible y una historia creíble fundados en su experiencia individual o en las experiencias colectivas de su grupo oprimido. En el caso de Boullosa, en cambio, no existen las mismas necesidades vitales, ni es cardinal tener un efecto político ni alcanzar a un público amplio, lo cual proporciona mayor espacio a gestos deconstructivos o invocaciones de cambios más radicales y a su expresión por medios menos convencionales. Desde esta perspectiva, se pueden dilucidar algunas divergencias en la representación de los universos de nuestros *Bildungsromane*: mientras que el decir hermético y el mundo extraño de especialmente las dos primeras obras boullosianas exigen la colaboración exigente del lector en el discernimiento de la ficción y limitan de esa manera el alcance de recepción de su obra y la posibilidad de difundir valores alternativos a los establecidos, en las novelas de Cisneros se trata de construir un referente extratextual cercano y accesible a través de una historia verosímil para cumplir una tarea formativa y acercarse al público al que primordialmente se dirige, acercamiento que conlleva la minimización de la autoridad que tiende a distanciar a la escritora de la comunidad marginal que representa mediante una prosa que altera las convenciones de la lengua escrita en su aproximación a la oralidad. De la dificultad del mantenimiento del equilibrio entre la experimentación y la recepción de la obra de los

---

[106] En Ferrero Cándenas (respuesta 22 de 35).
[107] En Pfeiffer, *EntreVistas*, p. 33.

chicanos es Cisneros consciente: 'I would hope that our experiments would not take us too far away from that which makes us what we are.'[108] En líneas similares, las protagonistas fantasmales y borrosas de las novelas de Boullosa conllevan una identificación difícil entre personajes y lectores, lo que en el caso de Cisneros se torna en personajes reconocibles que tienden un puente de cercanía y simpatía entre protagonistas y público sobre el que se asienta el proyecto político de la autora.[109] Como ilustración de tales divergencias en cuestiones de recepción, es significativo echar un vistazo a las concepciones de la figura del lector en las ficciones cisnerianas y boullosianas: mientras que en las novelas de Cisneros, las protagonistas narradoras conciben un receptor ubicado dentro de su comunidad al que asisten por medio de su palabra, en *Antes* es la necesidad de existir de la narradora la que forja un interlocutor inventado: 'inventarlos a ustedes para que fuera posible hablar, para que teniendo interlocutor tuviera yo palabras' (p. 64).

Otro elemento que hay que tomar en consideración en el examen de las divergencias entre las *Bildungen* representadas es el relacionado con la influencia del espacio nacional y la tradición literaria, tal y como se delineó en el capítulo primero. En el caso de México, el malestar y pesimismo generales alientan una crisis de identidad que repercute en la representación literaria del poder de la mujer de afirmar su subjetividad y de encontrar nuevos espacios en la historia. Ciertamente, este clima emocional negativo es aplicable al amplio conjunto de las novelas boullosianas, sobre cuya trama se cierne invariablemente un sentido de catástrofe, fracaso o distopía.[110] La escritora se refiere a su apuesta literaria como un universo 'desapacible' y 'rudo' y su vinculación con el entorno en que emerge: 'Yo siento que el México que me tocó a mí es el de la desilusión.'[111] Frente a ello, los textos cisnerianos están impregnados por el carácter esperanzador y afirmativo que caracteriza las letras chicanas en general, tanto en su ficción, como prueban sus *Bildungsromane* y las historietas que componen *Woman Hollering Creek*, como en su poesía, en sus colecciones *My Wicked Wicked Ways* y *Loose Women: Poems*.

---

[108] En Binder, p. 73.

[109] Las propuestas estético-literarias diferenciadas de una y otra autora, en las que los mundos representados se desplazan por una escala subjetiva de mayor a menor realismo consonantes con la tendencia más realista y social de la literatura chicana frente a la literatura mexicana, no implican un juicio de valor en forma de una dicotomía o jerarquización entre una opción literaria elitista, más compleja o de valor más estético, y otra política, más sencilla y realista ligada de modo inmediato a la acción social, sino la puesta de relieve del hecho de que en diferentes condiciones culturales existen distintos valores estéticos y distintos lenguajes sociales y literarios y se emplean estrategias narrativas y registros discursivos diferentes en la subversión del orden dominante que efectúa la literatura feminista.

[110] Como señala la misma autora, 'lo mío no es paraíso, mis mundos son infernales' (en Ferrero Cándenas, respuesta 35 de 35).

[111] En Ferrero Cándenas (respuesta 35 de 35).

Dentro de este amplio trasfondo en su conjunto, el retrato de *Bildung* representado por ambas autoras en sus universos novelados cobra así vida como configuraciones inseparables de sus contextos sociohistóricos y literarios correspondientes. En el capítulo siguiente se examinará otro de los factores emergentes de estos contextos que considero cardinal en la comprensión de las divergencias entre las *Bildungen* retratadas por Boullosa y Cisneros: la interacción entre el yo individual y la comunidad femenina, cuestión que, por su amplitud y relativa autonomía, se analizará en una sección aparte.

4

La interacción entre el yo y la comunidad femenina

Un aspecto de singular importancia en el proceso de *Bildung* representado en las novelas lo constituye la tensión que se establece entre el yo y la comunidad femenina. Dicha tensión se configura como indisociable de la respectiva realidad social mexicana y chicana e imprime marcas sensiblemente diferentes en el proceso de formación que siguen las protagonistas. La lectura que se ofrece a continuación sostiene que la interacción que se establece entre el yo y la comunidad femenina determina, junto con los factores que se analizaron en el capítulo tercero, el fracaso o éxito de la *Bildung* de los personajes protagonistas.

Para examinar comparativamente dicha interacción se partirá de la consideración de diversos postulados teóricos que, desde una perspectiva feminista, enfatizan el lugar fundamental que la experiencia de la vinculación o interconexión personal y las relaciones emocionales primarias ocupan en la constitución de la subjetividad y el desarrollo femeninos. Estos postulados tienen una base psicoanalítica y adoptan el lenguaje de la teoría de relación con el objeto y su énfasis en la relación entre el yo y el otro, lo que resulta en la construcción de un marco teórico de, como se verá, particular relevancia en el examen de la obra boullosiana y cisneriana. Tales teorizaciones, combinadas con el lugar fundamental que ocupa la consideración del trasfondo material del que emergen los textos, conformarán la metodología de análisis en esta sección.

La experiencia de la vinculación en la *Bildung* femenina

Del intento de recuperar la utilidad del psicoanálisis como instrumento de una visión del desarrollo del sujeto femenino no fundado en fundamentos sexistas surgen a partir de los setenta una serie de estudios de la mano de importantes pensadoras que participan en la creación de un feminismo psicoanalítico de enorme influencia, entre las que se encuentran nombres de la talla de Nancy J. Chodorow, Luce Irigaray, Hélène Cixous o Julia Kristeva. Desde perspectivas y posiciones diversas, estas autoras redefinen la identidad femenina apoyándose en el papel central que conceden a la vinculación, la interrelación y la fluidez en la experiencia de la mujer. De particular importancia para el presente estudio son las teorías de Chodorow.

Empleando la teoría de relación con el objeto, Chodorow revisa el modelo freudiano clásico en su conocido estudio *The Reproduction of Mothering: Psychoanalysis and the Reproduction of Gender*. En él Chodorow expone la tesis según la cual existen diferencias en la formación de la identidad femenina y masculina basadas en el reconocimiento del niño en el período pre-edípico de similitud o diferencia con respecto a la figura del cuidador, mayoritariamente materno en nuestra sociedad: 'From very early [...], because they are parented by a person of the same gender [...] girls come to experience themselves as less differentiated than boys, as more continuous with and related to the external object-world.'[1] Como resultado, afirma la autora, 'growing girls come to define themselves as continuous with others; their experience of self contains more flexible and permeable ego boundaries' (p. 169).[2] Desde esta perspectiva, la base de la identidad femenina no estaría ya en la fase edípica sino en la fase pre-edípica y se caracterizaría por el lazo continuado entre la madre y la hija y la interconexión, no por la ausencia del falo y el complejo de castración. De este modo, la vinculación con la madre – y no la ruptura con esta por la alianza con el padre, según establece la ortodoxia freudiana – definiría el proceso de desarrollo femenino en la cultura.

Tomando como fuente las teorías de Chodorow, así como una amplia variedad de estudios psicológicos y ejemplos de literatura y observación e investigación personales, otra importante figura en este campo, Carol Gilligan, enfatiza igualmente en *In a Different Voice: Psychological Theory and Women's Development* el lugar central que la experiencia de la vinculación y la relación con la comunidad, la familia y la historia tienen en el proceso de formación de la identidad femenina. Uno de los trabajos que fundamentan sus premisas lo constituye el estudio *Toward a New Psychology of Women* de Jean Baker Miller, quien afirma que 'women's sense of self becomes very much organized around being able to make, and then to maintain, affiliations and relationships', por lo que 'eventually, for many women, the threat of disruption of an affiliation is perceived not just as a loss of a relationship but as something closer to a total loss of self'.[3] Dentro de este marco teórico, Gilligan pone en entredicho la 'letanía de desarrollo' tradicional fundada en la conceptualización freudiana de construcción del sujeto (masculino) y su

---

[1]   *The Reproduction of Mothering: Psychoanalysis and the Reproduction of Gender* (Berkeley: University of California Press, 1978), p. 167.

[2]   Para transformar ese desarrollo psicológico diferenciado, base para Chodorow de nuestra vivencia de la identidad femenina y masculina, la autora propone que la función materna sea desempeñada igualmente por hombres y por mujeres a fin de evitar un desarrollo que condicione de una forma casi imperativa la percepción de los géneros.

[3]   En Carol Gilligan, *In a Different Voice: Psychological Theory and Women's Development* (Cambridge, MA: Harvard University Press, 1993 [1982]), p. 169 (citado de Jean Baker Miller, *Toward a New Psychology of Women* (Boston: Beacon Press, 1976), p. 83).

celebración de la separación, la autonomía y la individuación (p. 23), ya que esta no abarca la experiencia de las mujeres, cuya 'falta' de autonomía es entonces identificada, según esas premisas, con un fracaso en el desarrollo (p. 9). En su trabajo, pues, Gilligan proyecta restaurar la voz silenciada de la *Bildung* femenina, descartando para ello nociones convencionales que reducen el desarrollo a un simple orden lineal basado en una creciente separación y visualizando en su lugar una dinámica entre la interconexión y la separación como creadora de 'a reiterative counterpoint in human experience' (p. 151), que reconoce tanto el 'role of separation as it defines and empowers the self' como 'the ongoing process of attachment that creates and sustains the human community' (p. 156).[4]

Estos modelos relacionales de desarrollo configuran un yo plural e inclusivo con importantes implicaciones políticas, ya que este conforma los pilares de una solidaridad femenina central en la ideología feminista. En el ámbito particular de la tradición literaria del *Bildungsroman* que nos ocupa, esta reteorización transforma significativamente las fórmulas y convenciones de tal modelo genérico al impugnar las nociones (masculinas) de identidad y desarrollo que lo sostienen, que, en la tradición del individualismo burgués, enfatiza, según señalamos, la diferencia y la separación como negación de lo común y la interdependencia. La crítica del individualismo autosuficiente de herencia liberal y burguesa y de sesgo masculino que subyace a estos nuevos modelos relacionales no implica la minimización del valor de la aserción consciente de la individualidad y la subjetividad, categorías que, como vimos en el capítulo primero, son centrales en la política de la identidad de la ideología feminista, sino una reconceptualización de la subjetividad que, otorgando un valor central a la afirmación del ser individual, asevera, de igual

---

[4]   Hay que subrayar que la distinción de Gilligan entre dos 'voces' y la asociación de estas con mujeres u hombres resulta de una observación empírica y no debe entenderse como absoluta ni como una pretensión de construir un modelo esencialista de identidad. Asimismo, aunque sus observaciones, así como las de Chodorow, se enmarcan en el contexto euro-americano de la familia burguesa heterosexual, sus tesis son aplicables al modelo de desarrollo de la mujer mexicana y chicana como parte de una constelación de otros diversos factores específicos que, en su conjunto, influyen en la adquisición del sistema de género y la formación de la identidad en ambas comunidades. En cuanto a la obra boullosiana, enmarcada también en un escenario burgués, diversos estudios han analizado la relación entre las heroínas y la comunidad femenina desde perspectivas psicoanalíticas equivalentes, especialmente con respecto a *Antes* (así, el ensayo de Cecilia Olivares Mansuy '*Antes* de Carmen Boullosa: narrar para recuperar el pasado y entender el presente', en *Escribir la infancia*, compil. por Pasternac y otras, pp. 213–29). En el contexto chicano, por su parte, también encontramos trabajos variados que emplean las tesis de Chodorow y de Gilligan en el examen de las diferencias de género en aquella comunidad (véase, como ilustración, el trabajo de Denise A. Segura y Jennifer L. Pierce 'Chicana/o Family Structure and Gender Personality: Chodorow, Familism, and Psychoanalytic Sociology Revisited', *Signs*, 19.1 (1993), 62–91, o el mencionado estudio de Leslie Sampson Gutiérrez-Jones *Fictions of Development*).

modo, las dimensiones de la vinculación, la interconexión y la solidaridad como claves en la experiencia de desarrollo de la mujer y en la formulación de una política feminista.[5]

En consonancia con esta visión del desarrollo femenino, Patricia Waugh concibe la producción literaria femenina 'not as an attempt to define an isolated individual ego but to discover a collective concept of subjectivity which foregrounds the construction of identity in relationship' (p. 10). De modo análogo, Rita Felski señala que 'even the most subjective feminist writing […] appeals to a notion of communal identity which differs significantly from the literature of bourgeois individualism, combining the examination of individual experience with a dimension of solidarity and group identity through an acknowledgement of a shared experience of subordination' (p. 78).

En este escenario, este capítulo atenderá al desarrollo femenino retratado en las novelas en el marco de la realidad sociocultural mexicana y chicana desde la óptica de la posibilidad o capacidad diferenciada de las protagonistas boullosianas y cisnerianas de forjar un sentido de identidad en relación con la comunidad femenina.

El aislamiento femenino en los *Bildungsromane* de Carmen Boullosa

Las protagonistas de las novelas de Carmen Boullosa no consiguen establecer vínculos interpersonales: todas ellas se hallan invariablemente solas, perdidas y aisladas de los demás y ello tanto en el seno de la familia como fuera de ella. Con respecto a la familia, las relaciones que se establecen en su interior aparecen cargadas de dificultades y distanciamiento: el ámbito de la familia tradicional, en torno al que ha girado tradicionalmente el mundo femenino, no se representa ya como red de afecto y protección frente al mundo; antes bien, constituye, como se vio, un instrumento de reproducción del código patriarcal y un espacio de contienda, coerción o alienación del ser femenino. Esta representación camina de la mano de la producción de las novelistas contemporáneas de tanto México como de otros países latinoamericanos, que, según afirma Jean Franco, 'pronounce the radical exile of women from the traditional family'.[6] De particular importancia, en este marco, es el hecho de que ninguna de las protagonistas boullosianas logra tender lazos o formar alianzas con otras mujeres y ello se observa especialmente en relación con la figura de la madre.

---

5   En su discusión de la interacción entre feminismo y liberalismo, Rita Felski apunta así que 'the importance of subjectivity in the women's movement is counterbalanced by an important dimension of communal solidarity absent from the liberal tradition of atomic individualism' (pp. 67–68).
6   *Plotting Women*, p. 186.

En efecto, un motivo que se repite en los tres *Bildungsromane* de Carmen Boullosa, así como en muchas otras obras de escritoras mexicanas,[7] es la relación de ausencia, silencio y vacío que se fragua entre la desdibujada figura materna y las protagonistas. El retrato de esta figura supone una saludable subversión del ideal cultural que representa el emblema materno, un ideal especialmente ostensible en el entorno mexicano, donde la mitificación de la mujer-madre como 'sufridora, humilde y pasiva' ha sido fundamental;[8] pese a ello, no existen, como se examinará, lazos solidarios subversivos que liguen a madres e hijas. Según las teorías de Chodorow, como también en las de Irigaray, Cixous y Kristeva,[9] la madre constituye un objeto interior de identificación fundamental para la hija en su proceso de desarrollo. La relación materno-filial como clave en el desarrollo femenino es claramente perceptible en las obras boullosianas, en las que la quiebra de este vínculo primario debido a la ausencia, muerte o anulación de las madres resquebraja el sentido de identidad relacional tan central a la experiencia de *Bildung* femenina dejando a las niñas desprotegidas y solas y frustrando la posibilidad de constituir una genealogía femenina que les proporcione nuevos modelos de ser y posibilite la fundación de una comunidad solidaria de mujeres.

En la presente lectura se considera que ese espacio hueco y silenciado entre las madres y las hijas característico de los *Bildungsromane* de Carmen Boullosa constituye una metáfora cultural de la privación de una herencia matriarcal que podría asistir a la mujer mexicana en su proceso de formación y, de igual modo, de la ya comentada debilidad en la experiencia histórica de México de un 'nosotras' como comunidad política. Como se verá en el examen de las novelas, estas carencias, que, siguiendo a Peggy Job e Yvette Jiménez de Báez, constituyen un rasgo común de numerosas obras de escritoras mexicanas,[10] están enraizadas en la estructura de relaciones de

---

7   En relación con la narrativa femenina mexicana del período de 1970 a 1987, Peggy Job observa que se da frecuentemente una relación materno-filial conflictiva y de poca comprensión mutua, en la que aflora 'una competencia, envidia, y desprecio profundo' y donde la madre es 'figura en la sombra, aparte; a veces perdida en la locura o en una enfermedad; en el suicidio o en la muerte temprana' (p. 132). Teresa M. Hurley analiza también la relación de ausencia entre madres e hijas en las obras de Nellie Campobello, Rosario Castellanos, Elena Garro y Elena Poniatowska (*Mothers and Daughters in Post-Revolutionary Mexican Literature* (London: Tamesis, 2003)). Asimismo, la antología de cuentos de escritoras mexicanas editada por Beatriz Espejo y Ethel Krauze, *Atrapadas en la madre* (México: Alfaguara, 2007), da cuenta en muchos de los cuentos incluidos de una relación difícil entre las madres y las hijas.

8   Leal, 'Female Archetypes in Mexican Literature', p. 232.

9   De Irigaray destaca especialmente *Ce sexe qui n'en est pas un* (Paris: Éditions de Minuit, 1977); de Cixous (junto con Catherine Clément), *La Jeune Née* (Paris: Union Générale d'Éditions, 1975); y de Kristeva, *Polylogue* (Paris: Seuil, 1977).

10   Job observa en su mencionado artículo que no se exploran la amistad o solidaridad femenina ni se funda una red de apoyo femenina transgeneracional (p. 132): 'La mujer está sola, no se alinea con otras mujeres para compartir experiencias ni angustias: compiten y se

poder implícita en el orden católico-patriarcal mexicano y el sistema de clases, fundados en la separación, el autodesprecio y la marginación femeninos. Desde esta perspectiva, los textos de Boullosa registran el prolongado silencio de los lazos de vinculación y solidaridad entre mujeres en la sociedad mexicana, lo cual deja huérfanas a las protagonistas y nutre las raíces de su anti-*Bildung*.[11] Como afirma expresivamente Adrienne Rich en su célebre *Of Woman Born: Motherhood as Experience and Institution*, 'until a strong line of love, confirmation, and example stretches from mother to daughter, from woman to woman across the generations, women will still be wandering in the wilderness' (p. 246). La misma tesis formula Carolyn G. Heilbrun en su trabajo *Writing a Woman's Life*, en el que reclama nuevos modelos alejados de los patrones tradicionales que partan de la comunicación sincera entre mujeres, del intercambio de experiencias y del proyecto común de dar a sus vidas nuevas formas y significados.[12]

Mejor desaparece: *la búsqueda de la madre*
Según afirma Margo Glantz, *Mejor desaparece* se inserta, junto con *Antes*, en una tradición de obras publicadas por escritoras mexicanas desde los ochenta en las que la preocupación por la genealogía familiar es fundamental. En particular, el tema de las madres es en ambas obras central.[13]

En *Mejor desaparece*, como se analizó, la familia, dominada por la tiranía implacable del padre, se representa como fuente de alienación y hostilidad absolutas para la mujer. Por medio de su descarnado retrato paródico de las relaciones familiares, Boullosa muestra sutilmente cómo el poder patriarcal instaura el régimen normativo que determina las relaciones familiares 'apropiadas', es decir, aquéllas que salvaguardan los valores establecidos. Este régimen crea una red relacional que impide el establecimiento de lazos y vínculos entre mujeres y la fundación así de una comunidad femenina solidaria que pudiera hacer frente al poder del padre. Ello lo vemos especialmente en

---

menosprecian. Todos estos rasgos parecen ser aspectos de un profundo desprecio de sí mismas por parte de las narradoras o mujeres protagónicas.' Las afirmaciones de Jiménez de Báez siguen líneas equivalentes (p. 99): 'Persisten testimonios de falta de solidaridad afectiva, profunda, entre mujeres. El hecho suele manifestarse como agresión y tal vez se explique en parte por la autodevaluación que suele caracterizar a la mujer.' El aislamiento y soledad del ser femenino es particularmente notable en la obra de la pionera del feminismo literario en México, Rosario Castellanos.

11   Frente a la tesis de Barbara Dröscher en su citado artículo 'La muerte de las madres' (incluido en el volumen *Acercamientos a Carmen Boullosa*), en el que argumenta que la muerte de la figura materna en *Mejor desaparece* y *Antes* tiene un efecto potencialmente liberador para la hija, el presente estudio propone que es justamente la ruptura de esta relación y la imposibilidad de superar la ausencia materna la base de la anti-*Bildung* representada.

12   *Writing a Woman's Life* (London: Women's Press, 1988).

13   'Las hijas de la Malinche', en *Literatura mexicana hoy*, ed. por Kohut, pp. 121–29 (pp. 122–23).

relación con la figura de la madre. En *Mejor desaparece* la figura materna es una sombra de silueta imprecisa que, pese a sus enigmáticas apariciones en el capítulo quinto y posiblemente también en el cuarto, se supone muerta. Su muerte, fruto del régimen normativo de relaciones 'apropiadas' que impone la 'máquina' (p. 47) patriarcal, tiene efectos devastadores para las hijas y contribuye en gran medida a su anti-*Bildung*.

Según vimos, el fragmento 'Explicación' que abre la novela aclara supuestamente el conflicto que da origen a la narración: el 'eso', identificado este con el advenimiento de la atroz ley del padre y el inicio con ello de la anti-*Bildung* de las hijas. Este 'eso', que, en ese sentido, se sustenta sobre la eliminación o 'muerte' del yo de la mujer, se puede leer, de modo análogo, como tropo de la 'muerte' de la madre de la familia como parte de la estrategia patriarcal en su mantenimiento de los valores hegemónicos, que implica la eliminación sistemática de todo elemento discordante que amenace con alterar el (des)orden en el seno familiar.[14] Precisamente, la misma Boullosa describe el 'eso' como imagen de la muerte de la madre: 'For me, as the writer, there is no doubt that it ["eso"] is the presence of the dead mother who cruelly looks at her children from the grave.'[15]

Si tomamos el 'eso' como marca de la muerte de la madre, este elemento establece simbólicamente dos tiempos en la infancia de las hijas: un 'antes' anterior a la muerte y un 'después' cargado de degradación. El 'antes' alude al período pre-edípico, un espacio nutricio que, fundado en el vínculo entre madre e hija que, observaba Chodorow, sustenta la identidad y el desarrollo femeninos, contiene el potencial de subversión de las estructuras patriarcales. En palabras de Marianne Hirsch,

> Pre-oedipal realm figures as a powerful mythic space, not irrevocably lost but continually present because it is recoverable in ideal(ized) female relationships. Pre-symbolic and pre-cultural, it points to an alternative to patriarchy and the logos – a world of shared female knowledge and experience in which subject/object dualism and power relationships might be challenged and redefined.[16]

Según esta simbología, ese 'antes' pre-edípico de solidaridad femenina representa un elemento discordante de amenaza y peligro para las relaciones de poder imperantes en el patriarcado, elemento que hay, por tanto, que extirpar de raíz. Así sucederá con la violenta irrupción del 'eso': para perpetuar la subordinación femenina, el 'eso' perpetrará la muerte de la madre y la

---

[14] Coincido en ello con Eva Gundermann, para quien la inadecuación de la madre al ideal cultural implica su eliminación del juego de la familia y, por tanto, su muerte simbólica (p. 89).

[15] En Franco, *Plotting Women*, p. 184.

[16] *The Mother/Daughter Plot*, p. 133.

supresión de su lazo con las hijas, lo que generará el 'des-madre' o 'después' del período edípico, un 'estercolero' (p. 47) sellado por la castración, el aislamiento y la decadencia que alimentará la anti-*Bildung*. Como también señala Vilches Norat, en *Mejor desaparece* contemplamos 'la quiebra del espacio familiar desde que el padre, y sólo él podría haberlo hecho, trae la muerte de la madre cosificada [en "eso"]' (p. 179). Es desde ese 'después' desde donde la madre habla en el capítulo quinto a través de un lenguaje contradictorio y ambivalente que manifiesta rasgos propios de una patología, común, por lo demás, a la familia, y asociada en su caso a su constricción o encierro (sea este simbólico o real) y a su deber de asumir sin resquicios su papel femenino tradicional. La madre recalca su papel en su monólogo como para convencerse a sí misma, parece, de su identidad (pp. 90–91): 'Yo, yo soy una mujer casada, y si alguien me observara no encontrará en mí un solo rasgo inquietante […] (repito *mujer casada, mujer casada*).' Este trastorno característicamente femenino, observa María Victoria García-Serrano, nos remite a la convicción mantenida por numerosas feministas de la estrecha vinculación entre aquél y los limitados papeles que la sociedad patriarcal ha asignado a las mujeres.[17] El poder que la maquinaria del 'eso' ejerce a través del aislamiento, la separación y la reclusión debilitará para siempre el vínculo de las hijas con la madre, quien, como resultado de esta cruel operación, expresará ahora en numerosas ocasiones su odio hacia los hijos y el que, ella percibe, sienten estos hacia ella, como muestran, entre muchas otras, sus aserciones 'los detesto' (p. 81) o 'conozco a la perfección todo el asqueroso odio que sienten por mí' (p. 81).[18] Otra es, no obstante, la versión de los hechos de las hijas.

La división que se establece entre el 'antes' y el 'después' y la sensación de pérdida de las hijas a partir de la aparición del 'eso' y la represión de la memoria materna son referidas por la narradora del fragmento 'Eso' al principio de la novela (p. 17): 'Recuerdo bastantes datos, anécdotas y ambientes previos a su aparición; la precisión de las imágenes que puedo revivir no sirve para nada, ya no nos pertenece. Tal fue el primer síntoma.' En los fragmentos siguientes podemos rastrear la huella tanática que la desaparición de la madre ha dejado impresa en la vida de las hijas (p. 29): 'La naturaleza de su muerte es contagiosa porque nos ha arrebatado vida a todos y lo seguirá haciendo a través de los siglos.' Sus vidas son así una forma de muerte, como bien saben las niñas (p. 32): 'Lo único que queda de ella es su muerte, y con ella basta para sellarnos a todos.' La abrupta ruptura de la simbiosis pre-edípica es determinante en la carencia de cuerpo

---

[17]   María Victoria García-Serrano, '"Sí, mejor desaparece", de Carmen Boullosa. ¿Una versión de la loca criolla en el ático?', *Texto Crítico*, 5.10 (2002), 145–57 (p. 151).

[18]   Recordemos la ambigüedad sexual que caracteriza al colectivo de las hijas (véase el análisis de la novela del capítulo tercero).

y sustancia de las hijas. Así, para la narradora del capítulo cuarto la orfandad hace de las hijas 'sombras que nunca podrán añorar a ser seres con cuerpo' (p. 78). La madre ausente y la presencia monstruosa del padre en sus vidas las convierten en espectros y así lo indica la reacción de una pareja de señores cuando le presentan a una de las hijas (pp. 66–67): 'Me presentó, dijo que yo era la hija de mamá y de papá. Y los señores me miraron como si se hubieran encontrado a un espectro y no dijeron una sola palabra.'

La ruptura de la unión con la madre desencadenada por la aparición del 'eso' conlleva, asimismo, el aislamiento de las hijas del mundo y la anulación de su identidad relacional (p. 18): 'A raíz de la aparición nos aislamos.' De ese modo, aprisionadas en el espacio patriarcal de la casa comandada por el padre, las hijas son despojadas de la posibilidad de forjar lazos con los otros y se les arrebata así un componente esencial en el proceso de concienciación individual, tal y como teorizaba Gilligan. En la misma dirección, otra de las estrategias utilizadas por el orden dominante en el mantenimiento de su hegemonía viene representada por la supresión de los lazos entre las hermanas. Del mismo modo que, como se exploró, ese orden fragmenta y desintegra el ser de las hijas de la familia, también los lazos de estas como hermanas son eliminados: como ponen de manifiesto los fragmentos desconectados, las hermanas no conforman una comunidad solidaria sino que cada una de ellas ocupa un espacio de aislamiento e incomunicación formado por su propio monólogo, lo cual da testimonio del entramado de relaciones nulas, rotas o fracasadas entre las mujeres de la familia.

La muerte de la madre y el aislamiento de las hijas del mundo y entre sí, pues, les impiden a estas formarse un sentido de identidad en relación y constituir así una comunidad femenina sólida que pudiera subvertir las condiciones en las que viven bajo el yugo del padre, quien, al mismo tiempo que imposibilita los lazos entre las niñas, trunca también, como se vio, la fundación de un sentido de individualidad en ellas, el otro pilar de la formación de la identidad señalado por Gilligan. Si la madre no hubiera desaparecido, si las hijas hubieran dispuesto de la fuerza comunitaria para derrotar al padre, otras podrían haber sido sus *Bildungen*, como afirma explícitamente Magnolia (p. 32): '[Mamá] queda, pero desmembrada. Por eso no podemos rehacer nuestra vida.'

Conscientes de la trágica pérdida de la madre y de la unidad que ella representaba, las hijas tratarán de recuperar en su proceso de (anti-)*Bildung* el momento pre-edípico de origen, que, aunque casi totalmente borrado de la memoria y el lenguaje, no está, como explicaba Hirsch, 'irrevocablemente perdido', por lo que podría proporcionar un modo de unir los fragmentos de sus yos desmembrados. Así, en el capítulo cuarto las hijas parten al encuentro de la madre en respuesta a un recado escrito por la narradora de esta sección, Berta, que, como se señaló, bien podría tratarse de la madre misma. Por medio del recado, Berta cita a las hijas en su casa, donde se supone que se producirá el encuentro materno-filial. La narradora Berta se refiere a la necesidad – frente al odio presumido por la madre en el capítulo quinto – que tienen las niñas de la figura materna (p. 77): 'De ser por ellos, no se moverían nunca de ahí; absortos con la promesa de verla se quedarían hasta quemarse las alas como las palomas que vuelan alrededor de la luz esperando la muerte …' Como es de esperar, el encuentro con la madre nunca llega a producirse, lo que deja a las hijas abatidas (p. 78): 'En más de uno brillaban sus lágrimas lentas, gordas como las risas que ellos nunca tendrán.'

En suma, en *Mejor desaparece* la madre, aunque ausente, constituye una ausencia/presencia determinante en la vida de las hijas. Desde esta perspectiva, el convulso desarrollo de estas se dibuja como una añoranza constante de la madre, cuya muerte no logran superar nunca. Como leíamos en el poema anónimo del fragmento 'Aclaración', la privación y la carencia definen para siempre el yo de las hijas (p. 29): '*No tienen, no han tenido nunca. Nacieron | de una hoja.*' De ese expresivo modo es como la muerte de la madre se convierte en la novela en metáfora del profundo impacto que suponen la familia tradicional y la ausencia de una red solidaria de apoyo entre mujeres en el México contemporáneo.

Antes: la *miedo*
La alusión de la narradora al brinco desesperado de sus hermanas a los 'gélidos brazos' de la abuela 'para protegerse de la muerte' (p. 157) cuando muere Esther revela el significado de la orfandad para la protagonista de *Antes*: no tener madre equivale a estar en los brazos de la muerte. Esta aserción, como se examinará a continuación, subyace al proceso de desarrollo que sigue la protagonista, para quien la relación de distanciamiento y separación que la vincula a la madre tiene consecuencias nefastas.

A lo largo del recuento de sus memorias, podemos comprobar que entre la madre y la hija existió un vínculo de amor profundo. Así, la narradora relata cómo de recién nacida '[Esther] me miró con una mirada que me recorrió el cuerpo poniéndome en todas las partes que lo componían su nombre respectivo, volteándome huesos y piel con un sentimiento similar a la ternura, como no me volvió a ver nunca nadie' (p. 14).[19] Igualmente, la hija manifiesta póstumamente su amor hacia la madre en varias ocasiones: al principio de la narración con 'la quise mucho' (p. 13), o hacia el final del relato, cuando se dirige a la madre muerta en segunda persona en una conmovedora muestra de

---

[19] Su percepción de sí misma, como vemos, pone de manifiesto la más temprana percepción del infante de su cuerpo, anterior a la fase especular, no como unidad, sino como conjunto de partes, trozos, superficies, lo que Lacan llama la fantasía del 'cuerpo fragmentado' o '*corps morcelé*' (véase Jacques Lacan, 'The Mirror Stage as Formative of the Function of the I', en *Écrits*, pp. 1–7). La fragmentación es, como vimos, una constante de la subjetividad de la protagonista, a pesar de sus intentos de asegurar una identidad unificada.

amor al declarar 'Te quise tanto, tanto, tanto' (p. 139). Asimismo, se establece una identificación esencial entre ambas simbolizada por el 'pequeño clavito (como aquel que yo pinté)' (p. 116), que la protagonista encuentra olvidado en un baúl de la casa en que Esther guardaba sus cosas de niña, imagen altamente reveladora, ya que, según se vio, el clavito pintado por madre e hija constituye un expresivo reflejo de sí mismas.

Desde el principio del relato, no obstante, la niña no identifica a la madre como tal, sino que afirma que 'ella no era mi mamá' (p. 13). Consecuentemente, la niña no la llama 'mamá', como sería de esperar, sino que eclipsa el nombre común con su nombre propio, Esther.[20] Este nombre, señala la narradora, era 'totalmente distinto al mío' (p. 13), insistiendo así de nuevo en su distanciamiento con respecto a la madre. Como en *Mejor desaparece*, la separación materno-filial se origina en las estructuras ideológicas y sociales del patriarcado y constituye un factor fundamental en la anti-*Bildung* de la subjetividad femenina en *Antes*.

Según se analizó, al principio de su relato la niña identificaba a la madre con el miedo hasta tal punto que feminizaba esta palabra: la madre era '*la* miedo' (p. 13). Este miedo, originado en la condición femenina en el orden falocéntrico, brincaba de la madre a la hija recién nacida, estableciéndose así un fuerte vínculo entre ellas que, como confirmaba Chodorow, está fundado en su identidad de género. Del lazo de '*la* miedo' que las une, pues, se puede deducir que madre e hija son perseguidas por los mismos monstruos que acaban por derrotarlas, los mismos monstruos del discurso patriarcal que irónicamente dificultan o impiden el establecimiento de lazos entre mujeres.

La madre de la protagonista, en efecto, no consigue establecer un vínculo de intimidad y ternura con la hija. Ella misma había sido privada de un modelo materno sólido en la figura de su propia madre, quien, recordemos, perpetúa la subordinación femenina en su deseo de un nieto varón. Según Boullosa, 'la abuela considera una maldición tener hijos […] y es ella la que transmite a Esther ese rechazo al cuerpo de la mujer.'[21] Esther, así, transforma y vela su búsqueda de la madre perdida en la búsqueda del otro a través de la relación de pareja. Este mecanismo es señalado por Adrienne Rich, que afirma que 'the woman who has felt "unmothered" may seek mothers all her life – may even seek them in men' (p. 242). Su relación con el hombre es, sin embargo, insatisfactoria. Así lo muestra al principio del relato la narradora, quien, después de mencionar la sospechosa ausencia del padre la noche de

---

[20]   Esta no es solo la forma en la que la narradora se refiere a ella en su relato póstumo, sino que en vida la niña la llamaba también por su nombre, como observamos en la escena de la muerte de Esther (p. 138): 'La tomé de la mano y le dije: "corre, Esther, ven" …', a lo que la madre contesta: '"¡Dime mamá, siquiera!"'

[21]   En Cecilia Olivares Mansuy, p. 225.

su nacimiento ('¿Dónde andaría? Diré que trabajando para no ofenderlo' (p. 13)), se refiere a la relación de los padres (pp. 13–14):

> pero en cuanto vi la palidez de ella y la extraña miseria que la rodeaba entre las sábanas y las manos impías (quiero decir sin cariño ni piedad) que la rodeaban, lo supe todo. ¿De qué le servía su arrogante belleza si no era para ser amada por el hombre que ella quería?

Sujeta a 'la miedo' heredada de su madre, Esther no puede sino naufragar en la tarea de nutrir a su hija por medio de su ejemplo, con lo que también su vástago lacta simbólicamente como carente.[22] Esta privación nutricia se hace notar en la novela a través de la escasez de pasajes en que madre e hija interactúen y la absoluta ausencia de episodios en que ambas expresen afecto mutuo de manera explícita, así como a través de la percepción de la subjetividad narradora de la relación de distancia y ausencia perpetuas que se fraguó entre su yo de niña y la nebulosa figura materna.

Ciertamente, en este último punto hemos de tener presente que la figura materna solo es presentada desde el punto de vista de la hija, quien en sus memorias da voz a un apremiante deseo de una madre que, como afirma Adrienne Rich en su estudio, ha sido construida en la cultura como figura imperativamente nutricia y tierna que ha de suprimir su individualidad y entregarse incondicionalmente a los hijos. Según observa la escritora, 'whatever the individual mother's love and strength, the child in us, the small female who grew up in a male-controlled world, still feels, at moments, wildly unmothered' (p. 225). En este caso es entonces imperativo considerar, no solo la incapacidad de la madre de ofrecer el sostén que la hija necesita en su desarrollo, sino las expectativas de la hija con respecto al poder materno, un poder que, como nos recuerda Rich, es limitado (p. 243): 'Few women growing up in patriarchal society can feel mothered enough; the power of our mothers, whatever their love for us and their struggles on our behalf, is too restricted.' Desde este ángulo, la negativa de la niña a identificar a su mamá como tal y la disyunción entre ambas que se explorará a continuación son también resultado del resentimiento subyacente de la hija debido a su – así sentida – falta de un calor materno incondicional.

Desde el primer capítulo advertimos la incierta relación que se fragua entre madre e hija, especialmente cuando la hija se refiere a Esther por medio de una enigmática frase (p. 13): 'Aunque la vi desde siempre con

---

[22] 'La tarea' de nutrir a la hija no es, enfaticemos, su tarea. Como expone Adrienne Rich, este papel es una construcción cultural otorgada a la maternidad en el patriarcado como estrategia de subyugación. Sobre la relación madre–hija y la visión de una figura materna ejemplar en la transmisión de valores válidos a las hijas, nos remitimos al capítulo 'Motherhood and Daughterhood' de *Of Woman Born* (pp. 218–55).

tanta precisión, la quise mucho, como si fuera mi madre.' La subordinación concesiva nos proporciona una primera pista de la presencia para la hija de algún componente negativo en la personalidad materna. Este tinte negativo se vuelve a ilustrar en otro pasaje, en el que la narradora nos proporciona su visión subjetiva de unas cascadas (p. 135): 'El agua ¿qué era?, ¿era la violenta caída, descomunal, muerte pura, o era el agua del lago, quieta, apacible, serena, amorosa, como madre tierna pero más suave, más acogedora, sin duda más fiel, envolvente?' Sin duda, la visión de la niña de los rasgos de esa madre figurada se engendra en su propia experiencia como hija carente de ese calor materno incondicionalmente 'acogedor', 'fiel' y 'envolvente' que nos lleva al ideal cultural de la madre abnegada. Así se observa en diversos detalles de los pocos episodios en los que madre e hija interactúan.

Uno de ellos es la mención del estudio de pintura de Esther, espacio que, a pesar de estar en la casa familiar, permanece inaccesible para la hija. Solo una vez, con ocasión del concurso de *Serviam*, alcanza a verlo la niña; tras describirlo con admiración, la narradora señala (p. 92): 'Como queriendo arrancar nuestras miradas, rapiña en su claro estudio, Esther apresurada sacó enormes hojas y estuches interminables de colores.' La palabra 'rapiña' expresa el arraigado sentimiento de la hija de su presencia como invasión ilícita del espacio privado – el ser individual – de la madre, sentimiento que no exculpa a Esther, como da a entender el juicio negativo de la niña de la separación y autonomía de su mamá cuando le dice a esta (p. 41): 'No me gusta que te encierres en tu estudio.'

De la distancia emocional y física en la relación entre madre e hija en *Antes* es también testimonio la privación de un lenguaje común con que resquebrajar la barrera existente entre ellas, privación configuradora de un silencio que, engendrado en un orden que enmudece la voz de las mujeres e impide la articulación de una comunión femenina, es compartido separadamente por madre e hija y paradójicamente las une. Es por ello que, mutilada por el mutismo que la rodea, la niña se ve imposibilitada a lo largo de su penoso proceso de desarrollo de pedir auxilio a la madre, lo cual, como bien sabe la narradora, hubiera representado una manera de combatir el miedo y, por tanto, una protección frente a la muerte (p. 15): 'Estoy mal. Tengo tanto miedo. Tengo tanto miedo y no hallo cómo gritar mamá. Es un grito que no puedo emitir, porque esa palabra no la tengo.' La falta de un lenguaje común es paralela a la ausencia de contacto corporal entre madre e hija, germen, según la autora, del conflicto de su personaje:

[La niña de *Antes*] huye antes de tenerlo [su cuerpo de adulto], yo creo, porque nunca tiene tampoco contacto corporal con la madre [...] El hechizo pudo desaparecer si la madre y la hija hubieran acercado sus cuerpos, no digo a una aventura sexual pero sí a una aventura amorosa, de abrazarse, nunca en la novela se abrazan.[23]

La protagonista de *Antes*, pues, se siente desnuda de la protección y el abrazo de una figura materna sólida y, por tanto, de un objeto interior adecuado de identificación que, siguiendo a Chodorow, encamine su proceso de *Bildung*. Como observa Julio Ortega, en *Antes* 'el desconocimiento de la madre opera como un espejo revertido: es un vacío que no devuelve la autoimagen'.[24] Naturalmente, tampoco el padre, reproductor del ciclo jerárquico patriarcal, puede aliviar el desamparo de la hija, con la que mantiene una relación caracterizada por la distancia y la indiferencia desde el día de su nacimiento (p. 14): 'Mi papá … él no me miró ni ese día ni los siguientes, hasta que perdí la cuenta.'

Huérfana de toda comunicación e identificación con su madre, la niña se halla igualmente inerme para combatir la distancia que la separa de otras figuras femeninas y es por ello incapaz de intimar tendiendo vínculos comunales con ellas que le permitan conseguir un sentido auxiliador de pertenencia e interconexión. Como confirma Boullosa, en *Antes* se representa el 'dolor de una conciencia que no alcanza a una realidad que pueda compartir con los demás'.[25] El resultado del fracaso de la niña es su aislamiento, separación y absorción en sí misma, lo que, muy alejado del sentido positivo de autonomía sugerido por Gillligan como preciso en la formación del sujeto, priva a la protagonista de la interconexión con el mundo necesaria para encauzar su *Bildung*. Así lo vemos en su relación con otras niñas, especialmente con María Enela, quien es perseguida por los mismos fantasmas que hostigan a la protagonista y que irónicamente separan a ambas, como prueba la inhabilidad del personaje de comunicarse con su compañera a pesar de atisbar que 'tal vez juntas podríamos oponernos, vencer un destino que no comprendía yo en toda su extensión pero que empezaba a atisbar con desesperanza' (p. 27). De modo similar, tampoco puede la protagonista establecer un vínculo con la 'niña podrida', a pesar de que, en realidad, ambas ocupan el mismo espacio, ni tampoco con sus hermanas, de las que la separan sus cuerpos de mujer moldeados ya por los discursos hegemónicos. Igualmente, el lazo con la abuela, la única con quien parecía haberse forjado una relación más cercana, se desata con la muerte de Esther, lo cual deja a la niña en el desamparo más

---

[23] En Ibsen, p. 61. La importancia del abrazo materno en el desarrollo de la niña se refleja, asimismo, en el drama del personaje de la 'niña podrida', que, en la visión de la narradora, 'quería hacer creer al mundo que era una mujer *insatisfecha*, siendo que más bien era una *niña* insatisfecha, una niña a la que mamá […] no había besado, no había acariciado' (pp. 71–72).

[24] 'Fabulaciones de Carmen Boullosa', *Celehis*, 2.2 (1992), 145–57 (pp. 147–48).

[25] En Julio Ortega, 'Carmen Boullosa, la textualidad de lo imaginario', *La Torre*, 38 (1996), 167–81 (p. 168) (tomado de una entrevista con Carmen Boullosa publicada en *La Jornada*, 24 de diciembre de 1989, p. 26).

absoluto. Significativamente, el único momento de comunión que alcanza a experimentar el personaje viene de la mano, no del contacto humano, sino de la abstracción de la música (pp. 151–52): '… Concierto a Bellas Artes … noche de música … […] sintiendo que todos habían sentido lo que yo había sentido, que por fin había yo *comulgado* …' El énfasis de la autora de la '*comunión*' sentida por la niña pone irónicamente de relieve la soledad de la narradora, cuya unión con los demás es tan solo ilusoria y hace todavía más dolorosos los 'sonidos sin alma' (p. 153) que apresan a su yo y la condenan a repetir la historia de soledad y desamparo de la madre.

La culminación del trágico ciclo vital de la mujer mexicana en *Antes* viene representada por la muerte, que, pese a enlazar los destinos de madre e hija, no puede abrir ya un espacio válido de comunicación y conexión que pueda restituir la simbiosis pre-edípica. La sección que describe la muerte de Esther es especialmente reveladora de esta restitución imposible. Así, momentos antes de que los pasos den alcance a esta en su estudio, símbolo del útero materno al que la hija había acudido en su intento de salvarse, muestra la niña su deseo de espantar el denso silencio que la separa de la madre (p. 137): 'Hubiera querido explicarle, hubiera querido decirle de una vez por todas la loca carrera en que me había visto envuelta.' No obstante, el 'refugio' no la puede proteger ni el silencio se puede romper, ya que también el estudio está infestado por los pasos perseguidores, por el clavitos que, colgado en la pared, aprisiona tanto a la hija como a la madre. El intento de la madre de protegerla de los pasos es, por ello, vano. Solo tras haber sido apresada por los pasos, reacciona Esther y alcanza tímidamente a romper la pared de hielo que las divide expresando las primeras muestras manifiestas de apego y empatía hacia la hija (p. 139): 'Con la cabeza torcida y los labios entreabiertos, me dijo "pobrecita" y rompió a llorar también.' El acto protector de la madre y la expresión y reconocimiento de su vínculo con la hija – lo que, desde el punto de vista de la niña, la convierte en madre – permite entonces a la narradora recuperar la palabra 'mamá' (pp. 138–39): 'Me asomé a la puerta y vi dos camilleros llevando a Esther. Esther (¿puedo decir mamá en este punto de la historia?) volteó la cara a verme. […] Ah Esther, te quise tanto, tanto, mamá, mamá, mamá, mamá …' Este nuevo lenguaje relacional, sin embargo, no proyecta ahora más que el espejismo de un oasis, que, nacido desde la muerte, se traga para siempre el ansiado contacto amoroso con la madre, con lo que ya no puede salvar a la hija. Así es como esta, confinada en un espacio de desierto y soledad y sin lazos íntimos con los que curar su propia pérdida y fragmentación, se queda sin cuerpo, para siempre a la deriva en un mar de oscuridad creado por una ausencia que todo lo imbuye.

El análisis nos ha mostrado, pues, que la muerte del sujeto femenino en *Antes* se engendra en la sima profunda que separa a la hija de la madre e, igualmente, de la comunidad femenina. A través de este abismo, Boullosa pone de manifiesto los efectos de la falta de mecanismos culturales en el orden patriarcal mexicano para la creación de una red relacional femenina, red que, sin embargo, enciende una luz que, aunque apagada para la protagonista, permitiría visionar un destino distinto para las mujeres.

Treinta años: *el rechazo de la madre*
En el tercer *Bildungsroman* boullosiano encontramos una vez más una relación de separación entre la protagonista y la comunidad femenina, representada en este caso por las figuras de la madre y la abuela. Desde el primer capítulo insiste la narradora en el sentimiento de su yo de niña de aislamiento absoluto en la casa familiar de los Ulloa, 'una casa habitada solo por mujeres' (p. 17), donde, sin embargo, no halla la niña apoyo ninguno. Antes bien, Delmira es ignorada y arrinconada cruelmente en la casa y no recibe más que indiferencia y desprecio por parte de todas las mujeres que en ella habitan: la todopoderosa abuela, su lacónica y ausente madre, las mismas sirvientas de la casa e incluso su nana, que muy comúnmente desempeña en la literatura latinoamericana el papel de segunda madre pero que en *Treinta años* se permite llamar a su custodiada 'escuincla de mierda' (p. 47). La única mujer de la casa que muestra afecto por ella es la vieja Luz, la cocinera, que la mima regalándole dulces y cantándole canciones y que, aun muerta, es el único consuelo de Delmira durante su convalecencia de la tifoidea. La narradora recuerda de esta manera el ambiente que vivió de niña en la casa familiar (p. 19):

> Yo era como una niña llegada a esa casa por error, igual que los bebés de la familia de la vieja Luz, que dejaban con nosotros por semanas o meses, solo que a mí me habían abandonado por más tiempo. Apenas paraban mientes en mi persona. Ni siquiera esos cuentos [de la abuela] a la luz de la vela, encendida para alejar a los moscos aunque atrajeran palomillas, eran para mí.

De particular interés para el análisis es la relación que se establece en el triángulo formado por Delmira, la abuela y la madre.

La abuela y la madre de Delmira, descritas por el vendedor de echarpes como 'dos brujas' (p. 32), 'dos viejas avaras, dueñas cada una de un corazón de piedra' (p. 30), forman un círculo de afecto del que la niña está totalmente excluida. La observadora niña es perfectamente consciente de ello (p. 26): 'Siempre había sido demasiado claro que yo quedaba afuera del círculo de sus afectos, […] veía con toda certeza que ellas sí tenían uno en común, que habitaban un mundo juntas del que yo estaba por completo excluida.' Las ocasiones en que la abuela desprecia, arrincona o insulta a la nieta son numerosas. Así, la primera vez en toda su vida que la abuela le clava la mirada es para insultarla y ello cuando la pequeña Delmira le avisa inocentemente de que su mamá parece no estar sola (p. 26):

– ¡Pilguaneja! – me gritó, con todo lo que daban sus pulmones – ¡Te
rompería la crisma! ¡Pero en ti no gastaré jamás ni una sola de mis pocas
fuerzas! ¿Oíste? ¡Pedazo de persona! ¡Parida en mala hora! ¡Túuuu! – gritó
esta última sílaba señalándome, alargando la 'u' como para aventármela,
pero tras el 'tú' no dijo nada más. Le bastó con el pronombre para infa-
marme de manera radical.[26]

De modo similar, cualquier atisbo de afecto hacia la abuela mostrado por
Delmira es eliminado de raíz por aquélla, como vemos en la ocasión en
la que la nieta la llama 'abuelita' (p. 175), a lo que esta contesta (p. 176):
'– Qué abuelita ni qué ocho cuartos. Abuelita no sé quién es. A mí no me
dirijas la palabra en diminutivo, na'más faltaba, como si yo fuera ya carne
para hospicio.' En este contexto, el diálogo entre abuela y nieta es imposible
y así lo subraya enfáticamente la niña en su conversación con el maestro (p.
152): '– No hablo con ella, no he hablado nunca con ella. No oye.'
   La razón de la hostilidad que recibe la protagonista por parte de la abuela
reside en su desviación de las normas 'apropiadas' de comportamiento
femenino, seguidas, como es de esperar, por las demás chicas de Agustini, lo
que la convierte en un caso perdido. Su personalidad, además, la ha heredado
Delmira de su padre, a quien la abuela aborrece (p. 192): 'La abuela lo
detestaba, sobre todo porque no sabía qué pensar de él, "es muy distinto a
todos los de Agustini, solo tú te le pareces".' La joven, además, es una chica
lista, lo que tampoco es del gusto de la abuela, como vemos en su respuesta
a la alabanza expresada por el maestro de la inteligencia de su nieta (p. 163):
'– Ese es un problema –'.
   La madre, por su parte, tampoco expresa afecto alguno por su propia
hija. Por el contrario, la indiferencia, el silencio y el desprecio dominan en
su trato con ella en los pocos encuentros materno-filiales evocados en la
narración. Así, la narradora recuerda una de las habitaciones de la casa, 'un
territorio al que mamá me había prohibido expresamente entrar', y añade
(p. 20): 'creo que fue la única orden que ella me dio'. Ni siquiera durante
la enfermedad que postra a Delmira en la cama recibe esta calor materno,
sino la misma frialdad de siempre, como ilustra la respuesta de la madre a
una pregunta de la pequeña Delmira (p. 117): '– Tú no entiendes nada, niña,
nada – me contestó sin siquiera verme con desprecio.' Ante ello, la pequeña
Delmira expresa su aflicción (p. 117): 'Hubiera preferido su mirada helada a
no tenerla encima ni ese momento.' La expresión más rotunda del desafecto
de la madre hacia la hija la refiere la narradora en relación con la reacción
de la primera cuando los soldados vienen a llevarse a la adolescente Delmira

---

26 Altamente expresivo del desapego de la abuela es su uso del apelativo *pilguaneja*,
empleado 'para referirse peyorativamente a los niños huérfanos adoptados por las órdenes
religiosas y que a menudo trabajaban de sirvientes' (Abraham Hall, p. 185).

y la abuela propone que se la lleven a ella misma también (p. 235): 'Tú no, mamá – chilló dijo [sic] mamá, sujetándola de la falda, como si ella fuera la niña –, tú no ... – con los ojos anegados en lágrimas que no voltearon ni un instante a verme.'

De modo similar a *Antes*, en *Treinta años* la fantasmal y taciturna silueta materna es una permanente presencia ausente en la vida de la niña. Aunque los detalles de que disponemos de este personaje son escasos, nos bastan para formarnos un retrato aproximado de su propia anti-*Bildung*. De su figura sabemos que pasó un tiempo más o menos largo en Europa, probablemente en Francia, como se deduce del hecho de que podía hablar francés con soltura. Se puede suponer que allí conoció al padre de Delmira, quien, como relata la narradora en sus memorias, fue concebida en tierras europeas. Por razones que desconocemos, el padre había roto con la madre apenas iniciada su relación, después de lo cual – se puede asumir – regresa ella a México. El siguiente dato relevante que nos proporciona la narración es el comentario de la narradora sobre su padre (p. 144): '[De él] jamás se hablaba en casa, intentando borrarlo y convertirme en hija de la nada.' De estos datos se puede deducir que la hija, prueba omnipresente para la madre de esa dolorosa 'nada' y de su propio fracaso, se convierte en la Delmira rechazada por esta. A su rechazo se une la actuación de la abuela, cuyo extraordinario carácter impositivo nos hace sospechar que somete a su hija a un cuidado represivo que aniquila su personalidad y la convierte en la madre ausente de Delmira, es decir, en una niña eternamente necesitada de la guía materna que, como tal, delega toda la autoridad que pudiera tener con respecto a su propia hija en la abuela. Asimismo, otro de los factores que hemos de considerar para comprender la actitud de desprecio de la madre y su negativa a cumplir el papel materno lo constituye su probable resentimiento inconsciente ante – se puede presumir – sus sueños fracasados, cuya realización, ya inviable en su vida, palpa en la vida de su competidora, su propia hija. Ello la emparentaría con la figura de la madrastra de Blancanieves, cuyo conflicto explica Marianne Hirsch:

> The woman who is a mother was a subject as a daughter. But as a mother, her subjectivity is under erasure; during the process of her daughter's accession to subjectivity, she is told to recede into the background, to be replaced. Inasmuch as that suppression is her maternal function, it is reasonable to assume anger as her response, especially if we grant the female subjectivity is already suppressed in relation to male subjectivity.[27]

---

[27]   Hirsch, *The Mother/Daughter Plot*, p. 170. Haciendo referencia a un ensayo de Linda Orr ('The Rage to Write', ponencia dada en el coloquio 'The Poetics of Anger', Universidad de Columbia, noviembre de 1985), Hirsch se refiere en su estudio a 'the strange liaison between silence and anger: silence makes us uncomfortable because we tend to suspect that it conceals anger [...]. Faced with maternal silence, we might posit maternal anger' (p. 169).

De la negación y el fracaso de la vida de la madre, 'lánguida según costumbre' (p. 33), parece únicamente capaz de liberarla la relación sexual que, a espaldas de la abuela, mantiene con el cura. Cuando este abandona el pueblo con motivo de la represión, la madre se queda 'enferma de ausencia de amor' (p. 250), lo que la lleva a una muerte lenta y dolorosa que se manifiesta primero a través de unas llagas cutáneas incurables, que la abuela interpreta con atino como enfermedad del 'corazón' (p. 250): 'Para mí que se murió del corazón, pero de otra forma. Se le pudrió de afuera para adentro.'

Así pues, la ambivalente figura materna, simultáneamente víctima y cómplice del sistema que la oprime, representa ausencia y hostilidad para la hija, con lo que no puede convertirse en un modelo positivo de identificación para esta. Nuestra heroína, de ese modo, crece huérfana del apoyo y protección de la comunidad familiar femenina que la rodea, orfandad que, como en las novelas anteriores, constituye una metáfora de la inexistencia en México de una red sólida de comunicación y apoyo entre mujeres.[28] En este contexto, la ruptura con México que la niña efectúa en sus ensoñaciones, tal y como se analizó en el capítulo tercero, se puede entender metafóricamente como la separación de la madre.

Es relevante en este punto tomar en consideración la simbología de la figura materna como 'madre de la nación' y así como núcleo de la visión androcéntrica de la identidad nacional, especialmente palmaria en México.[29] Según observa Denise Kandiyoti, las mujeres soportan la 'carga' de ser 'madres de la nación' y el control de su identidad y su sexualidad es central en los procesos nacionales y étnicos.[30] En el contexto mexicano, Marcela Lagarde afirma que 'el mito de la madre mexicana es constitutivo del mito fundante de la patria, de la nacionalidad y del nacionalismo mexicano, cuyos ejes definidos en torno a la sexualidad son dos: la madre y el machismo' (p. 41).[31] A la luz de esta simbología, en la reescritura boullosiana el rechazo de la hija por parte de la madre, anulada, asimismo, en el mito nacional como

---

[28] Aunque entre la abuela y la madre de Delmira sí existe un sentido de comunidad, esta, según se ha visto, no es subversiva, sino sustentadora de la jerarquía de relaciones patriarcales que oprimen a Delmira.

[29] En relación con México, Teresa M. Hurley señala que 'motherhood – women's enforced destiny – was particularly strongly emphasized during the nation-building era in Mexico during the 1940s and 1950s' (p. 20).

[30] 'Identity and its Discontents: Women and the Nation', en *Colonial Discourse and Post-Colonial Theory: A Reader*, ed. por Patrick Williams y Laura Chrisman (New York: Harvester Wheatsheaf, 1994), pp. 376–91 (p. 376).

[31] En torno a este tema, véase Sandra Messinger Cypess, 'Arquetipos viejos, madres nuevas: la problemática de la madre en la formación de la identidad nacional mexicana', en *Nuevas ideas, viejas creencias: la cultura mexicana hacia el siglo XXI*, ed. por Margarita Alegría de la Colina y otros (México: Universidad Autónoma Metropolitana, Azcapotzalco, 1995), pp. 187–203.

sujeto, encarna la ausencia de espacio para la subjetividad femenina autónoma de Delmira en México, que, en efecto, expulsa a la rebelde Delmira de sí. El trauma de la separación entre madre e hija está, según veremos a continuación, profundamente arraigado en el conflicto representado en *Treinta años*.

A diferencia de la protagonista de *Antes*, la orfandad simbólica de Delmira trae consecuencias positivas en forma de una relativa libertad para la heroína (p. 19): 'Apenas paraban mientes en mi persona. [...] Por eso se me permitía hacer lo que me diera la gana, siempre y cuando nadie me estuviera viendo.' Junto a ello, se consolida su fortaleza interior como medio de supervivencia ante la hostilidad que la rodea, ya que, como bien sabe la niña (p. 150), 'solo las duras podemos con las huesudas [la abuela y la madre].' Su desabrigo, no obstante, imposibilita al mismo tiempo la transmisión del valor de los lazos afectivos entre mujeres, lo que repercutirá negativamente en su proceso de *Bildung*.

En contraste con el legado negativo que representa la genealogía femenina, Delmira encuentra objetos adecuados de identificación en modelos masculinos. Así, en el entorno familiar, del único miembro del que recibe la niña un amor tierno es de su tío Gustavo, que en las contadas ocasiones en que visita a la familia en Agustini la mima y le muestra su cariño y su apego (pp. 27–28): '"En esta casa llena de lindas mujeres, tú, Delmira, eres mi predilecta."' En el entorno extrafamiliar, como vimos, la heroína recibe un gran aliento de parte del maestro y el vendedor de echarpes. Pero es especialmente el modelo de identificación representado por el borrado padre el que mayor impacto tendrá en el desarrollo de la protagonista. Desde pequeña, el modo en que Delmira recibe noticias de su padre forma parte de una fábula mágica que auspicia el vínculo paterno-filial. Así lo vemos en el pasaje en que aparece la misteriosa figura del vendedor de echarpes, quien, con su hechizo, tiende un lazo mágico entre Delmira y su progenitor que profetiza el futuro encuentro de sus destinos. El vendedor recalca también la separación entre la niña y sus antecesoras al llamarlas 'dos viejas avaras' (p. 30), 'dos brujas' (p. 32), y regalarle una mascada con la condición de que no escoja un chal negro como el de su abuela, símbolo inequívoco de la imagen de mujer a la antigua usanza cuyo modelo no debe seguir.[32] Estos rasgos convierten a este personaje en portavoz de un género tan central al imaginario femenino como el cuento de hadas, una tradición narrativa que, en efecto, ha consolidado durante siglos la imagen convencional de la feminidad mediante el empleo de una serie de motivos fijos como los de las madres malvadas o 'brujas' de cuya destrucción depende el final feliz. María Elena Soliño se refiere a ello en su estudio

---

[32]   Como recuerda la narradora, 'el chal era como la prueba visible de su dignidad y recogimiento de viuda. Con el chal echado a los hombros, nadie podría dudar de la pureza y seriedad de la abuela. Era una vieja fingida, pero por el chal debíamos creer que lo de la castidad era algo real' (p. 18).

del género (p. 4): 'Fairy tales seldom portray women engaged in positive relationships, of any kind, with each other. The mothers are either dead, or they are so evil that part of the pleasure of the text comes from destroying them.'

En el albor de la adolescencia, la soledad de la protagonista se intensifica. Ilustrando el modelo de identidad propuesto por Gilligan, la joven Delmira ansía establecer lazos con gente afín a ella y se pasa así las tardes 'suspirando por alguien', por esas 'docenas de amigos en potencia' que – imaginaba – la 'esperaban para conversar' en algún rincón del mundo (p. 143). Habiendo aprendido a desconfiar de las mujeres de su familia y privada, además, del importante vínculo con la madre, Delmira rechaza la intimidad con otras chicas y *decide* no hallar en sus compañeras de escuela esa afinidad anhelada (p. 143): 'Interponía una valla entre mis compañeras y mi persona. Había decidido que no tenía absolutamente nada que hablar con ellas.' La nueva fase vital abierta por la escuela secundaria trae consigo ese anhelado 'alguien' en la vida de la joven Delmira, en forma, de nuevo, de figuras masculinas, representadas estas por el maestro y sus compañeros (p. 190): 'De pronto, me veía en el centro de una agradable familia, tenía con quienes hablar de preocupaciones y temas comunes.' Asimismo, poco antes del final de la etapa de Delmira en su tierra natal, la figura simbólica del padre vuelve a ser conjurada por el vendedor de echarpes, que de nuevo asoma para fabular una historia que tiende otro lazo entre padre e hija e incita a la adolescente a cruzar el océano en busca de su 'otra verdad' (p. 218).

Durante su *Bildung*, pues, Delmira, privada de abrigo y de fuente de identidad en la comunidad familiar femenina y, así, en ese México de sus raíces, no puede sino aliarse con el mundo masculino y, siguiendo el modelo de construcción del sujeto femenino descrito por Freud, abandonar desilusionada a la madre y salir al encuentro de la autoridad simbólica y la libertad fascinante que encarna la mítica figura paterna.[33] Y así sucede: tras la revuelta de Agustini, Delmira deja atrás el castrado mundo de la figura materna e inicia su periplo iniciático hacia otras latitudes en busca de su 'otra verdad' y así de sí misma.

Como se puede suponer, el encuentro con el padre no da los resultados esperados. Así, en el rápido recuento de su experiencia europea la narradora madura nos cuenta (p. 254): 'Encontré a mi padre y lo perdí. [...] Volví a mi padre, volví a perderlo, terminé por ganarlo a su manera.' De la decepción y desilusión de la Delmira adulta se deduce que la figura paterna no representa el orden con el que la joven había soñado: el universo paterno/patriarcal impone unas normas 'a su manera' ajenas al ser de la protagonista, quedando

---

[33] La cuestión de la formación femenina en Freud es desarrollada por Sarah Kofman en *The Enigma of Woman: Woman in Freud's Writings* (Ithaca: Cornell University Press, 1985), pp. 199–206.

así esta desnuda también del abrigo de su 'otra verdad' identitaria. El irónico fracaso de su expedición a Europa da, asimismo, cuenta de la invalidez del camino mostrado por el vendedor de echarpes; ello, junto con la postura de la Delmira adulta respecto a la madre, a quien no juzga mostrando rencor ni convierte en 'bruja' como le sucede al personaje del cuento de Blancanieves,[34] pone de manifiesto el cuestionamiento boullosiano de las convenciones patriarcales del género del cuento de hadas.

En el desenlace de *Treinta años* nos encontramos, así, con una mujer que, rechazada por la madre y por el México natal que la conforma e incapaz de hallar un lugar adecuado en el orden paterno, se queda huérfana, perdida y sola. Como bien sabe la Delmira adulta, de haber sido posible establecer el decisivo vínculo pre-edípico con la madre y haberse podido así nutrir de la comunidad femenina en su tierra natal, otra habría sido su *Bildung*, otro el curso de su vida. Pero dar marcha atrás ya no es un proyecto posible: la separación entre la protagonista y su país, figurada en la muerte de la madre, es al final irreversible. Sin acceso posible al cuerpo materno y, por tanto, a su origen y a su historia, Delmira no puede ensamblar su yo y es condenada entonces a repetir el mismo desengaño callado que sentenció la vida de la madre.

La red femenina en los *Bildungsromane* de Sandra Cisneros

A diferencia de lo que ocurre en la representación boullosiana, en las novelas de Cisneros las protagonistas consiguen construir lazos solidarios con la familia y la comunidad femenina de origen, lo cual conforma un aspecto cardinal del éxito del proceso de *Bildung* retratado. En efecto, la voz individual que hallan las mujeres cisnerianas en su proceso de concienciación se engendra en su sentido de pertenencia a la colectividad femenina de origen, a la que las une su experiencia común de subordinación. El logro de un sentido de autonomía e individualidad en las protagonistas va acompañado así en la historia de *Bildung* femenina, no de separación y apartamiento de la colectividad, sino del reconocimiento de su vinculación e interconexión con ella, condición que, siguiendo a Carol Gilligan, constituye la fase madura del desarrollo.

---

[34] Delmira se pone incluso en alguna ocasión en la piel de la madre, como cuando afirma no culparla por su relación con el cura (p. 44): 'No los culpo. También habría amado yo al cura, y de haber sido él no habría resistido los encantos de mamá.' En consonancia con esta caracterización, en su historia 'Blancanieves' Boullosa aborda el personaje de la madre/madrastra del cuento ofreciéndonos su (sub)versión particular de este y revisando con ello el sistema patriarcal subyacente a la caracterización típica de los personajes femeninos (véanse el artículo de Cristina Santos, 'Giving Voice to the Silenced: "Blancanieves" by Carmen Boullosa', *Romance Languages Annual*, 12 (2001), 356–60, y el subcapítulo 'Why is the Queen so Evil?: Feminine Sexuality in "Blancanieves"', de su mencionado trabajo *Bending the Rules*, pp. 107–15).

Rasgo caracterizador de las dos novelas, así como tendencia de desarrollo de la producción cultural de las chicanas en general,[35] es la tensión entre la afiliación a la familia y la comunidad de origen, fuentes de arraigo e identidad cultural frente a la hostilidad de la sociedad dominante,[36] y la aspiración de las protagonistas a superar la herencia de opresión y silencio femeninos que caracterizan a aquéllas, es decir, entre relación y comunidad, por un lado, y autonomía y separación, por el otro. Este conflicto refleja la dialéctica real de las chicanas que cuestionan los patrones tradicionales; en palabras de Denise A. Segura y Jennifer L. Pierce (p. 78), 'when Chicanas contest traditional patterns they can become caught between their desire for personal empowerment and their politically charged responsibility for cultural maintenance.' En relación específica con la familia tradicional, referente cardinal en la literatura chicana, se establece una dinámica en las novelas cisnerianas entre la deconstrucción de su discurso normativo como espacio de perpetuación del tradicional confinamiento femenino, como ocurre en la representación boullosiana, y la necesidad de mantener los lazos con ella como sede fundamental de seguridad y arraigo cultural. Así, frente al exilio absoluto de la mujer del espacio familiar en las novelas de Boullosa, en Cisneros el sentido de pertenencia a esta constituye un elemento fundamental de su proceso de *Bildung*. Y, de modo paralelo, frente a la concepción de la familia en los textos de Boullosa en términos de una alegoría patriarcal nacional que es imperativo deconstruir, en los *Bildungsromane* de Cisneros la subalternidad de la familia chicana en el entorno nacional deshabilita aquella alegoría y conlleva la necesidad de la conservación del abrigo familiar frente al orden dominante.

En la resolución de la tensión entre la identidad individual y la colectiva, la escritura, tema frecuente entre las autoras chicanas, constituye un acto mediador fundamental para las protagonistas cisnerianas: por medio de la palabra estas recuerdan las voces femeninas olvidadas que forman la comunidad y al mismo tiempo resisten la amenaza que aquel legado de silencio representa a sus propias individualidades. Como comenta Norma Klahn en relación con las narraciones autobiográficas de escritoras chicanas, el logro de una voz individual y el arraigo en la comunidad conforman en ellas un todo: es en virtud de su posición política y cultural 'that the narrator

---

[35] Neate, p. 217.

[36] En relación con el papel de la familia y la comunidad, Edén E. Torres señala: 'For many of us it is [...] true that whatever assault we experience in our families or communities may be somehow perceived as less daunting than what we face in mainstream America.' Por ello, continúa Torres, 'in dealing with racism or classism, family and community may be our source of strength and safety, no matter how damaged they are' (*Chicana Without Apology/Chicana sin vergüenza: The New Chicana Cultural Studies* (New York: Routledge, 2003), p. 28).

becomes the voice, her own, of a self who recollects her memories and those of other members of her community'.[37]

A diferencia de la ideología angloamericana hegemónica, en que la libertad se concibe en términos individualistas,[38] la reconceptualización de la *Bildung* individual en términos colectivos hace explícita la base política de la experiencia personal y refleja la centralidad de la noción de solidaridad, una noción que, enraizada en el pensamiento chicano y particularmente en el feminismo en su comunidad y su sólida afirmación de alianzas necesarias para la supervivencia cultural y política,[39] insiste en la necesidad de liberación de todo el colectivo. En palabras de Yvonne Yarbro-Bejaramo, la escritora chicana 'find[s] that the self she seeks to define and love is not merely an individual self, but a collective one'.[40]

Dentro de la recuperación y afirmación de la genealogía específicamente femenina características de la producción de las chicanas, se proponen nuevos paradigmas de comunidad o 'familia' que, alejados de los códigos sociales sexistas asociados con el nacionalismo cultural chicano, son definidos en términos de afecto y reconocimiento femenino mutuos. Estos paradigmas nuevos no descansan sobre un concepto unificado del sujeto *mujer* sino que, partiendo de lo común, acoge los diversos vectores de diferencia que caracterizan la experiencia chicana, lo que Chela Sandoval llama posibilidad de 'affinity-through-difference'.[41] Las mujeres forman así una 'imagined community of women', denominación que Chandra Talpade Mohanty reformula en respuesta directa al estudio ya clásico de Bennedict Anderson para dar cuenta de las '[women's] divergent histories and social locations, woven together by the *political* threads of opposition to forms of domination that are not only pervasive, but also systemic' (p. 4).

La construcción del sujeto relacional en los *Bildungsromane* cisnerianos se realiza mediante una técnica polifónica y dialógica que enfatiza la importancia de la intersubjetividad en el proceso de concienciación del individuo. En contraste con el encerramiento monológico de las mujeres boullosianas, el reconocimiento dialógico de la chicana en la comunidad femenina abre en los

37 'Literary (Re)Mappings', p. 120.
38 Respecto a esta cuestión, Carol Gilligan comenta (p. xiv): 'Within the context of U.S. society, the values of separation, independence, and autonomy are so historically grounded [...] that they are often taken as facts: that people are by nature separate, independent from one another, and self-governing.'
39 Véase Cherríe Moraga, 'Refugees of a World on Fire: Foreword to the Second Edition', y Gloria E. Anzaldúa, 'Foreword to the Second Edition', en *This Bridge Called My Back*, ed. por Moraga y Anzaldúa (prefacios no paginados).
40 'Chicana Literature from a Chicana Feminist Perspective', *Americas Review*, 15 (1987), 139–45 (p. 141).
41 'U.S. Third World Feminism: The Theory and Method of Oppositional Consciousness in the Postmodern World', *Genders*, 10 (1991), 1–24.

textos de Cisneros un espacio que infunde activismo y resistencia y espolea un proyecto de esperanza y cambio para la comunidad.

The House on Mango Street: *la casa comunitaria de Esperanza*

Junto con *Caramelo*, *The House on Mango Street* forma parte de una arraigada tradición en la literatura escrita por las chicanas que da cuenta de la centralidad de la genealogía femenina en el retrato de la *Bildung* individual.[42] La dedicatoria que abre la novela, 'A las Mujeres/To the Women', hace explícito el lugar central que la vinculación entre mujeres tiene para Cisneros y, de igual modo, para su personaje.[43] Como se analizó en el capítulo anterior, el proceso de concienciación individual de la protagonista de *The House* corre paralelo al reconocimiento de su vinculación con el barrio, lo que determina la resolución positiva de su formación y marca su madurez.

El conflicto del que da cuenta Esperanza en el primer fragmento de su relato entre la realidad de la casa de la calle Mango y su deseo de tener a 'real house' presenta ya la dialéctica que se desarrollará a lo largo de la novela entre la pertenencia a la comunidad y los deseos de individuación. La comunidad constituirá el punto de inicio y retorno simbólico para la protagonista en su formación, que, articulada en torno al motivo central de la casa, dará testimonio de la interacción entre la relación y la autonomía, que Gilligan proponía como característico del desarrollo femenino.

En la fase temprana del desarrollo de la pequeña Esperanza, la casa de sus sueños corresponde a un espacio plural que la niña imagina compartido con su familia, un espacio sustentado por la promesa de sus padres de que algún día tendrían 'a real house that would be *ours* for always so *we* wouldn't have to move each year. And *our* house would have running water. […] *Our* house would be white with trees around it' (p. 4, énfasis mío). Precisamente, el pronombre de primera persona plural da inicio al relato, lo que registra el firme arraigo del yo de la niña en la identidad colectiva de la familia (p. 3): '*We* didn't always live on Mango Street.'

Frente a la orientación negativa del primer fragmento, en el segundo, titulado 'Hairs', el hogar familiar le proporciona a la niña todo el calor, protección y amparo emocional que necesita. Especialmente expresivo de su retrato familiar es la descripción que hace Esperanza de su madre (pp. 6–7):

---

[42]   Norma Alarcón se refiere a la centralidad de la genealogía como una 'obsesión': 'Al estudiar la literatura de la chicana, nos damos cuenta de la obsesión por la genealogía tanto como por las circunstancias familiares inmediatas' ('La literatura de la chicana: un reto sexual y racial del proletariado', p. 208).

[43]   Aunque la expresión 'To the Women' puede sonar extraña en inglés y, en rigor, implica una referencia a una identidad colectiva particular, su referencia es general y está enraizada en el equivalente español, 'A las mujeres', lo que, de nuevo, nos lleva a la peculiar forma interlingüe chicana, en que el español impregna no solo la elección léxica sino también cuestiones morfosintácticas y semánticas.

My mother's hair, like little rosettes, like candy circles all curly and pretty
because she pinned it in pincurls all day, sweet to put your nose into when
she is holding you, holding you and you feel safe, is the warm smell of
bread before you bake it, is the smell when she makes room for you on her
side of the bed still warm with her skin, and you sleep near her, the rain
outside falling and Papa snoring.

El estilo y la sintaxis de este bello pasaje nos transmiten, desde la especial
visión infantil característica de la narración, la fuerte vinculación que la niña
siente hacia la figura materna, ilustrando de esa manera las aserciones de
Chodorow acerca de la centralidad del lazo materno-filial. Así, los símiles
con que la narradora describe el pelo de esta ('like little rosettes, like candy
circles') nos transportan a la magia infantil, que transforma un objeto común
en una fiesta de sabores, olores y formas reveladora de los sentimientos de
unión con la madre. La repetición de frases que se refieren a esa unión ('she is
holding you, holding you') y de léxico relacionado con los sentidos ('warm',
'smell') insiste, de igual modo, en la fuerza del lazo entre ambas. En la misma
dirección apunta el lazo sinestésico que conecta el cabello materno y el olor
a pan caliente, sugerente de cuidado y protección. La esfera materna aparece
así imbuida de cualidades sensuales relacionadas con el lazo pre-edípico entre
madre e hija, lo que nos lleva a la caracterización de Dorothy Dinnerstein:
'The crucial fact is that the feeling, the vital emotional intercourse, between
infant and parent is carried by touch, by taste and smell, by facial expression
and gesture.'[44]

El padre de Esperanza, por su parte, es retratado también con afecto y
ternura, como vemos en 'Papa Who Wakes Up Tired in the Dark'. Siguiendo
la fórmula de la familia tradicional, mientras que la madre se ocupa del
hogar, el padre trabaja fuera de casa y hace grandes esfuerzos para sacar
adelante a su familia (p. 57): 'My Papa, his thick hands and thick shoes,
who wakes up tired in the dark, who combs his hair with water, drinks his
coffee, and is gone before we wake.' Frente a la omnipotencia simbólica de
la silueta paterna en las novelas de Boullosa, en *The House* emerge una figura
humana y cálida, que, abatida ante la muerte de su padre, 'crumples like a
coat and cries' (p. 56). El funeral del abuelito en México lo llama de vuelta
a su patria, con lo que la narradora hace referencia a la propia historia de
desplazamiento y dificultades de su 'brave Papa' (p. 56). A diferencia de la
distancia y discordia que caracterizan la relación paterno-filial en Boullosa,
pues, en *The House* se fragua en su conjunto una relación caracterizada por
la empatía, cercanía y ternura hacia el padre (p. 57): 'And I think if my own
Papa died what I would do. I hold my Papa in my arms. I hold and hold and

---

[44] *The Mermaid and the Minotaur: Sexual Arrangements and the Human Malaise* (New
York: Harper & Row, 1976), p. 31.

hold him.'[45] Como en la descripción de la madre, la candidez de la visión infantil comunica eficazmente a través de la repetición el afecto y la ternura que une a hija y padre.

Otro miembro de la familia hacia el que la niña muestra su ternura y amor es su hermana Nenny, como advertimos especialmente en la viñeta 'Hips'. Los vínculos que las unen son, además, intensificados por el hecho de ser ella la mayor y sentirse así responsable del cuidado y protección de la hermana pequeña (p. 8): 'Since she comes right after me, she is my responsibility.' Debido a que, como confiesa Esperanza, Nenny es demasiado pequeña para ser su amiga, la protagonista siente el vacío de la ausencia en su vida de una compañera del alma (p. 9): 'Someday I will have a best friend all my own. One I can tell my secrets to. One who will understand my jokes without having to explain them.' La conexión interpersonal ocupa, pues, un lugar central para la pequeña Esperanza.

Poco a poco, a medida que va familiarizándose con el barrio, la niña va formando vínculos de amistad con sus vecinas Rachel y Lucy Guerrero, con quienes comparte una experiencia similar ilustrada en la naturalidad de sus reacciones cuando Esperanza les dice su nombre y ellas no se ríen (p. 15). Con ellas y su hermana Nenny comparte Esperanza felices juegos infantiles que revelan la importancia de la interrelación con otras niñas en la formación femenina. Una de las aventuras que vive la protagonista junto con sus nuevas amigas, la de los zapatos que mágicamente las convierten en señoritas, reafirma su conciencia de los vínculos que, como especificidad genérica en un mundo patriarcal, las unen entre sí y conforman un mundo aparte del de los chicos, como la narradora había expresado en 'Boys & Girls'. La red de relaciones que va formando Esperanza, pues, empieza a poblarse de una serie de figuras femeninas positivas de la comunidad, que, presentes con frecuencia en los relatos escritos por las chicanas,[46] comparten con la protagonista un espacio común de importante valor psicológico en la *Bildung* individual.

Como ya vimos, a lo largo de su crecimiento nuestra heroína va fijándose en las historias de una retahíla de personajes, casi todos habitantes del

---

[45]   La actitud hacia el padre en la literatura de las chicanas es variable según las obras y autoras particulares: el padre puede retratarse como referencia cultural y guardián de la cultura chicana al que se respeta y obedece o como elemento esencial de la estabilidad familiar; como figura violenta o represiva que se rechaza abiertamente; o como figura ausente sobre la que se guarda silencio. Como confirman los estudios sobre diversas escritoras chicanas de Alvina E. Quintana (*Home Girls: Chicana Literary Voices* (Philadelphia: Temple University Press, 1996) y Diana Tey Rebolledo (*Women Singing in the Snow: A Cultural Analysis of Chicana Literature* (Tucson: University of Arizona Press, 1995), podemos hablar en general de una tendencia fuerte en las obras de las chicanas a representar al padre como figura que retiene la autoridad patriarcal y la mística del machismo, y así lo vemos en las figuras paternas de Sally o Alicia en *The House* y, aunque de forma más moderada, en el padre de la protagonista en *Caramelo*.

[46]   Rebolledo, *Women Singing in the Snow*, p. 108.

barrio, con los que en diversas medidas la une un lazo común fundado en la subordinación de género, etnicidad o clase: su bisabuela, Meme Ortiz, Louie y sus primos, Marin, Rosa Vargas, Alicia, Darius, Geraldo, Tía Lupe, Ruthie, Mamacita, Rafaela, Sally, Minerva. El énfasis en otros personajes da testimonio de la centralidad de la comunidad en la historia de *Bildung* de Esperanza, lo cual supone la ampliación de la atención a la subjetividad individual autónoma característica del *Bildungsroman* – con su modalización del 'yo protagonista' – con una subjetividad enraizada en un contexto sociocultural compartido como miembro de una comunidad – que corresponde a la modalización del 'yo testigo'. Ellen McCracken describe esta inserción como el arraigo del 'individual self in the broader socio-political reality of the Chicano community'.[47] El lugar cardinal que ocupa la comunidad se descubre ya en el título del relato; como observa Maria Karafilis, 'unlike most *Bildungsromane*, which […] usually take the character's name as the title (like the prototypical *Bildungsroman*, Goethe's *Wilhelm Meister*), the title of this text is the house or space itself'.[48]

Especialmente críticas para la *Bildung* de Esperanza son las historias de las vecinas del barrio. Por un lado, limitada por ataduras similares a las que aprisionan a esas mujeres, la protagonista siente una gran empatía hacia ellas. Así lo manifiestan diversos elementos narrativos. En primer lugar, el amplio espacio que se le da a las historias personales de estas mujeres y su tratamiento individualizado en capítulos independientes. En segundo lugar, el conocimiento omnisciente de la narradora de los sentimientos y pensamientos íntimos de muchas de sus vecinas, como, por ejemplo, de Rafaela en 'Rafaela Who Drinks Coconut & Papaya Juice on Tuesdays', donde leemos (p. 79): 'Rafaela leans out the windows and leans on her elbow and dreams her hair is like Rapunzel's. On the corner there is music from the bar, and Rafaela wishes she could go there and dance before she gets old.'[49] En tercer lugar, el diálogo con un interlocutor 'tú' representativo de la tercera persona, que acerca explícitamente al yo y al otro, como ocurre a lo largo de todo el fragmento 'Sally'. Y, en cuarto lugar, la recreación de voces literarias interdependientes mediante un peculiar estilo

---

47   'Sandra Cisneros's *The House on Mango Street*: Community-Oriented Introspection and the Demystification of Patriarchal Violence', en *Breaking Boundaries: Latina Writing and Critical Readings*, ed. por Asunción Horno-Delgado y otras (Amherst: Massachusetts University Press, 1989), pp. 62–71 (p. 63).

48   'Crossing the Borders of Genre: Revisions of the *Bildungsroman* in Sandra Cisneros's *The House on Mango Street* and Jamaica Kincaid's *Annie John*', *Journal of the Midwest Modern Language Association*, 31.2 (1998), 63–78 (p. 71).

49   Otras ilustraciones las hallamos en 'There Was an Old Woman She Had So Many Children She Didn't Know What To Do' o 'No Speak English'. Para un estudio de las técnicas narrativas de este texto en relación con la colectividad, véase Beth L. Brunk, '*En otras voces*: Multiple Voices in Sandra Cisneros' *The House on Mango Street*', *Hispanófila*, 45.1 (2001), 137–50.

directo caracterizado por la ausencia de puntuación o de verbos introductorios en la transición entre la conciencia narradora y las otras voces, como ilustra 'Smart Cookie', en que la narradora se refiere a la madre fusionando su narración con las propias palabras de la progenitora (p. 91):

> Today while cooking oatmeal she is Madame Butterfly until she sighs and points the wooden spoon at me. I could've been somebody, you know? Esperanza, you go to school, study hard. That Madame Butterfly was a fool. She stirs the oatmeal. Look at my *comadres*. She means Izaura whose husband left and Yolanda whose husband is dead. Got to take care all your own, she says shaking her head.[50]

Por otro lado, sin embargo, las 'contrahistorias' de formación negativa de la mayoría de las vecinas del barrio, ilustradas por el espacio de soledad y frustración que ocupan junto a la ventana, es sentida por la adolescente como una amenaza real en su vida, marcada por el nombre y, con ello, la herencia de su bisabuela. En una primera fase adolescente de desarrollo, la profunda necesidad de Esperanza de escapar de esa amenaza insta al personaje a desear el abandono de la calle Mango y de sus mujeres para tener una casa propia, un espacio material que, como adolescente, Esperanza ya no imagina familiar (p. 108): 'Not a Daddy's.'

Su sentido de autonomía da lugar entonces a la emergencia de un profundo conflicto interior basado en el 'peligro' del logro individual y de la consecuente separación de la comunidad, la misma que conforma su identidad y cuyas voces van ayudándola a encaminar su *Bildung*. La imagen más reveladora de este 'peligro' la hallamos en el fragmento 'Bums in the Attic', en que la narradora muestra ya la madurez suficiente como para desarticular la imagen hegemónica de la casa antes anhelada y así del individualismo burgués y el materialismo que esta implica (p. 86): 'People who live on hills sleep so close to the stars they forget those of us who live too much on earth. They don't look down at all except to be content to live on hills.' La conciencia de las fallas de un espacio que ignora la existencia de grupos subalternos empieza entonces a transfigurar la casa soñada, que ahora rearticula la narradora desde una dimensión también comunitaria (p. 87): 'One day I'll own my own house, but I won't forget who I am or where I came from. Passing bums will ask, Can I come in? I'll offer them the attic, ask them to stay, because I know how it is to be without a house.' A pesar de que la imaginación de Esperanza se ubica en el espacio individualista del capitalismo ('I'll *own* my *own* house'), la cabida en ese espacio de los vagabundos y el sentimiento de solidaridad y empatía que la protagonista ha ido fraguando hacia la situación de desamparo de los marginados – 'I know how it is to be without a house'

---

[50]   Otros ejemplos se encuentran en 'Our Good Day', 'Marin', 'And Some More' o 'Hips'.

– tejen individualismo e intersubjetividad *simultáneamente* en la narración de su desarrollo. Se trata, pues, como se analizó en el capítulo tercero, no de una elección entre individualidad o comunidad, sino de una fusión de ambas dimensiones, lo que hace surgir nuevas posiciones subjetivas en que el individuo se responsabiliza tanto hacia sí mismo en su búsqueda de un espacio propio, como hacia los demás como miembro de la comunidad marginal del barrio. Esta posición da lugar a una responsabilidad moral en la tarea de transformar las condiciones de opresión que limitan la vida de los habitantes del barrio.

Como es de esperar, es hacia las mujeres hacia las que Esperanza muestra un sentido de responsabilidad y compromiso especialmente profundo. Ello se pone de manifiesto en los fragmentos 'The Monkey Garden' y particularmente en 'Red Clowns'. En el primero de ellos la inocente heroína, armada con un ladrillo y unos palos, intenta rescatar a su amiga Sally de que la besen unos chicos, ya que, desde su punto de vista, 'Sally needed to be saved' (p. 97). En el segundo fragmento, de modo análogo, ya vimos cómo Esperanza muestra su ira hacia Sally, que no ha cumplido la responsabilidad que, como mujer, tiene de protegerla del ataque del grupo de chicos en la feria ambulante.

Las ambivalencias que caracterizan el desarrollo de Esperanza en los fragmentos posteriores, con todo, muestran las dificultades inherentes a su intento de armonizar el conflicto entre su responsabilidad hacia sí misma y su responsabilidad hacia los otros que define su proceso de *Bildung*. Para superar esas dificultades, Esperanza contará con la ayuda de diversas *mentoras*, cuyo sostén reafirmará el valor de la interconexión femenina en el desarrollo individual de la heroína.

Por un lado, por medio de los personajes de la tía Lupe y de la madre se enfatiza el lugar central que la afirmación de la voz personal y la autonomía ocupan en el desarrollo del individuo. Como vimos, mientras que la tía Lupe insiste en el poder de la escritura en la liberación personal, la madre le anima a que aproveche las oportunidades que ella no tuvo. En este sentido, como ocurre comúnmente en la literatura de las chicanas, la madre se representa como mujer 'who did not have the opportunity to speak up, or even less to write, but who leave[s] an indelible print on their children's lives'.[51]

Por otro lado, tenemos las figuras de las tres comadres y su amiga Alicia, quienes subrayan la importancia que tiene recordar y asistir a la comunidad que la conforma. El diálogo entre Alicia y la protagonista es especialmente

---

51 Rebolledo y Rivero, en *Infinite Divisions*, p. 110. Como *Künstlerroman*, *The House* pone de manifiesto lo que Rachel Blau DuPlessis interpreta como un 'drama biográfico específico' que ha moldeado los *Künstlerromane* de mujeres: 'Such a narrative is engaged with a maternal figure and […] is often compensatory for her losses. […] The daughter becomes an artist to extend, reveal, and elaborate her mother's often thwarted talents' (*Writing Beyond the Ending: Narrative Strategies of Twentieth-Century Women Writers* (Bloomington: Indiana University Press, 1993), p. 93).

revelador del íntimo vínculo y responsabilidad del individuo hacia su comunidad de hermanos (p. 107):

> Like it or not you are Mango Street and one day you'll come back too.
> Not me. Not until somebody makes it better.
> Who's going to do it? The mayor?
> And the thought of the mayor coming to Mango Street makes me laugh out loud.
> Who's going to do it? Not the mayor.[52]

En los dos últimos fragmentos la resolución positiva de la *Bildung* de Esperanza pasa por la creación de una casa no solo individual, como el espacio teorizado por Virginia Woolf, sino también comunitaria, 'A house all my own' (p. 108) lo suficientemente grande como para albergar también a la comunidad de mujeres que 'I left behind', que 'cannot out' (p. 110),[53] a la que, una vez convertida en sujeto autónomo y sólido, podrá la heroína asistir a su vuelta a la calle Mango. La misma autora declara esta indisoluble relación entre la individuación y la pertenencia en relación con su heroína y con su propia experiencia personal:

> What I'm saying essentially is that, yes, you have to be able to confront your own destiny by getting an education, but you have to be part of the solution for these problems. It's a circular thing, you leave, but you also do other work to enable other people to control their destinies as well.[54]

---

[52] Irene I. Blea se refiere a la fuerte conciencia chicana de que el cambio ha de provenir de dentro de la comunidad misma, ya que, como otras minorías étnicas, los chicanos no confían en que el gobierno resuelva sus problemas. La creencia en un gobierno no sensible a sus intereses se basa, según Blea, en la experiencia de la comunidad a lo largo de su historia, en la violación del Tratado Guadalupe-Hidalgo y en la forma en que el gobierno ha formulado medidas racistas y sexistas que les han afectado negativamente (p. 129).

[53] Aunque el grupo que representa a aquéllos que 'I left behind', que 'cannot out' (p. 110), no contiene ninguna marca genérica, la relación que se ha establecido a lo largo de toda la novela entre la protagonista y las mujeres del barrio confirma la referencia particularmente femenina de la llamada comunitaria de Esperanza. Ello no significa, no obstante, que el chicano quede fuera de la formación de una comunidad política, sino que, por el contrario, el objetivo es hacer esfuerzos constantes para establecer una comunidad viable entre chicanas y chicanos. Como observa Sandra Cisneros, hay que criticar y enfrentar las actitudes y actos sexistas de los chicanos, pero estos no son los enemigos, o, al menos, no los enemigos reales (señalado por Alma M. García, p. 262).

[54] En Rodríguez Aranda, pp. 69–70. En la misma dirección se dirige la llamada que hace Gloria E. Anzaldúa en su recreación de 'El Mundo Zurdo': 'I believe that by changing ourselves we change the world, that travelling El Mundo Zurdo path is the path of a two-way movement – a going deep into the self and an expanding out into the world, a simultaneous recreation of the self and a reconstruction of society' ('La Prieta', p. 208). Este doble movimiento afirma la importancia del cambio personal en la constitución del sujeto social y la inclusión de la vida cotidiana como elementos fundamentales de reflexión y transformación, aspectos estos que

La fundación de este espacio individual y comunitario marca la madurez del desarrollo de Esperanza, que, como sostiene Gilligan, coincide con el reconocimiento del individuo de su interconexión con el mundo y el logro de un equilibrio entre su sentido de responsabilidad hacia los otros y un sentido correspondiente de responsabilidad hacia sí mismo.[55]

En conclusión, Cisneros reformula en su novela la *Bildung* de la chicana desde una perspectiva feminista forjando una alianza femenina sustentada en la solidaridad, responsabilidad moral y protección mutua entre mujeres. Por un lado, el sujeto femenino individual recupera autoridad solo a través del reconocimiento de sí misma en la experiencia de otras mujeres, cuya comunidad genérica, cultural, étnica o lingüística conforma y nutre la propia voz subjetiva y literaria de la narradora. Por otro lado, su voz individual ofrece posibilidad de cambio social y agencia política a las mujeres del barrio, y así a las chicanas en general, a través de la expresión de sus experiencias, lo que las hermana en una 'familia' cuyos vínculos desarman el aislamiento que perpetúa el poderío del patriarcado y que, como veíamos, condenaba a las protagonistas boullosianas.

Caramelo: *el rebozo colectivo de Lala*

Como en *The House*, en el proceso de *Bildung* femenina en *Caramelo* es fundamental el lazo que se establece con el colectivo familiar. La formación de la protagonista, según vimos, se inserta en una multitud de otras historias que son la suya propia en el seno de un marco sociohistórico determinado, lo cual descentraliza la narración característica del *Bildungsroman* y da fiel testimonio del enlazamiento entre lo personal y lo histórico-familiar, entre la *Bildung* de Lala y el contexto familiar y cultural que la conforma. La filiación con la comunidad femenina es, en particular, determinante en el trazado positivo del proceso de concienciación. Como se exploró en el capítulo tercero, una tensión similar entre la individuación y la pertenencia caracteriza el conflicto que tiene que resolver Lala, una pertenencia que ahora se centra en el entorno familiar desde la perspectiva de la problematización del rol tradicional de las mujeres en su seno.

El 'recuerdo' fotográfico de Acapulco que inmortaliza a la familia al principio de la novela augura la centralidad que la genealogía familiar ocupará en el recuento de la *Bildung* del sujeto femenino individual. En efecto, la subjetividad narradora asume desde el inicio de su relato la construcción consciente de un sujeto colectivo conformado por la cacofonía de voces de su extensa familia, en el seno de la cual registra su propia historia individual.

Sánchez Olvera señala en su estudio como propios de los nuevos movimientos sociales (p. 115).
[55] Véase especialmente el capítulo 'Visions of Maturity' del trabajo de Gilligan, pp. 151–76.

El padre, la madre y los hermanos de la protagonista, los tíos y tías, los primos, los abuelos, todos entretejen el rebozo intersubjetivo del que el sujeto individual femenino parte en busca de su memoria e identidad cultural y, con ello, de sí mismo.

En la sección dedicada a la infancia, como veíamos, Lala se presentaba a sí misma intrínsicamente como parte de su familia. De modo paralelo a *The House*, el sujeto de primera persona plural vuelve a inaugurar el relato y a plantar sólidamente las raíces del yo de la niña en el colectivo familiar. Frente a la alienación de las protagonistas del espacio familiar en las novelas de Boullosa, la familia en *Caramelo* representa una fuente de identidad y un ámbito primordial de soporte emocional para su protagonista. Así lo recuerda la narradora (p. 393):

> In first grade I remember feeling like this; so miserable, all I ever drew was pictures of my family. Every day the same thing. I began at the left and ended at the right, like writing my name. […] I could never draw myself without drawing the others. Lala, Memo, Lolo, Toto, Tikis, Ito, Rafa, Mama, Papá. […] My family followed me like a kite tail, and I followed them.

En el seno de la unidad familiar, la pequeña Lala recibe de sus padres toda la atención y el cariño que necesita, con lo que en ellos encuentra la niña unos modelos de identificación medulares en su proceso de *Bildung*. Particularmente estrecha es la relación que se fragua entre la protagonista y su padre.[56] De rasgos similares a los del padre de Esperanza, el personaje paterno en *Caramelo* muestra constantemente afecto y ternura hacia la hija. A diferencia del padre monstruoso, distante o ausente de los textos boullosianos, en *Caramelo* la humana figura paterna crea un espacio emocional de protección y seguridad para su 'Lalita', a la que se dirige constantemente por medio de apelativos cariñosos como 'my queen', 'my heaven', 'my pretty girl' (p. 24), '*mi cielo*' (p. 280), 'my *niña bonita*' (p. 414).

La madre de Lala, por su parte, si bien carece del carácter cariñoso del padre, encarna, ilustrando las teorías de Chodorow, un importante sustento emocional y un modelo de identificación para la niña. Su retrato, también semejante al de la figura materna en *The House*, corresponde al de una mujer fuerte e inteligente que, aunque no insatisfecha como madre de familia y ama de casa, siente con pesar la merma de las posibilidades que podría haber tenido en la vida de haber sido otras sus circunstancias. La imagen más reveladora del personaje materno en esta primera parte del relato la

---

[56] No hay que olvidar que *Caramelo* constituye el homenaje de Sandra Cisneros al padre, a quien dedica su novela: 'Para ti, papá'. Como corresponde a la temática específicamente familiar y a la mayor envergadura de *Caramelo*, los personajes del padre y la madre en este texto están delineados con mucho mayor detalle que en *The House*.

encontramos en el capítulo 'Cinderella', en que la narradora relata las excursiones que, encantada, hace la niña con su madre a diferentes lugares de la Ciudad de México. En una de sus salidas a un restaurante, Lala observa a su madre (pp. 65–66):

> On the radio Jorge Negrete is singing a sad song about a flower the river carries away. Mother with those cat-eyed sunglasses, looking out at the street, out at nowhere, out at nothing at all, sighing. A long time. In a new white dress she bought especially for this trip. A sleeveless dress she ironed herself, that makes her dark skin look darker [...]. And I think to myself how beautiful my mother is, looking like a movie star right now, and not our mother who has to scrub our laundry.

La mirada de la madre, enfatizada por medio de la repetición y la anáfora ('out at'), evoca la posición subjetiva junto a la ventana de las mujeres cisnerianas, que sueñan con un destino que podría haber sido diferente. Feliz de salir de la casa familiar y así de su 'ser para otros' y entrar en la poco transitada y anhelada dimensión del 'ser para sí', la madre llama a Lala 'Cinderella', que, como la hija sabe, significa que está de buen humor. Con la atención y afecto de su madre, la niña se siente dentro de 'a magic spell' (p. 66), cuya fuerza – intuye Lala – se origina en la vinculación especial que las une como mujeres (p. 66): 'I'm so happy to have my mother all to myself buying good things to eat, and talking, just to me, without my brothers bothering us.'[57]

De la etapa infantil pasamos en la tercera parte de la novela a la adolescencia, cuando, como ya vimos, Lala empieza a manifestar deseos de individuación y autonomía con respecto a la red familiar. La protagonista tendrá entonces que lidiar interiormente en busca de la manera de conjugar su herencia cultural, que la joven ya percibe intuitivamente como fuente intersubjetiva de identidad individual y sostén emocional, y sus deseos de afirmación personal, materializados en su anhelo de un espacio privado.

Al principio de esta difícil etapa, Lala experimenta dificultades en encontrar el apoyo que necesita en su madre. Por un lado, como ocurría en su infancia, su identidad de género las vincula de un modo especial convirtiendo a madre e hija en cómplices, y así vemos en el juego verbal que comparten basado en inventar historias divertidas empezando por la misma oración interrogativa (p. 308):

---

[57] El encanto mágico de este pasaje termina cuando la inocente y entusiasmada Lala les menciona a la abuela y al padre su 'excursión' al restaurante. La reacción de desagrado de estos, implícitamente crítica de la 'indebida' autonomía de la madre, acaba en una escena de rabia que la madre, inerme, dirige a su zapato, que, arrojado al otro lado de la habitación, la planta de nuevo en la realidad al desaparecer con ello el zapato de cristal de su breve cuento de hadas: 'my mother's glass shoe flying flying flying across the broken-glass sky' (p. 66).

– And then what happened?
– And then her husband ran off with that floozy across the street and never heard from again. And she said, 'Alone at last, thank God!' *Tan tán*.

Asimismo, aunque la adolescente no es en este momento consciente de ello, el ejemplo materno es vital en su proceso de concienciación como modelo de fortaleza y refuerzo del valor de la autonomía individual. Así lo muestra la insistencia de la madre, equivalente a la que encontramos en *The House*, en que la hija reciba una buena educación en una escuela católica, a pesar de la oposición de una Lala que todavía no entiende de tales cuestiones (p. 313):

> – Look, we can scrimp on lots of things, but not on your education. What if you get married and something happens?
> – Like what?
> – Something. You never know. You might need to be able to take care of yourself, that's all. Just in case.
> – In case what?

Por otro lado, no obstante, el exceso de trabajo que para la madre supone su numerosa familia, a la que se añaden la carga de la impertinente 'Abuela Terrible' y las dificultades económicas por las que atraviesan en la casa familiar, endurecen su personalidad y le impiden mostrar empatía hacia la hija. Desde el punto de vista de Lala, y a pesar de sus esfuerzos por comunicarse con su madre, esta no conoce a su hija porque la ignora sin siquiera escucharla. Como declara la protagonista (p. 362): 'Father would like to think me and Mother are friends, but what kind of friend can't hear you when you're talking to her?' De igual modo, el apoyo que recibe de su madre, según la hija, es nulo (p. 362): 'Mother's never been on my side about anything.' El siguiente intercambio entre ambas es significativo del difícil entendimiento entre ellas (p. 364):

> – What's wrong with you? Mother asks.
> – I'm depressed.
> – Depressed? You're nuts! Look at me, I had seven kids, and I'm not depressed. What the hell have you got to be depressed about?
> – Since when do you care? […] – All you ever worry about is your boys.

El conflicto inherente a este intercambio, que manifiesta la percepción crítica de Lala del privilegio masculino de sus hermanos en el entorno patriarcal que habita, acaba con el disgusto de hija y madre. El muro de incomprensión mutua que las divide y su percepción de sí misma como marginada en ese mundo masculino llevan entonces a Lala a negar rotundamente la innegable verdad de la repetida aserción de su padre, 'You're just like your mother' (pp.

238, 360), 'Headstrong. Stubborn' (p. 360) – a lo que la niña, enojada, replica (p. 238): 'I'm nothing at all like Mother!'

Como resultado de su sentimiento de desabrigo en relación con la madre y del modelo identificativo positivo que recibe de su afectivo padre, la incomprendida Lala, siguiendo el esquema freudiano, se vuelve a este en busca de la protección y el poder que representa su figura. El padre, sin embargo, no puede recibir a la hija como su igual y desalienta por completo sus aspiraciones de emancipación y sus ambiciones de realización personal, recalcando la subordinación del sujeto femenino con respecto a la familia y al hombre (p. 360): 'Always remember, Lala, the family comes first – *la familia*. How will you live without your father and brothers to protect you?' Por una parte, las palabras de Inocencio confirman la visión androcéntrica tradicional en México, según la cual las mujeres no tienen cabida como sujeto. Por otra parte, no obstante, la primacía absoluta concedida a la familia hay que entenderla también desde el ángulo de la experiencia chicana de desplazamiento, pérdida de referentes culturales y marginación en la esfera dominante, lo que para el padre, carente de territorio, convierte el hogar familiar en espacio nutricio y único lugar válido de identificación (p. 380):

> – Home, I want to go home already, Father says.
> – Home? Where's that? North? South? Mexico? San Antonio? Chicago? Where, Father?
> – All I want is my kids, Father says. – That's the only country I need.

El fracaso de la protagonista en la aventura, que, en su intento de individuación, la unirá momentáneamente a Ernesto, confirma, en verdad, la aserción paterna (p. 390): '*Only your family is going to love you when you're in trouble,* mija. *Who are you going to call?*... La familia, *Lala. Remember*.' A la llamada de Lala desde México y su desesperado 'Papá, I want to come home!' (p. 390) acude el padre de inmediato, rompiendo a llorar nada más verla y culpándose por la 'desgracia' ocurrida en un discurso fragmentado por la impotencia (p. 395): – 'I can't, Father hiccups. – I can't. Even take care of you. It's all. My fault. I'm. To blame. For this. Disgrace.' Frente a los padres metafóricos de las novelas de Boullosa, el desaliento y humanidad del padre en *Caramelo* pone en escena un drama humano real y problematiza la representación del poder patriarcal en culturas subalternas como la chicana.

Ante este dilema, el reto para nuestra heroína será, pues, conseguir conciliar la vinculación con la familia, cuyo valor esencial ha aprendido especialmente ahora por propia experiencia, y su repulsa hacia el paradigma femenino de dependencia y subordinación establecido por el padre y su anquilosado concepto de familia. En la armonización de esos dos anhelos antagónicos característicos de la representación de la *Bildung* en Cisneros contará la protagonista con la guía de diversas figuras femeninas que permitirán la construcción de una genealogía, que, fundada en la solidaridad entre mujeres, tendrá una significación vital en la formación personal de la heroína.

Entre esas *mentoras* hallamos, como se ha visto, la figura materna, que, a pesar de su relación conflictiva con la hija, constituye un importante modelo aleccionador del desarrollo de Lala como sujeto femenino autónomo. El mismo espíritu late en el modelo que representa su amiga Viva Ozuna, cuya 'comedia' vital encarna una valiosa fuente de inspiración para la protagonista. Junto a los modelos de fortaleza y entereza que representan su madre y su amiga, la joven recibe una fuente de calor y protección femeninos de parte de 'Aunty Light-Skin'. Su conexión y comprensión mutuas como mujeres, simbolizadas en el amparo que la sobrina recibe de la tía cuando tiene su primera menstruación, refuerza de manera especial el círculo de reconocimiento emocional femenino que Lala va dibujando a lo largo de su desarrollo. Con ella es con quien Lala mantiene la relación más abiertamente afectiva e, igualmente, a la sobrina es a la única a quien la tía le cuenta la historia trágica de su relación con 'The man whose name no one is allowed to mention' (p. 275): 'Lalita. Understand, only to you have I told this story, because you're *la gordita de la perra*, Aunty's favourite, and una *señorita* now. […] Remember, only you heard this story, my heaven. *Solo tú.*' Por medio de este estrecho vínculo, nuestra heroína encuentra dentro de la familia una fuente cardinal de identificación y protección femeninas que va más allá de los limitados confines del modelo androcéntrico de familia dictado por el padre.

El amparo y el ejemplo que representan estas diversas figuras afirman la importancia de la vinculación femenina en la *Bildung* de la protagonista al mismo tiempo que la van encaminando a encontrar su propio espacio individual. En el tramo final, otra importante figura característica de la literatura de las autoras chicanas, el personaje de la abuela,[58] le tiende una mano definitiva en su concienciación como mujer y como chicana.

Por mediación del espectro de la 'Awful Grandmother', como sabemos, Lala hace un descubrimiento determinante para su formación: el reconocimiento consciente de sí misma en su antecesora y, con ello, en la larga línea generacional femenina que la ha precedido. A través del lazo de empatía y comprensión que, a pesar de la diferencia, se establece entre abuela y nieta (lo que Sandoval denominaba 'affinity-through-difference'), Lala se encuentra a sí misma al hallar su bordado propio en el rebozo de la genealogía

---

[58] De los miembros femeninos dentro de la familia, la figura de la abuela es una de las más utilizadas en la literatura de las chicanas como símbolo de integración en el viaje de la mujer hacia sí misma (así lo vemos en la obra de Lorna Dee Cervantes, Rina Rocha, Estella Portillo, Bernice Zamora, Alma Villanueva o Helena María Viramontes). En relación con esta figura, véase el artículo de Tey Diana Rebolledo 'Abuelitas: Mythology and Integration in Chicana Literature', *Revista Chicano-Riqueña*, 11.3–4 (1983), 148–58.

femenina que la constituye, un bordado de fuerza nutricia y regeneradora que la sitúa firmemente en un espacio familiar e histórico-cultural desde el que la protagonista reclama firmemente su derecho a ser la autora de su propia *Bildung* para ser así fiel a su comunidad. A diferencia del chal de la abuela en *Treinta años*, repudiado por Delmira como imagen de la inmutabilidad de la feminidad mexicana, en *Caramelo* el revivido rebozo permite a la heroína descubrir su propio camino (inter)personal. En consonancia con la visión de Gilligan, vinculación y autonomía, responsabilidad hacia la comunidad e individuación, entiende ahora la protagonista, son, en realidad, inseparables.

Y, en efecto, así lo recoge la textura narrativa del relato de *Bildung* en *Caramelo*: la búsqueda del yo individual se enlaza con el 'recuerdo' familiar inserto en la memoria colectiva mexicana y chicana, con cuya (re)escritura y rememoración encuentra la protagonista su identidad y su voz personal al mismo tiempo que se responsabiliza de la tarea de romper el silencio de su comunidad en un acto colectivo de emancipación. De la importancia de la interacción humana y del vínculo con la comunidad en el proceso de concienciación protagónico es testimonio el tejido dialogado de la narración: bebiendo de la tradición oral de la literatura chicana, la novela está constituida en gran parte por pláticas, discusiones e intercambios entre los diversos personajes. La combinación del intercambio social que encarna el diálogo y la narración introspectiva del personaje representa, ciertamente, la naturaleza doble de su *Bildung* como resultado de la interacción social y la subjetividad reflexiva personal. En el relato de la vida de Soledad, la narradora, en ocasiones, le cede incluso la palabra a la voz de la abuela, cuyo diálogo con la primera da lugar a un espacio intersubjetivo explícito. Otra técnica particularmente significativa en este punto es el vínculo narrativo que enlaza la visión de la abuela y la voz de la narradora mediante el frecuente empleo del estilo indirecto libre, que permite yuxtaponer de forma implícitamente dialógica dos sistemas de valores. En este sentido, la Lala madura expresa su vinculación con su antecesora introduciéndose en su conciencia sin dejar de marcar la distancia crítica respecto a la visión de la abuela como resultado de su propio bordado de *Bildung*.[59] La construcción de una memoria colectiva se cimienta, asimismo, sobre la mezcla de géneros narrativos: historia y ficción, anuncios de periódico, elementos de cultura popular como la radio y la telenovela, letras de boleros y rancheras, rasgos de folletín, todo lo cual aúna una gran multiplicidad de puntos de vista enfatizando así el dialogismo de la novela.

---

[59]   Como ilustración, véase el capítulo treinta y tres, 'Cuídate', completamente narrado en estilo indirecto libre, o el capítulo cuarenta, 'I Ask la Virgen to Guide Me Because I Don't Know What to Do'. Este estilo caracteriza también la narración en torno a las historias de otros personajes, como, por ejemplo, las del abuelo Narciso y su padre Eleuterio o la de Inocencio y Zoyla en su juventud, todas ubicadas en la segunda parte de *Caramelo*.

A través del rebozo colectivo reconstruido desde su subjetividad, la narradora da cuenta, pues, de su inserción y diálogo con la comunidad, ya que, como advierte la heroína a las puertas de la madurez en la última parte de su relato, 'the universe a cloth, and all humanity interwoven. Each and every person connected to me, and me connected to them, like the strands of a *rebozo*' (p. 389).[60] Al final de su recuento, con el rebozo sobre sus hombros, desfilan entonces ante sus ojos la multitud de personajes que han poblado su *Bildung* con su raudal de voces, un 'talking' (p. 424) que, como ahora puede afirmar Lala, 'is so much a part of my house and my past and myself you can't hear it as several conversations, but as one roar like the roar inside a shell. I realize then that this is my life, with its dragon arabesques of voices and lives intertwined' (p. 424).

Conclusiones

El análisis precedente ha explorado el enorme peso que la interacción entre el yo de las protagonistas y la comunidad femenina tiene en la conformación de la *Bildung* o anti-*Bildung* de los personajes, tal y como se retrató en el capítulo tercero. Frente al yo aislado, enclaustrado o alienado boullosiano, imposibilitado de crear y mantener lazos significativos con otras mujeres dentro o fuera de la familia que sustenten su identidad y les proporcionen el poder necesario para resistir las determinaciones que las limitan, el yo autónomo cisneriano logra acomodarse dentro de la familia y la comunidad chicana de origen, y, en particular, del grupo femenino en ella, de la cual deriva su sentido de identidad y su fuerza para confrontar los discursos dominantes. Frente al imposible retorno pre-edípico y la inacción y desolación protagónica en una, la conciliación femenina de subjetividades y la agencia y ánimo de cambio en la otra. Polos opuestos que dan testimonio de las mencionadas configuraciones históricas, socioculturales y literarias diferentes en que se enmarcan las obras de la escritora mexicana y chicana y que, sin embargo, registran, desde diferentes ángulos, un mismo espíritu crítico de las sutiles estructuras de poder que es *mejor* que *desaparezcan* para dar paso a la construcción de una *casa* colectiva cuyas voces puedan guiar a nuevas generaciones de mujeres.

---

[60] Junto con el motivo del rebozo, las imágenes de la caja china y de las muñecas rusas son utilizadas por la narradora para mostrar la imbricación de la identidad personal en la familiar, en este caso en relación con el padre y la abuela (p. 425): 'One can't be reached without reaching the other. Him inside her, me inside him, like Chinese boxes, like Russian dolls, […] like the braided threads of a *rebozo*. […] And we are all, like it or not, one and the same.'

5

'Inconclusiones': hacia nuevas articulaciones de las mexicanidades femeninas

En este estudio se ha analizado la relación entre la formación femenina retratada en los *Bildungsromane* de Carmen Boullosa y Sandra Cisneros tomando como eje las diferencias existentes en sus representaciones desde la perspectiva del horizonte contextual en el que se ubican sus universos literarios y las posicionalidades distintas de sus autoras en ellos. En el seno de su condición genérica común como mujeres y de la referencia cultural mexicana que comparten, ambas escritoras llevan a cabo su labor literaria desde espacios y posiciones significativamente distintos, lo cual imprime cualidades diferentes en sus universos narrativos. Esas diferencias han sido analizadas desde diferentes puntos de vista a lo largo de los capítulos analíticos precedentes. En el primer paso del examen se ha examinado cómo la marginalidad de las protagonistas varía en la representación de una y otra autora: mientras que en sus *Bildungsromane* Boullosa representa una marginalidad originada en el género de sus personajes, Cisneros presta atención a la triple marginalidad que, como mujeres de origen mexicano y trasfondo humilde, determina a sus protagonistas en el orden sexista, racista y clasista hegemónico. El segundo paso ha llevado a explorar las distintas *Bildungen* femeninas protagónicas retratadas desde el punto de vista de la dialéctica que se establece en las novelas entre 'la historia normativa' de formación sancionada por la jerarquía hegemónica y las 'contrahistorias' de formación que la deconstruyen. Las 'contrahistorias' boullosianas, según se analizó, toman la forma de una anti-*Bildung* en que la mujer queda atrapada en un espacio ahistórico que anula su agencia, mientras que las cisnerianas trazan una *Bildung* alternativa en que sus personajes afirman su subjetividad como sujetos agentes dentro de la historia. El tercer estadio del estudio nos ha llevado a considerar la relación entre las protagonistas y la comunidad femenina como aspecto cardinal del proceso de desarrollo de las subjetividades de las protagonistas. Frente a las mujeres boullosianas, que acaban solas y desterradas de toda posibilidad de relación significativa con otras mujeres y, en particular, con la madre, las mujeres cisnerianas establecen relaciones con la comunidad de importancia fundamental en el encaminamiento de su formación.

A pesar de las diferencias en su representación y de los espacios y posiciones diferentes que ocupan, Boullosa y Cisneros, como se ha visto, muestran en sus novelas una voluntad compartida de deconstruir desde la mirada femenina los discursos que estructuran tradicionalmente la feminidad en México y que son heredados por los chicanos, lo que hemos llamado *mexicanidad femenina institucionalizada* o *normativa*. En el contexto de las rupturas y transformaciones de la sociedad mexicana y del reconocimiento y desglose de diferencias del presente marco birreferencial, las dos escritoras abren con sus textos, desde sus respectivas posiciones, perspectivas diversas en torno al replanteamiento de la mexicanidad con marcadores de género. Partiendo de esta doble base génerica y cultural compartida, a continuación se atarán los cabos de la argumentación de los capítulos anteriores recapitulando los pasos de las estrategias empleadas por Boullosa y Cisneros en su reconfiguración de la mexicanidad.

Carmen Boullosa y la deconstrucción de la mexicanidad femenina

En los *Bildungsromane* boullosianos subyace, según se expuesto, una mirada crítica corrosiva, un deseo de destrucción de la concepción del mundo contenida en la ética de género en el México contemporáneo, ética que, fundada en un código opresivo del sujeto femenino, engendra la desaparición, desintegración o aislamiento de este. En su deconstrucción del modelo cultural patriarcal de la mexicanidad institucionalizada, las novelas de Boullosa revisan el sistema de relaciones imperantes y las instituciones que lo representan yendo a la médula misma de esa ideología con el ánimo de revertir su pesada inercia, cuya raíz, como afirma Julio Estrada Cortés, 'está en las estructuras económicas y de poder político, en los valores, en los tipos de socialización a que han estado sujetas las mujeres, pues en el fondo, como Michel Foucault señala: el poder está en todas partes'.[1]

El espacio en sus *Bildungsromane* entre la 'historia normativa' y las 'contrahistorias' de formación supone una manera muy efectiva de desmantelar de raíz los subsuelos de la *mexicanidad femenina institucionalizada*. Tal proyecto es llevado a cabo desde diferentes perspectivas en sus textos. El primero de ellos, *Mejor desaparece*, asesta un golpe mortal al meollo mismo de los patrones sexistas en México en su revisión de los mitos institucionalizados de la familia y el padre, metáforas de la autoridad del Estado y vehículos primarios de la producción y reproducción de la moral social patriarcal que expresa los valores nacionales. De hecho, la desaparición de las hijas es compensada en el último capítulo por la expulsión del padre de la casa familiar y su empequeñecimiento y desaparición final, lo cual corresponde

---

[1] En Sánchez Olvera, p. 10.

a la promesa utópica de una familia y una casa libres de la ley patriarcal. Desde este punto de vista, la novela es descrita por la propia autora como la historia de un 'parricidio',[2] lo que transforma la historia de anti-*Bildung* de las hijas en la historia de la muerte misma del padre y de todos los valores que representa. En *Antes* la revisión de la mexicanidad femenina normativa toma la forma de una deslegitimación de los 'aparatos ideológicos' de la educación y el catolicismo, cuya alianza genera y reproduce las identidades de género socialmente legitimadas que amenazan a la protagonista. Finalmente, *Treinta años* dirige su mirada crítica hacia el pueblo de Agustini como microcosmos metafórico del mecanismo del Estado, constituido a partir de la represión y expulsión violenta del cuerpo de la mujer.

Con su retrato deconstructivo, la escritora mexicana se desliza con sus protagonistas por los abismos de la historia institucionalizada. Con ellas arriba al espacio ahistórico al que han sido desterradas por los dogmas hegemónicos, un espacio en el que el ser femenino representa una ausencia, un vacío, 'la Nada' etiquetada por Paz. En su revisión de la historia desde la óptica de la anti-*Bildung*, el retrato boullosiano de la mujer incorpora, pues, el estereotipo mítico de La Malinche, que, como se comentó, sintetiza de manera atroz el significado de ser *mujer* en una sociedad sexista. De ese modo, en el primero de sus textos la historia de las hijas encarna la violación simbólica de la mujer mexicana, que, despojada violentamente de su rostro y de su pasado, ocupa un espacio nulo en lo simbólico, el espacio del 'no ser'. En *Antes*, por su parte, la conciencia de la protagonista es perseguida por la culpabilidad y la traición ligadas a su ser femenino, lo cual la convierte en víctima pasiva de todo un sistema de identidades que replican el mito de La Chingada. Por último, en *Treinta años* la Delmira adulta sufre su ruptura de su origen y de sus vínculos identitarios mexicanos a favor del orden europeo como una traición que la convierte en culpable de 'malinchismo', lo que siembra sus recuerdos de la nostalgia de un pasado en el que la traición todavía no se ha consumado.[3] Marcadas por el mito de La Malinche, las mujeres boullosianas son entonces condenadas a ocupar un lugar negativo. Las novelas de Boullosa ilustran con ello la – señalada por Jean Franco – 'continued "persistence" of La Malinche within contemporary writing by women'.[4]

2   En Franco, *Plotting Women*, p. 184.
3   Sandra Messinger Cypess observa al respecto que el modelo de comportamiento por el que se prefieren elementos extranjeros en detrimento de la propia nación persiste como preocupación para los mexicanos de hoy (*La Malinche in Mexican Literature*, p. 168).
4   'La Malinche. From Gift to Sexual Contract', en Jean Franco, *Critical Passions: Selected Essays*, ed. e introd. por Mary Louise Pratt y Kathleen Newman (Durham, NC: Duke University Press, 1999), pp. 66–82 (pp. 77–78) (publicado originalmente en *Beeld en Verbeelding van Amerika*, ed. por Wil Pansters y Jan Weerdenburg (Utrecht: Bureau Studium Generale, Universiteit Utrecht, 1992), pp. 71–88).

Una vez desmantelados los paradigmas culturales de género que conforman la mexicanidad normativa y ubicada la mujer en un espacio imposible, no hay salida viable: Boullosa no ofrece una respuesta o solución en forma de reconstrucción de mexicanidades femeninas desde un punto de vista no falocéntrico. La autora desplaza en sus *Bildungsromane* todo discurso globalizador o proyecto de gran envergadura por medio de 'contrahistorias' hechas de desasimientos y desfiguraciones que no incorporan un gesto reconstructivo en forma de articulaciones de identidades nuevas o posturas vitales alternativas. Con todo, su carácter negativo y radical posee un fuerte potencial de disrupción del lenguaje oficial y un gran ímpetu liberador al despertar la conciencia crítica e instigar la renovación del discurso monolítico que controla el imaginario e intenta vedar otros lenguajes. La rigidez categórica de su universo literario se convierte entonces en un momento de nacimiento y cambio que invita a la apertura de un espacio positivo en que transformar, negociar y reconstruir articulaciones plurales y fluidas de mexicanidades femeninas nuevas. Paralelamente, en el nivel extra-discursivo, la misma apuesta narrativa individual de Carmen Boullosa encarna una fuerte presencia femenina en el panorama de las letras mexicanas y una reformulación de la tradición en un sentido cultural y político que imbuyen aquel espacio de una voz literaria inspiradora en la confección de nuevos paradigmas.

Sandra Cisneros y la deconstrucción–reconstrucción de la mexicanidad femenina

Sandra Cisneros, como se ha explorado, persigue en sus *Bildungsromane* un proyecto similar al de Carmen Boullosa en relación con el desenmascaramiento de los patrones culturales que conforman la mexicanidad femenina normativa. Esta deconstrucción, no obstante, tiene lugar desde una posición distinta como chicana, lo cual implica otras realidades, otras interpretaciones y otras necesidades y estrategias en su replanteamiento de la mexicanidad.

Como los *Bildungsromane* boullosianos, los cisnerianos deconstruyen los discursos tradicionales que conforman la identidad de sus protagonistas como mujeres de origen mexicano. Su posición en el orden estadounidense implica, además, el desmantelamiento de los discursos que afectan las condiciones vitales de las chicanas en esa cultura dominante, condiciones de triple subordinación que, como se analizó, encuentran también paralelos en el orden mexicano en su segunda novela. A diferencia de los textos de Boullosa, su deconstrucción va de la mano de un espacio reconstructivo que supone una rearticulación de la identidad de sus protagonistas como sujetos insertos en la historia y una propuesta de medios estratégicos viables surgidos de las condiciones sociohistóricas en que vive la comunidad chicana. Este gesto reconstructivo, según se analizó, está infundido de una ideología política, materializada en una narración de emancipación colectiva surgida de unas necesidades de resignificación de la subjetividad de las chicanas. La interacción entre la deconstrucción y la reconstrucción, o, en palabras de Ramón Saldívar, '[the] paradoxical impulse toward revolutionary deconstruction and toward the production of meaning' (p. 7), constituye, según este crítico, la característica definitoria de la expresión cultural chicana. De la misma opinion es Wilson Neate, que observa que 'Chicano/a writing displaces dominant narratives and replaces them with plural, mutable possibilities that disrupt repressive hegemonic accounts of minority identity and history' (p. 1).

En la reconstrucción de una identidad cultural plural en sus *Bildungsromane*, Cisneros desarma ideas fijas de identidad mexicana y chicana, inadecuadas para comprender la red compleja de factores que conforman lo mexicano y lo chicano. Nuestra escritora nos invita a considerar la identidad cultural como fluida y abierta a la metamorfosis, como un río – para usar la metáfora de Gloria Anzaldúa – que cambia de cauce y que se mantiene en una constante negociación de espacios en tensión. Para Daniel Cooper Alarcón, 'Cisneros deliberately foregrounds issues of culture difference in her work in ways that complicate our understanding of both Mexican and Chicano identity and resist the consolidation of Mexicanness into monolithic terms.'[5] Así, en *The House* la protagonista muestra su determinación de no 'sit her sadness on an elbow' (p. 11) como le ocurrió a su bisabuela por el simple hecho de ser mujer de ascendencia mexicana. Igualmente, la Lala de *Caramelo* acoge el rebozo de la abuela para cambiar el bordado que marcó la vida de su antecesora. A través de este personaje, Cisneros muestra también en diversas ocasiones su comprensión fluida de las múltiples categorías históricas, culturales y étnicas que conforman las mexicanidades frente al nacionalismo cerrado de la referencia cultural originaria. Así, ante la concepción monolítica de sus compañeros, quienes – recordemos – afirmaban que no parecía mexicana, Lala respondía con una retahíla de formas de mexicanidad, que, como ejemplifica el motivo central del rebozo, que '*came from everywher*e' (p. 96), se originan en el mestizaje cultural y étnico que históricamente las han conformado, que ahora se enriquece y redefine con la interacción con el orden estadounidense. Como afirmaba rotundamente el personaje (p. 353), 'I *am* Mexican. Even though I was born on the U.S. side of the border.'

La deconstrucción de la certeza monolítica de la mexicanidad institucionalizada y su reinvención en el 'entre-lugar'[6] de las dos referencias

[5]   *The Aztec Palimpsest: Mexico in the Modern Imagination* (Tucson: University of Arizona Press: 1997), p. 41.
[6]   Silviano Santiago, 'El entrelugar del discurso latinoamericano', en *Absurdo Brasil: polémicas en la cultura brasileña*, sel., trad. y pról. de Adriana Amante y Florencia Garramuño (Buenos Aires: Biblos, 2000), pp. 61–78 (el original, 'O entre-lugar do discurso latino-americano', está incluido en la colección de Santiago *Uma literatura nos trópicos. Ensaios sobre dependência cultural* (São Paulo: Perspectiva, 1971), pp. 11–28). El término de Santiago

culturales de México y Estados Unidos que ocupan las chicanas implican así la conjunción de dos universos: el de la tradición mexicana heredada, que las protagonistas transforman y resignifican, y el de su presente como mujeres habitantes del orden estadounidense. Ello da lugar a un terreno simbiótico en que elaborar nuevas estrategias del yo, terreno que construye la 'conciencia mestiza' de Anzaldúa, un 'tercer espacio'[7] fundado sobre sus raíces mexicanas pero consciente de su ubicación contemporánea en los Estados Unidos que desestabiliza conceptos fijos y singulares de identidad y abre esta a la fluidez, heterogeneidad y dialogismo que hacen posible la renegociación de la mexicanidad para inventar 'otros modos de ser' plurales que den forma a mexicanidades femeninas nuevas. Como señala Gloria E. Anzaldúa en *Borderlands/La Frontera*, la mestiza 'copes by developing a tolerance for contradictions, a tolerance for ambiguity. She learns to juggle cultures. She has a plural personality, she operates in a pluralistic mode [...]. Not only does she sustain contradictions, she turns the ambivalence into something else' (p. 79).

La respuesta de la autora a la pregunta de cuál es la importancia de la escritora chicana es, al hilo de esta argumentación, reveladora: desde su punto de vista, la escritora chicana reconstruye un espacio cultural nuevo, 'a new kind of *mexicanidad*. I think this is important for the Mexican public to see themselves, to rethink themselves in a way, and especially for the women to see *otro modo de ser*, new routes and arenas and ways out.'[8] Ello no implica que nuestra autora abandone el nombre 'chicana', que asume consciente y críticamente como 'the name of resistance that enables cultural and political points of departure and thinking through the multiple migrations and dislocation of women of "Mexican" descent',[9] sino una concepción fluida y plural de la mexicanidad capaz de albergar el replanteamiento de la identidad propuesto por las chicanas como una de sus manifestaciones.

Por medio de Esperanza y Lala, pues, Cisneros ofrece perspectivas alternativas del sujeto femenino en el contexto mexicano y mexicano chicano contemporáneo. Dueña de aquel 'otro modo de ser' reclamado por Castellanos, la mujer cisneriana abandona así el signo negativo con que la marcó su cultura – *la chingada* o *la rajada* – para convertirse en una Malinche transfigurada, una Malinche que, como afirma Debra A. Castillo, se despoja de la vergüenza y traición con que la definió Paz para figurar el orgullo y poder del sujeto

---

captura el mismo gesto crítico que Homi K. Bhabha popularizaría más tarde con su 'in-between-space' en *The Location of Culture* (New York: Routledge, 1994).

   [7]   Bhabha acuña la expresión 'tercer espacio' en su teorización de 'discursive sites or conditions that ensure that the meaning and symbols of culture have no primordial unity or fixity; that even the same signs can be appropriated, translated, and rehistoricized anew' (p. 37).

   [8]   'Entrevistas poscoloquio', en *Las formas de nuestras voces*, ed. por Joysmith, p. 267.

   [9]   Norma Alarcón, 'Chicana Feminism: In the Tracks of "The" Native Woman', p. 65.

femenino.[10] En la reformulación identitaria ofrecida por Cisneros, las mujeres se apropian activamente tanto del poder asociado con la nueva Malinche como del rol nutricio encarnado por una Guadalupe también revivida,[11] presentando imágenes de fuerza en torno a tres elementos: el énfasis en la transformación subjetiva, los lazos con la comunidad femenina y la familia y la palabra como medio de reconstrucción del yo y de la memoria cultural colectiva. Desde su posición mediadora, las mujeres cisnerianas traducen así la mexicanidad femenina de la inmovilidad y estatismo del paradigma nacional a una maleabilidad ubicada en un 'tercer espacio', en que la mujer negocia constantemente tanto con Guadalupe como con La Malinche, tanto con su legado mexicano como con su ubicación en el presente para autodefinirse y reinventarse como 'sujetos-en-proceso' de su propia narración.

'Inconclusiones' para el diálogo

Con el recorrido por las avenidas que nos ha proporcionado el viaje comparativo por los universos literarios de nuestros *Bildungsromane*, espero haber contribuido de alguna manera a alentar el diálogo entre las mexicanidades y las chicanidades. Sin duda, un diálogo efectivo ha de discurrir por otras muchas avenidas que logren atravesar las fronteras que separan ambos espacios, avenidas que forzosamente han de ser fluidas, oscilantes y en constante (re) construcción y que la realidad actual de la globalización y de las tecnologías de la comunicación debería ensanchar. En consonancia con esta fluidez, mi trabajo no ha estado animado por la voluntad de ofrecer conclusiones y definiciones claras o de homogeneizar y generalizar las prácticas literarias de mexicanas y chicanas en un modelo dicotómico o estático representado por Carmen Boullosa y Sandra Cisneros. Lo que he pretendido con este estudio es despertar o reavivar el interés por la temática y ofrecer *una* visión comparativa de entre la pluralidad y la diversidad de las voces que pueblan la literatura mexicana y chicana escrita por mujeres. Es por ello que, de una manera aparentemente paradójica, concluyo este estudio insistiendo en sus 'inconclusiones'. 'Inconclusiones' que permitan acoger a la multitud de voces de variados tonos y matices que conforman ambas tradiciones. 'Inconclusiones' que completen, modifiquen o rebatan las ideas aquí presentadas. 'Inconclusiones' que posibiliten la apertura o ruptura de fronteras y contribuyan a generar nuevos significados. 'Inconclusiones', en suma, para el diálogo.

---

[10] Debra A. Castillo, 'Coagulated Words: Gaspar de Alba's Malinche', en *Feminism, Nation and Myth*, ed. por Romero y Nolacea Harris, pp. 67–81 (p. 69).

[11] De modo paralelo, en la historia 'Women Hollering Creek' (1991), de la colección homónima, Cisneros recrea en el personaje de Cleófilas otra figura central en el imaginario mexicano, La Llorona, a la que le da un nombre nuevo, 'La gritona', liberándola así de su papel de pasividad y sufrimiento para transformarla en un personaje afirmativo y activo.

OBRAS CITADAS

Fuentes primarias por autora

Carmen Boullosa
El hilo olvida (México: La Máquina de Escribir, 1979).
Teatro herético (Puebla: Universidad Autónoma de Puebla, 1987).
Mejor desaparece (México: Océano, 1987).
La salvaja (México: Taller Martín Pescador, 1988).
Antes (México: Vuelta, 1989).
Papeles irresponsables (México: Universidad Autónoma Metropolitana, 1989).
Son vacas, somos puercos: filibusteros del mar del Caribe (México: Era, 1991).
El médico de los piratas: *bucaneros y filibusteros en el Caribe* (Madrid: Siruela, 1992).
Llanto: *novelas imposibles* (México: Era, 1992).
La milagrosa (México: Era, 1993).
Duerme (Madrid: Alfaguara, 1994).
Cielos de la tierra (México: Alfaguara, 1997).
La delirios (México: Fondo de Cultura Económica, 1998).
Treinta años (México: Alfaguara, 1999).
Prosa rota (México: Plaza & Janés, 2000).
De un salto descabalga la reina (Madrid: Debate, 2002).
La bebida (México: Fondo de Cultura Económica, 2002).
La otra mano de Lepanto (Madrid: Siruela, 2005).
La novela perfecta (México: Alfaguara, 2006).
El Velázquez de París (Madrid: Siruela, 2007).
El fantasma y el poeta (México: Sexto Piso, 2007).
La virgen y el violín (Madrid: Siruela, 2008).
El complot de los románticos (Madrid: Siruela, 2009).
Las paredes hablan (Madrid: Siruela, 2010),
Cuando me volví mortal (México: Cal y Arena, 2010).

Cisneros, Sandra
Bad Boys (San José, CA: Mango Press, 1980).
The House on Mango Street (Houston, TX: Arte Público Press, 1983).
My Wicked Wicked Ways (Bloomington: Third Woman Press, 1987).
Woman Hollering Creek and Other Stories (New York: Random House, 1991).

Loose Woman (New York: Random House, 1994).
Hairs/Pelitos (New York: Random House, 1994).
Caramelo (New York: Vintage, 2002).
Vintage Cisneros (New York: Vintage, 2004).

Fuentes secundarias por autora

Carmen Boullosa

Abraham Hall, Nancy, 'Delmira en el exilio: los treinta años de soledad de Carmen Boullosa', en Elena Gascón Vera y Carlos Ramos, eds, *Wellesley, recuerdo ileso: una celebración de lo hispano en el 125 aniversario* (Lleida: Milenio, 2002), pp. 177–90.

Ballmaier, Priska M., *Von der Möglichkeit, Ich zu sagen: Versionen weichlicher Lebensentwürfe im Werk Mexikanischer Autorinnen* (Hamburg: Kovač, 2001).

Bellatín, Mario, 'Signos como pequeñas heridas', *La jornada* (1999) <http://www.jornada.unam.mx/1999/ago99/990801/sem–libros.html> [consultada 10 octubre 2005].

Bolte, Rike, 'La voz perdida – *Mejor desaparece*: exteriorización y alienación del sujeto entre la memoria imposible y la apertura textual', en Dröscher y Rincón, eds, pp. 75–88.

Bracho, Edmundo, 'Carmen Boullosa', en *El oponente: entrevistas* (Caracas: AlterLibris, 2000), pp. 253–64.

De Beer, Gabriella, *Contemporary Mexican Women Writers: Five Voices* (Austin: University of Texas Press, 1996).

Dröscher, Barbara, 'La muerte de las madres', en Dröscher y Rincón, eds, pp. 59–67.

Dröscher, Barbara, y Carlos Rincón, eds, *Acercamientos a Carmen Boullosa: actas del simposio 'Conjugarse en infinitivo – la escritora Carmen Boullosa'*, 2ª ed. (Berlín: Tranvía/Walter Frey, 2004 [1999]).

Ferrero Cándenas, Inés, 'Entrevista a Carmen Boullosa', *Grafemas* (2007) <http://www.utpa.edu/dept/modlang/grafemas/diciembre_07/ferrero.html> [consultada 5 febrero 2008].

Franco, Jean, 'Piratas y fantasmas', en Dröscher y Rincón, eds, pp. 18–3.

Gallo, Rubén, 'Carmen Boullosa', trad. por Rubén Gallo y Harry Morales, *Bomb*, 74 (2001), 57–61.

García-Serrano, María Victoria, '"Sí, mejor desaparece", de Carmen Boullosa. ¿Una versión de la loca criolla en el ático?', *Texto Crítico*, 5.10 (2002), 145–57.

Granados, Pedro, 'Carmen Boullosa, el árbol y el remolino', *Inti*, 39 (1994), 223–25.

Gundermann, Eva, *Desafiando lo abyecto: una lectura feminista de 'Mejor desaparece' de Carmen Boullosa* (Frankfurt a/M: Peter Lang, 2002).

Hind, Emily, 'Entrevista: Carmen Boullosa', *Hispanoamérica*, año 30, nº 90 (2001), 49–60.

Ibsen, Kristine, 'Entrevistas: Bárbara Jacobs/Carmen Boullosa', *Chasqui*, 24.2 (1995), 46–63.

Mato, Shigeko, 'The Illusion of the "Homely" and Consciousness of the "Unhomely": Rethinking "Home" in Carmen Boullosa's *Mejor desaparece*', *Confluencia*, 18.2 (2003), 125–37.

Olivares Mansuy, Cecilia, '*Antes* de Carmen Boullosa: narrar para recuperar el pasado y entender el presente', en Nora Pasternac y otras, compils, *Escribir la infancia: narradoras mexicanas contemporáneas* (México: El Colegio de México, 1996), pp. 213–29.

Ortega, Julio, 'Carmen Boullosa, la textualidad de lo imaginario', *La Torre*, 38 (1996), 167–81.

_____, 'Fabulaciones de Carmen Boullosa', *Celehis*, 2.2 (1992), 145–57.

_____, 'La identidad literaria de Carmen Boullosa', en Dröscher y Rincón, eds, pp. 31–36.

Pfeiffer, Erna, 'Construcciones de identidad en novelas mexicanas de infancia', *Iberoamericana*, II, 8 (2002), 133–50.

_____, *EntreVistas: diez escritoras mexicanas desde bastidores* (Frankfurt a/M: Vervuert, 1992).

_____, *Exiliadas, emigrantes, viajeras: encuentros con diez escritoras latinoamericanas* (Frankfurt a/M: Vervuert; Madrid: Iberoamericana, 1995).

Pirott-Quintero, Laura, 'El cuerpo en la narrativa de Carmen Boullosa', *Inti*, 45 (1997), 267–75.

Pitol, Sergio, 'Una propuesta literaria', *Equis* (septiembre 1999), 6–7.

Reid, Anna, 'Transtornando la infancia: elementos góticos en la narrativa de Carmen Boullosa', *Revista de Literatura Mexicana Contemporánea*, 9.20 (2003), 96–104.

Santos, Cristina, *Bending the Rules in the Quest for an Authentic Female Identity: Clarice Lispector and Carmen Boullosa* (New York: Peter Lang, 2004).

_____, 'Giving Voice to the Silenced: 'Blancanieves' by Carmen Boullosa', *Romance Languages Annual*, 12 (2001), 356–60.

Santos, Cristina, y Adriana Spahr, 'Comentarios de Carmen Boullosa sobre algunos de sus personajes sobrenaturales', en Cristina Santos y Adriana Spahr, eds, *Defiant Deviance: The Irreality of Reality in the Cultural Imaginary* (New York: Peter Lang, 2006), pp. 7–14.

Seydel, Ute, *La ficcionalización de temas históricos por las escritoras mexicanas Elena Garro, Rosa Beltrán y Carmen Boullosa (un acercamiento transdisciplinario a la ficción histórica)* (Frankfurt a/M: Vervuert; Madrid: Iberoamericana, 2007).

Vaughn, Jeanne, 'Las que auscultan el corazón de la noche: el deseo femenino y la búsqueda de representación', en Aralia López González, coord., *Sin imágenes falsas, sin falsos espejos: narradoras mexicanas del siglo XX* (México: El Colegio de México, 1995), pp. 607–29.

Vilches Norat, Vanessa, *De(s)Madres o el rastro materno en las escrituras del yo (A propósito de Jacques Derrida, Jamaica Kincaid, Esmeralda Santiago y Carmen Boullosa)* (Santiago de Chile: Cuarto Propio, 2003).

Sandra Cisneros

Binder, Wolfgang, ed., *Partial Autobiographies: Interviews with Twenty Chicano Poets* (Erlangen: Palms & Enke, 1985).

Brunk, Beth L., '*En otras voces*: Multiple Voices in Sandra Cisneros' *The House on Mango Street*', *Hispanófila*, 45.1 (2001), 137–50.

Cahill, Susan, ed., *Writing Women's Lives: An Anthology of Autobiographical Narratives by Twentieth Century American Women Writers* (New York: HarperCollins, 1994).

Calderón, Héctor, *Narratives of Greater Mexico: Essays on Chicano Literary History, Genre, and Borders* (Austin: University of Texas Press, 2004).

Carabí, Àngels, 'Desarrollando un sentido del lugar: Sandra Cisneros en *La casa de la calle Mango*', en María Jesús Buxó y Tomás Calvo Buezas, eds, *Culturas hispanas en los Estados Unidos de América: tercer congreso internacional 'Culturas hispanas de los Estados Unidos de América, hacia una nueva síntesis'* (Madrid: Cultura Hispánica, 1990), pp. 531–36.

Cisneros, Sandra, 'Do You Know Me?: I Wrote *The House on Mango Street*', *Americas Review*, 15.1 (1987), 77–79.

———, 'Eleven', en Tiffany Ana López, ed., *Growing Up Chicana/o: An Anthology* (New York: Morrow, 1993), pp. 155–59.

———, 'From a Writer's Notebook. Ghosts and Voices: Writing from Obsession', *Americas Review*, 15.1 (1987), 69–73.

———, 'Guadalupe the Sex Goddess', en Castillo, ed., pp. 46–51.

———, 'Notes to a Young(er) Writer', *Americas Review*, 15.1 (1987), 74–76.

———, 'Only Daughter', en Lucha Corpi, ed., *Máscaras* (Berkeley, CA: Third Woman Press, 1997), pp. 119–23.

Cooper Alarcón, Daniel, *The Aztec Palimpsest: Mexico in the Modern Imagination* (Tucson: University of Arizona Press: 1997).

Gonzales-Berry, Erlinda, 'Unveiling Athena: Women in the Chicano Novel', en Norma Alarcón y otras, eds, *Chicana Critical Issues* (Berkeley, CA: Third Woman Press, 1993), pp. 33–44.

Gonzales-Berry, Erlinda y Tey Diana Rebolledo, 'Growing Up Chicano: Tomás Rivera and Sandra Cisneros', *Revista Chicano-Riqueña*, 13.3–4 (1985), 109–19.

Herrera-Sobek, María, 'The Politics of Rape: Sexual Transgression in Chicana Fiction', *Americas Review*, 15.3–4 (1987), 171–81.

Joysmith, Claire, 'Identidad, modelos literarios y modelos míticos femeninos mexicanos en la cuentística mexicana de Sandra Cisneros', en Alfredo Pavón, ed., *Cuento contigo: la ficción en México* (México: Universidad Autónoma de Tlaxcala, 1993), pp. 189–201.

———, 'Municiones envueltas en papel picado: entrevista a Sandra Cisneros', 'El dominical' de *El Nacional*, 26 septiembre 1993, pp. 4–7.

Karafilis, Maria, 'Crossing the Borders of Genre: Revisions of the *Bildungsroman* in Sandra Cisneros's *The House on Mango Street* and Jamaica Kincaid's *Annie John*', *Journal of the Midwest Modern Language Association*, 31.2 (1998), 63–78.

Lucio, Cristina, 'Sandra Cisneros: "Antes solo podía publicar en editoriales feministas"', *El Mundo* (26 mayo 2003) <http://www.elmundo.es/ elmundolibro/2003/05/23/ protagonistas/1053714008.html> [consultada 5 enero 2005].

McCracken, Ellen, *New Latina Narrative: The Feminine Space of Postmodern Ethnicity* (Tucson: University of Arizona Press, 1999).

_____, 'Postmodern Ethnicity in Sandra Cisneros' *Caramelo*: Hybridity, Spectacle, and Memory in the Nomadic Text', *Journal of American Studies of Turkey*, 12 (2003), 3–12.

_____, 'Sandra Cisneros's *The House on Mango Street*: Community-Oriented Introspection and the Demystification of Patriarchal Violence', en Asunción Horno-Delgado y otras, eds, *Breaking Boundaries: Latina Writing and Critical Readings* (Amherst: Massachusetts University Press, 1989), pp. 62–71.

Olivares, Julián, 'Sandra Cisneros' *The House on Mango Street*, and the Poetics of Space', *Americas Review*, 15.3–4 (1987), 160–70.

Petty, Leslie, 'The "Dual"-ing Images of la Malinche and la Virgen de Guadalupe in Cisneros's *The House on Mango Street*', *MELUS*, 25.2 (2000), 119–32.

Rivero, Eliana S., '*The House on Mango Street*: Tales of Growing Up Female and Hispanic' (Working Paper 22) (Tucson: University of Arizona, Southwest Institute for Research on Women, 1986), pp. 1–19.

Roberts-Camps, Traci, *Gendered Self-Consciousness in Mexican and Chicana Women Writers: The Female Body as an Instrument of Political Resistance* (Lewiston: Edwin Mellen Press, 2008).

Rodríguez Aranda, Pilar E., 'On the Solitary Fate of Being Mexican, Female, Wicked and Thirty-Three: An Interview with Writer Sandra Cisneros', *Americas Review*, 18.1 (1990), 64–80.

Satiyanci Örtazhan, Esra, 'Rememory and the Challenge of Histories in Cisneros' *Caramelo*', *Ege Alman dili ve edebiyati aras tirmalari dergisi*, 13.2 (2004), 79–88.

Suárez, Ray, 'Author Conversation: Sandra Cisneros' (audio), *PBS: The News-Hour with Jim Lehrer* (15 Octubre 2002) <http://www.sandracisneros.com/ articles.php> [consultada 22 noviembre 2007].

Yarbro-Bejarano, Yvonne, 'Chicana Literature from a Chicana Feminist Perspective', *Americas Review*, 15 (1987), 139–45.

Otras fuentes secundarias

Abel, Elizabeth, y otras, eds, *The Voyage In: Fictions of Female Development* (Hanover, NH: University Press of New England, 1983).

Alarcón, Norma, 'Chicana Feminism: In the Tracks of "The" Native Woman', en Kaplan y otras, eds, pp. 63–7.

_____, 'Chicana's Feminist Literature: A Re-Vision through Malintzin', en Moraga y Anzaldúa, eds, pp. 182–90.

_____, 'Cognitive Desires: An Allegory of/for Chicana Critics', en Joysmith, ed., *Las formas de nuestras voces*, pp. 65–85.

_____, 'Conjugating Subjects: The Heteroglossia of Essence and Resistance', en Arteaga, ed., pp. 125–38.

_____, 'Interlocutions: An Afterword to the Coloquio on Mexicana and Chicana Writers', en Joysmith, ed., *Las formas de nuestras voces* pp. 273–77.

_____, 'La literatura de la chicana: un reto sexual y racial del proletariado', en López González y otras, coords, II, pp. 207–12.

_____, 'The Theoretical Subject(s) of *This Bridge Called My Back* and Anglo-American Feminism', en Héctor Calderón y José David Saldívar, eds, *Criticism in the Borderlands: Studies in Chicano Literature, Culture, and Ideology* (Durham, NC: Duke University Press, 1991), pp. 28–39.

Alcoff, Linda, 'Cultural Feminism versus Post-structuralism: The Identity Crisis in Feminist Theory', *Signs*, 13 (1988), 405–36.

Aldama, Frederick Luis, *Brown on Brown: Chicano/a Representation of Gender, Sexuality, and Ethnicity* (Austin: University of Texas Press, 2005).

Althusser, Louis, *La filosofía como arma de la revolución*, 25ª ed. (México: Siglo Veintiuno, 2005 [1968]).

Álvarez, Natalia, 'La narrativa mexicana escrita por mujeres desde 1968 a la actualidad', en González Boixó, ed., pp. 89–122.

Anaya, Rudolfo A., *Bless Me, Última* (Berkeley, CA: Quinto Sol, 1972).

_____, 'Foreword', en Tiffany Ana López, ed., *Growing Up Chicana/o: An Anthology* (New York: Morrow, 1993), pp. 5–10.

Anzaldúa, Gloria, *Borderlands/La Frontera: The New Mestiza* (San Francisco: Aunt Lute Books, 1987).

_____, 'La Prieta', en Moraga y Anzaldúa, eds, pp. 198–209.

Anzaldúa, Gloria, y AnaLouise Keating, eds, *This Bridge We Call Home: Radical Visions for Transformation* (New York: Routledge, 2002).

Aparicio, Frances R., 'On Subversive Signifiers: U.S. Latina/o Writers Tropicalize English', *American Literature*, 66.4 (December 1994), 795–801.

Aparicio, Frances R., y Susana Chávez-Silverman, eds, *Tropicalizations: Transcultural Representations of Latinidad* (Hanover, NH: University Press of New England, 1997).

Araújo, Helena, *La Scherezada criolla: ensayos sobre escritura femenina latinoamericana* (Bogotá: Universidad Nacional de Colombia, 1989).

Arredondo, Gabriela F., y otras, eds, *Chicana Feminisms: A Critical Reader* (Durham, NC: Duke University Press, 2003).

Arredondo, Inés, *Río Subterráneo* (México: Joaquín Mortiz, 1979).

Arteaga, Alfred, ed., *An Other Tongue: Nation and Ethnicity in the Linguistic Borderlands* (Durham, NC: Duke University Press, 1994).

Baca Zinn, Maxine, 'Political Familism: Toward Sex-Role Equality in Chicano Families', en Noriega y otros, eds, pp. 455–72.

Bachelard, Gaston, *The Poetics of Space*, trad. por Maria Jolas (New York: Orion, 1964 [1958]).

Bakhtin, Mikhail, *Problemas de la poética de Dostoievsky* (México: Fondo de Cultura Económica, 1988).

_____, *Speech Genres and Other Late Essays*, ed. por Caryl Emerson y Michael Holquist, trad. por Vern W. McGee (Austin: University of Texas Press, 1986).

Barrera, Mario, 'Chicano Class Structure', en Eugene E. García y otros, eds,

Chicano Studies: A Multidisciplinary Approach (New York: Teachers College Press, 1984), pp. 40–55.

Bartra, Eli, 'Tres décadas de neofeminismo en México', en Eli Bartra y otras, eds, *Feminismo en México: Ayer y hoy* (México: Universidad Autónoma Metropolitana, 2000), pp. 37–56.

Bartra, Roger, *Blood, Ink, and Culture: Miseries and Splendors of the Post-Mexican Condition*, trad. por Mark Alan Healey (Durham, NC: Duke University Press, 2002).

———, *La jaula de la melancolía: identidad y metamorfosis del mexicano*, 4ª ed. (México: Grijalbo, 1987).

Bataille, Georges, *Visions of Excess: Selected Writings 1927–1939*, ed. por Adan Stoekl (Minneapolis: University of Minnesota Press, 1985).

Batres, Viétnika, '¿Adiós a la familia? Modelos de convivencia del nuevo siglo', *El Universal* (26 abril 2004) <http://www.eluniversal.com.mx/graficos/larevista/contenido04.htm> [consultada 18 mayo 2006].

Bhabha, Homi K., *The Location of Culture* (New York: Routledge, 1994).

Birmingham-Pokorny, Elba D., 'La Malinche: A Feminist Perspective on Otherness in Mexican and Chicano Literature', *Confluencia*, 11.2 (1996), 120–36.

Blau DuPlessis, Rachel, *Writing Beyond the Ending: Narrative Strategies of Twentieth-Century Women Writers* (Bloomington: Indiana University Press, 1993).

Blea, Irene I., *La Chicana and the Intersections of Race, Class and Gender* (New York: Praeger, 1992).

Bradu, Fabienne, *Señas particulares, escritora: ensayo sobre escritoras mexicanas del siglo XX*, 2ª reimpr. (México: Fondo de Cultura Económica, 1987).

Braidotti, Rosi, 'Mothers, Monsters, and Machines', en Katie Conboy y otras, eds, *Writing on the Body: Female Embodiment and Feminist Theory* (New York: Columbia University Press, 1997), pp. 59–79.

Braig, Marianne, y Teresita Barbieri, 'Geschlechterverhältnisse zwischen Modernisierung und Krise', en Dietrich Briesemeister y Klaus Zimmermann, eds, *Mexiko Heute: Politik, Wirtschaft, Kultur*, 2ª ed. ampl. (Frankfurt a/M: Vervuert, 1996 [1992]), pp. 388–408.

Bruce-Novoa, Juan, 'Dialogical Strategies, Monological Goals: Chicano Literature', en Arteaga, ed., pp. 225–45.

———, *La literatura chicana a través de sus autores*, trad. por Stella Mastrangello, 2ª ed. (México: Siglo Veintiuno, 1999 [1983]).

———, *Retrospace: Collected Essays on Chicano Literature, Theory and History* (Houston, TX: Arte Público Press, 1990).

Buckley, Jerome Hamilton, *Season of Youth: The 'Bildungsroman' from Dickens to Golding* (Cambridge, MA: Harvard University Press, 1974).

Bulmer, Martin, 'Race and Ethnicity', en Robert G. Burgess, ed., *Key Variables in Sociological Investigations* (London: Routledge, 1986), pp. 54–75.

Bustos, Olga, 'Género y socialización: familia, escuela y medios de comunicación', en M. A. González Pérez y J. Mendoza García, compils, *Significados Colectivos: Procesos y Reflexiones Teóricas* (México: CIIACSO/Tecnológico de Monterrey), pp. 289–358.

Butler, Judith, *Gender Trouble: Feminism and the Subversion of Identity* (New York: Routledge, 1990).

Calderón, Héctor, *Narratives of Greater Mexico: Essays on Chicano Literary History, Genre, and Borders* (Austin: University of Texas Press, 2004).

Candelaria, Cordelia, 'La Malinche, Feminist Prototype', *Frontiers*, 5.2 (1980), 1–6.

Cánovas E., Rodrigo, *Novela chilena, nuevas generaciones: el abordaje de los huérfanos* (Santiago de Chile: Fundaciones Universidad Católica de Chile, 1997).

Cantú, Norma, *Canícula: Snapshots of a Girlhood in La Frontera* (Albuquerque: University of New Mexico Press, 1995).

Castellanos, Rosario, *Álbum de familia* (México: Joaquín Mortiz, 1971).

_____, *Balún canán* (México: Lecturas Mexicanas, 1957).

_____, 'La mujer y su imagen', en *Ensayo literario mexicano*, sel. de John S. Brushwood y otros (México: Universidad Nacional Autónoma de México, 2001), pp. 79–90.

_____, *Oficio de Tinieblas* (México: Joaquín Mortiz, 1962).

_____, *Poesía no eres tú* (México: Fondo de Cultura Económica, 1972).

Castillo, Ana, 'Massacre of Dreams: Essays on Xicanisma', en Alma M. García, ed., pp. 310–13.

_____, *So Far From God* (New York: Norton, 1993).

_____, *The Mixquiahuala Letters* (Binghamton, NY: Bilingual Press/Editorial Bilingüe, 1986).

_____, ed., *Goddess of the Americas: Writings on the Virgin of Guadalupe* (New York: Riverhead Books, 1996).

Castillo, Debra A., 'Coagulated Words: Gaspar de Alba's Malinche', en Romero y Nolacea Harris, eds, pp. 67–81.

_____, *Easy Women: Sex and Gender in Modern Mexican Fiction* (Minneapolis: University of Minnesota Press, 1998).

_____, *Talking Back: Toward a Latin American Feminist Literary Criticism* (Ithaca: Cornell University Press, 1992).

Castillo, Debra A., y María Socorro Tabuenca Córdoba, *Border Women: Writing from La Frontera* (Minneapolis: University of Minnesota Press, 2002).

Castro-Klarén, Sara, y otras, eds, *Women's Writing in Latin America: An Anthology* (Boulder, CO: Westview Press, 1991).

Chabram-Dernersesian, Angie, 'And, Yes … The Earth Did Part: On the Splitting of Chicana/o Subjectivity', en Adela de la Torre y Beatriz Pesquera, eds, *Building With Our Hands: New Directions in Chicana Studies* (Berkeley: University of California Press, 1993), pp. 34–56.

Chávez, Denise, *The Last of the Menu Girls* (New York: Vintage, 1986).

Chodorow, Nancy J., *The Reproduction of Mothering: Psychoanalysis and the Reproduction of Gender* (Berkeley: University of California Press, 1978).

Ciplijauskaité, Biruté, *La novela femenina contemporánea (1970–1985): hacia una tipología de la narración en primera persona*, 2ª ed. (Barcelona: Anthropos, 1994, [1988]).

Cixous, Hélène, y Catherine Clément, *La Jeune Née* (Paris: Union Générale d'Éditions, 1975).

Clark D'Lugo, Carol, *The Fragmented Novel in Mexico: The Politics of Form* (Austin: Texas University Press, 1997).

Clavel, Ana, *Cuerpo náufrago* (México: Santillana, 2005).

_____, *Los deseos y su sombra* (México: Alfaguara, 2000).

Connell, R. W., *Gender and Power: Society, the Person, and Sexual Politics* (Cambridge: Polity Press, 1987).

Corpi, Lucha, *Delia's Song* (Houston, TX: Arte Público Press, 1989).

Cruz García, Ana, *Re(de)generando identidades: locura, feminidad y liberación en Elena Garro, Susana Págano, Ana Castillo y María Amparo Escandón* (Oxford: Peter Lang, 2009).

Da Cunha-Giabbai, Gloria, 'La mujer hispanoamericana hacia el nuevo milenio', en Juana Alcira Arancibia y Yolanda Rosas, eds, *La nueva mujer en la escritura de autoras hispánicas: ensayos críticos* (Montevideo: Graffiti, 1995), pp. 27–39.

Dávila, Amparo, *Tiempo destrozado* (México: Fondo de Cultura Económica, 1959).

De Lauretis, Teresa, *Alice Doesn't: Feminism, Semiotics, Cinema* (Bloomington: Indiana University Press, 1984).

_____, *Technologies of Gender: Essays on Theory, Film and Fiction* (Bloomington: Indiana University Press, 1987).

_____, 'Upping the Anti (*sic*) in Feminist Theory', en Marianne Hirsch y Evelyn Fox Keller, eds, *Conflicts in Feminism* (New York: Routledge, 1990), pp. 255–70.

De Valdés, María Elena, *The Shattered Mirror: Representations of Women in Mexican Literature* (Austin: University of Texas Press, 1998).

Del Castillo, Adelaida R., 'Malintzin Tenepal: A Preliminary Look into a New Perspective', en Rosaura Sánchez y Rosa Martínez Cruz, eds, *Essays on La Mujer* (Los Angeles: University of California/Chicano Studies Research Center Publications, 1977), pp. 124–49.

Derrida, Jacques, *Dissemination*, trad. por Barbara Johnson (Chicago: University of Chicago Press, 2004 [1981]).

Dinnerstein, Dorothy, *The Mermaid and the Minotaur: Sexual Arrangements and the Human Malaise* (New York: Harper & Row, 1976).

Domenella, Ana Rosa, coord., *Territorio de leonas: cartografía de narradoras mexicanas en los noventa* (México: Juan Pablos/Universidad Autónoma Metropolitana, Iztapalapa, 2001).

Erikson, Erik H., *Childhood and Society*, 2ª ed. rev. (New York: Norton, 1963 [1950]).

Espejo, Beatriz, y Ethel Krauze, antologadoras, *Atrapadas en la cama* (México: Alfaguara, 2002).

Espejo, Beatriz, y Ethel Krauze, compils, *Atrapadas en la casa: cuentos de escritoras mexicanas del siglo XX* (México: Selector, 2001).

_____, *Atrapadas en la madre* (México: Alfaguara, 2007).

Espejo, Beatriz, y Ethel Krauze, compils, coords, *Mujeres engañadas* (México: Alfaguara, 2004).

Esteva, Gustavo, 'Más allá de la identidad nacional: la creación de opciones políticas y culturales', en Raúl Béjar y Héctor Rosales, coords, *La identidad nacional mexicana como problema político y cultural: Los desafíos de la pluralidad* (México: Universidad Nacional Autónoma de México, 2002), pp. 331–82.

Evans, Dylan, *An Introductory Dictionary of Lacanian Psychoanalysis* (London: Routledge, 1996).

Eysturoy, Annie O., *Daughters of Self-Creation: The Contemporary Chicana Novel* (Albuquerque: University of New Mexico Press, 1996).

Felski, Rita, *Beyond Feminist Aesthetics: Feminist Literature and Social Change* (Cambridge, MA: Harvard University Press, 1989).

Feng, Pin-Chia, *The Female Bildungsroman by Toni Morrison and Maxine Hong Kingston: A Postmodern Reading* (New York: Peter Lang, 1998).

Ferguson Ellis, Kate, *The Contested Castle: Gothic Novels and the Subversion of Domestic Ideology* (Urbana: University of Illinois Press, 1989).

Fernández Vázquez, José Santiago, *La novela de formación: una aproximación a la ideología colonial europea desde la óptica del 'Bildungsroman' clásico* (Alcalá: Universidad de Alcalá, 2002).

Finnegan, Nuala, *Ambivalence, Modernity, Power: Women and Writing in Mexico since 1980* (Oxford: Peter Lang, 2007).

———, *Monstrous Projections of Femininity in the Fiction of Mexican Writer Rosario Castellanos* (Lewiston: Edwin Mellen Press, 2000).

Flax, Jane, 'Postmodernism and Gender Relations in Feminist Theory', en Linda J. Nicholson, ed., *Feminism/Postmodernism* (New York: Routledge, 1990), pp. 36–90.

Foucault, Michel, *Abnormal: Lectures at the Collège de France, 1974–1975*, trad. por Graham Burchell (London: Verso, 2003 [1999]).

———, *The History of Sexuality. Volume 1: An Introduction*, trad. por Robert Hurley, 3 vols (London: Penguin, 1990 [1976]).

Fowler, Alastair, *Kinds of Literature: An Introduction to the Theory of Genres and Modes* (Cambridge, MA: Harvard University Press, 1982).

Fraiman, Susan, *Unbecoming Women: British Women Writers and the Novel of Development* (New York: Columbia University Press, 1993).

Franco, Jean, 'Beyond Ethnocentrism: Gender, Power, and the Third-World Intelligentsia', en Nelson y Grossberg, eds, pp. 503–15.

———, 'Foreword', en Roberta Fernández, ed., *In Other Words: Literature by Latinas of the United States* (Houston, TX: Arte Público Press, 1994), pp. xiv–xx.

———, 'Going Public: Reinhabiting the Private', en George Yúdice y otros, eds, *On Edge: The Crisis of Contemporary Latin American Culture* (Minneapolis: University of Minnesota Press, 1992), pp. 65–83.

———, 'La Malinche. From Gift to Sexual Contract', en Jean Franco, *Critical Passions: Selected Essays*, ed. e introd. por Mary Louise Pratt y Kathleen Newman (Durham, NC: Duke University Press, 1999), pp. 66–82.

_____, *Plotting Women: Gender and Representation in Mexico* (London: Verso, 1989).

_____, 'Self-destructing heroines', *The Minnesota Review*, 22 (1984), 105–15.

Fregoso, Rosa Linda, *MeXicana Encounters: The Making of Social Identities on the Borderlands* (Berkeley: University of California Press, 2003).

Fregoso, Rosa Linda, y Angie Chabram, 'Chicano/a Cultural Representations: Reframing Alternative Critical Discourses', *Cultural Studies*, 4 (1990), 203–12.

Freud, Sigmund, *The Uncanny* (London: Penguin, 2003).

Frye, Joanne, *Living Stories, Telling Lives: Women and the Novel in Contemporary Experience* (Ann Arbor: University of Michingan Press, 1986).

Fuentes, Carlos, *La frontera de cristal* (México: Alfaguara, 1995).

Fuss, Diana, *Essentially Speaking: Feminism, Nature and Difference* (New York: Routledge, 1989).

García, Alma M., ed., *Chicana Feminist Thought: The Basic Historical Writings* (New York: Routledge, 1997).

García, Brígida, 'Economic Restructuring, Women's Work and Autonomy in Mexico', en Harriet Presser y Gita Sen, eds, *Women's Empowerment and Demographic Processes: Moving Beyond Cairo* (Oxford: Oxford University Press, 2003), pp. 261–86.

García, Kay S., *Broken Bars: New Perspectives from Mexican Women Writers* (Albuquerque: University of New Mexico Press, 1994).

Garro, Elena, *Inés* (México: Grijalbo, 1995).

_____, *La semana de colores* (Xalapa: Nuevo Mundo, 1964).

_____, *Los recuerdos del porvenir* (México: Joaquín Mortiz, 1963).

_____, *Testimonios sobre Mariana* (México: Grijalbo, 1981).

Gaspar de Alba, Alicia, 'Malinche's Revenge', en Rolando Romero y Amanda Nolacea Harris, eds, pp. 44–57.

Gilbert, Sandra M., y Susan Gubar, *Madwoman in the Attic: The Woman Writer and the Nineteenth-Century Literary Imagination* (New Haven, CT: Yale University Press, 1979).

Gilligan, Carol, *In a Different Voice: Psychological Theory and Women's Development* (Cambridge, MA: Harvard University Press, 1993 [1982]).

Glantz, Margo, 'Las hijas de la Malinche', en Margo Glantz, ed., *La Malinche, sus padres y sus hijos* (México: Universidad Nacional Autónoma de México, 1994), pp. 197–220.

_____, 'Las hijas de la Malinche', en Kohut, ed., pp. 121–29.

González Boixó, José Carlos, 'Introducción: del 68 a la generación inexistente', en González Boixó, ed., pp. 7–23.

_____, ed., *Tendencias de la narrativa mexicana actual* (Frankfurt a/M: Vervuert; Madrid: Iberoamericana, 2009).

Guillén, Claudio, *The Challenge of Comparative Literature*, trad. por Cola Franzen (Cambridge, MA: Harvard University Press, 1993).

Gutiérrez, Ramón A., 'Chicano History: Paradigm Shifts and Shifting Boundaries' (Occasional Paper 15), *Latino Studies Series* (San Diego: University of California, 1997), pp. 1–12.

Gutiérrez y Muhs, Gabriella, *Communal Feminisms: Chicanas, Chilenas, and Cultural Exile. Theorizing the Space of Exile, Class, and Identity* (Lanham, MD: Lexington Books, 2007).

Gutiérrez-Jones, Leslie Sampson, *Fictions of Development: Unbuilding the Structures of Patriarchy* (Ann Arbor, MI.: UMI Dissertation Services, 1995).

Harlow, Barbara, 'Sites of Struggle: Immigration, Deportation, Prison, and Exile', en Margaret R. Higonnet y Joan Templeton, eds, *Feminist Explorations of Literary Space* (Amherst: University of Massachusetts Press, 1994), pp. 108–24.

Harmony, Olga, *Los limones* (México: Universidad Veracruzana, 1984).

Hart, Stephen M., *White Ink: Essays on Twentieth-Century Feminine Fiction in Spain and Latin America* (London: Tamesis, 1993).

Heilbrun, Carolyn G., *Writing a Woman's Life* (London: Women's Press, 1988).

Henríquez Betancour, María, 'Chicanas' Contemporary Constructions of Autobiographical Texts', en Rosa Morillas Sánchez y Manuel Villar Raso, eds, *Literatura chicana: reflexiones y ensayos críticos* (Granada: Comares, 2000), pp. 173–81.

Hernández, Luisa Josefina, *El lugar donde crece la hierba* (México: Universidad Veracruzana, 1959).

Higonnet, Margaret R., 'Comparative Literature on the Feminist Edge', en Charles Bernheimer, ed., *Comparative Literature in the Age of Multiculturalism* (Baltimore: Johns Hopkins University Press, 1995), pp. 155–64.

Hind, Emily, 'La identidad menos mexicana en la novela sin género', en Susanne Igler y Thomas Stader, eds, *Negociando identidades, traspasando fronteras: tendencias en la literatura y el cine mexicanos en torno al nuevo milenio* (Frankfurt a/M: Vervuert; Madrid: Iberoamericana, 2008), pp. 111–22.

Hinojosa, Rolando, *Klail City* (Houston, TX: Arte Público Press, 1987).

Hirsch, Marianne, *The Mother/Daughter Plot: Narrative, Psychoanalysis, Feminism* (Bloomington: Indiana University Press, 1989).

_____, 'The Novel of Formation as Genre: Between *Great Expectations* and *Lost Illusions*', *Genre*, 12.3 (1979), 293–311.

Hite, Molly, *The Other Side of the Story: Structures and Strategies of Contemporary Feminist Narratives* (Ithaca: Cornell University Press, 1989).

Hoover Braendlin, Bonnie, '*Bildung* in Ethnic Women Writers', *Denver Quarterly*, 17 (1983), 75–87.

_____, 'New Directions in the Contemporary *Bildungsroman*: Lisa Alther's *Kinflicks*', en Jane Todd, ed., *Gender and Literary Voice* (New York: Holmes & Meier, 1980), pp. 160–71.

Hull, Gloria T., y otras, eds, *All the Women are White, All the Blacks are Men, but Some of Us are Brave: Black Women's Studies* (Old Westbury, NY: Feminist Press, 1982).

Hurley, Teresa M., *Mothers and Daughters in Post-Revolutionary Mexican Literature* (London: Tamesis, 2003).

Irigaray, Luce, *Ce sexe qui n'en est pas un* (Paris: Éditions de Minuit, 1977).

Jackson, Rosemary, *Fantasy: The Literature of Subversion* (London: Methuen, 1981).

Jameson, Fredric, *The Political Unconscious: Narrative as a Socially Symbolic Act* (Ithaca: Cornell University Press, 1981).

Jiménez de Báez, Yvette, 'Caminos del ser y de la historia. La narrativa femenina en México', en López González y otras, coords, I, pp. 93–111.

Job, Peggy, 'La sexualidad en la narrativa femenina mexicana 1970–1987: una aproximación', en López González y otras, coords, I, pp. 123–39.

Jones, Rosalind, 'Writing the Body: Toward an Understanding of *l'écriture féminine*', en Newton y Rosenfelt, eds, pp. 86–101.

Joysmith, Claire, 'Bordering culture: traduciendo a las chicanas', *Voices of Mexico,* 37 (1996), 103–08.

_____, 'Chicanas y mexicanidades en traducción', en *Límites sociopolíticos y fronteras culturales en América del Norte*, coord. por Bárbara A. Driscoll y otros (México: Universidad Nacional Autónoma de México, Centro de Investigaciones sobre América del Norte, 2000), pp. 151–60.

_____, 'Crossing Ethnic and Cultural Boundaries: Translated Mexicanidades', en Sonia Torres, org., *Raízes e Rumos: Perspectivas Interdisciplinares em Estudos Americanos* (Rio de Janeiro: 7Letras, 2001), pp. 427–34.

_____, 'Cuando los textos cruzan fronteras: algunas consideraciones en torno a la traducción de la literatura chicana femenina', en Klahn y otros, compils, *Las nuevas fronteras del siglo XXI/New Frontiers of the 21st Century*, pp. 134–47.

_____, 'Entre la mexifobia y la chicanamieditis: cruzando fronteras y migrando la palabra', en Patricia González Gómez-Cásseres y Alicia V. Ramírez Olivares, eds, *Confluencias en México: palabra y género* (Puebla: Benemérita Universidad Autónoma de Puebla, 2007), pp. 287–97.

_____, 'Introducción', en Joysmith, ed., *Las formas de nuestras voces*, pp. 13–44.

_____, '(Re)Mapping *Mexicanidades*: (Re)Locating Chicana Writing and Translation Politics', en Gabriela F. Arredondo y otras, eds, pp. 146 54.

_____, '(RE)Writings in Transit: apuntes a colores', *A quien corresponda*, 101 (julio 2000), 8–12.

_____, ed., *Las formas de nuestras voces: Chicana and Mexicana Writers in Mexico* (México: Universidad Nacional Autónoma de México, Centro de Investigaciones sobre América del Norte, 1995).

_____, ed., *Speaking desde las heridas: Cibertestimonios Transfronterizos/ Transborder (September 11, 2001–March 11, 2007)* (México: Universidad Nacional Autónoma de México, Centro de Investigaciones sobre América del Norte, 2009).

Kandiyoti, Denise, 'Identity and its Discontents: Women and the Nation', en Patrick Williams y Laura Chrisman, eds, *Colonial Discourse and Post-Colonial Theory: A Reader* (New York: Harvester Wheatsheaf, 1994), pp. 376–91.

Kaplan, Caren, y otras, eds, *Between Woman and Nation: Nationalisms, Transnational Feminisms, and the State* (Durham, NC: Duke University Press, 1999).

Kegan Gardiner, Judith, 'On Female Identity and Writing by Women', *Critical Inquiry*, 8 (1981), 347–61.

Kelly, Lorraine, 'Women Writing in Contemporary Mexico: The case of Brianda Domecq', *Journal of Iberian and Latin American Studies*, 14.2–3 (2008), 101–08.

Klahn, Norma, 'Chicana and Mexicana Feminist Practices: De/Linking Cultural Imaginaries', en Jordi Aladro y otros, eds, *Genealogies of Displacement: Diaspora/Exile/Migration and Chicana/o/Latina/o Latin American/Peninsular Literary and Cultural Studies* (= *Nuevo Texto Crítico*, 15–16.29–32 (2002–2003)), pp. 163–74.

——, 'Literary (Re)Mappings: Autobiographical (Dis)Placements by Chicana Writers', en Arredondo y otras, eds, pp. 114–45.

——, 'Travesías/Travesuras: des/vinculando imaginarios culturales', en Klahn y otros, compils, *Las nuevas fronteras del siglo XXI/New Frontiers of the 21st Century*, pp. 149–65.

Klahn, Norma, y otros, compils, *Las nuevas fronteras del siglo XXI/New Frontiers of the 21st Century* (México: Desarrollo de Medios/Universidad Nacional Autónoma de México, 2000), pp. 149–65.

Kleinbord Labovitz, Esther, *The Myth of the Heroine: The Female Bildungsroman in the Twentieth Century: Dorothy Richardson, Simone De Beauvoir, Doris Lessing, Christa Wolf* (New York: Peter Lang, 1986).

Kofman, Sarah, *The Enigma of Woman: Woman in Freud's Writings* (Ithaca: Cornell University Press, 1985).

Kohut, Karl, 'Introducción: una mirada lejana (desde Alemania a México)', en Kohut, ed., pp. 9–24.

——, ed., *Literatura mexicana hoy: del 68 al ocaso de la revolución* (Frankfurt a/M: Vervuert; Madrid: Iberoamericana, 1991).

Kosofsky Sedgwick, Eve, *The Coherence of Gothic Conventions* (New York: Arno Press, 1980).

Kristeva, Julia, *Polylogue* (Paris: Seuil, 1977).

——, *Powers of Horror: An Essay on Abjection*, trad. por Leon S. Roudiez (New York: Columbia University Press, 1982 [1980]).

——, *Revolution in Poetic Language*, trad. por Margarite Waller (New York: Columbia University Press, 1984).

Lacan, Jacques, *Écrits: A Selection*, trad. por Alan Sheridan (London: Tavistock, 1977).

Lagarde, Marcela, *Cautiverios de las mujeres: madresposas, monjas, putas, presas y locas* (México: Universidad Nacional Autónoma de México, 1990).

Lagos, María Inés, *En tono mayor: relatos de formación de protagonista femenina en Hispanoamérica* (Santiago de Chile: Cuarto Propio, 1996).

Lagos Pope, María Inés, 'Relatos de formación de protagonistas femeninas en Hispanoamérica: desde *Ifigenia* (1924) hasta *Hagiografía de Narcisa la Bella* (1985)', en Sara Castro-Klarén, ed., *Narrativa femenina en América Latina: prácticas y perspectivas teóricas/Latin American Women's Narrative: Practices and Theoretical Perspectives* (Frankfurt a/M: Vervuert; Madrid: Iberoamericana, 2003), pp. 237–57.

Leal, Luis, 'Female Archetypes in Mexican Literature', en Beth Miller, ed., pp. 227–42.

_____, 'Magical Realism in Spanish American Literature', en Lois Parkinson Zamora y Wendy B. Faris, eds, *Magical Realism: Theory, History, Community* (Durham, NC: Duke University Press, 1995), pp. 119–23.

Lerner, Gerda, *Why History Matters: Life and Thought* (New York: Oxford University Press, 1997).

Limón, Graciela, *The Memories of Ana Calderón* (Houston, TX: Arte Público Press, 1994).

Lomelí, Francisco A., Teresa Márquez y María Herrera-Sobek, 'Trends and Themes in Chicana/o Writings in Postmodern Times', en David R. Maciel y otros, eds, *Chicano Renaissance: Contemporary Cultural Trends* (Tucson: University of Arizona Press, 2000), pp. 285–312.

López González, Aralia, 'Consideraciones para pensar las diferencias entre las escritoras mexicanas y chicanas contemporáneas', en Joysmith, ed., *Las formas de nuestras voces* pp. 51–64.

_____, 'Justificación teórica: fundamentos feministas para la crítica literaria', en Aralia López González, coord., *Sin imágenes falsas, sin falsos espejos: narradoras mexicanas del siglo XX* (México: El Colegio de México, 1995). pp. 13–48.

López González, Aralia, y otras, coords, *Mujer y literatura mexicana y chicana: culturas en contacto. Primer coloquio fronterizo*, 2 vols (México: El Colegio de México; Tijuana: El Colegio de la Frontera Norte, 1988).

_____, *Mujer y literatura mexicana y chicana: culturas en contacto. Segundo coloquio fronterizo*, 2 vols (México: El Colegio de México; Tijuana: El Colegio de la Frontera Norte, 1990).

López Medina, Sylvia, *Cantora* (Albuquerque: University of New Mexico Press, 1992).

Lorde, Audre, 'The Master's Tools Will Never Dismantle the Master's House', en Moraga y Anzaldúa, eds, pp. 98–101.

Lynn Hempel, Julie, *'Faces, Bodies, and Spaces: Differential Identity Construction in Mexicana and Chicana Narrative'* (tesis doctoral sin publicar, University of Michigan, 2004).

Macías, Anna, *Against All Odds: The Feminist Movement in Mexico to 1940* (Westport, CT: Greenwood Press, 1982).

Madsen, Deborah L., *Understanding Contemporary Chicana Literature* (Columbia: University of South Carolina Press, 2002).

Manickan, Samuel, 'Interview with Debra A. Castillo', *Ciberletras*, 14 (2005) <http://www.lehman.edu/ciberletras/v14/manickam.htm> [consultada 5 junio 2007].

Martín Gaite, Carmen, *Desde la ventana* (Madrid: Espasa-Calpe, 1987).

McClintock, Anne, *Imperial Leather: Race, Gender and Sexuality in the Colonial Contexts* (New York: Routledge, 1994).

McCracken, Ellen, *New Latina Narrative: The Feminine Space of Postmodern Ethnicity* (Tucson: University of Arizona Press, 1999).

Messinger Cypess, Sandra, 'Arquetipos viejos, madres nuevas: la problemática de la madre en la formación de la identidad nacional mexicana', en Margarita Alegría de la Colina y otros, eds, *Nuevas ideas, viejas creencias: la cultura mexicana hacia el siglo XXI* (México: Universidad Autónoma Metropolitana, Azcapotzalco, 1995), pp. 187–203.

_____, *La Malinche in Mexican Literature: From History to Myth* (Austin: University of Texas Press, 1991).

Midalia, Susan, 'The Contemporary Female *Bildungsroman*: Gender, Genre and the Politics of Optimism', *Westerly*, 41.1 (1996), 89–104.

Miles, David H., 'The Pícaro's Journey to the Confessional: The Changing Image of the Hero in the German *Bildungsroman*', *PMLA*, 89 (1974), 980–92.

Miller, Beth, ed., *Women in Hispanic Literature: Icons and Fallen Idols* (Berkeley: University of California Press, 1983).

Miller, Jean Baker, *Toward a New Psychology of Women* (Boston, MA: Beacon Press, 1976).

Miller, Nancy K., 'Changing the Subject: Authorship, Writing, and the Reader', en Teresa de Lauretis, ed., *Feminist Studies, Critical Studies* (Bloomington: Indiana University Press, 1986), pp. 102–22.

Mirandé, Alfredo, y Evangelina Enríquez, *La Chicana: The Mexican-American Woman* (Chicago: University of Chicago Press, 1979).

Moallem, Minoo, y Iain A. Boal, 'Multicultural Nationalism and the Poetics of Inauguration', en Kaplan y otras, eds, pp. 243–63.

Moers, Ellen, *Literary Women* (Garden City, NY: Doubleday, 1976).

Mohanty Talpade, Chandra, 'Cartographies of Struggle: Third World Women and the Politics of Feminism', en Chandra Mohanty Talpade y otras, eds, *Third World Women and the Politics of Feminism* (Bloomington: Indiana University Press, 1991), pp. 1–47.

Mora, Gabriela, 'El bildungsroman y la experiencia latinoamericana: *La pájara pinta* de Albalucía Ángel', en Patricia Elena González y Eliana Ortega, eds, *La sartén por el mango: encuentro de escritoras latinoamericanas* (Río Piedras, Puerto Rico: Huracán, 1984), pp. 71–81.

Mora, Pat, *House of Houses* (Boston, MA: Beacon Press, 1997).

Moraga, Cherríe, *Giving Up the Ghost* (Los Angeles: West End Press, 1986).

_____, *Loving in the War Years: lo que nunca pasó por sus labios* (Boston, MA: South End Press, 1983).

_____, *The Last Generation: Prose and Poetry* (Boston, MA: South End Press, 1993).

Moraga, Cherríe, y Gloria Anzaldúa, eds, *This Bridge Called My Back: Writings by Radical Women of Color*, 2ª ed. (New York: Kitchen Table, Women of Color Press, 1983 [1981]).

Morillas Sánchez, Rosa, 'Destiny vs. Destination: memoria y viaje como relación amor/odio en las heroínas chicanas', en María Herrera-Sobek y otros, coords, *Perspectivas transatlánticas en la literatura chicana: ensayos y creatividad* (Málaga: Universidad de Málaga, 2002), pp. 211–21.

Morris, Pam, ed., *The Bakhtin Reader: Selected Writings of Bakhtin, Medvedv and Voloshinov* (London: Edward Arnold, 1994).

Morrison, Toni, *Playing in the Dark: Whiteness and the Literary Imagination* (Cambridge, MA: Harvard University Press, 1992).

Mujčinović, Fatima, *Postmodern Cross-Culturalism and Politization in the U.S. Latina Literature: From Ana Castillo to Julia Álvarez* (New York: Peter Lang: 2004).

Neate, Wilson, *Tolerating Ambiguity: Ethnicity and Community in Chicano/a Writing* (New York: Peter Lang, 1998).

Nelson, Cary, y Lawrence Grossberg, eds, *Marxism and the Interpretation of Culture* (Urbana: University of Illinois Press, 1988).

Newton, Judith, y Deborah Rosenfelt, 'Introduction: Toward a Materialist-Feminist Criticism', en Newton y Rosenfelt, eds., pp. xv–xxxix.

_____, eds, *Feminist Criticism and Social Change* (New York: Methuen, 1985).

Nieto Gómez, Anna, 'La Chicana: Legacy of Suffering and Self-Denial', en Alma M. García, ed., pp. 48–51.

Noriega, Chon A., y otros, eds, *The Chicano Studies Reader: An Anthology of Aztlán, 1970–2000* (Los Angeles: University of California/Chicano Studies Research Center, 2001).

Oquendo, Ángel R., 'Re-imagining the Latino/a Race', en Richard Delgado y Jean Stefancic, eds, *The Latino Condition: A Critical Reader* (New York: New York University Press, 1998), pp. 60–71.

Ordóñez, Elizabeth J., 'Problematical Permutations of Feminist Theory', en Hernán Vidal, ed., *Cultural and Historical Grounding for Hispanic and Luso-Brazilian Feminist Literary Criticism* (Minneapolis: Institute for the Study of Ideologies, 1989), pp. 79–94.

Pagano, Susana, *Y si yo fuera Susana San Juan* (México: Tierra Adentro, 1995).

Parkinson Zamora, Lois, *The Usable Past: The imagination of History in Recent Fiction of the Americas* (Cambridge: Cambridge University Press, 1997).

Pasternac, Nora, y otras, compils, *Escribir la infancia: narradoras mexicanas contemporáneas* (México: El Colegio de México, 1996).

Pasternac, Nora, coord., *Territorio de escrituras: narrativa mexicana del fin de milenio* (México: Universidad Autónoma Metropolitana, 2005).

Paz, Octavio, *El laberinto de la Soledad*, 2ª ed. rev. (México: Fondo de Cultura Económica, 1959 [1950]).

Pérez-Torres, Rafael, *Movements in Chicano Poetry: Against Myths, Against Margins* (Cambridge: Cambridge University Press, 1995).

Poniatowska, Elena, 'Escritoras chicanas y mexicanas', en Joysmith, ed., *Las formas de nuestras voces* pp. 45–50.

_____, 'Mexicanas and Chicanas', *MELUS*, 21.3 (1996), 35–53.

Pratt, Annis, *Archetypal Patterns in Women's Fiction* (Brighton: Harvester, 1982).

Pratt, Mary Louise, '"Don't interrupt me": The Gender Essay as Conversation and Countercanon', en Doris Meyer, ed., *Reinterpreting the Spanish American Essay: Women Writers of the 19th and 20th Centuries* (Austin, TX: University of Austin Press, 1995), pp. 10–26.

Puga, María Luisa, 'El solapado realismo en la novela mexicana', en Kohut, ed., pp. 167–75.

Quintana, Alvina E., *Home Girls: Chicana Literary Voices* (Philadelphia: Temple University Press, 1996).

Ramos Escandón, Carmen, coord., *Presencia y transparencia: la mujer en la historia de México*, 2ª ed. (México: El Colegio de México, 2006 [1987]).

Rebolledo, Tey Diana, 'Abuelitas: Mythology and Integration in Chicana Literature', *Revista Chicano-Riqueña*, 11.3–4 (1983), 148–58.

——, *Women Singing in the Snow: A Cultural Analysis of Chicana Literature* (Tucson: University of Arizona Press, 1995).

Rebolledo, Tey Diana, y Eliana S. Rivero, eds, *Infinite Divisions: An Anthology of Chicana Literature* (Tucson: University of Arizona Press, 1993).

Rich, Adrienne, *Of Woman Born: Motherhood as Experience and Institution* (London: Virago, 1977 [1976]).

Richard, Nelly, 'Cultural Peripheries: Latin American and Postmodernist De-centering', en John Beverley y otros, eds, *The Postmodernism Debate in Latin America* (Durham, NC: Duke University Press, 1995), pp. 217–22.

Rivera, Tomás, *... y no se lo tragó la tierra* (Berkeley, CA: Quinto Sol, 1971).

Rivero, Eliana S., 'The "Other's Others": Chicana Identity and Its Textual Expressions', en Gisela Brinker-Gabler, ed., *Encountering the Other(s): Studies in Literature, History, and Culture* (New York: State University of New York Press, 1995), pp. 239–60.

Rodríguez, Ileana, *House/Garden/Nation: Space, Gender and Ethnicity in Post-Colonial Latin American Literatures by Women*, trad. por Robert Carr e Ileana Rodríguez (Durham, NC: Duke University Press, 1994).

Rodríguez, Richard, *Hunger of Memory: The Education of Richard Rodríguez* (Boston, MA: Godine, 1981).

Rojo, José Andrés, 'Carlos Monsiváis muestra cómo los chicanos borran las distancias entre México y EEUU', *El País* (29 noviembre 2001) <http://www.elpais.com/articulo/cultura/Carlos/Monsivais/muestra/chicanos/borran/distancias/Mexico/EE/UU/elpepicul/20011129elpepicul_1/Tes> [consultada 2 agosto 2006].

Romero, Rolando, y Amanda Nolacca Harris, eds, *Feminism, Nation and Myth: La Malinche* (Houston, TX: Arte Público Press, 1993).

Rosmarin, Adena, *The Power of Genre* (Minneapolis: University of Minneapolis Press, 1985).

Rubin, Gayle, 'The Traffic in Women: Notes Toward a Political Economy of "Sex"', en Hayna R. Reiter, ed., *Toward an Anthropology of Women* (New York: Monthly Review Press, 1975), pp. 157–210.

Russo, Mary, *The Female Grotesque: Risk, Excess, and Modernity* (New York: Routledge, 1995).

Sadowski-Smith, Claudia, *Border Fictions: Globalization, Empire, and Writing at the Boundaries of the United States* (Charlottesville: University of Virginia Press, 2008).

Saldívar, Ramón, *Chicano Narrative: The Dialectics of Difference* (Madison: University of Wisconsin Press, 1990).

Saldívar-Hull, Sonia, *Feminism on the Border: Chicana Gender Politics and Literature* (Berkeley: University of California Press, 2000).

Sánchez, Rosaura, 'Ethnicity, Ideology, and Academia', *Americas Review*, 15.1 (1987), 80–88.

Sánchez Olvera, Alma Rosa, *La mujer mexicana en el umbral del siglo XXI* (México: Universidad Nacional Autónoma de México, 2003).

Sandoval, Chela, 'U.S. Third World Feminism: The Theory and Method of Oppositional Consciousness in the Postmodern World', *Genders*, 10 (1991), 1–24.

Santiago, Silviano, 'El entrelugar del discurso latinoamericano', en Adriana Amante y Florencia de Garramuño, sel., trad. y pról., *Absurdo Brasil: polémicas en la cultura brasileña* (Buenos Aires: Biblos, 2000), pp. 61–78.

Schoene-Harwood, Berthold, 'Beyond (T)Race: *Bildung* and Proprioception in Meera Syal's *Anita and Me*', *Journal of Commonwealth Literature*, 34.1 (1999), 159–68.

Scott, Joan W., El género: una categoría útil para el análisis histórico', en Marta Lamas, compil., *El género: la construcción cultural de la diferencia sexual* (México: Programa Universitario de Estudios de Género/Universidad Nacional Autónoma de México, 1996), pp. 265–302.

Sefchovich, Sara, 'Una sola línea: la narrativa mexicana', en Kohut, ed., pp. 47–54.

Segura, Denise A., y Beatriz M. Pesquera, 'Beyond Indifference and Antipathy: The Chicano Movement and Chicana Feminist Discourse', en Noriega y otros, eds, pp. 389–410.

Segura, Denise A., y Jennifer L. Pierce, 'Chicana/o Family Structure and Gender Personality: Chodorow, Familism, and Psychoanalytic Sociology Revisited', *Signs*, 19.1 (1993), 62–91.

Shaffner, Randolph P., *The Apprenticeship Novel: A Study of the 'Bildungsroman' as a Regulative Type in Western Literature with a Focus on Three Classic Representatives by Goethe, Maugham, and Mann* (New York: Peter Lang, 1984).

Shaw, Deborah, 'Problems of Definition in Theorizing of Latin American Women's Writing', en Elizabeth Dore, ed., *Gender Politics in Latin America: Debates in Theory and Practice* (New York: Monthly Review Press, 1997), pp. 161–74.

Shaw, Donald L., *A Companion to Modern Spanish American Fiction* (London: Tamesis, 2002).

Silva-Velázquez, Caridad L. y Nora Erro-Orthman, eds, *Puerta abierta: la nueva escritora latinoamericana* (México: Joaquín Mortiz, 1986).

Singh, Amritjit, y otros, eds, *Memory, Narrative and Identity: New Essays in Ethnic American Literatures* (Boston, MA: Northwestern University Press, 1994).

Sinopoli, Franca, 'Los géneros literarios', en Armando Gnisci, ed., *Introducción a la literatura comparada* (Barcelona: Crítica, 2002), pp. 171–213.

Smith, Sidonie, *A Poetics of Women's Autobiography* (Bloomington: Indiana University Press, 1987).

Soliño, María Elena, *Women and Children First: Spanish Women Writers and the Fairy Tale Tradition* (Potomac, MD: Scripta Humanistica, 2002).

Sollors, Werner, 'Introduction: The Invention of Ethnicity', en Werner Sollors, ed., *The Invention of Ethnicity* (New York: Oxford University Press, 1989), pp. ix–xx.

Swales, Martin, *The German Bildungsroman from Wieland to Hesse* (Princeton: Princeton University Press, 1978).

Telles, Edward E., y Vilma Ortiz, *Generations of Exclusions: Mexican-Americans, Assimilation and Race* (New York: Russel Sage Foundation, 2008).

Terdiman, Richard, *Discourse/Counter-discourse: The Theory and Practice of Symbolic Resistance in Nineteenth Century France* (Ithaca: Cornell University Press, 1985).

Todd, Jane, *Feminist Literary History: A Defence* (Cambridge: Polity Press, 1988).

Torres, Edén E., *Chicana Without Apology/Chicana sin vergüenza: The New Chicana Cultural Studies* (New York: Routledge, 2003).

Tuñón, Julia, 'Nueve escritoras, una revista y un escenario', en *Nueve escritoras mexicanas nacidas en la primera mitad del siglo y una revista*, coord. por Elena Urrutia (México: Instituto Nacional de las Mujeres/El Colegio de México, 2006), pp. 3–32.

Tuñón Pablos, Julia, *Women in Mexico: A Past Unveiled*, trad. por Alan Hynds (Austin: University of Texas Press, 1999).

Valdés, Gina, *Puentes y fronteras: coplas chicanas* (Los Angeles: Castle Lithograph), 1982.

Vasconcelos, José, *La raza cósmica: misión de la raza iberoamericana* (México: Aguilar, 1961 [1925]).

Villanueva, Alma Luz, *Luna's California Poppies* (Tempe, Arizona: Bilingual Press/Editorial Bilingüe, 2002).

_____, *The Ultraviolet Sky* (Tempe, Arizona: Bilingual Press/Editorial Bilingüe, 1988).

Villarreal, José Antonio, *Pocho* (New York: Anchor Books, Doubleday, 1989 [1959]).

Waugh, Patricia, *Feminist Fictions: Revisiting the Postmodern* (London: Routledge, 1989).

Welles, Marcia L., 'The Changing Face of Woman in Latin American Fiction', en Beth Miller, ed., pp. 280–88.

West, Cornel, 'Marxist Theory and the Specificity of Afro-American Oppression', en Nelson y Grossberg, eds, pp. 17–29.

Winkler, Helga, *Selected Mexicana and Chicana Fiction: New Perspectives on History, Culture and Society* (tesis doctoral sin publicar, University of Texas at Austin, 1991).

Zavella, Patricia, 'Reflections on Diversity among Chicanas', *Frontiers*, 12.2 (1991), 73–85.

ÍNDICE